EL ANTIGUO EGIPTO

EL ANTIGUO EGIPTO

DAVID P. SILVERMAN

BLUME

BLUME

Título original:
Ancient Egypt

Traducción:
Jorge González Batlle

Revisión científica de la edición en lengua española:
Núria Castellano Solé
Departamento de Historia Antigua
Facultad de Geografía e Historia
Universidad de Barcelona

Coordinación de la edición en lengua española:
Cristina Rodríguez Fischer

Primera edición en lengua española 2004

© 2004 Naturart, S. A. Editado por BLUME
Av. Mare de Déu de Lorda, 20
08034 Barcelona
Tel. 93 205 40 00 Fax 93 205 14 41
E-mail: info@blume.net
© 2003 Duncan Baird Publishers Ltd

I.S.B.N.: 84-8076-517-8

Impreso en Tailandia

CONSULTE EL CATÁLOGO DE PUBLICACIONES ON-LINE,
INTERNET: HTTP://WWW.BLUME.NET

La transcripción de los nombres egipcios antiguos y actuales se ha
hecho siguiendo la propuesta elaborada por el Doctor Josep Padró i
Parcerisa, Universidad de Barcelona.
PADRÓ, J.: «La transcripción castellana de los nombres propios
egipcios» en *Aula Orientalis* V, 1, Sabadell (1987).
PADRÓ, J.: *Historia del Egipto faraónico*, Alianza Universidad, 857,
Madrid (1996).
Los pies de ilustración de las páginas 1-5 aparecen en la página 256.

CONTENIDO

INTRODUCCIÓN 6
DAVID P. SILVERMAN

**PRIMERA PARTE: EL MUNDO DE LOS
EGIPCIOS 8**

CAPÍTULO 1: EL REGALO DEL NILO 10
FEKRI HASSAN

Un río rodeado de arena 10
Mapa: El Delta del Nilo en el antiguo Egipto 11
Las aguas fértiles 12
Mapa: La crecida del Nilo 13
Una importante vía de comunicación 16
Mapa: Egipto y el Nilo 17
Un paisaje ligado a una cultura 18

**CAPÍTULO 2: TRES IMPERIOS Y TREINTA
Y UNA DINASTÍAS 20**
WILLIAM J. MURNANE

Los primeros tiempos del antiguo Egipto 20
La primera nación Estado 22
El esplendor del Estado unitario 24
La primera ruptura de la unidad 26
*Mapa: Las cuarenta y dos provincias del antiguo
Egipto 27*
La gran Dinastía XII 28
El segundo conflicto dinástico 30
Desde la recuperación al Imperio 32
Desunión y gobierno extranjero 36
Un reino conquistado 38

**CAPÍTULO 3: EGIPTO Y LOS
TERRITORIOS CIRCUNDANTES 40**
DONALD B. REDFORD

El temor a Horus en el sur 40
Egipto y Asia 42
Egipto y el Mediterráneo 44
*Mapa: Invasiones de los «Pueblos del Mar» y los
«libu» 45*
Mapa: El imperio Ptolemaico 46
Comercio internacional y viajes 48
Mapa: Egipto y su red comercial 49
La riqueza del Imperio 50
Mapa: Los territorios egipcios en el Imperio Nuevo 50
Un reino cosmopolita 52
Las minas del soberano 54
El legado de Egipto 55

CAPÍTULO 4: LA RIQUEZA DE LA TIERRA 58
FEKRI HASSAN

Los primeros agricultores 58
La tierra como fuente de vida 60
La caza, la pesca y la búsqueda de alimentos 62
Las riquezas minerales de Egipto 64
Mapa: Principales recursos minerales de Egipto 65
La economía egipcia 66

CAPÍTULO 5: LAS CIUDADES 68
IAN SHAW

El auge de la vida urbana 68
Mapa: Hieracómpolis hacia 4000-3100 a. C. 69
Poblaciones y casas 70
Principales capitales 74
Mapa: Capitales del antiguo Egipto 74
Los palacios reales 76
Las fortalezas 78

CAPÍTULO 6: LA MUJER EN EL ANTIGUO EGIPTO 80
GAY ROBINS

Las mujeres y la sociedad egipcia 80
Roles e imágenes 82
La familia 84
Las mujeres y la religión 86
Mujeres de la realeza 88

CAPÍTULO 7: LOS LÍMITES DEL CONOCIMIENTO 90
CHRISTOPHER EYRE

La transmisión del saber 90
La naturaleza 92
Las matemáticas 94
La medicina 96
La tecnología 98
La magia 100
La literatura y la música 102

SEGUNDA PARTE: CREENCIAS Y RITUALES 104

CAPÍTULO 8: EL SEÑOR DE LAS DOS TIERRAS 106
DAVID P. SILVERMAN

Orígenes de la monarquía 106
El dios que reinaba sobre la tierra 108
El faraón después de la muerte 110
¿Humano o divino? 112

CAPÍTULO 9: EL REINO CELESTIAL 114
JAMES P. ALLEN

El cosmos de los egipcios 114
Los dominios del cielo 116
El ciclo solar 118
«Antes de las Dos Cosas» 120
Lo uno y lo múltiple 122
La palabra de Dios 124
Amón el Escondido 126
La herejía de Ajenatón 128
El ámbito humano 130

CAPÍTULO 10: EL CULTO A LOS MUERTOS 132
ROBERT K. RITNER

Actitudes ante la muerte 132
La teología de la muerte: Isis y Osiris 134
Literatura funeraria 136
La momificación 138
El culto funerario 140
La comunicación con los muertos 142
Espíritus y rituales de exorcismo 144
La maldición de la momia 146

CAPÍTULO 11: LOS RITUALES 148
EMILY TEETER

Asegurar el orden cósmico 148
Las ofrendas diarias 150
El culto a los ancestros 152
Los ritos y el pasado 154
Gestos y posturas rituales 156
Las barcas sagradas 158
Nacimientos y matrimonios divinos 160
Piedad y sacerdocio 162
Juegos rituales 164

TERCERA PARTE: ARTE, ARQUITECTURA Y LENGUAJE 166

CAPÍTULO 12: LAS PIRÁMIDES 168
ZAHI HAWASS

Monumentos para una época 168
Mapa: Principales emplazamientos de pirámides 169
Escaleras al cielo: la pirámide y su complejo 170
La construcción de las pirámides 174
Las pirámides primitivas 178
Guiza: la Gran Pirámide 180
Muestra de un artista: En el interior de la Gran Pirámide 182

Guiza: las pirámides de Quefrén y Micerino 184
La Gran Esfinge 186
Las pirámides de los «faraones olvidados» 188
Pirámides del Imperio Medio 190

CAPÍTULO 13: TEMPLOS Y TUMBAS 192
PETER DER MANUELIAN

Las moradas de los muertos 192
Tumbas reales 194
Mapa: Tumbas reales de Tebas Oeste 195
Tumbas privadas 197
Las ciudades de los muertos 200
El templo 202
Las mansiones de los dioses 206
Muestra de un artista: El templo de Karnak 208
Templos funerarios de la realeza 210

CAPÍTULO 14: EL ARTE EGIPCIO 212
RITA FREED

La fuerza de las imágenes 212
El arte: período predinástico y primeras dinastías 214
El Egipto clásico: Imperio Antiguo 216
Estilos regionales y arte en la época imperial 218
El arte en la Baja Época 222
El arte en las épocas ptolemaica y romana 224
El arte del adorno 226

CAPÍTULO 15: SIGNOS, SÍMBOLOS Y LENGUAJE 230
DAVID P. SILVERMAN

Descifrar jeroglíficos 230
Textos y escribas 232
Palabras y jeroglíficos 234
La evolución del lenguaje 236
Hablan los signos 238
Símbolos e imágenes 240

GLOSARIO 242

BIBLIOGRAFÍA 243

ÍNDICE 246

CRÉDITOS DE LAS ILUSTRACIONES 256

INTRODUCCIÓN

Para nuestra mentalidad actual, el «antiguo Egipto» es un verdadero enigma: se trata de un tiempo remoto que posee miles de imágenes familiares, lo que hace que aparezca en nuestra imaginación con mayor viveza que ninguna otra civilización del pasado; sin embargo, todavía hay muchos aspectos de la misma cuya profundidad y alcance desconocemos. Durante unos dos mil años, antes de la publicación del desciframiento de los jeroglíficos llevado a cabo por Champollion en 1822, todos los que se sintieron fascinados por las creaciones de esta antigua cultura sólo pudieron interpretarla mediante meras conjeturas e hipótesis. No pudieron dejar de sentirse fascinados ante esas maravillas de la ingeniería que son las pirámides, pero ignoraban los múltiples niveles de significado que tales estructuras poseían. Podían explorar los templos y las tumbas, pero sólo eran capaces de emitir dudosas teorías sobre su importancia para la religión, la vida y la muerte de estos pueblos antiguos. Podían contemplar las estatuas de aquellas criaturas híbridas que poblaban las tierras de Egipto, pero ignoraban su función exacta. Las momias, desenterradas a millares, han sido desde siempre una constante fuente de especulaciones, pero su verdadero significado permaneció oculto por la extraña creencia de que el consumo del polvo de las mismas tenía poderes curativos para los enfermos. Incluso cuando la información empezó a ser más fiable, todavía había quien, haciendo oídos sordos a la evidencia, sucumbía a la intoxicación de las leyendas, los rumores y las falsas verdades.

Puerta principal, con pilonos, del templo de Luxor. Todavía queda en pie uno de los obeliscos, pero el otro con el que formaba pareja fue llevado a París en el siglo XIX y erigido en la Place de la Concorde, donde todavía puede verse como ejemplo de la enorme popularidad de la que ha gozado siempre la antigua civilización del valle del Nilo.

Estas especulaciones han sobrevivido hasta hoy como un verdadero corpus de mitología popular sin ninguna base científica. La maldición de los faraones, los poderes ocultos de las pirámides o los orígenes extraterrestres de la cultura egipcia son teorías que siguen abriéndose camino entre el público.

La «egiptomanía» no es un fenómeno nuevo. Poco después del descubrimiento de la piedra de Roseta, los motivos característicos del antiguo Egipto se convirtieron en fuente de inspiración para la arquitectura y las artes decorativas europeas, una moda que también llegó a Estados Unidos. En el siglo XIX, muchos bancos, hoteles, bibliotecas y otros edificios públicos y comerciales se erigieron siguiendo el estilo «egipcio», con columnas adornadas con flores de papiro y loto, a pesar de que quizá los lugares más aptos para emplear este tipo de decoración eran los cementerios, donde proliferaban las puertas con forma de pilonos y los mausoleos en forma de templos en miniatura. Los monumentos antiguos empezaron a llenar ciudades como Nueva York y otras capitales europeas en forma de adornos para las calles, las plazas y los parques. Tras el descubrimiento de la tumba de Tutankhamón, en 1922, una nueva ola de «egiptomanía» se extendió. Colgantes en forma de escarabeo o del Ojo de Horus se convirtieron en accesorios de la alta costura. Y cincuenta años después, el fenómeno se repitió de nuevo, esta vez debido a la gran exposición itinerante de los tesoros de Tutankhamón. Las artes decorativas, los maquillajes y los peinados pusieron de manifiesto la popularidad que había alcanzado la imaginería egipcia.

Pero la fascinación del antiguo Egipto en nuestro imaginario colectivo no debe eclipsar el menos espectacular, aunque sin duda más objetivo e importante, trabajo de los investigadores. Los últimos doscientos años han visto el desarrollo de una ingente labor de investigación científica. Cuando los esfuerzos de Champollion dieron sus frutos, los filólogos pudieron descifrar el significado real de las inscripciones egipcias, y, así, antropólogos e historiadores del arte, la cultura y la religión, así como otros muchos especialistas, empezaron a tomar parte en un esfuerzo coordinado que permitió a los investigadores poder ir colocando, poco a poco, un gran número de piezas en el puzzle. En las últimas dos décadas, botánicos, antropólogos físicos, especialistas en genética, expertos en radares y en informática, y otros muchos especialistas, han hecho el resto. Los egiptólogos ya no sólo estudian las clases nobles y la realeza, ahora investigan todos los niveles de la sociedad egipcia. En la actualidad, trabajan en aspectos sociopolíticos y socioeconómicos, entre otros, y están aplicando a sus estudios hipótesis extraídas del mundo contemporáneo (por ejemplo, modelos antropológicos y económicos, así como teorías literarias y artísticas). En las páginas siguientes, presentamos la labor de un buen número de investigadores que trabajan actualmente en estas áreas. Tal vez nunca logremos resolver todos los misterios de la Gran Esfinge, pero día a día, las investigaciones nos acercan cada vez más a la comprensión de una de las mayores civilizaciones del mundo antiguo.

David P. Silverman, Eckley B. Coxe Junior, catedrático de Egiptología y conservador de la Sección Egipcia del University of Pennsylvania Museum

Primera parte

EL MUNDO DE LOS EGIPCIOS

Inspección de la cosecha llevada a cabo por el «Medidor del grano en jefe», un
inspector de hacienda del gobierno cuyo título aparece, en solitario, en el
extremo superior izquierda de la ilustración. Junto a la cebada se halla su
empleado y dos conductores de carro, quienes esperan a sus amos,
probablemente el inspector y Nebamon, el dueño de la tumba de la que
proceden estas pinturas. Imperio Nuevo, hacia 1400 a. C.

CAPÍTULO 1: EL REGALO DEL NILO 10

CAPÍTULO 2: TRES IMPERIOS Y TREINTA Y UNA DINASTÍAS 20

CAPÍTULO 3: EGIPTO Y LOS TERRITORIOS CIRCUNDANTES 40

CAPÍTULO 4: LA RIQUEZA DE LA TIERRA 58

CAPÍTULO 5: LAS CIUDADES 68

CAPÍTULO 6: LA MUJER EN EL ANTIGUO EGIPTO 80

CAPÍTULO 7: LOS LÍMITES DEL CONOCIMIENTO 90

PÁGINA ANTERIOR: *Los fértiles márgenes cultivados del Nilo dan paso, de*
forma abrupta, a desiertos y escarpados montes, tal como puede verse en esta
fotografía de Deir el-Bahari, Tebas Oeste, con los templos funerarios de la
reina Hatshepsut y el faraón Nebhepetre Mentuhotep II en primer término.

● CAPÍTULO 1

EL REGALO DEL NILO

UN RÍO RODEADO DE ARENA

«Egipto», escribió el historiador griego Heródoto en el siglo V a. C., «es un verdadero regalo del Nilo». Según los sacerdotes, cuenta Heródoto, Egipto no era otra cosa que una marisma hasta que se creó la tierra, estrato a estrato, a partir de los sedimentos depositados por el enorme río. Los geógrafos modernos difieren en su explicación de los orígenes físicos de Egipto, pero la importancia del río en la vida del país es tan evidente en la actualidad como en los tiempos antiguos.

▲

Un río rodeado de arena 10

Las aguas fértiles 12

Una importante vía de comunicación 16

Un paisaje ligado a una cultura 18

SUPERIOR: *El* shaduf, *un artefacto para extraer agua del Nilo y conducirla a través de zanjas de irrigación, se remonta a los tiempos faraónicos y todavía se sigue utilizando en algunas partes del Egipto rural.*

Egipto se encuentra en la desembocadura del río más largo del mundo, el Nilo, que nace en las montañas del este de África y cuyas aguas fluyen hacia el Mediterráneo, más de 6.500 km al norte. Los ciclos del río constituían el acontecimiento más importante en la vida del antiguo Egipto. Hasta el siglo XX, en el que se construyeron presas para controlar las crecidas del Nilo, las lluvias monzónicas caídas en Etiopía hacían crecer el río en sus partes más bajas e inundaban los campos circundantes cada año entre junio y octubre. La mayoría de los egipcios se dedicaban a la agricultura, por lo que permanecían inactivos durante el tiempo que duraba la crecida, a no ser que los llamaran para participar en la construcción de monumentos públicos, como la tumba del faraón. Cuando el nivel del agua volvía a bajar, los campos quedaban cubiertos con los sedimentos que había arrastrado el río, ricos en nutrientes, por lo que se trataba de un suelo muy fértil para los cultivos. A excepción de los años en los que el nivel del río crecía demasiado o muy poco, los egipcios sabían que tenían garantizada una cosecha suficiente (*véanse* págs. 12-13).

El Nilo, a su paso por Egipto, se halla dividido en dos partes diferenciadas: el valle y el delta, las cuales se corresponden con la antigua división del territorio en Alto y Bajo Egipto. El valle, que se extiende a lo largo de 1.060 km, es en realidad un ramal del valle de la cordillera del Gran Rift. Las tierras inundadas poseen una extensión de 11.000 km^2 y su anchura varía desde los 2 km de Asuán hasta los 17 km de el-Amarna.

En la actualidad, el Nilo se divide, cerca de El Cairo, en dos ramales que desembocan en el mar en Roseta (Rashid) y Damieta (Dumyat). Éstos son todo lo que queda de los múltiples ramales que existieron hasta la Edad Media (*véase* mapa, pág. sig.). Los sedimentos depositados por el agua de estas cuencas acabaron formando un amplio triángulo de tierra fértil que cubre una superficie de unos 22.000 km^2. Los griegos conocían estas tierras como el «Delta», pues su forma recordaba a la de la cuarta letra de su alfabeto invertida (Δ). El Delta se encuentra a 17 m sobre el nivel del mar junto a El Cairo, y en las zonas costeras está rodeado de lagos, marismas, lagunas y dunas de arena. En algunas partes del este del Delta, se elevan colinas bajas conocidas como «caparazones de tortuga». Estas

EL DELTA DEL NILO
EN EL ANTIGUO EGIPTO

CLAVE

Áreas fértiles
Actual ramal del Nilo
Antiguos ramales del Nilo
Antigua desembocadura de los
ramales del Nilo
Antiguo emplazamiento o ciudad
Otras ciudades

0   50 km

Mapa del Delta del Nilo en la antigüedad, donde se muestra el posible curso de sus numerosos ramales. Según los historiadores griegos y romanos, hubo un tiempo en que eran por lo menos cinco, e incluso hay quien habla de dieciséis. Los cambios producidos en la cuenca hidrográfica del Nilo entre los siglos X y XII d. C. fueron los responsables de la reducción de estos ramales a dos, que desembocan en el mar en Roseta y Damieta (véase ilustración inferior).

«islas» de arena en medio de una gran llanura de aluviones raramente quedaban sumergidas por las crecidas anuales y, en tiempos predinásticos (hasta 4000 a. C. aproximadamente), las ciudades y las tumbas se construían en lo alto de las mismas. Desde el Imperio Antiguo (hacia 2625-2130 a. C.) en adelante, el extremo del Delta se encontraba cerca de Menfis, la antigua capital. En la actualidad, se halla 25 km al norte de El Cairo.

El Nilo divide el margen oriental del Sáhara en el desierto Occidental (prolongación del desierto Líbico) y el desierto Oriental. El desierto Occidental ocupa alrededor de las dos terceras partes de Egipto, y sus elementos más sobresalientes son una serie de altiplanicies rocosas y depresiones de arena salpicadas de fértiles oasis (*véase* mapa, pág. 50). El desierto Oriental, atravesado por la cordillera del mar Rojo, fue muy importante en época faraónica a causa de su abundancia en minerales (*véase* mapa, pág. 65). El Sinaí, una extensión del desierto Oriental situada al otro lado del canal de Suez, era también una rica fuente de minerales, en especial de cobre. En el Próximo Oriente se cultivaba trigo y cebada, y se criaban ovejas y cabras, al menos dos mil años antes de su aparición en el Valle del Nilo. Los rebaños de los desiertos de Palestina y el Sinaí probablemente se trasladaron hacia el Delta durante la sequía que había asolado la zona siete mil años antes.

El desierto Occidental, que no siempre fue tan árido como en la actualidad, acogió los restos humanos más antiguos de Egipto que se conocen. Se han encontrado herramientas de al menos medio millón de años de antigüedad junto a ríos y manantiales hoy desaparecidos, y las primeras vacas domesticadas de África, que datan probablemente de hacia 9000 a. C., se criaban cerca de lagos o charcas no permanentes (*playas*) en el sudoeste del desierto Occidental, no lejos de donde hoy se encuentra la frontera con Sudán. Es posible que fuera en esta zona donde se originó la civilización egipcia.

Fotografía de Egipto y el Nilo realizada en color por el satélite Landsat; las áreas rojas representan la llanura fértil. Los meandros del río han ido variando a lo largo del tiempo. Durante el Imperio Antiguo, el cauce principal se encontraba cercano a Menfis y a las canteras de piedra caliza de Tura, en la orilla opuesta. Durante el último milenio, el río se ha desplazado hacia el este: por ejemplo, la mayor parte de la ribera oeste de El Cairo se pobló entre los siglos X y XIV d. C.

LOS RECURSOS MATERIALES

Las abundantes fuentes de alimento se complementaban con otros importantes recursos económicos. El lino se utilizaba para la elaboración de prendas de vestir y cuerdas, mientras que el papiro, hoy en día poco frecuente en Egipto, crecía en grandes matorrales en las marismas y los pantanos. Las cañas se cortaban en tiras para hacer hojas (una hoja consistía en una capa de tiras horizontales sobre una de tiras verticales). Las dos capas se entretejían hasta configurar el que sería el mejor soporte de escritura disponible hasta la llegada del papel, ya en tiempos de los árabes. También se utilizaban otros tipos de juncos y hierbas para la realización de cestas y esteras. El lodo de las orillas del Nilo proporcionaba arcilla para la elaboración de vasijas y adobes que se ponían a secar al sol.

La madera de sicómoro, higuera y acacia se empleaba en la construcción de barcos, pero la de mejor calidad se importaba de fuera. El cedro libanés se utilizaba tanto en la construcción de embarcaciones como en la realización de bellos arcones y sarcófagos.

El Nilo a su paso por Beni Hasan, en el Alto Egipto, unos 25 km al norte de el-Minia. Los cultivos junto al río contrastan con el desierto que comienza de forma abrupta.

LAS AGUAS FÉRTILES

La civilización egipcia y sus espectaculares logros se basaron, durante toda su historia, en la prosperidad de una economía eminentemente agraria. El verdor de los campos y la abundancia de alimento eran consecuencia de la fertilidad del suelo en las llanuras que bordeaban el Nilo, pero también de su crecida anual, que comenzaba a mediados de junio y duraba hasta mediados de octubre (*véase* pág. 10). Cuando el nivel del agua empezaba a bajar, los agricultores regresaban a sus campos inundados para plantar sus semillas. La cosecha estaba lista entre febrero y principios de junio, período del año en que el Nilo se encontraba en su nivel más bajo.

La agricultura egipcia se sustentaba en el cultivo de un amplio abanico de especies, las más comunes de las cuales eran el trigo y la cebada, productos con los que los egipcios elaboraban pan, pasteles y una nutritiva cerveza que a menudo se aromatizaba con especias, miel o dátiles. Esta dieta basada sobre todo en los cereales se complementaba con habas, lentejas y guisantes (ricas fuentes de proteínas), así como con verduras como la lechuga, los pepinos, los puerros, las cebollas y los rábanos. Entre las frutas más conocidas, cultivadas en huertos, se encontraba el melón, los dátiles, los higos de sicómoro y las granadas. Las uvas también se cultivaban, y se utilizaban para elaborar vinos, tanto tintos como blancos. Los aceites se extraían del lino y del ricino o higuera del diablo (*Ricinus communis*), y en la época ptolemaica también del sésamo. Los egipcios cultivaban asimismo un gran número de hierbas que utilizaban con fines medicinales.

Tanto las aves de corral como la ganadería poseían un papel esencial en la economía de la región. Los gansos se podían ver a menudo a lo largo de los canales y

las poblaciones que bordeaban el Nilo, y, en el período de crecida anual, un gran número de aves acuáticas migratorias llegaba a Egipto desde tierras lejanas.

Los egipcios tenían preferencia por los ánades rabudos, que cazaban con redes o trampas. También se criaban ovejas, cabras, vacas y cerdos, y los asnos eran sus principales bestias de carga, así como su medio de transporte. El caballo no se introdujo hasta el Imperio Nuevo (hacia 1539 a. C.), y los camellos y los búfalos aparecieron en el paisaje egipcio mil años más tarde, con la ocupación persa.

El mismo Nilo era una abundante fuente de peces como *Tilapia nilotica* o el pez gato, que solían encontrarse junto a las riberas del río, en las fangosas aguas pobladas de juncos. La perca del Nilo (*Lates nilotica*) se solía pescar junto a las acequias que llevaban el agua del río hasta los campos de cultivo.

DOBLE PÁGINA SIGUIENTE: *Vista del lado sur del Nilo hacia las colinas de Beni Hasan (compárese con ilustración de pág. ant.). La cara de las montañas que da hacia Beni Hasan contiene alrededor de cuarenta tumbas talladas en la roca del Imperio Medio, entre las que destacan las pertenecientes a los nomarcas locales (gobernadores de cada provincia) de las dinastías XI y XII.*

EL IMPREDECIBLE NILO

El caudal vertido en el mar desde el Nilo variaba enormemente de año en año. Cuando el nivel del agua era muy bajo, solía haber gran carestía de alimentos, pero una crecida excesiva podía causar catástrofes y la destrucción de poblaciones y campos de cultivo. A veces, la crecida llegaba demasiado tarde o demasiado pronto, y a menudo el nivel del agua no había bajado aún cuando llegaba la temporada de la siembra. Por el contrario, una inundación breve hacía bajar el nivel del agua rápidamente, lo que impedía que los campos recogieran agua suficiente para poder iniciar la plantación.

Las condiciones se volvían especialmente difíciles cuando se producía este tipo de «malas» crecidas durante varios años seguidos. Había períodos en que los altos y los bajos niveles de agua se alternaban anualmente, lo que ocasionaba graves perjuicios al organizar los períodos de siembra y de cosecha. Además, cuando los bajos niveles se prolongaban durante varios años las principales vías de transporte fluvial quedaban obstruidas por los sedimentos y desaparecían muchos ramales del Delta (*véase* pág. 11).

Las fuentes antiguas son escasas, pero los datos recogidos por el nilómetro (ingenio para medir el caudal del río) de Roda, cerca de El Cairo, durante los últimos mil trescientos años, revelan que desde principios del siglo X d. C. hasta finales del siglo XIV d. C. las crecidas continuaron siendo muy variables, con los años 930-1070 y 1180-1350 marcados por terribles sequías. A los tiempos de sequía les seguían brotes de peste y desórdenes sociales, y se sabe que algunas personas recurrían incluso al canibalismo. Este tipo de problemas se dio también en el Egipto faraónico, y según algunos estudiosos, las crecidas insuficientes ayudaron a la desaparición del Imperio Antiguo.

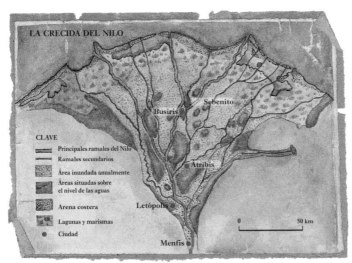

LA CRECIDA DEL NILO

Sebenito

Busiris

Atribis

CLAVE

▬▬▬ Principales ramales del Nilo
▬▬▬ Ramales secundarios
░░░ Área inundada anualmente
▒▒▒ Áreas situadas sobre el nivel de las aguas
▓▓▓ Arena costera
▓▓▓ Lagunas y marismas
● Ciudad

Letópolis

0   50 km

Menfis

El Delta del Nilo en la antigüedad, así como las áreas afectadas por las crecidas. La extraordinaria variabilidad de los niveles de agua de las inundaciones fue el principal motivo de la construcción, durante el siglo XX, de la presa de Asuán, y, en especial, la de la Gran Presa de Asuán, terminada en 1971.

LOS CANALES

Los ramales desaparecidos al este del Delta del Nilo fueron esenciales en la importación de productos a Egipto desde Oriente Próximo. Cuando estos ramales empezaron a llenarse de sedimentos, los egipcios los excavaron de nuevo y crearon canales artificiales. El mayor canal del este del Delta figura en los relieves que muestran al rey Setos I (hacia 1290-1279 a. C.) cruzando la frontera con Asia. Más tarde, Necao II (hacia 610-595 a. C) construyó un canal para conectar el Nilo con el mar Rojo (*véase* mapa, pág. sig.). Este itinerario fluvial siguió funcionando gracias al mantenimiento y las nuevas excavaciones de los persas y los ptolemaicos. El historiador griego Heródoto señala que dos grandes barcos podían atravesar el canal de lado a lado. Ya en la Dinastía VI (hacia 2350-2170 a. C), los egipcios excavaron un canal en la Primera Catarata para facilitar la navegación de las embarcaciones por los rápidos. Sin embargo, cuando los niveles del agua eran bajos, los barcos se llevaban hasta la orilla y se arrastraban por tierra hasta atravesar la catarata. Otro canal se excavó en esta misma catarata durante el reinado de Sesostris III (hacia 1836-1818 a. C.).

Plañideras junto a una momia a bordo en una miniatura de una embarcación de madera de procedencia desconocida; se encontraba situada en una tumba de hacia 1900 a. C. para representar el viaje al santuario de Osiris en Abido.

UNA IMPORTANTE VÍA DE COMUNICACIÓN

El Nilo fue, durante mucho tiempo, la principal fuente de sustento y la mayor arteria de comunicación de Egipto. Fluía de sur a norte a una velocidad de unos cuatro nudos durante la estación de las crecidas, de modo que el viaje de Tebas a Menfis, a una distancia de unos 885 km, ocupaba unas dos semanas. La navegación era más rápida durante la crecida del río debido al aumento de la profundidad del agua, que era de entre 7,5 y 10 m de media. Por el contrario, durante la estación seca, cuando el nivel del agua era más bajo, la velocidad de la corriente era mucho menor, de aproximadamente un nudo, por lo que la misma travesía podía durar más de dos meses. En su nivel más bajo, en junio, el agua no alcanzaba más de 2 m de profundidad, en Asuán, y algo menos de 5,5 m en Menfis.

El viaje desde el norte hacia el sur debía de ser extremadamente lento antes de la invención de las velas (hacia 3350 a. C. o algo más tarde), que aprovechaban los vientos del norte y el noroeste que soplaban en el Mediterráneo. A lo largo de todo el año, la gran curva del río cerca de Qena, en la que el Nilo fluye de oeste a este y, a continuación, de este a oeste, hace mucho más lento el trayecto. Además, la navegación a vela por la noche resultaba casi siempre imposible, a causa del peligro que suponía embarrancar en los frecuentes bancos de arena e islas bajas que se formaban en el río (*véase* ilustración, pág. 12).

En el período predinástico de Nagada II (hacia 3500-3100 a. C.), las embarcaciones egipcias pasaron, de ser hechas con fardos de juncos, a convertirse en grandes barcos construidos con tablas de madera. Las pinturas rupestres primitivas sugieren que algunas tenían más de 15 m de eslora y podían transportar a una tripulación de 32 hombres. Los barcos de remos existían ya a principios del cuarto milenio a. C. Los modelos de barcos realizados en arcilla hallados en Merimda Beni Salama, en el Delta, datan de finales del quinto milenio a. C.

En la época tinita, las técnicas de construcción de barcos en Egipto estaban muy perfeccionadas. En Abido, los hoyos para las barcas (*véase* pág. 172), relacionados con el complejo funerario de la Dinastía I, de hacia 3000 a. C., han revelado la existencia de una flota de barcos de entre 15 y 18 m de eslora. Pero quizás el mayor descubrimiento de este período es el de una barca del faraón Quéope, constructor de la Gran Pirámide (*véase* pág. 158). La nave, enterrada por piezas junto a la pirámide, se acaba de reconstruir y parece que medía nada menos que 43,8 m de eslora.

Desde siempre, las embarcaciones servían para transportar personas entre poblaciones durante la época de crecidas, llevar pasajeros de un extremo a otro del río y transportar ganado, cereales y

Escena del Libro de los Muertos *del sacerdote Chensumose, en el que éste aparece navegando por las aguas del más allá en una nave parecida a un* pequeño esquife aparejado para aprovechar el viento del norte que predominaba en el Nilo. Dinastía XXI (hacia 1075-945 a. C.).

otros productos. También en las campañas militares, y desde la Dinastía V, los carpinteros egipcios empezaron a construir barcos capaces de navegar en mar abierto.

Junto con el asno –principal medio de transporte terrestre– las embarcaciones hacían posible la integración económica y política del país. Las capitales de los nomos o provincias (*véase* pág. 27) estaban conectadas con la capital a través de los barcos y las falucas que transportaban los productos locales hasta los almacenes reales. La aparición de un Estado real en Egipto a menudo iba ligada a la coordinación de la cosecha del grano y a otras actividades desarrolladas como parte de una estrategia para evitar las consecuencias negativas que pudiese ocasionar un año de malas cosechas en un distrito determinado. En tiempos faraónicos, el cereal procedente de diversos distritos se almacenaba en un granero centralizado y podía transportarse a través del río hasta cualquier área afectada por la hambruna.

Los puertos y muelles artificiales que se construían para acoger las grandes embarcaciones de carga constituían una constante en el paisaje fluvial de Egipto. Las poblaciones aprovechaban el lado más profundo del canal del Nilo próximo a la orilla para establecer allí sus puertos. También se construían embarcaderos de rocas que se introducían un buen trecho en el río, probablemente en previsión de posibles cambios de curso. El emplazamiento de un gran muelle en Medinet Habu, al oeste de Tebas, construido durante el reinado de Amenhotep III (hacia 1390-1353 a. C.), queda patente por una serie de montículos alargados de tierra procedentes de la excavación del muelle.

Otros muelles importantes fueron los de Menfis y la ciudad de Tanis, en el Delta. El puerto de Tanis se utilizó en tiempos de Tutmosis III (hacia 1479-1425 a. C.) para unir Menfis con la zona oriental del Delta.

UN PAISAJE LIGADO
A UNA CULTURA

El carácter impredecible de las crecidas del Nilo (*véase* pág. 13) ejerció una poderosa influencia en la imaginación de los egipcios. El período inmediatamente anterior a la crecida, cuando el nivel del agua era tan bajo que en algunos lugares una persona podía vadear el río a pie, era una época de inquietud, pues, cuando llegaba la crecida, el río se tornaba un lugar salvaje y peligroso. Los egipcios no consiguieron nunca dominar el río, pero prevenían los efectos negativos de sus crecidas modificando el paisaje para aprovechar las condiciones naturales (por ejemplo, reforzando diques naturales para formar terraplenes). En las épocas en que el nivel del agua era muy bajo, se construían canales artificiales para llevar el agua hasta los secos campos de cultivo. Las depresiones que se inundaban con las crecidas se modificaban para que el agua fluyera de unas a otras, acondicionando zonas situadas en las partes bajas y altas del valle para que contaran con agua suficiente en la época de la siembra. El anhelo de orden que permitía a los egipcios que su concepción del mundo se mantuviera a salvo derivaba en gran medida de la caótica presencia del río en todos los aspectos de su vida cotidiana.

Para los egipcios, todos los seres, incluidos el faraón y los dioses, se encontraban bajo el dominio del principio cósmico de la *maat*, personificado en Maat, la diosa del orden, la justicia y la bondad. El orden cósmico se basaba en el movimiento del dios Re, el Sol, el otro elemento natural fundamental que regulaba el ritmo vital de los habitantes de Egipto. El dios del Sol, según se creía, viajaba cada día a través del cielo en una barca, y regresaba, atravesando el más allá o mundo inferior, hasta un punto que se encontraba debajo del horizonte oriental (*véanse* págs. 118–119). Este tipo de embarcaciones mitológicas se basaban en los navíos que se veían ir y venir a lo largo de las riberas del Nilo.

El encargado del orden en la Tierra era el faraón, expresión del dios Horus, hijo de Osiris e Isis (*véanse* págs. 134–135). Según los textos religiosos más antiguos y

Ceremonia en la que se pesaba el corazón (véase pág. 137) ante el dios Osiris, cuyo rostro se pintaba de color verde (hoy descolorido por el tiempo) por su relación con el crecimiento de las plantas y la renovación anual de las tierras regadas por el Nilo. En esta escena extraída del Libro de los Muertos de Nefer-Is *(hacia 350 a. C.), aparece agasajado con ofrendas que representan la riqueza de Egipto.*

otras referencias literarias y artísticas posteriores, Osiris enseñó a la gente a sacar partido del Nilo mostrándoles los secretos de la agricultura y la civilización.

Osiris murió asesinado por su hermano Set, identificado con las fuerzas del mal y del caos. Más tarde, volvió a la vida como rey del mundo de los muertos, desde donde ordenaba que las aguas renovadoras de la vida trajeran su crecida anual.

El concepto egipcio del tiempo se basaba en la salida y la puesta de sol, así como en el ciclo del Nilo, dividido en tres etapas: la estación seca, un período intermedio y la época de las crecidas. El espacio cósmico tenía cuatro límites: el sur (las fuentes del Nilo), el norte (donde brillaba la estrella polar), el este (por donde salía el sol) y el oeste (por donde se ponía). El tiempo y el espacio se ligaban, pues, a los dos elementos más importantes de la cosmología egipcia, y éstos, a su vez, con el orden cósmico, con la vida, la muerte y el renacimiento.

LAS DEIDADES DEL NILO

Aunque era Osiris quien ordenaba la crecida anual, el dios que más se asociaba con el río era Hapi, representado con forma humana, un enorme vientre y pechos colgantes. Esta corpulencia representaba la generosidad del Nilo, cuyas aguas regaban las tierras que alimentaban Egipto. Los himnos dedicados al Nilo hablaban de su generosidad y abundancia, expresando alegría ante su llegada y dolor por la difícil situación del país cuando la crecida no aparecía. Ésta se celebraba con rituales de acción de gracias y grandes muestras de júbilo en honor a Hapi, la divinidad del río. El dios se representaba con una planta de papiro, otro símbolo de los dones del Nilo, brotando sobre su cabeza.

El Nilo era considerado un río de fuerzas creadoras. Se creía que nacía en el inframundo o mundo de los muertos, con el que estaba conectado mediante un manantial subterráneo. Desde allí, se abría paso hasta la superficie entre rocas de granito cerca de la Primera Catarata, junto a Elefantina, en el extremo sur del país. Como fuente de la fertilidad de Egipto, el supuesto lugar de nacimiento del río estaba ligado al dios creador con cabeza de carnero Cnum, que, según se creía, había creado a la humanidad con arcilla del Nilo en un torno de alfarero. Satis, consorte de Cnum en el sur, juntamente con Anucis, eran veneradas como las divinidades portadoras del agua fresca. Satis aparecía representada vertiendo agua sobre la tierra para hacer crecer en ella la vida. Al contrario que Cnum, tenía forma humana y llevaba en la cabeza la corona del Alto Egipto entre dos cuernos de gacela.

Las criaturas que poblaban el Nilo, como el hipopótamo, el cocodrilo y los peces, también se veneraban como dioses de la fertilidad. La diosa rana Heket se reverenciaba como divinidad asociada al nacimiento y la procreación, al igual que la diosa hipopótamo, Tueris. En el mito de Isis y Osiris, se decía que Heket había ayudado a Isis a insuflar en el fallecido Osiris un breve aliento de vida con el fin de que pudiera ser el padre del dios Horus (*véase* texto principal).

SUPERIOR: *Fragmento de vidrio coloreado en el que se muestra a Hapi, el dios relacionado con la crecida del Nilo; período grecorromano, siglo III a. C.-siglo I d. C.*
INFERIOR: *Relieve de la tumba de Mereruka, Dinastía V, en el que aparece una escena de caza junto al lecho de papiros del Nilo. Algunos animales se relacionaban con divinidades, como el cocodrilo, el hipopótamo, el ibis o los peces.*

● CAPÍTULO 2

TRES IMPERIOS Y TREINTA Y UNA DINASTÍAS

Los egipcios no fueron ni mucho menos el primer pueblo que adquirió los requisitos necesarios para convertirse en civilización –el arte de la agricultura y el nacimiento de la vida urbana–. Ahora bien, una vez que éstos quedaron establecidos, las tierras del Nilo desarrollaron una cultura extraordinariamente duradera. Durante la mayor parte de su historia antigua, Egipto estuvo bajo el poder de los faraones, monarcas dotados de la condición de dioses. Durante tres mil años, el poder del faraón se extendió, no sólo entre los egipcios, sino también por todas las tierras civilizadas de África y Oriente Próximo.

Los primeros tiempos del antiguo Egipto
20

La primera nación Estado 22

El esplendor del Estado unitario 24

La primera ruptura de la unidad 26

La gran Dinastía XII 28

El segundo conflicto dinástico 30

Desde la recuperación al Imperio 32

Desunión y gobierno extranjero 36

Un reino conquistado 38

SUPERIOR: *Parte de una lista de nombres de los predecesores en el trono de Rameses II, procedente de su templo de culto en Abido. Estas listas aportan información básica para conocer la cronología del antiguo Egipto, aunque algunos faraones, como el «herético» Ajenatón (véanse págs. 128-129) y sus sucesores inmediatos, se omitían sistemáticamente.*

LOS PRIMEROS TIEMPOS DEL ANTIGUO EGIPTO

Egipto inició su andadura hacia la civilización bastante tarde, si lo comparamos con otras regiones de Oriente Próximo. Sin embargo, una vez que echó raíces, la gran civilización del Nilo fue la más duradera de todas, extendiéndose a lo largo de más de tres mil años desde la aparición del primer reino unificado hasta el declive de la cultura egipcia antigua a principios de la era cristiana.

Durante la mayor parte de su historia antigua, Egipto estuvo gobernado por reyes o faraones, que antiguamente se agrupaban en treinta y una dinastías (*véase* columna de la derecha, pág. sig.). Algunos egiptólogos tienden a contar las épocas macedonia y ptolemaica como las números 32 y 33 respectivamente, y han añadido otra más, la llamada Dinastía «0», para incluir a los primeros reyes. Las dinastías, a su vez, se subdividen en varios períodos, tres de los cuales se consideran claves en la historia de Egipto: el Imperio Antiguo (los tiempos de las primeras pirámides); el Imperio Medio (dinastías XI-XII), y el Imperio Nuevo (que coincidió con el reinado de grandes reyes guerreros como Tutmosis III o Rameses II).

Las primeras muestras de vida civilizada, como la aparición de la agricultura y las ciudades, no llegaron a Egipto hasta el sexto milenio a. C., unos dos mil años más tarde que a Anatolia, Mesopotamia, Siria y Palestina. Tal vez fuera por las riquezas naturales de Egipto, más que por un posible retraso cultural: se sabe que las sabanas que rodeaban el Valle del Nilo acogían una gran abundancia de plantas y animales hasta que el área quedó desértica, hacia 2000 a. C. Los orígenes de la

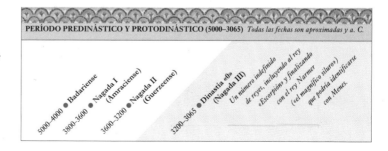

PERÍODO PREDINÁSTICO Y PROTODINÁSTICO (5000–3065) *Todas las fechas son aproximadas y a. C.*

5000–4000 ● Badariense
3800–3600 ● Nagada I (Amraciense)
3600–3200 ● Nagada II (Guerzeense)
3200–3065 ● Dinastía «0» (Nagada III) Un número indefinido de reyes, incluyendo al rey «Escorpión» y finalizando con el rey Narmer («el magnífico siluro») que podría identificarse con Menes.

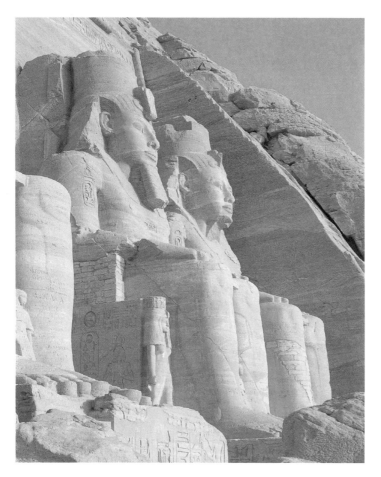

Uno de los dos pares de colosales estatuas del faraón Rameses II (véase pág. 35), que flanquean la entrada al templo de Abu Simbel, en la Baja Nubia. El reinado de Rameses II (hacia 1289-1224 a. C.) –el más largo de la época imperial egipcia– es uno de los períodos mejor documentados de la historia de Egipto. Como muchos de los monumentos dedicados a él que han sobrevivido, el templo de Abu Simbel cuenta con relatos escritos sobre los acontecimientos que tuvieron lugar durante su reinado.

LA HISTORIA ESCRITA

El corpus empleado en la actualidad para mostrar la historia del antiguo Egipto no consta sólo de investigaciones modernas, sino que también se basa en fuentes de la antigüedad. La división en dinastías proviene de una historia de Egipto escrita por Manetón, sacerdote egipcio que escribía en griego en el siglo III a. C., quizás para el rey Ptolomeo I. La mayoría de sus escritos, que identificaban treinta y una dinastías antes de la de los ptolemaicos, se han perdido, pero otros autores antiguos lo citan en ocasiones y los primeros escritores cristianos conservaron un resumen de su contenido.

El relato de Manetón cita materiales de autenticidad probada, como las listas de reyes (*véase* ilustración, pág. ant.), monumentos y textos literarios que narraban sucesos de la época en que fueron escritos. Sin embargo, la obra plantea otros problemas aparte de la forma abreviada en que ha llegado hasta nosotros. Manetón no es crítico con sus fuentes, y, además, el texto que nos ha llegado está plagado de errores. La mayoría de los investigadores usa la obra de Manetón sólo como complemento de otros hallazgos arqueológicos más sustanciales y fiables.

La división de la historia de Egipto en tres «imperios» (*véase* texto principal) también tiene un origen antiguo. Pertenece a una lista de antepasados reales hallada en el templo funerario de Rameses II (hacia 1289-1224 a. C.), Tebas Oeste, al inicio de la cual se hallan los tres grandes reyes que unificaron Egipto: Menes, de la Dinastía «0» o I (*véase* pág. 23); Nebhepetre Mentuhotep II, de la Dinastía XI, y Amosis, fundador de la Dinastía XVIII.

civilización egipcia se remontan a un gran número de culturas del Neolítico tardío surgidas hacia 5000 a. C. y que, al cabo de otros mil años, se desarrollaron hasta dar lugar a las diferentes culturas regionales del Alto y el Bajo Egipto.

En los cuatro últimos milenios a. C., la autonomía de la cultura del norte se vio amenazada por el Alto Egipto, que se reveló como un fuerte y agresivo rival. El desarrollo de esta cultura al sur de Egipto puede dividirse en una serie de etapas conocidas por los nombres de los yacimientos arqueológicos: Badariense, Nagada I (o Amraciense), Nagada II (o Guerzeense) y Nagada III (o Dinastía «0»). En general, esta etapa se llama período «predinástico» y «protodinástico» (*véase* tabla).

El período Nagada II conoció el auge de una cultura próspera y unitaria en el Alto Egipto, con un poder político consolidado en poblaciones como Hicracómpolis (*véase* pág. 69), Nagada y Tinis. Empezaron a extenderse los conceptos clásicos egipcios de la autoridad divina, incluida la identificación del rey con el dios de los cielos, Horus. En los últimos años del período predinástico, la penetración cultural del Bajo Egipto en el sur iría seguida, inevitablemente, por un aumento gradual del poder político del norte (*véanse también* págs. 106-107).

LA BATALLA ENTRE HORUS Y SET
El aparente abandono de Horus en favor de Set por parte del rey Peribsen (*véase* texto principal) se interpretó como un claro ejemplo del antagonismo entre Horus y Set en el pensamiento religioso de los egipcios. Los teólogos de Heliópolis crearon un panteón en el que el antiguo dios del cielo, Horus («el que está en lo más alto»), con quien se identificaban los faraones, pasó a ser el hijo del dios Osiris y de su hermana y consorte Isis. Osiris fue rey de Egipto durante el «período de los dioses», una era primitiva en la que se decía que las divinidades gobernaban la Tierra. Pero Set mató a Osiris y se apoderó del trono, y cuando Horus creció y se convirtió en un hombre, derrotó al usurpador. Su lucha, conocida como la *Disputa entre Horus y Set*, fue descrita por vez primera en los *Textos de las Pirámides* (*véase* pág. 188) y se ha convertido en uno de los principales episodios de la literatura épica egipcia (*véanse también* págs. 134-135).

LA PRIMERA NACIÓN ESTADO

La consolidación del Estado egipcio se dio de forma gradual durante un período que abarca desde los últimos años de la época predinástica hasta principios de la Dinastía I. Una tradición tardía afirma que las dos primeras dinastías tenían su capital en Tinis, en el Alto Egipto, y es cierto que, desde la Dinastía «0» hasta el final de la Dinastía II, los reyes del Alto Egipto que conquistaron el norte fueron enterrados en Abido, no lejos de Tinis. Estos primeros monarcas se conocen como los «Seguidores de Horus», ya que sus nombres aparecen escritos en un panel o *serej* que incluye la imagen de una fachada de palacio ( ) coronada con un halcón ( ), identificado con el dios Horus. El nombre que aparece en el *serej* se conoce como «nombre de Horus». El paso que llevó a la unificación de Egipto tuvo lugar hacia el comienzo de la Dinastía I, bajo el reinado de los Seguidores de Horus Narmer («el magnífico siluro») y Aha («el Luchador»). Aha trasladó el centro de su gobierno a los alrededores de Menfis (*véanse también* págs. 106-107).

Probablemente, el mayor logro conseguido por los primeros monarcas de Egipto fuese el de forjar, no sólo un Estado poderoso, sino también una conciencia nacional en una serie de regiones muy alejadas entre sí y con unas arraigadas costumbres locales. El principal instrumento para la construcción de esta «nación» fue precisamente el poder del rey, quien, a pesar de reservar los más altos cargos a los miembros de la familia real, se vio obligado a depender cada vez más de una burocracia formada por plebeyos. Las tumbas de los funcionarios de las primeras dinastías revelan tanto las recompensas por los servicios prestados a la corona como la aparición de una civilización cada vez más unificada culturalmente.

Muchas de las instituciones clásicas del gobierno y la sociedad egipcios se crearon durante este primer período dinástico, aunque resulta difícil trazar una descripción exacta del modo en que se desarrollaron. De los anales de finales del Imperio Antiguo sólo nos han llegado algunos fragmentos, y éstos no dicen nada sobre los cambios ideológicos que, como parece evidente, la monarquía se vio forzada a realizar a lo largo del tiempo. Por ejemplo, a finales de la Dinastía II, el rey Peribsen (que reinó hacia 2700 a. C.) tomó la identidad del dios Set además de la de Horus (o en sustitución de ella). Lo que Peribsen pretendía, simplemente, era congraciarse con los seguidores de Set en el Alto Egipto, algo que no parece que

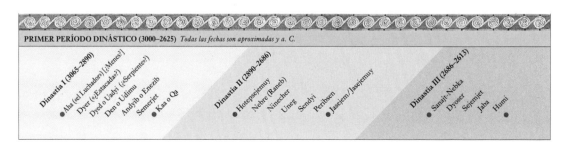

PRIMER PERÍODO DINÁSTICO (3000-2625) *Todas las fechas son aproximadas y a. C.*

Dinastía I (3065-2890)
• Aha («el Luchador») [¿Menes?]
Dyer («¿Estacadar?»)
Dyed o Uadyi («¿Serpiente?»)
Den o Udimu
Andyib o Enezib
Semerjet
• Kaa o Qa

Dinastía II (2890-2686)
• Hotepsejemuy
Nebre (Raneb)
Ninecher
Uneg
Sendyi
Peribsen
• Jasejem / Jasejemuy

Dinastía III (2686-2613)
• Sanajt-Nebka
Dyoser
Sejemjet
Jaba
• Humi

le causara demasiadas hostilidades, habida cuenta de que el culto a Peribsen sobrevivió hasta la Dinastía IV.

En cualquier caso, la medida fue adoptada asimismo por Jasejem, el último rey de la dinastía, que proclamó que «los dos dioses que se encuentran en [el reino] están en paz». Este *serej* es el único que cuenta con la imagen de Set junto a la de Horus, pues sus sucesores volvieron a colocar únicamente el halcón.

A principios de la Dinastía III, las tumbas de los reyes se trasladaron de Abido a Menfis, en parte, quizá, para convertir la reciente ciudad en capital de toda la nación. En efecto, el complejo de la Pirámide Escalonada del rey Dyoser (hacia 2650 a. C.), en Saqqara (*véanse* págs. 178-179), no sólo es el monumento más grandioso dedicado a la monarquía hasta la fecha, sino también la muestra más explícita del estatus del rey como «Señor de las Dos Tierras».

MENES, EL LEGENDARIO UNIFICADOR DE EGIPTO

En la tradición egipcia, la unificación de las «Dos Tierras» se atribuye al legendario rey Meni (mencionado como Min y Menes en las fuentes griegas), que, según se cuenta, fundó la ciudad de Menfis en la frontera entre el Alto y el Bajo Egipto. En el siglo V a. C., los sacerdotes egipcios aseguraron al historiador griego Heródoto (*Historias*, Libro Segundo) que Min había sido el primer rey de Egipto, y por esta razón reclamaban la tierra que rodeaba la ciudad que fundó, Menfis. Cuando Manetón escribió su historia de Egipto dos siglos más tarde (*véase* pág. 21), identificó, confiado, a Menes como el primer rey de Egipto, añadiendo que «realizó una expedición al extranjero y ganó gran renombre, aunque lo mató un hipopótamo».

Pero la tradición de Menes como el primer rey de Egipto sólo llega hasta el siglo XV a. C., cuando en los monumentos de la Dinastía XVIII aparece el legendario unificador Meni. Éste se suele identificar con el rey Narmer, que aparece en una tablilla de pizarra ceremonial triunfando sobre el pueblo del Delta y portando la tradicional doble corona de los dos reinos egipcios (*véase* ilustración). No obstante, el nombre o título Meni no aparece registrado en relación con Narmer ni con ningún otro rey de los Seguidores de Horus del Imperio Antiguo, mientras que el

La «tablilla de Narmer», de finales del período protodinástico, muestra al rey Narmer, a menudo identificado con Menes, con la corona del Alto Egipto y sometiendo al pueblo del Delta. En el reverso de la pizarra aparece portando la corona del Bajo Egipto.

nombre Men se relaciona con otros monarcas del mismo período. Podría haberse tratado de un nombre personal del rey, opuesto al «nombre Horus» oficial, como Narmer o Aha (*véase* texto principal). Otro título real era el de «las Dos Señoras». Una etiqueta de marfil de Aha muestra al rey delante de una estructura en la que aparece la inscripción el de las «Dos Señoras *Men*». Incluso en el caso de que la palabra Men no se refiera a Aha como el rey que convirtió Menfis en la capital de Egipto, sí que vemos un claro intento por parte del rey de que se le identifique con el legendario Menes.

Se ha sugerido, asimismo, que Menes pudo haber sido una construcción histórica: el egipcio *Men-i* puede significar «Así y así quien vino una vez». Según otra teoría, el nombre podría representar un deliberado intercambio de sílabas de la palabra Amón o Amen, dios que en el Egipto imperial se consideraba como el «padre» del faraón.

EL ESPLENDOR
DEL ESTADO UNITARIO

En la época de la Dinastía IV, los escultores egipcios habían alcanzado un nivel de maestría con la piedra nunca superado. Probablemente el ejemplo más bello de escultura del Imperio Antiguo del que se tiene noticia es esta estatua maravillosamente modelada del rey Jafre o Quefrén, constructor de la segunda pirámide de Guiza (véanse págs. 184-185).

La civilización egipcia antigua alcanzó su época de mayor esplendor durante el Imperio Antiguo (de la Dinastía III a la VI). El poder real, representado por los grandiosos complejos de las pirámides (*véanse* págs. 168-191), nunca fue tan grande como en este período, y el prestigio internacional de Egipto, del que se vanaglorian con orgullo los textos oficiales, se refleja asimismo en los hallazgos arqueológicos de Asia, Nubia y los desiertos que rodean el Valle del Nilo.

Bajo el reinado de Esnofru (hacia 2613 a. C.), fundador de la Dinastía IV, la tumba real se convirtió en una verdadera pirámide, quizá como símbolo de los rayos de sol inclinados que debían conducir al faraón hasta su última morada en los cielos. El soberano, que ahora no sólo personificaba a Horus, sino también al dios Sol, Re, poseía el título real *Sa-Re* («hijo de Re»), que empezó a utilizarse hacia la mitad de la Dinastía IV. La costumbre de construir templos dedicados al Sol puede verse en las tumbas de los reyes de la Dinastía V (*véase* pág. 188), mientras que los *Textos de las Pirámides*, una antología de escritos grabada en las paredes interiores de las pirámides desde finales de la Dinastía V en adelante, insistían una y otra vez en que «el rey pertenece a los cielos».

El poder real, centralizado en la residencia que cada monarca poseía junto al complejo de su pirámide, se basaba en un gobierno dejado cada vez más en las manos de plebeyos de confianza. Durante la Dinastía IV, los altos cargos eran personas del entorno de la familia real, aunque más tarde los desempeñaron individuos de clase baja a los que en ocasiones concedían el título honorífico de «Hijo del Rey». A la cabeza de la administración se encontraba el ministro en jefe (o bien dos ministros) que presidían los diferentes departamentos gubernamentales: el granero y el tesoro, las obras públicas, el poder judicial y la administración civil. A los funcionarios, repartidos por todo el país, se les adjudicaban diferentes labores dictadas por las necesidades del momento o la forma de llevar el gobierno de cada rey. En lugar de un ejército permanente, existían milicias locales que se enviaban al campo de batalla cuando era necesario. Los templos se construían mediante una cédula real, pero en tiempos de carestía otros departamentos podían requisar sus propiedades o su mano de obra a menos que éstas gozasen de una exención.

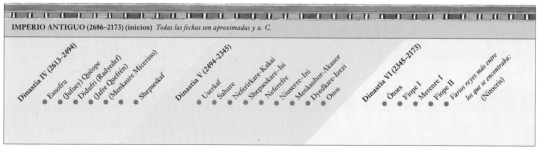

IMPERIO ANTIGUO (2686–2173) (inicios) *Todas las fechas son aproximadas y a. C.*

Dinastía IV (2613-2494) · Esnofru · (Jufuey) Quéope · Didufri (Radyedef) · Jáfre (Quefrén) · (Menkaure Micerino) · Shepseskaf

Dinastía V (2494-2345) · Userkaf · Sahure · Neferirkare-Kakai · Shepseskare-Isi · Neferefre · Niuserre-Ini · Menkauhor-Akauor · Dyedkare-Izezi · Onos

Dinastía VI (2345-2173) · Ótoes · Fíope I · Merenre I · Fíope II · *Varios reyes más entre los que se encontraba:* (Nitocris)

QUÉOPE: EL ORIGEN DE UNA LEYENDA

El rey Jufu, más conocido por su nombre griego Quéope, ha sido totalmente eclipsado por su monumental tumba, la Gran Pirámide de Guiza. Al parecer fue una figura bastante sombría, y así aparece incluso en los pocos y fragmentarios escritos de su época, aunque la mayor parte de los conocimientos que poseemos acerca de su reinado (casi todos ellos sobre su familia y sus funcionarios) proceden de tumbas situadas cerca de su colosal monumento funerario. Sin embargo, pocos son los datos históricos que se desprenden de estas fuentes. En otro tiempo se creía que algún misterio había rodeado el segundo entierro de la madre de Quéope en Guiza tras el robo de su tumba: se creía que los cortesanos habían conspirado para averiguar toda la verdad de boca del rey. Pero esta historia no va más allá de una simple disputa. La supuesta enemistad entre los miembros de la familia real, en la que se hallarían implicados los hijos y los sucesores de Quéope, también se está cuestionando actualmente. Ni siquiera contaríamos con imágenes del rey a no ser, afortunadamente, por la pequeña estatuilla descubierta en dos pedazos en el templo de Osiris en Abido, en el Alto Egipto (*véase* ilustración).

Esta pequeña estatuilla de marfil es la única representación que se ha hallado de Quéope, el constructor de la Gran Pirámide.

El monumento encargado por Quéope ha extendido asimismo su sombra sobre la reputación de este personaje histórico. La literatura egipcia tardía lo presenta como una figura inflexible y autoritaria, en especial a causa de un relato popular recogido en el *Papiro westcar*. En esta historia, un mago llamado Dyedi, capaz de devolver a los muertos a la vida, se presenta ante el rey: «Su Persona [Quéope] dijo: "Dame un prisionero para que se le pueda infligir ese castigo [es decir, matarlo y devolverlo a la vida de nuevo]"». Pero Dyedi protesta: «Oh, mi soberano y señor: ¡vida, salud, fuerza! [...] No está ordenado que ese tipo de cosas puedan hacerse [a un ser humano]». Quéope cede y Dyedi demuestra su magia con una oca y un buey.

Hacia el siglo V a. C., la tradición decía que Quéope se había convertido en un tirano a causa de su obsesión por acabar la Gran Pirámide. Los sacerdotes contaron al historiador griego Heródoto que, con el fin de conseguir más dinero para el proyecto, Quéope se apoderó de las propiedades de los templos de todo Egipto e incluso obligó a su propia hija a trabajar en un burdel. La tradición de un Quéope tiránico y cruel ha llegado hasta nuestros días, pues se suele entretener a los turistas relatándoles este tipo de historias.

Como en época tinita, algunos acontecimientos acaecidos en el Imperio Antiguo pueden averiguarse gracias a los registros de la época. Hoy en día se pone en duda que hubiera una disputa entre los hijos de Jufu o Quéope (*véase* recuadro), tal como se creía. Del mismo modo, la tradición popular que habla de la rivalidad entre los últimos reyes de la Dinastía IV y sus sucesores de la Dinastía V sigue discutiéndose todavía. Las autobiografías encontradas en las tumbas de funcionarios de la Dinastía VI aportan pocos datos concretos, aunque el relato de los sucesos resulta más coherente. En el Alto Egipto, algunas familias se atrincheraron en sus puestos de nomarcas hereditarios, es decir, gobernadores de los «nomos» o provincias (*véase* pág. 27). Dos mujeres de una de estas familias llegaron a ser incluso esposas de Fiope I (hacia 2283 a. C.) y madres de sus dos sucesores, Merenre y Fiope II. Los desafíos para los faraones aumentaron con la formación de pequeños Estados en Nubia que hicieron crecer las fricciones entre Egipto y sus vecinos del sur durante el largo reinado de Fiope II.

LA PRIMERA RUPTURA DE LA UNIDAD

Estatua procedente de Tebas del faraón Nebhepetre Mentuhotep II, el más grande de los soberanos de la Dinastía XI, que reunificó Egipto y reinó durante medio siglo (hacia 2061-2010 a. C.). Sobre su cabeza lleva la Corona Roja del Bajo Egipto.

Durante los últimos años del Imperio Antiguo, Egipto se vio inmerso en una crisis que se había estado gestando desde hacía mucho tiempo. Tras la extravagancia de la construcción de las pirámides durante la Dinastía IV, el tamaño de las tumbas se redujo considerablemente, así como el cuidado con el que eran construidas. La financiación de monumentos funerarios por parte de la realeza y las familias privadas había hecho estragos en una economía de carácter centralizado, y en los documentos procedentes de las pirámides de la Dinastía V se habla de reducciones y de redistribución de las dotaciones. Estos problemas económicos iban ligados, probablemente, a la progresiva sequía que asoló todo Oriente Próximo a finales del tercer milenio a. C. La necesidad de hacer frente a los efectos de unas crecidas insuficientes pudo ser una de las causas de la descentralización del poder que tuvo lugar durante la Dinastía VI, cuando los nomarcas se atrincheraron en las diferentes provincias (*véase* recuadro, pág. sig.). Sus descendientes, pocas generaciones más tarde, hablarían de una gran escasez de agua y de que habían tenido que proteger a su pueblo de la hambruna.

La crisis alcanzó su punto culminante hacia 2200 a. C., durante el largo reinado de Neferkare Fiope II (*véanse* págs. 24-25), el último rey de cierta relevancia del Imperio Antiguo. Durante bastante tiempo después de su muerte, los reyes continuaron conservando la capital en Menfis (los últimos soberanos de la Dinastía VI, así como los de las dinastías VII y VIII). La mayoría de ellos fueron figuras muy oscuras, y en las raras ocasiones en que salían a la luz, eran rápidamente eclipsados por los nomarcas del sur, que eran quienes en realidad gobernaban el Alto Egipto. Tras la desaparición de los últimos reyes de Menfis (hacia 2160 a. C.), el nomarca de Heracleópolis, en el nomo número veinte del Alto Egipto, (*véase* mapa, pág. sig.), reclamó el poder con el nombre de Áctoes I. Sus descendientes de las dinastías IX y X recibieron el apoyo del Bajo Egipto y de otros nomarcas del Egipto Medio, pero al cabo de una o dos generaciones tuvieron que competir por el poder con la recién creada Dinastía XI (hacia 2133 a. C.), originaria de Tebas. Entonces comenzó un prolongado conflicto entre los dos regímenes,

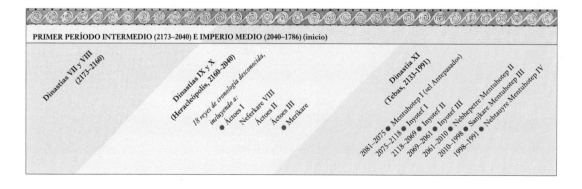

PRIMER PERÍODO INTERMEDIO (2173–2040) E IMPERIO MEDIO (2040–1786) (inicio)

Dinastías VII y VIII
(2173–2160)

Dinastías IX y X
(Heracleópolis, 2160–2040)
18 reyes de cronología desconocida,
incluyendo a:
● Áctoes I
● Neferkare VIII
● Áctoes II
● Áctoes III
● Merikare

Dinastía XI
(Tebas, 2133–1991)
2081–2075 ● Mentuhotep I (el Antepasado)
2075–2118 ● Inyotef I
2118–2069 ● Inyotef II
2069–2061 ● Inyotef III
2061–2010 ● Nebhepetre Mentuhotep II
2010–1998 ● Sanjkare Mentuhotep III
1998–1991 ● Nebtauyre Mentuhotep IV

puesto que Heracleópolis se veía incapaz de eliminar a su rival y los tebanos no conseguían avanzar más allá del nomo de Tinis (probablemente el nomo número ocho del Alto Egipto; *véase* mapa).

Pero bajo el reinado de Nebhepetre Mentuhotep II, Tebas utilizó los recursos de Nubia, que habían permanecido fuera del control de Egipto desde finales del Imperio Antiguo, para sobornar a la mayoría de los partidarios del régimen de Heracleópolis en el Egipto Medio. Finalmente, Nebhepetre reunificó el país tras la derrota de Heracleópolis hacia 1980 a. C.

Bajo la Dinastía XI, Egipto se recobró con rapidez de las guerras civiles que habían dividido el país durante largo tiempo. Sin embargo, a pesar de la construcción de diversos proyectos y de otros gestos públicos, el centro de la dinastía siguió estando demasiado al sur para satisfacer a las reunificadas «Dos Tierras». La residencia real permaneció en los confines de Tebas (en aquella época todavía bastante lejos), y las quejas por abandono en las regiones fronterizas del nordeste del Delta no fueron en absoluto injustificadas (aunque más tarde se convertirían en una batalla propagandística declarada). Amenemes, primer ministro de Nebtauyre Mentuhotep IV (hacia 1998-1991 a. C.), tomó el poder y, hacia 1938 a. C., pasó a convertirse en fundador de una nueva dinastía. Con Amenemes I se inició el llamado Imperio Medio, que los egipcios de épocas posteriores considerarían un digno sucesor de las glorias del Imperio Antiguo.

LOS NOMOS Y LOS MONARCAS

El antiguo Egipto se dividía en provincias o «nomos», nombre con el que se conocían entre los griegos, cuya administración dirigían los gobernadores provinciales o «nomarcas». El sistema de nomos se remonta al menos a principios del Imperio Antiguo, a la Dinastía III. En este período, el nomarca se veía obligado durante su carrera a servir en diferentes provincias y en otras ramas de la administración civil. Como servidor público, cuando moría se le enterraba en el cementerio de la capital, Menfis.

Sin embargo, desde la Dinastía V, algunos nomarcas empezaron a realizar sus funciones en un solo nomo, con lo que pasaron a vivir y a ser enterrados en él. Esta descentralización del poder, junto con el derecho hereditario a nombrar gobernadores de sus provincias a los propios descendientes, se convirtió en algo habitual a finales de la Dinastía VI. Desde esa época, cada vez fueron más los gobernadores que adoptaron el característico título de «Gran Jefe del Nomo X». Sus impresionantes tumbas, situadas con mayor frecuencia en el Alto y Medio Egipto en lugar de en los alrededores de Menfis, dan una idea de su poder e independencia, en contraste con el escaso legado dejado por los reyes contemporáneos suyos, desde la Dinastía VI a la VIII. Estos grandes monumentos muestran lo que sin duda fue una anomalía en los primeros años del antiguo Egipto: un conjunto de funcionarios reales convertido, por un tiempo, en una nobleza hereditaria.

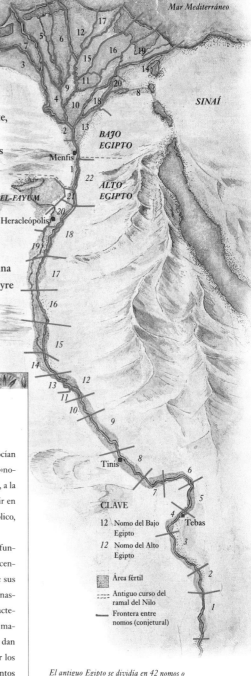

El antiguo Egipto se dividía en 42 nomos o provincias, de las que 22 se hallaban en el Alto Egipto y 20 en el Bajo Egipto. El Fayum y otros oasis no se administraban como parte del sistema de nomos. Las fronteras entre provincias son aproximadas.

LA GRAN DINASTÍA XII

Los reyes de la Dinastía XII alcanzaron renombre debido a sus grandes construcciones públicas. Amenemes III (hacia 1843-1797 a. C.), que aparece aquí retratado como un dios del Nilo, llevó a cabo uno de los proyectos más ambiciosos de la época, la recuperación masiva de las tierras del oasis del Fayum. La reducción del lago de Moeris (hoy llamado Qarum) aumentó considerablemente el área de tierra cultivable en esa rica región del Valle del Nilo.

Los inicios de la Dinastía XII y del Imperio Medio bajo el reinado de Amenemes I, estuvieron marcados por notables logros, por un lado, y por evidentes problemas de crecimiento, por otro. El compromiso con el norte, prometido por Amenemes I, tomó forma a través de una nueva fortaleza llamada la «Muralla del Príncipe», que protegía la frontera oriental del Delta. La residencia real volvió a situarse en el sur, en un lugar próximo a la antigua Menfis llamado Ittauy («[Amenemes es] el Conquistador de las Dos Tierras»), probablemente el actual el-Lisht. Amenemes confirmó asimismo los derechos de los nomarcas, a quienes permitió que siguiesen constituyendo una clase noble y hereditaria en el Egipto Medio después de los cambios producidos al final de la guerra civil (*véanse* págs. 26-27). El nuevo rey trataba con ellos con firmeza, pero también con diplomacia.

No obstante, los problemas llegaron desde el interior mismo de la familia real. Obras literarias como *La historia de Sinuhé* (la supuesta autobiografía de un cortesano que huyó a Asia para escapar del tumulto político en Egipto) y *Enseñanzas de Amenemes I* (del que se decía que era el último testamento del rey) son un retrato tanto del rey como de su hijo, Sesostris I, asediados por la deslealtad de sus propios allegados. Por tanto, o bien Amenemes fue asesinado, o bien nombró a su hijo corregente para equilibrar su reinado (hacia 1971-1928 a. C.).

Cualquiera que fuese el verdadero origen de la crisis, la dinastía capeó el temporal y consiguió establecer un período de notable expansión, estabilidad y grandes logros. Los ocho reyes gobernaron, como media, durante más de veintidós años cada uno, después del accidentado acceso al trono de Sesostris I. Nada modificó la ordenada sucesión de padres a hijos hasta el final de la dinastía, cuando la temprana muerte de Amenemes IV hizo subir a su hermana Sebeknefrure al trono, una de las pocas mujeres que reinó en Egipto.

En lo que respecta a sus relaciones con el exterior, la Dinastía XII continuó la política del Imperio Antiguo de mantener el mundo circundante a una prudente distancia. En Nubia, Amenemes construyó la primera de una serie de fortalezas que, bajo los reinados de sus sucesores, dominaron la región de la Segunda Catarata del Nilo.

La «Muralla del Príncipe» realizaba una función similar en la frontera nordeste de Egipto. Los documentos de la época muestran la importante relación que exis-

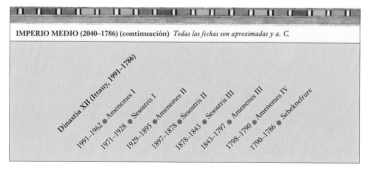

IMPERIO MEDIO (2040–1786) (continuación) *Todas las fechas son aproximadas y a. C.*

Dinastía XII (Ittauy, 1991–1786)

1991–1962 ● Amenemes I
1971–1928 ● Sesostris I
1929–1895 ● Amenemes II
1897–1878 ● Sesostris II
1878–1843 ● Sesostris III
1843–1797 ● Amenemes III
1798–1790 ● Amenemes IV
1790–1786 ● Sebeknefrure

LA LEYENDA DE SESOSTRIS

En el Egipto tardío, los sacerdotes entretenían a sus visitantes griegos y romanos relatándoles la historia de las fabulosas hazañas acometidas por un faraón llamado Sesostris. Sus conquistas, según decían, se extendían desde el África profunda hasta Oriente Próximo, e incluso por la región de Escitia (en el sudoeste de Rusia), algo que ningún otro conquistador posterior –ni siquiera Darío I de Persia o Alejandro Magno– fue capaz de lograr.

Esta imagen de Sesostris constituye, con seguridad, una amalgama de varios faraones guerreros que reinaron a lo largo de toda la historia de Egipto. Sin embargo, en último término, podría limitarse a la de tres reyes de la Dinastía XII llamados Sesostris, en cuyos respectivos reinados la política exterior tuvo una gran relevancia. Sesostris I extendió las fronteras de Egipto al sur y realizó varias incursiones contra los libios, mientras que Sesostris II expandió los lazos comerciales con Nubia y los Estados del oeste de Asia. Por su parte, Sesostris III (*véase* ilustración, pág. 220) marchó personalmente a Asia al frente de sus tropas. Desde la cadena de fortalezas que protegía la frontera sur de Egipto, cuya construcción iniciaron sus predecesores y fue acabada por él, Sesostris III acometió numerosas incursiones en territorio nubio. Al parecer, alcanzó tanto éxito con estas expediciones que, durante mucho tiempo, en el sur se le veneró como un dios.

Deificado ya a finales del Imperio Medio, Sesostris III todavía era venerado por sus grandes sucesores, los faraones guerreros de las dinastías XVIII y XIX, incluidos Tutmosis III y Rameses II (cuyos propios logros, irónicamente, contribuyeron a la leyenda posterior de Sesostris). El vívido y personal relato en el que Sesostris III explica sus conquistas se halla en una piedra encargada por el rey para dejar registradas sus hazañas.

Esta cobra de oro y piedras semipreciosas formaba parte de las insignias reales de Sesostris II, uno de los tres reyes cuya reputación originó la leyenda de Sesostris. La imagen de la cobra hembra, conocida como ureo, *preparada para proteger al soberano y sus tierras, formaba parte de las insignias del faraón desde el Imperio Antiguo (*véase *pág. 109).*

---

tía (en su mayor parte en forma de intercambios comerciales y diplomáticos) entre Egipto y el oeste de Asia, aunque no se sabe si los egipcios mantenían contactos con la superpotencia más cercana, el Imperio babilónico de Hammurabi y sus sucesores.

En el interior del país, el gobierno central fue ganando gradualmente terreno, imponiéndose sobre sus rivales implícitos, como los nomarcas del Egipto Medio. Este proceso, que se completó durante el reinado de Amenemes III, pudo llevarse a cabo, sobre todo, por la paciente política de la familia real consistente en animar a los miembros de las familias nobles a entrar al servicio del rey. De ahí nació un nuevo sistema centralizado, dividido en Alto y Bajo Egipto, cada uno con su primer ministro. El sistema sobrevivió –al menos en principio– hasta el año 1000 a. C. aproximadamente, y fue uno de los grandes logros de un período próspero y pacífico que siempre ocupó un lugar destacado en la memoria de los egipcios de épocas posteriores.

EL SEGUNDO CONFLICTO DINÁSTICO

Egipto permaneció unido bajo el reinado de los faraones de la dinastía XIII, que continuaron residiendo en Ittauy. Según parece, el poder iba rotando entre las diferentes facciones de la burocracia, dando origen a toda una serie de familias reales de corta vida, con lo que la dinastía llegó a tener no menos de cincuenta y cinco reyes. De hecho, el cuerpo de funcionarios del Estado que había sido creado por el poder real parecía haber desaparecido y haber sido absorbido por él.

Finalmente, el régimen fracasó en su intento por mantener la unidad conseguida por la Dinastía XII en el interior y en el extranjero. Tras permitir el gradual deterioro de las defensas establecidas en el sur, el gobierno retiró sus guarniciones. En consecuencia, los fuertes se vieron de nuevo ocupados por las tropas del cada vez más poderoso Estado nubio de Cush. En el norte, algunas partes del Bajo Egipto habían sido invadidas por una población de inmigrantes asiáticos, y un li-

LAS GUERRAS DEL REY KAMOSE

Las victorias de Kamose sobre los hicsos y los cushitas se narran con una inusual viveza y detalle en dos estelas encontradas en el interior del templo de Amón en Karnak (*véanse* págs. 208-209). La narración bélica comienza con una reunión entre los miembros del consejo privado del rey, en la que Kamose rechaza con desprecio sus consejos acerca de la necesidad de seguir la política de cooperación con el régimen hicso iniciada por sus predecesores. Kamose se embarca hacia el norte, saqueando a su paso las poblaciones leales a los hicsos que «habían traicionado a Egipto, su señora».

Entonces, Kamose desafía a su oponente hicso en su capital, Ávaris, «como si un milano estuviese atacando el territorio de Ávaris. Sorprendí a sus mujeres en lo más alto de su palacio [...] cuando se asomaban por las troneras de sus muros, como los jóvenes lagartos». Los barcos del puerto fueron saqueados con «toda su costosa madera y sus valiosos productos de Siria». Pero la mayor humillación para el rey Apofis fue la captura de uno de sus

Las «Moscas del Valor» de oro eran una condecoración militar símbolo de gran valentía, y fueron un regalo de Kamose o su hermano Amosis a su madre, la reina Ahhotep. Ésta fue clave en las guerras contra los hicsos de su marido, el rey Seqenenre Taa y sus dos hijos, en las que actuó como regente de Amosis mientras éste volvía del campo de batalla.

mensajeros, cuando éste se dirigía hacia el sur para alzar a los nubios contra Kamose. El mensaje de Apofis a su aliado es claro: «¿Has visto lo que Egipto ha hecho contra mí? [...] Ven, dirígete hacia el norte. ¡No palidezcas! Mira, está aquí, en mis garras», alardea demasiado pronto. Kamose, a su vez, se jacta de haber logrado que la carta de Apofis «le fuera devuelta nuevamente [...] con lo que mi victoria invadirá su corazón y su sangre se paralizará».

La narración cuenta que Kamose es lo bastante inteligente como para saber que no debe excederse y que lo mejor es retirarse a Tebas. Llega a la ciudad con la crecida del Nilo y le aguarda una cálida acogida: «Hombres y mujeres vinieron a verme, todas ellas abrazándose a sus compañeros». El rey parte entonces hacia Karnak para dar gracias a Amón. Este tipo de acción de gracias era la manera más habitual, convertida incluso en fórmula de cierre, con la que concluía la mayor parte de las narraciones bélicas del antiguo Egipto.

naje independiente de reyes (pertenecientes a la Dinastía XIV) se instaló en el oeste del Delta durante los últimos años de la Dinastía XIII.

Un texto conocido como *Las Lamentaciones de Ipu-ur*, que data de finales de este período, describe un país desmoralizado y rebelde, con sus instituciones en completo desorden, mientras «los extranjeros se convierten en gentes [nativas] en todas partes».

Según Manetón (*véase* pág. 21), en medio de la inestabilidad aparecieron unos invasores desde el este. Los recién llegados eran habitantes del pueblo semítico de los «hicsos», palabra griega que derivaba del egipcio *heqa-jasut* («jefes de los países extranjeros»). El nuevo régimen que instauraron (la Dinastía XV) reemplazó a las dinastías XIII y XIV en la mayor parte del país. Únicamente en el sur una extensión de tierra significativa permaneció unida bajo el poder egipcio: se trataba de un reino con capital en Tebas que se reunió en torno a un nuevo régimen que daría lugar a la Dinastía XVII. Incluso este núcleo tuvo que reconocer la soberanía de los hicsos, que gobernaban desde la ciudad de Ávaris, en el nordeste del Delta. El nuevo gobierno asiático de Egipto era también la principal potencia en Oriente Próximo, y sus relaciones comerciales y diplomáticas se extendían hasta la civilización minoica, en Creta.

Los hicsos asestaron un duro golpe a sus rivales tebanos al estrechar sus lazos con el reino de Cush. Como consecuencia de ello, el régimen tebano se vio acosado por sus enemigos durante casi un siglo. Hacia la década de 1540 a. C., sin embargo, el rey Seqenenre Taa se enfrentó a los hicsos y sus aliados, con los que libró batalla hacia 1543 a. C, aunque la victoria la obtuvo su hijo Kamose, quien recobró las fortificaciones nubias y llevó a cabo una temeraria incursión que le llevó hasta las mismas puertas de Ávaris (*véase* recuadro, pág. ant.). Kamose murió repentinamente sin descendencia y la última etapa de la guerra de liberación tuvo que esperar hasta que su hermano Amosis alcanzó la mayoría de edad. Amosis consiguió la victoria final, se apoderó de Ávaris y persiguió a los hicsos hasta Canaán. En la reunificación de Egipto, los egipcios posteriores hicieron recaer en su hijo, de la Dinastía XVII, el honor de haber iniciado una nueva dinastía –la XVIII– y una nueva era: el Imperio Nuevo.

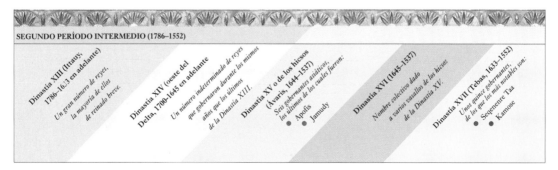

Esfinge de granito, en su origen esculpida como representación del rey Amenemes III, de la Dinastía XII (hacia 1843-1797 a. C.; véase también ilustración, pág. 28), aunque más tarde fue usurpada por un gobernante de los hicsos, que hizo inscribir su propio nombre en ella.

SEGUNDO PERÍODO INTERMEDIO (1786–1552)

Dinastía XIII (Ittauy, 1786-1633 en adelante)
Un gran número de reyes, la mayoría de ellos de reinado breve.

Dinastía XIV (oeste del Delta, 1700-1645 en adelante)
Un número indeterminado de reyes que gobernaron durante los mismos años que los últimos de la Dinastía XIII.

Dinastía XV o de los hicsos (Ávaris, 1644-1537)
Seis gobernantes asiáticos, los últimos de los cuales fueron:
● Apofis
● Jamudy

Dinastía XVI (1645-1537)
Nombre colectivo dado a varios vasallos de los hicsos de la Dinastía XV.

Dinastía XVII (Tebas, 1633-1552)
Unos quince gobernantes, de los que los más notables son:
● Seqenenre Taa
● Kamose

DESDE LA RECUPERACIÓN AL IMPERIO

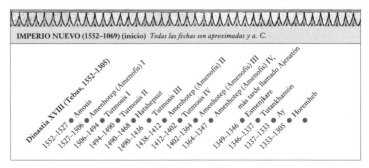

El deificado rey Amenhotep I se veneraba como el guardián de las tumbas de la necrópolis de Tebas. Este retrato suyo se encuentra en el interior del sarcófago de un sacerdote de Amón-Re, Dyedhoriufanj, que vivió durante la dinastía XXI (hacia 1000 a. C.). La escena central muestra al faraón, retratado como una momia, protegido por dos imágenes del dios Sol Re-Haractes, representado en la forma de un halcón coronado con el disco solar.

Los primeros reyes de la Dinastía XVIII iniciaron la expansión imperial de Egipto de forma gradual, sin seguir un plan enteramente trazado de antemano. Se internaron en las tierras Nubias e incluso más allá, acabando con el reino de Cush y dando forma a una enorme provincia que se extendía más al sur incluso de la Cuarta Catarata y la enorme curva del sur del Nilo. Hacia el norte, en Asia, una región de lengua y cultura muy diferentes, incluso más que la de los nubios, y políticamente muy distinta, el poder imperial egipcio tardó más en establecerse. Los primeros reyes de la Dinastía XVIII, como Amosis, el fundador de la misma, y Tutmosis I, prefirieron mantener a raya a los pueblos del oeste de Asia, tal como habían hecho sus predecesores.

Con Tutmosis III, Egipto inició la construcción de un imperio asiático compuesto de Estados vasallos, pero harían falta dos generaciones más para dotar de estabilidad a las fronteras imperiales, concretamente en el reinado de Tutmosis IV, cuando éste llegó a un acuerdo con Mitanni, el poderoso Imperio sirio. Esta entente entre ambos se rompió con el surgimiento del Imperio hitita en Asia Menor (la actual Turquía), que destruyó Mitanni durante el reinado del faraón Amenhotep IV o Ajenatón. A continuación se sucedieron tres generaciones de guerras continuas entre egipcios e hititas, hasta que ambas superpotencias firmaron un acuerdo de paz bajo el reinado de Rameses II (hacia 1289-1224 a. C.; *véase* pág. 35). El Imperio egipcio se vio considerablemente reducido en el proceso, aunque siguió manteniendo su importancia.

En el interior, la sucesión al trono no siempre fue sencilla. Después de la muerte de Amenhotep I, el sucesor de Amosis, el trono pasó a manos de un plebeyo, Tutmosis I, por razones que aún no están claras. Su hijo y su nieto, también llamados Tutmosis, contrajeron matrimonio con princesas probablemente emparentadas con Amosis, pero ellos eran hijos de mujeres no relacionadas con la realeza. Tras la repentina muerte de Tutmosis II (hacia 1490 a. C.), la regencia durante la infancia de Tutmosis III fue asumida por su madrastra Hatshepsut, esposa principal de su padre y descendiente de Amosis. Ésta se nombró a sí misma reina y gobernó durante casi dos décadas junto a su hijastro, presumiblemente

IMPERIO NUEVO (1552–1069) (inicio) *Todas las fechas son aproximadas y a. C.*

Dinastía XVIII (Tebas, 1552–1305)
● Amosis 1552–1527
● Amenhotep (Amenofis) I 1527–1506
● Tutmosis I 1506–1494
● Tutmosis II 1494–1490
● Hatshepsut 1490–1468
● Tutmosis III 1490–1436
● Amenhotep (Amenofis) II 1438–1412
● Tutmosis IV 1412–1402
● Amenhotep (Amenofis) III 1402–1364
● Amenhotep (Amenofis) IV, más tarde llamado Ajenatón 1364–1347
● Esmenjkare 1349–1346
● Tutankhamón 1346–1337
● Ay 1337–1333
● Horemheb 1333–1305

SERVICIO Y RECOMPENSA: AMENHOTEP, HIJO DE HAPU

El nombramiento de un funcionario de alto rango en la administración del faraón por lo general era consecuencia tanto de las relaciones del funcionario y de los servicios prestados por su familia en el pasado como de sus propios méritos. Como resultado, existían «dinastías» de funcionarios que cumplían el mismo cometido durante varias generaciones, estableciendo alianzas con las familias de otros poderosos burócratas.

Cada vez con mayor frecuencia, sin embargo, un desconocido con talento irrumpía entre los rangos superiores del gobierno, dejando una huella que perduraba durante años después de su muerte. Uno de ellos fue Horemheb, el general que se convertiría en el último gobernante de la Dinastía XVIII (*véase* pág. 35). Otro funcionario ambicioso fue Amenhotep, hijo de Hapu, que no ascendió tanto pero gozó de una fama pocas veces igualada tras su muerte no sólo entre sus compatriotas, sino también entre los faraones.

Amenhotep (o Huy, sobrenombre con el que muchos se dirigían a él en su tiempo) procedía de Atribis, en el Delta. Hijo de un insignificante funcionario llamado Hapu, trabajó como escriba y casi toda su vida pasó sin pena ni gloria hasta que fue escogido por su homónimo Amenhotep III (hacia 1402-1364 a. C.) por su gran capacidad de organización y sus amplios conocimientos de las tradiciones antiguas. Subió de categoría rápidamente, y pronto le encargaron nada menos que la reorganización de las finanzas y los recursos del país. Bajo su supervisión, se realizaba la recaudación de los impuestos para la corona, y la organización y la rotación del personal encargado de las fuerzas armadas y las obras públicas. Aunque ocupaba una posición intermedia entre los funcionarios civiles, en la práctica Amenhotep controlaba las fuerzas armadas y la administración del país.

El punto culminante de su carrera tuvo lugar durante el primer festival *sed* o jubileo, dirigido por él, cuando, entre otros honores, actuó como príncipe de la corona en una representación de la subida al trono del rey. Fue el único funcionario de la época para quien se construyó un templo funerario a gran escala detrás del de su rey, en Tebas Oeste. Y así fue como aquel funcionario de origen humilde se convirtió en el centro de un culto que floreció hasta la última época del Egipto antiguo, en que fue deificado junto con otro funcionario real, Imhotep (*véase* pág. 179), y venerado como dios de la salud y la medicina.

Amenhotep se ganó el derecho a erigir estatuas de sí mismo en el templo de Karnak, donde se encontró la de la fotografía. El administrador aparece retratado como escriba, con un rollo de papiro sobre las rodillas y una paleta de amanuense en el hombro izquierdo.

Estatua de Tutmosis III (a la mitad del tamaño real), hijo de Tutmosis II y de una de sus esposas más jóvenes, Isis. Durante los primeros veinte años de su reinado permaneció a la sombra de su madrastra, la reina Hatshepsut. Una vez que asumió el poder en solitario, realizó campañas militares en Siria y Palestina, imponiendo la soberanía de Egipto sobre la región (véase también ilustración, pág. 108).

hasta su muerte (*véase* pág. 89). Más tarde, durante su reinado en solitario, Tutmosis III profanó los monumentos dedicados a la reina y difamó su memoria.

Después del restablecimiento del Imperio llevado a cabo por Tutmosis III y sus descendientes, durante el reinado de Amenhotep III Egipto alcanzó un grado tal de prosperidad, estabilidad, creatividad artística y prestigio internacional como nunca había conocido en su historia. Por desgracia, todo ello cayó en picado durante el reinado del hijo de Amenhotep III, Ajenatón, cuando el Imperio se enfrentó, en el exterior, a la amenaza de los hititas y, en el interior, al caos provocado por la revolución religiosa llevada a cabo por el soberano (*véanse* págs. 128-129). Tutankhamón (hacia 1346-1337 a. C.), el último de los reyes de la línea sucesoria de Tutmosis, puso fin al experimento religioso.

El que fuera en sus inicios general, Horemheb, acabó siendo faraón hacia 1319 a. C. No obstante, murió sin descendencia, por lo que le sucedió su primer ministro, Rameses I, fundador de la Dinastía XIX. Setos I y, sobre todo, Rameses II (*véase* columna, derecha) devolvieron a Egipto a un lugar preeminente entre las potencias de la época, aunque, tan sólo veinticinco años después de la muerte de Rameses, el país se vio acosado por invasiones extranjeras y guerras internas. Bajo el reinado de Mineptah, una horda de libios y «Pueblos del Mar» invadió el Delta (*véase* pág. 45), al tiempo que Nubia iniciaba la primera gran revuelta contra Egipto desde el comienzo de la Dinastía XVIII. A continuación, se dio un conflicto entre el hijo de Mineptah, Setos II, y Amenmeses, quien usurpó el poder al legítimo faraón. Tras los breves reinados del hijo de Setos II, Siptah, y su esposa Tausert, la dinastía desembocó en una guerra civil entre los partidarios del canciller Bay, un sirio que había ascendido de copero real hasta convertirse en uno de los más poderosos aspirantes al trono, y Setnajt, apoyado por un gran número de altos funcionarios de la administración egipcia.

La victoria de Setnajt (hacia 1186 a. C.) inauguró la Dinastía XX. Su hijo, Rameses III, el último gran faraón guerrero del Imperio Nuevo, repelió dos invasiones libias y un nuevo ataque de los «Pueblos del Mar». Sus sucesores, de Rameses IV a Rameses XI, no protagonizaron ningún hecho relevante, aunque gobernaron sobre una nación pacificada al juzgar por la ordenada sucesión de reyes y la ausencia de guerras civiles en este período. Con la Dinastía XX se inició, sin embargo, el declive del Imperio y de la unidad del país, que había permanecido intacta durante más de quinientos años. Durante el milenio siguiente, los egipcios se vieron inmersos en un mundo muy diferente al de sus antepasados.

RAMESES EL GRANDE

De todos los faraones cuyo recuerdo siguió vivo largo tiempo después de su muerte, ninguno gozó de tanta fama como Rameses II, también conocido con el sobrenombre de Rameses el Grande. Con casi sesenta y siete años de reinado a las espaldas, fue el rey que más tiempo estuvo en el trono, con la posible excepción de Fiope II. Años más tarde, Rameses IV pediría al dios Osiris que éste «doblase para él la larga duración del prolongado reinado de Rameses II».

La prosperidad que se vivió en tiempo de Rameses, un reinado marcado por grandes triunfos diplomáticos y militares y por la construcción de importantes monumentos, fue la principal causa de que este período se tomase como ejemplo a imitar por todos los reyes posteriores. Muchos faraones adoptaron, o bien su nombre personal, Rameses («Re lo ha creado»), o una variante de su nombre en el trono, Usermaatre («La justicia de Re es poderosa»), conocida como Osymandias por los autores griegos. Rameses III, el único de sus sucesores que estuvo cerca de conseguir logros comparables a los de su antepasado como guerrero y constructor, se inspiró en el estilo personal y los monumentos de su ilustre predecesor. Por otra parte, un buen número de obras literarias posteriores se dedicaron a recordar los gloriosos días del reinado de Rameses el Grande.

PÁGINA ANTERIOR: *La magnífica máscara funeraria, de tamaño real, del faraón Tutankhamón, descubierta durante las excavaciones de su tumba, fue encontrada casi intacta en 1922* (véase pág. 196).

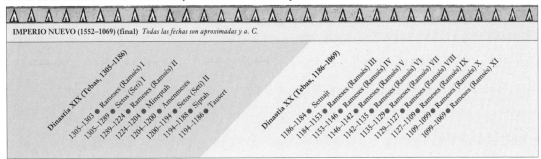

IMPERIO NUEVO (1552–1069) (final) *Todas las fechas son aproximadas y a. C.*

Dinastía XIX (Tebas, 1305–1186)
1305–1303 ● Rameses (Ramsés) I
1303–1289 ● Setos (Seti) I
1289–1224 ● Rameses (Ramsés) II
1224–1204 ● Mineptah
1204–1200 ● Amenmeses
1200–1194 ● Setos (Seti) II
1194–1188 ● Siptah
1194–1186 ● Tausert

Dinastía XX (Tebas, 1186–1069)
1186–1184 ● Setnajt
1184–1153 ● Rameses (Ramsés) III
1153–1146 ● Rameses (Ramsés) IV
1146–1142 ● Rameses (Ramsés) V
1142–1135 ● Rameses (Ramsés) VI
1135–1129 ● Rameses (Ramsés) VII
1129–1127 ● Rameses (Ramsés) VIII
1127–1109 ● Rameses (Ramsés) IX
1109–1099 ● Rameses (Ramsés) X
1099–1069 ● Rameses (Ramsés) XI

DESUNIÓN Y GOBIERNO EXTRANJERO

Entre los siglos XII y VIII a. C., Egipto experimentó una crisis sin precedentes en toda su larga historia. Sus conquistas en el oeste de Asia, que Rameses III (hacia 1184-1153 a. C.) había defendido de los «Pueblos del Mar» en 1180 a. C., fueron las primeras que se perdieron. A comienzos del siglo XII a. C., el Imperio hitita se había desintegrado, y es posible que los faraones pensasen que lo que había servido de espacio amortiguador entre Egipto y la otra potencia más importante de la época, al norte, se había convertido en un territorio fácilmente reemplazable. En cualquier caso, el poder de Egipto en Asia acabó de desvanecerse por completo hacia 1130 a. C., aunque de un modo tan silencioso que es probable que su desaparición se debiera más a la pérdida de interés de Egipto que a cualquier posible presión por parte de los filisteos u otros grupos que se instalaron en esos territorios.

En el interior, la aparentemente pacífica sucesión de los últimos faraones ramésidas se vio enturbiada por los motines, la inflación y una criminalidad creciente en todos los niveles de la sociedad. Pero lo peor aún estaba por venir, pues durante el reinado de Rameses XI (hacia 1099-1069 a. C.) se produjeron disidencias en todo el Alto Egipto, primero por parte de los sumos sacerdotes de Amón y Karnak, y, más tarde, de una serie de figuras que, irónicamente, debían encargarse de restaurar la autoridad del rey en la región. Finalmente, el orden quedó restablecido por los funcionarios de alto rango del ejército, quienes fundaron una nueva dinastía de sumos sacerdotes, aunque el precio que Egipto tuvo que pagar fue la pérdida de las provincias del sur, que escaparon al control imperial capitaneadas por el último virrey de Nubia.

La posición de Rameses XI no estaba en absoluto asegurada, pues el poder pasó a manos de los sumos sacerdotes tebanos mucho antes del fin de su reinado. Éstos controlaban la región del Alto Egipto mientras otro familiar suyo, Esmendes, gobernaba al norte de Menfis. Esmendes se convirtió en rey a la muerte de Rameses XI, y con ello fundó la Dinastía XXI, que continuó en el poder de forma paralela a la línea independiente de sumos sacerdotes que gobernaban en el sur. En ambas familias había un importante componente libio, lo que refleja la existencia de matrimonios con descendientes de prisioneros libios que se habían instalado en

El rey Tarco (Taharqa), el faraón nubio más notable que gobernó Egipto durante la Dinastía XXV. Sus dominios se extendían desde Nubia hasta el Mediterráneo, y durante su reinado se construyeron templos, pirámides y otros muchos monumentos a lo largo de todo Egipto, como la columnata y la entrada al templo de Amón en Karnak. Tarco (Taharqa) se retiró de Egipto al ser desafiado por los asirios, y dejó el país en manos de su sucesor, Tantamani. Esta cabeza de granito muestra a Tarco (Taharqa) con el distintivo tocado característico de los nubios.

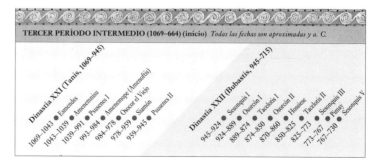

TERCER PERÍODO INTERMEDIO (1069–664) (inicio) *Todas las fechas son aproximadas y a. C.*

Dinastía XXI (Tanis, 1069–945)
- 1069–1043 Esmendes
- 1043–1039 Amenemnisu
- 1039–991 Psusenes I
- 993–984 Amenemope (Amenofis)
- 984–978 Osocor el Viejo
- 978–959 Siamón
- 959–945 Psusenes II

Dinastía XXII (Bubastis, 945–715)
- 945–924 Sesonquis I
- 924–889 Osorcón I
- 889–874 Tacelotis I
- 874–850 Osorcón II
- 870–860 Hossiese
- 850–825 Tacelotis II
- 825–773 Sesonquis III
- 773–767 Pimay
- 767–730 Sesonquis V

el Delta bajo el reinado de Rameses III, donde prosperaron hasta formar una influyente dinastía militar gobernada por sus propios jefes. A la muerte de Psusenes II, el último rey de la Dinastía XXI, el trono pasó a uno de estos familiares libios, Sesonquis, que gobernó con el título de «Gran jefe de los libios mashauash» y se convirtió en el fundador de la Dinastía XXII como Sesonquis I.

Sesonquis es conocido por haber liderado una campaña militar en Palestina que se menciona en la Biblia (Reyes I, 14: 25-26), donde se le llama «Shishak». En Egipto, logró integrar de nuevo el sur del país en el Imperio durante casi un siglo. Sin embargo, las fuerzas separatistas resultaron ser más fuertes, y en el reinado de Sesonquis III no sólo afectaron a Tebas, sino también al Delta, que vio surgir un número creciente de aspirantes al trono independientes. A mediados del siglo VIII a. C., en el punto culminante de la llamada «anarquía libia», coexistían en Egipto no menos de nueve reinos y principados, la mayoría de los cuales se conocen colectivamente como la Dinastía XXIII.

Profundamente dividido, Egipto empezó a caer bajo la influencia de un Estado que en otro tiempo había sido colonia suya. El reino nubio de Cush, que se había convertido en una tierra próspera y cohesionada, era un Estado de influencia egipcia cuyos gobernantes codiciaban la que hasta ese momento había sido su tierra madre. Bajo el reinado de Peye, los cushitas se extendieron por el norte de Menfis. El Delta permaneció independiente, aunque sus sucesivos reyes y príncipes se sometieron a la supremacía nominal nubia. Unos años más tarde, sin embargo, aceptaron la soberanía de Tecnactis, el organizador de una coalición para acabar con los nubios. Su capital, Sais, en el oeste del Delta, se convirtió en la sede de una nueva dinastía, la XXIV, que duró justo quince años. El sucesor de Tecnactis, Boloris, apenas había llegado al trono cuando fue depuesto y asesinado por el hermano y sucesor de Peye, Sabacón, en cuyo reinado se culminó la conquista de Egipto por parte de los nubios.

Los reyes cushitas (la Dinastía XXV) gustaban de retratarse a sí mismos como faraones en la tradición de sus predecesores egipcios, y el sucesor de Sabacón, Tarco (Taharqa) (*véase* ilustración, pág. ant.), estuvo muy cerca de ser considerado como tal. Pero sus sueños de grandeza se desvanecieron muy pronto, pues tras la muerte de Tarco (Taharqa) el régimen nubio sucumbió bajo las presiones de los habitantes del Valle del Nilo y, especialmente, de la nueva superpotencia que había empezado a dominar Oriente Próximo: Asiria.

UN PODEROSO LÍDER LOCAL

Durante gran parte del Tercer Período Intermedio (de la Dinastía XXI a la XXV), las ansias separatistas del Alto Egipto apenas se reprimieron, ni en los momentos en que las «Dos Tierras» habían quedado reunificadas por la fuerza. Por ejemplo, durante la dinastía XXV y los años siguientes, el poder del faraón en Tebas estaba en manos de la «Esposa del Dios Amón», una mujer de la casa real que había contraído matrimonio simbólico con el dios (*véase* pág. 87). Sin embargo, el poder lo detentaban en realidad subordinados como Montuemhé (fallecido hacia 655 a. C.).

Oficialmente, Montuemhé se encontraba por debajo de la Esposa del Dios y del alto sacerdote de Amón, pero lo cierto es que, como alcalde de Tebas y gobernador del Alto Egipto, controlaba un territorio que se extendía desde la frontera con Nubia hasta el Egipto Medio. Su carrera, que fue testigo del final de la dominación nubia del Alto Egipto, ilustra la aceptación, por parte de los faraones de la época, del poder de la aristocracia tebana como precio por la paz en el sur.

Busto de granito negro de Montuemhé, el verdadero gobernante del Alto Egipto durante los reinados de los faraones nubios y sus inmediatos sucesores. El busto se descubrió en Karnak, donde ocupaba el lugar del Cuarto Profeta de Amón.

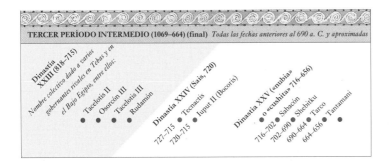

TERCER PERÍODO INTERMEDIO (1069-664) (final) *Todas las fechas anteriores al 690 a. C. y aproximadas*

Dinastía XXIII (818-715)
Nombre colectivo dado a varios gobernantes rivales en Tebas y en el Bajo Egipto, entre ellos:
- Tacelotis II
- Osorcón III
- Tacelotis III
- Rudamón

Dinastía XXIV (Sais, 720)
- 727-715 ● Tecnactis
- 720-715 ● Iuput II (Bocoris)

Dinastía XXV «nubia» o «cushita» 716-656
- 716-702 ● Sabacón
- 702-690 ● Shebitku
- 690-664 ● Tarco
- 664-656 ● Tantamani

UN COLABORADOR EGIPCIO

Cambises, el conquistador persa de Egipto (528-522 a. C.), estableció su poder por medio de una serie de leales servidores egipcios. Uno de ellos fue Udyahorresne, que antes había luchado al frente de la marina bajo la Dinastía XXVI. En su estatua puede leerse que fue «jefe de los físicos», «amigo del rey» y consejero personal de Cambises, quien mostró una gran piedad y generosidad para con los dioses y los templos egipcios. Aunque parece claro que Udyahorresne actuaba en su propio beneficio, su testimonio sugiere que Cambises estaba lejos de ser el monstruo que refleja la tradición posterior.

Moneda acuñada en 30 a. C. para conmemorar la incorporación de Egipto –simbolizada por el cocodrilo del Nilo– al Imperio romano. En ella puede leerse: «Egipto conquistado».

UN REINO CONQUISTADO

Los faraones nubios de finales del siglo VIII y principios del VII a. C., los primeros extranjeros que se apoderaron del trono egipcio desde los tiempos de los hicsos en el siglo XVI a. C. (*véanse* págs. 30-31), estaban lo suficientemente imbuidos de la influencia egipcia como para mantener la cultura y la religión intactas. Los conquistadores que llegaron después estaban más alejados de la realidad egipcia, empezando por los asirios, cuyo creciente poder en el oeste de Asia había sido ignorado temerariamente por los nubios. Esto originó un enfrentamiento que duró aproximadamente medio siglo, en el que Menfis cambió de manos en diversas ocasiones e incluso Tebas fue saqueada (663 a. C.).

El vencedor, sin embargo, fue uno de los magnates libios del Delta (*véanse* págs. 36-37), a quien los nubios habían apartado del poder, pero sin eliminarlo. Se llamaba Psamético, era gobernador de la ciudad de Sais, al oeste del Delta, y había superado en táctica a sus maestros, los asirios y los nubios, así como a sus rivales entre los otros príncipes del norte de Egipto; él fundó la Dinastía XXVI. Una vez en el trono como Psamético I, utilizó una combinación de fuerza y diplomacia para reunificar las «Dos Tierras». Durante los primeros años, se contrató a mercenarios griegos para que combatieran en el ejército egipcio, y Psamético negoció el control del Alto Egipto, hasta ese momento en manos de los nubios, haciendo que su hija fuera elegida «Esposa del Dios Amón» en Tebas (*véase* pág. 37).

El «renacimiento saíta» bajo el reinado de Psamético y sus descendientes marcó la última etapa de Egipto como gran potencia en manos de los propios egipcios. La Dinastía XXVI cayó más tarde en manos de los asirios, y después en las de su sucesor, el Imperio caldeo o neobabilónico (612-539 a. C.). La dinastía controló el desarrollo del poder naval egipcio e incrementó las relaciones diplomáticas y comerciales con los Estados griegos y otros pueblos del Mediterráneo.

No obstante, a pesar de la prudencia y la astucia diplomática de Amasis, los egipcios vieron cómo el Imperio persa de Ciro el Grande (554-528 a. C.) se hacía

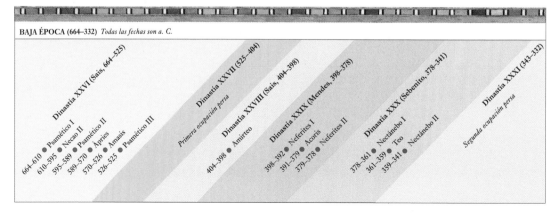

BAJA ÉPOCA (664–332) *Todas las fechas son a. C.*

Dinastía XXVI (Sais, 664–525)
- 664-610 ● Psamético I
- 610-595 ● Necao II
- 595-589 ● Psamético II
- 589-570 ● Apries
- 570-526 ● Amasis
- 526-525 ● Psamético III

Dinastía XXVII (525–404)
Primera ocupación persa

Dinastía XXVIII (Sais, 404–398)
- 404-398 ● Amirteo

Dinastía XXIX (Mendes, 398–378)
- 398-392 ● Neferites I
- 391-379 ● Acoris
- 379-378 ● Neferites II

Dinastía XXX (Sebenito, 378–341)
- 378-361 ● Nectánebo I
- 361-359 ● Teo
- 359-341 ● Nectánebo II

Dinastía XXXI (343–332)
Segunda ocupación persa

con la mayor parte de sus aliados y, poco después, con el propio Egipto, cuando el hijo de Ciro, Cambises II (528-522 a. C.), echó de su puesto al último gobernante de Sais, Psamético III.

Debido a la moderación de los primeros conquistadores persas (la llamada Dinastía XXVII), Egipto apenas tomó conciencia de su nuevo estatus como provincia imperial. Una prolongada insurrección que se inició hacia 463 a. C. en el noroeste del Delta hizo estallar la hostilidad de Grecia hacia Persia, a fin de conservar el extremo nororiental de Egipto separado del imperio. Esta zona se convirtió en el centro de una rebelión de mayor importancia, con la que se consiguió la independencia de todo el país (404 a. C.).

Durante cerca de sesenta años (en las Dinastías XXVIII a XXX) Egipto permaneció libre haciendo que unas facciones griegas lucharan contra otras y contra los persas. En el interior, sin embargo, Egipto había sufrido una importante división, cuyo resultado fue una nueva, aunque breve y conflictiva, ocupación persa (segunda dominación persa). Ésta finalizó con la conquista de las fuerzas macedonias, con Alejandro Magno al frente, que destruyeron el Imperio persa y ocuparon Egipto.

Durante el siglo II a. C., el país siguió en manos de los gobernantes griegos y de sus sucesores. La época ptolemaica fue fundada por Ptolomeo I y clausurada por la famosa reina Cleopatra VII, que se convirtió en la última gobernante canónica de Egipto. Bajo el reinado de los ptolemaicos, que gobernaron desde una nueva capital, la ciudad costera de Alejandría, fundada por los griegos, los intereses e instituciones egipcios se vieron eclipsados por los de los inmigrantes griegos, que reforzaron los vínculos entre el Valle del Nilo y el mundo mediterráneo. Estas relaciones adquirieron aún mayor fuerza cuando Egipto se convirtió en provincia romana, en el año 30 a. C., hasta que el general árabe Amr el-As hizo que el país pasase a manos del islam (641-642 d. C.).

En un estilo egipcio convencional y vistiendo las ropas tradicionales de los faraones, el gobernante griego Ptolomeo V realiza ofrendas ante el toro Buchis, un animal sagrado que se veneraba como la encarnación viva del dios Montu, que también aparece en ocasiones en forma de halcón. Ptolomeo V fue el artífice del decreto bilingüe, en egipcio y en griego, que aparece en la famosa piedra Roseta (véase pág. 233).

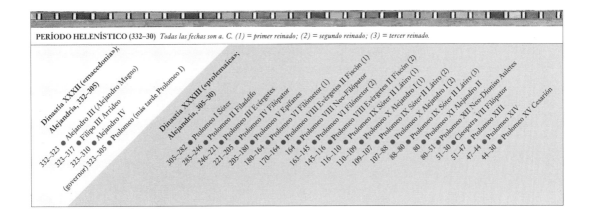

PERÍODO HELENÍSTICO (332–30) *Todas las fechas son a. C. (1) = primer reinado; (2) = segundo reinado; (3) = tercer reinado.*

Dinastía XXXII («macedonia»):
Alejandría, 332–305)
332–323 ● Alejandro III (Alejandro Magno)
323–317 ● Filipo III Arrideo
323–310 ● Alejandro IV
(governor) 323–305 ● Ptolomeo (más tarde Ptolomeo I)

Dinastía XXXIII («ptolemaica»:
Alejandría, 305–30)
305–282 ● Ptolomeo I Sóter
285–246 ● Ptolomeo II Filadelfo
246–221 ● Ptolomeo III Evérgetes
221–205 ● Ptolomeo IV Filópator
205–180 ● Ptolomeo V Epífanes
180–164 ● Ptolomeo VI Filómetor (1)
170–164 ● Ptolomeo VIII Evérgetes II Fiscón (1)
164 ● Ptolomeo VI Filómetor (1)
163–145 ● Ptolomeo VIII Neo-Filópator
145–116 ● Ptolomeo VI Filómetor (2)
116–110 ● Ptolomeo VIII Evérgetes II Fiscón (2)
110–109 ● Ptolomeo IX Sóter II Látiro (1)
109–107 ● Ptolomeo X Alejandro I (1)
107–88 ● Ptolomeo IX Sóter II Látiro (1)
88–80 ● Ptolomeo X Alejandro I (2)
80 ● Ptolomeo IX Sóter II Látiro (2)
80–51 ● Ptolomeo XI Alejandro II
51–30 ● Ptolomeo XII Neo-Dioniso Auletes
51–47 ● Cleopatra VII Filópator
47–44 ● Ptolomeo XIII
44–30 ● Ptolomeo XIV
● Ptolomeo XV Cesarión

● CAPÍTULO 3

EGIPTO Y LOS TERRITORIOS CIRCUNDANTES

EL TEMOR A HORUS EN EL SUR

Rodeado por desiertos impenetrables al este y al oeste, y por traicioneras costas, y con el Nilo bloqueado al sur por varias cataratas, Egipto se hallaba bien protegido contra las incursiones extranjeras. Había pocos puntos por donde los enemigos pudieran penetrar en el país, y durante la mayor parte de la historia de Egipto el gobierno faraónico no tuvo demasiados problemas para controlar sus movimientos. Al mismo tiempo, Egipto pudo elegir con libertad el momento más oportuno para extender sus fronteras por el nordeste de África y el oeste de Asia, y, hasta el nacimiento de los grandes imperios de Oriente Próximo y el Mediterráneo, en los últimos siglos a. C., no se vio obligado a defender su actitud aislacionista –o incluso a renunciar a ella– y, finalmente, a luchar por su independencia.

▲

El temor a Horus en el sur 40

Egipto y Asia 42

Egipto y el Mediterráneo 44

Comercio internacional y viajes 48

La riqueza del Imperio 50

Un reino cosmopolita 52

Las minas del soberano 54

El legado de Egipto 55

SUPERIOR: *Azulejos de cerámica coloreada de un palacio de Rameses III (hacia 1184-1153 a. C.) con imágenes de extranjeros. De izquierda a derecha, un libio, un cananeo y un miembro de los «Pueblos del Mar» (véanse págs. 45-46).*

Para los antiguos egipcios, el sur se encontraba «arriba», de ahí que la palabra para designar el oeste semítico fuera «a mano derecha», y los lugares que se hallaban al sur estuvieran «al frente» o «en primer plano». Esta orientación hacia el sur dio lugar a un hecho cultural y político de gran relevancia: durante la mayor parte de su historia, hasta el Imperio Nuevo, Egipto estuvo más interesado por sus raíces africanas que por sus relaciones con Asia.

Durante el Imperio Antiguo y el Medio, Egipto veía a Nubia, pueblo situado inmediatamente al sur, como una presa legítima. Desde finales del cuarto milenio a. C. en adelante, la habilidad del país para acaparar recursos y mano de obra a gran escala se amplió hasta minar los pactos con sus vecinos. Entonces se envió una hueste de veinte mil hombres a las poblaciones destruidas de Nubia, lo que permitió que los plenipotenciarios del faraón se incautasen los botines encontrados en ellas. Si era necesario, el jefe de la expedición recurría a la fuerza: «Masacré a los nubios en diversas ocasiones», dice el visir Antefoker, que vivió en el siglo XX a. C., «y regresé al norte arrancando los cultivos, talando el resto de los árboles y quemando las casas». Esta belicosidad pretendía «extender el temor a Horus [es decir, al rey] entre las tierras extranjeras del sur, para pacificarlas».

Nubia poseía numerosos recursos y fuentes de riqueza, igual que la región subsahariana a la que daba acceso, lo cual podría explicar en buena medida los intentos de agresión por parte de Egipto. Las expediciones egipcias al sur regresaban con marfil, ébano, incienso, mirra, lanzas, madera aromática, pieles de leopardo y de jirafa, cereales y ganado. Desde el Imperio Medio, los mayores esfuerzos se concentraron en la obtención de minerales, en especial procedentes de las minas de oro nubias situadas al este del Nilo. Estas minas de oro eran, de hecho, las que daban nombre a la región, pues Nubia probablemente deriva de la palabra egipcia *nbw* («oro») y significa «tierra de oro». Por raro que pueda parecer, el Nilo apenas se utilizaba como vía de comunicación: los jefes de las expediciones (incluso los delegados del faraón residentes en Asuán) preferían la «ruta de los Oasis», que dejaba el Nilo en la parte baja del Egipto Medio, atravesaba una serie de oasis como

Los portadores de tributos nubios llevan obsequios de oro al faraón. El oro se moldeaba en forma de aros para facilitar su transporte. Fragmento de una pintura mural procedente de la capilla funeraria de Sebekhotep, Dinastía XVIII (hacia 1400 a. C.).

Farafra, Dajla y Dush, y llegaba hasta el valle de Tushka, en Nubia. En este tipo de expediciones los soldados empleaban cientos de asnos, el principal medio de transporte terrestre de la época, por lo que el viaje duraba sólo siete meses.

Los egipcios tuvieron contacto durante mucho tiempo con los jefes de los dominios del sur, algunos de los cuales se convertían con el tiempo en Estados independientes. A menudo aplicaban a los nativos nombres peyorativos, como «gente del arco», «hombres con faldas» o «negros». Muchas de las primeras expediciones realizadas durante el Imperio Antiguo fueron poco más que razias en busca de esclavos: los textos describen expediciones con dos mil, siete mil y, en una ocasión (según un grafito de la Dinastía IV), incluso diecisiete mil nubios capturados. Una vez en Egipto, trabajaban en las tareas del campo, en la construcción, como miembros de las fuerzas paramilitares en el exterior o como policías.

Los nubios, sin embargo, no aceptaban que se los llevaran lejos de sus tierras. En ocasiones, los cabecillas se oponían a la presión de los egipcios. Un texto escrito durante el reinado de Tutmosis II da cuenta de robos de cabezas de ganado y del ataque a los invasores egipcios. Si las campañas de castigo no surtían efecto, los egipcios recurrían a la magia: escribían los nombres de los jefes nubios en recipientes o figurillas, y luego los hacían pedazos en ceremonias rituales.

Al final del Imperio Antiguo, serios conflictos entre las tribus nubias condujeron a la creación del primer Estado nubio, llamado Yam, con capital en Kerma, al sur de la Segunda Catarata, hecho que haría reaccionar a los faraones del Imperio Medio. El Valle del Nilo se ocupó hasta la Segunda Catarata y se erigieron fortalezas defensivas. Estelas fronterizas limitaban la entrada de nubios y mercaderes, y se prohibió la inmigración. Sesostris III ridiculizaba así a los extranjeros: «No son, ciertamente, un pueblo al que se deba respetar: ¡son unos despreciables canallas! Mi Majestad los ha visto, ¡y no es ninguna mentira!».

Los egipcios aparecen atacando a las tribus nubias en esta pieza de madera pintada, perteneciente a un cofre hallado en la tumba de Tutankhamón (hacia 1346-1337 a. C.).

EGIPTO Y ASIA

EL COCODRILO ASIÁTICO

Los egipcios consideraban a los asiáticos seres «viles», «salvajes», «siniestros» y la «abominación de Re». El siguiente texto del siglo XXI a. C. constituye una vívida descripción de estos pueblos: «¡Habla ahora del arquero! ¡De Lo, el vil asiático! [...] Ha estado luchando desde los tiempos de Horus, sin conquistar nada y sin ser conquistado. Nunca anuncia un día para el combate, como un ladrón de una cuadrilla [de criminales] [...] ¡No pienses en ellos! El asiático es un cocodrilo que aguarda en la ribera del río: se oculta en los caminos solitarios, [pero] nunca se atreve a meterse en el puerto de una gran ciudad».

Los textos posteriores de los templos ptolemaicos incluyen a los asiáticos, junto a los sucios, los locos y los barbudos, entre las personas a las que les estaba prohibida la entrada a los santuarios.

Con una geopolítica orientada hacia el sur de África, los egipcios dieron la espalda a los pueblos situados al norte. Al otro lado del canal de Suez se hallaba Asia, conocida como Setjet («este») o «tierras del norte», con menor densidad de población que el Valle del Nilo y separada de éste por unos 160 km de desierto. Puesto que esta frontera estaba bien fortificada, los egipcios no temían una posible invasión, y pudieron explotar con libertad las tierras de Canaán tanto comercial como militarmente. Aunque Palestina poseía pocos recursos que pudieran interesar a Egipto, esta zona era importante por sus vías de comunicación, que permitían intercambios con los pueblos de más al norte, como Siria y Mesopotamia. Los exploradores, comerciantes y mensajeros egipcios usaban diversas rutas, y debían aprenderse de memoria una larga lista de lugares donde parar durante el trayecto.

Los egipcios tenían poco interés en la conquista del oeste de Asia, pero la riqueza del Valle del Nilo y del Delta siempre les resultó muy atractiva a los asiáticos. Los artefactos encontrados en la orilla oriental del Delta, en Maadi, evidencian la existencia de comercio entre el desierto de Negeb y Palestina en los últimos años del período predinástico (hacia 3300–3000 a. C.). Existe la evidencia de que el Delta fue testigo de un gran aumento demográfico, de la mano de pueblos de lenguas semíticas occidentales, en el nordeste del Bajo Egipto. Este flujo de inmigración continuó en el Imperio Antiguo, atraído por las perspectivas de trabajo. «¡Salve, perfecto dios Sahure!», decían los cananeos al llegar al muelle, «¡Permítenos contemplar tu belleza!». Los nómadas beduinos también se dirigían hacia las fértiles tierras del Nilo a pasturar sus rebaños durante la estación seca.

Una familia de beduinos asiáticos llegada al Alto Egipto para vender maquillaje de ojos. Copia de pintura mural procedente de la tumba del noble Jnumhotep II en Beni Hasan, Imperio Medio (siglo XIX a. C.).

LOS «GOBERNANTES EXTRANJEROS»

El mito del dominio universal del faraón hacía que éste no considerase a ningún extranjero, cualquiera que fuese su rango, como un igual. Incluso los potentados más influyentes recibían de los egipcios calificativos como el de «gran hombre», pero nunca se les llamaba «rey». Los jefes de Estado de otros países, ya fueran reyes o cabecillas de tribus, se denominaban «gobernantes extranjeros» y se esperaba de ellos lealtad y tributos para el faraón. Pero la realidad a menudo era otra: embajadas de lo más inocentes aparecen en los monumentos como muestras de «obediencia hacia el poder de Su Majestad», y regalos habituales se convertían en «tributos», incluso los de agradecimiento a los enviados por el faraón.

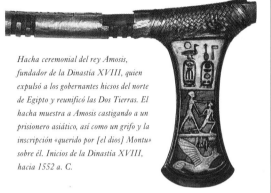

Hacha ceremonial del rey Amosis, fundador de la Dinastía XVIII, quien expulsó a los gobernantes hicsos del norte de Egipto y reunificó las Dos Tierras. El hacha muestra a Amosis castigando a un prisionero asiático, así como un grifo y la inscripción «querido por [el dios] Montu» sobre él. Inicios de la Dinastía XVIII, hacia 1552 a. C.

En realidad, los «jefes extranjeros» a menudo se negaban a aceptar los intereses de Egipto como propios. Su obstinación en ocasiones se castigaba con campañas militares o mediante rituales de magia en los que se rompían en añicos recipientes o figurillas con los nombres de los rebeldes inscritos en ellos.

El término «gobernantes extranjeros» o «hicsos» se aplicó a los reyes asiáticos de la Dinastía XV, que tomaron el poder en el norte de Egipto (*véanse* págs. 30-31). Los investigadores no se ponen de acuerdo sobre si la llegada al trono de los hicsos se debió a una invasión o a un cambio de poder pacífico. Durante todo un siglo, des-

de poco antes de 1630 a. C., establecieron su reinado en el Delta y el Egipto Medio, con capital en Ávaris. Desde un punto de vista lingüístico, pertenecían a los pueblos de Oriente Medio, de lengua semítica occidental. Expulsados por el rey tebano Amosis (hacia 1552-1527 a. C.), continuaron constituyendo una amenaza para la seguridad de los egipcios, y reyes como Tutmosis III o Rameses II utilizaron su presencia para justificar ataques preventivos en Asia que, a veces, acabaron convirtiéndose en invasiones militares para colonizar nuevos territorios.

Una escena en la tumba de Jnumhotep II, nomarca de la provincia dieciséis del Alto Egipto (hacia 1870 a. C.) muestra un grupo de treinta y siete beduinos asiáticos llegados para vender maquillaje de ojos. En condiciones normales, los beduinos no eran huéspedes bien recibidos, especialmente por parte de los agricultores cuyos campos eran arrasados por el paso de los rebaños, por lo que se les impedía el paso construyendo fuertes en las fronteras.

La mayoría de los egipcios despreciaba a los asiáticos recién llegados, pero una vez establecidos en el país podían casarse con egipcios, acceder a puestos de responsabilidad y prosperar en la escala social. Yanammu fue un funcionario de alto rango en el reinado de Ajenatón, mientras que Aper-el fue primer ministro (hacia 1400 a. C.) en época de Amenhotep III, y Bay fue nombrado canciller por Siptah, e incluso elector del rey hacia 1210 a. C. La amistad con un extranjero del norte solía romper los estereotipos: el barbero de Tutmosis III, que iba a las campañas militares con el rey, recibió un prisionero asiático como esclavo. En su testamento, el barbero estipuló: «Que no se le golpee ni se le saque de ninguna puerta de palacio. Le he dado a mi sobrina [...] como esposa. Ella recibirá una parte de [mi] herencia exactamente igual que mi esposa y mi hermana».

EGIPTO Y EL MEDITERRÁNEO

No se sabe cuándo se iniciaron los primeros contactos entre Egipto y el Egeo, pero los textos egipcios más antiguos hablan ya de los «Hau-nebu», que probablemente significaba «los griegos», puesto que más tarde esta denominación siguió empleándose para referirse de forma vaga a Grecia. Desde los primeros tiempos, los egipcios emplearon la palabra «Keftiu», un nombre idéntico al cananeo Kaptara o Creta. El famoso palacio de Creta en Cnoso se conocía ya en todo Oriente Medio en el siglo XVII a. C. Los palacios del siglo XVI a. C. en la capital hicsa, Ávaris, en el Delta del Nilo, contenían escenas de saltos sobre toros, al estilo cretense. Y el nombre «Alasiya», Chipre, aparece en un fragmento de texto procedente del reinado de Amenemes II (hacia 1929-1895 a. C.).

Desde la Dinastía XVIII en adelante, las evidencias de contactos con los pueblos del Egeo se tornan más abundantes y, al mismo tiempo, toman un cariz más concreto. Como mayor potencia del mundo antiguo, Egipto atrajo a muchos diplomáticos extranjeros llegados desde regiones que no se encontraban bajo el yugo de los faraones, pero sí en su entorno político y comercial. Las tumbas del siglo XV a. C. en Tebas, en el Alto Egipto, contienen representaciones de extranjeros trayendo presentes con vestimentas parecidas a las de otras escenas descubiertas en Cnoso. Los navíos mercantes procedentes del Egeo cubrían el triángulo

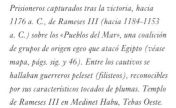

Prisioneros capturados tras la victoria, hacia 1176 a. C., de Rameses III (hacia 1184-1153 a. C.) sobre los «Pueblos del Mar», una coalición de grupos de origen egeo que atacó Egipto (véase mapa, págs. sig. y 46). Entre los cautivos se hallaban guerreros peleset (filisteos), reconocibles por sus característicos tocados de plumas. Templo de Rameses III en Medinet Habu, Tebas Oeste.

marítimo entre Creta y Grecia, Siria y el Delta del Nilo, y una inscripción del reinado de Amenhotep III (hacia 1402-1364 a. C.) confirma que los mercaderes y marineros egipcios conocían el mar Egeo.

Hasta hace relativamente poco tiempo, Egipto se consideraba la mayor reserva de cereales de todo el Mediterráneo, y los pueblos del Egeo, debido a su escasa productividad agrícola, se veían obligados a recurrir al trigo y la cebada egipcios. A cambio de estos productos, ellos exportaban especias, ungüentos, aceite, opio y otros objetos exóticos.

Durante el Imperio Nuevo, los enclaves libios del norte de Egipto mantenían relaciones comerciales con los marineros del Egeo, Anatolia y Chipre, probablemente a causa de los numerosos fondeaderos disponibles a lo largo de la costa mediterránea. Aunque el comercio era la actividad dominante en este tipo de intercambios, la piratería también era muy común. El pueblo de Lukka, que tomaba su nombre de la región de Licia, en la costa sudoeste de Asia Menor, tenía una conocida reputación de saqueador en todo el Mediterráneo oriental. Y los shardana, probablemente de la llanura de Sardonia, al sur de Troya, impresionaron tanto a Rameses II cuando atacaron el Delta que éste los reclutó como guardias personales.

Entre los reinados de Mineptah y Rameses III (hacia 1184-1153 a. C.), las incursiones piratas empezaron a adoptar la apariencia de movimientos organizados por «Pueblos del Mar» y otros grupos.

Aunque estos viajes en un principio los realizaban huyendo del hambre o de alguna plaga, o bien al ser expulsados por invasores o enemigos, o por cualquier otro

Rutas de invasiones y piratería de los libu y los «Pueblos del Mar» durante el Imperio Nuevo.

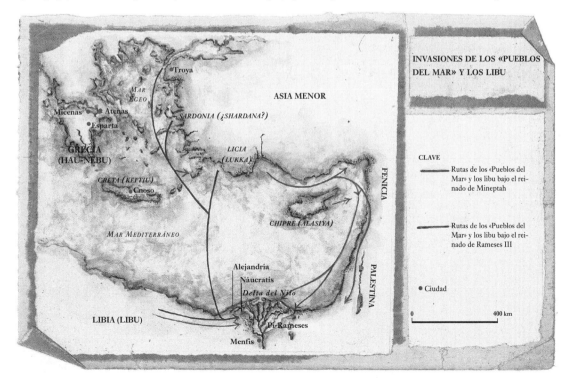

GRECIA

ASIA MENOR

CHIPRE

MAR MEDITERRÁNEO

FENICIA (LÍBANO)

Cirene

CIRENAICA

Alejandría

JUDEA

LIBIA   Menfis

EGIPTO

Río Nilo

Mar Rojo

Tebas

**EL IMPERIO
PTOLEMAICO**

CLAVE

Imperio ptolemaico,
hacia 300 a. C.

Imperio ptolemaico,
hacia 175 a. C.

Oasis

Ciudad importante

Siena
(Asuán)

NUBIA

0   200 km

*El imperio ptolemaico en Egipto en los siglos III
y II a. C.*

motivo, estos pueblos empezaron a actuar con una única finalidad, desconocida hasta la fecha, uniéndose en coaliciones y realizando saqueos e incursiones en territorio egipcio. En tres ocasiones que aparecen registradas (el quinto año del reinado de Mineptah y el quinto y undécimo años de reinado de Rameses III), los mashauash, los libu y diversos «Pueblos del Mar» invadieron el oeste del Delta y los oasis del norte, y tuvieron que ser expulsados, con gran esfuerzo, por el ejército egipcio. En el octavo año del reinado de Rameses III, una importante coalición de cinco pueblos del Egeo (los peleset, chekker, shakalash, danauna, uashasha) partieron hacia la costa sur de Anatolia en barcos y carros construidos para el Nilo. Su paso por el norte de Siria y Chipre fue tan destructivo que ciudades enteras fueron borradas del mapa y nunca más volvieron a habitarse (los hallazgos de los arqueólogos contemporáneos han encontrado ecos de este hecho en las tradiciones griegas de seis siglos más tarde, que hablan sobre las consecuencias de la guerra de Troya, cuando héroes como Teucro, hermano de Ajax, el rey de los arcadios Agapenor, el vidente Mopsos y Tlepolemos de Epiro, emigraron hacia el este, a las tierras de Siria, Chipre y Palestina, en los años posteriores al conflicto).

Cuando las flotas y las fuerzas de tierra de los «Pueblos del Mar», acompañadas de sus mujeres e hijos, descendieron por la costa oriental del Mediterráneo, Rameses III reunió a sus tropas y tomó posiciones en la costa del Delta. Los egipcios combatieron a los invasores hasta el lugar (posiblemente el sur de Palestina) donde sus barcos de guerra destruyeron la flota enemiga. La coalición se deshizo y los peleset se establecieron en la costa sur de una región, Palestina, que toma su nombre precisamente de este pueblo (en la Biblia aparecen como los filisteos). Del mismo modo, es posible que los nombres de Sicilia y Cerdeña provengan de las oleadas de shakalash y shardana que emigraron hacia el oeste del Mediterráneo.

Después de los «tiempos oscuros» del Egeo —el período que va desde el final de la Edad del Bronce en Grecia, en el siglo XII a. C., hasta los inicios de la cultura clásica– los griegos y los egipcios parecieron «descubrirse» mutuamente de nuevo. Como en el Imperio Nuevo, Egipto seguía ejerciendo una gran fascinación en las comunidades periféricas del Mediterráneo, que lo consideraban una inmensa fuente de riquezas materiales y culturales. Y no es ninguna novedad que la estatuaria y la arquitectura griegas de época arcaica posean un parecido más que casual con los prototipos egipcios, o que los sabios griegos y los nuevos ricos pusieron de moda los viajes culturales y educativos a Egipto. El legislador espartano Licurgo y los filósofos Pitágoras y Tales visitaron Egipto en el siglo VII a. C., mientras que el político ateniense Solón hizo lo mismo un siglo más tarde. Una vez más, Egipto hizo gala de un irresistible atractivo para los mercaderes, y hacia 630 a. C., un consorcio formado por comerciantes griegos aventureros estableció un centro comercial llamado Náucratis en el Delta del Nilo, con el permiso del rey egipcio Psamético I (664-610 a. C.), fundador de la Dinastía XXVI, que gobernó desde la ciudad de Sais, en el Delta.

Durante los conflictos con invasores extranjeros como los asirios y los babilonios (671-600 a. C.), Egipto aceptó la ayuda militar de otros países. A través del reclutamiento, en un principio por un tratado firmado con el rey Giges de Lidia (otro monarca que luchaba contra los asirios), Psamético reforzó su ejército con miles de soldados auxiliares griegos. Éstos se encontraban apostados, sobre todo, en los puestos fronterizos fortificados, donde, a pesar de que las condiciones de vida eran duras, los sueldos eran altos y un buen trabajo podía ser recompensado con la concesión de una ciudad por parte del faraón.

Durante los últimos sesenta años de independencia de Egipto bajo el mandato de reyes autóctonos, es decir, del 404 al 341 a. C., el Imperio persa –que ya se había apoderado de Egipto en dos ocasiones– fue vencido con éxito gracias a la presencia, en el ejército egipcio, de decenas de miles de soldados de infantería atenienses y espartanos, los cuales se encontraban defendiendo las fronteras contra los persas, superiores en número.

EL TRIUNFO DEL HELENISMO

Durante mucho tiempo, Egipto acogió a un gran número de mercenarios y mercaderes asiáticos y griegos: desde 525 a. C., cuando los persas invadieron el país, habían ido llegando para trabajar como colonos o bien como servidores de imperios extranjeros. Con la llegada de Alejandro Magno en 332 a. C., las relaciones entre griegos y egipcios cambiaron radicalmente. En los tres siglos siguientes, una dinastía de reyes griegos –la ptolemaica (*véase* pág. 39)– gobernó Egipto, y los colonizadores griegos empezaron a ocupar los principales puestos de la administración y el comercio egipcios. Alejandro fundó, asimismo, una nueva capital, Alejandría.

Alejandría se convirtió en el centro de la vida intelectual de Egipto en la época ptolemaica, con la fundación de la Biblioteca y el Instituto de Investigaciones (el «palacio de las Musas» o «museo») por parte de Ptolomeo I y Ptolomeo II en el siglo III a. C. Aunque el Egipto ptolemaico fue una gran potencia política y económica en la época (*véase* mapa), la sociedad egipcia se estancó, algo que reflejan a la perfección los templos dedicados a los antiguos dioses, que se mantuvieron como bastión indestructible, aunque cada vez más debilitado, contra la modernidad clásica. El nuevo clasicismo acabaría imponiéndose, sin embargo, en todo el este del Mediterráneo, y adquiriría aún más fuerza con la llegada del Imperio romano, que se apoderó del Egipto ptolemaico en el año 30 a. C.

Cámara funeraria en una catacumba alejandrina de época romana (siglo II d. C.), con elementos propios de la arquitectura helenística, pero mezclados con diseños decorativos egipcios, como el disco solar alado.

Si bien Egipto contribuyó a introducir el culto de Isis en la lista de religiones «mistéricas» de Roma (*véase* pág. 57), la irrupción del cristianismo significó el fin de la civilización egipcia antigua. Como en el resto del Imperio, la nueva fe fue creciendo en popularidad, hasta que finalmente el emperador Teodosio proclamó en 384 d. C. un edicto por el que quedaban clausurados todos los templos paganos que se encontraban en sus dominios. La antigua religión egipcia encontró un hueco en lugares como Filag, en el sur, pero el helenismo había triunfado de forma aplastante.

COMERCIO INTERNACIONAL Y VIAJES

REGALOS REALES

Los fragmentos de misivas entre los faraones y los gobernantes extranjeros demuestran la importancia que en la época tenían los regalos que se intercambiaban. El rey de Chipre enviaba presentes de cobre al rey de Egipto, mientras que este último le envió en otra ocasión tres mil talentos de oro al rey de Babilonia, y el rey de Mitanni envió grandes cantidades de regalos junto con su hija, destinada a convertirse en esposa del faraón. Se han encontrado estatuas, «alabastrones» (recipientes para ungüentos) y muebles con incrustaciones de oro egipcios en Ebla, Ugarit o Biblo, por citar ciudades extranjeras, y aunque no se pueden considerar intercambios comerciales en sentido estricto, estaban destinados a facilitar los intercambios entre los estratos más bajos de la sociedad en un ambiente de cordialidad entre los jefes de Estado.

Cortesanos del reino de Opone, región del nordeste africano donde se encuentra la actual Somalia, traen regalos a Panehesi, jefe de una misión comercial a Opone realizada en el noveno año del reinado de Hatshepsut (hacia 1490-1468 a. C.). La expedición tenía el encargo de intercambiar productos egipcios por otros africanos, como oro, ébano, mirra, malaquita y marfil. Templo funerario de la reina Hatshepsut en Deir el-Bahari, Tebas Oeste.

El significado moderno del término «comercio» (asociado a conceptos como importación, exportación, intermediario, mercados, etc.) sólo puede aplicarse de forma limitada al antiguo Egipto. La adquisición de productos y servicios extranjeros era casi un monopolio del rey, y si bien hubo épocas en que los egipcios podían comerciar con el exterior, el faraón podía limitar o revocar este derecho fácilmente en cualquier momento. Por otra parte, las pequeñas comunidades que limitaban al sur, al oeste y al norte con Egipto tenían pocas posibilidades de abrir relaciones comerciales con un vecino tan poderoso. Los nubios y los cananeos opuestos a este tipo de presiones eran sometidos mediante campañas militares de castigo.

Sin embargo, más allá de la esfera del Imperio, el intercambio de productos fue adquiriendo con el tiempo dimensiones que podríamos calificar de relaciones comerciales. Egipto contaba con una gran riqueza de recursos, y sus necesidades eran bien concretas. El país poseía alimentos, oro, cobre, malaquita, piedras preciosas, natrón (sodio) y diversos minerales en abundancia, pero carecía de madera, hierro, plata, estaño y plomo. La madera podía traerse desde la costa libanesa (Egipto mantenía buenas relaciones con la ciudad fenicia de Biblo desde épocas muy antiguas), pero la ausencia de metales causó un gran impacto en la economía egipcia cuando el bronce y, mucho después, el hierro, se convirtieron en materiales de uso común en todo el mundo antiguo.

Los mercaderes que dirigían el comercio en Egipto eran tanto egipcios como extranjeros. En el nivel más alto, el faraón tenía a sus plenipotenciarios, a quienes destinaba, como diplomáticos, con encargos comerciales como labor secundaria. Más numerosos eran los «agentes» enviados por otras instituciones, como los templos, que viajaban hasta Oriente Medio con misiones específicas, como la búsqueda de esclavos. En la época álgida del Imperio, el templo de Amón contaba con multitud de «agentes» y una flota comercial de ochenta y tres barcos en el Mediterráneo. Algunos egipcios residían en puertos extranjeros, donde actuaban como intermediarios comerciales.

Los textos encontrados en Ugarit nos hablan de emprendedores procedentes de las costas fenicias que unían sus mercancías para realizar un viaje comercial conjunto a Egipto. Los beneficios eran enormes a pesar de las tasas de importación (durante un tiempo el 10 % para los productos fenicios y el 20 % para los griegos). De todas partes del Mediterráneo llegaba cobre, aceite, madera aromática, troncos, resina, ungüentos, vino, opio y productos manufacturados. En dirección contraria partían los que Egipto exportaba en abundancia: cereales, natrón y metales preciosos (*véase* columna, izquierda).

Los mensajeros realizaban los viajes por tierra a pie, aunque los emisarios reales de alto rango (en el Imperio Nuevo) a menudo llevaban un carro con un criado.

Durante gran parte de la historia de Egipto, las largas expediciones terrestres se realizaron con caravanas de asnos (el camello no se introdujo hasta el siglo VII a. C.). Había pocos mapas de «carreteras» como los de hoy: los viajeros debían llevar con ellos, o recordar de memoria, los itinerarios y sus paradas. Las distancias entre puntos en ruta podían variar ligeramente, pero en un día de marcha solían hacerse entre 16 y 19 km. Los viajes entre Egipto y la costa fenicia, Chipre y el Egeo se hacían por mar, mientras que para llegar a Sudán se remontaba el Nilo o bien se seguía la ruta de los «cuarenta días» (a través de los oasis del Sahara). La embarcación más común para la navegación marítima era el «barco de Biblo», llamado así por su puerto de destino. Los marineros tenían que memorizar un itinerario fijo o periplo. Un viaje rápido del Egeo a Egipto podía durar cinco días, y la travesía del Nilo desde el Delta hasta la frontera con Nubia duraba unas tres semanas. Por su parte, las caravanas entre Menfis y Nubia a través de los oasis volvían a los siete meses. A menudo, sin embargo, los barcos y los comerciantes enlazaban un viaje con otro, y la duración de las expediciones podía aumentar.

El comercio internacional en el antiguo Egipto. Entre las principales rutas se encontraba la de Egipto-Fenicia (Líbano), a través de la cual los productos egipcios llegaban hasta el Mediterráneo central y occidental y Mesopotamia; la ruta del mar Rojo, que llevaba productos desde África y Arabia a Egipto; y la ruta de los oasis, otra arteria importante del comercio africano.

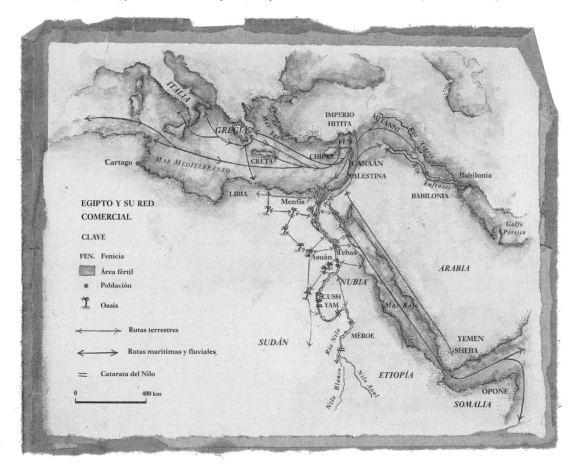

LA RIQUEZA DEL IMPERIO

LOS PORTADORES DE TRIBUTOS
Egipto imponía su propio sistema de
impuestos en el interior del Imperio.
Se requisaban las cosechas de Canaán y
Nubia, y, mientras que el trigo refinado
se hacía traer de la llanura de Esdraelon,
en el centro de Palestina, las frutas y las
verduras provenían de Líbano y Siria,
y el trigo integral y la cebada, de Sudán.
Parte de los impuestos llegaban en forma
de madera de boj procedente de Siria,
cedro del Líbano, oro de Nubia y vidrio
natural del Negeb. Cuando el faraón lo
ordenaba, los gobernadores enviaban
asimismo mano de obra humana,
ya fuera como sirvientes o como
trabajadores no cualificados, los cuales
llegaron en gran número a Egipto
durante la Dinastía XIX.

A intervalos regulares, el ejército
egipcio se presentaba para exigir el pago
de los impuestos o para solucionar
disputas. Los impuestos procedentes de
los cananeos tenían que ser enviados en
barco, y los gastos corrían de su cuenta.
La negativa a colaborar o a pagar las
tasas estipuladas por parte de los
africanos o los asiáticos se consideraba
intento de rebelión, y los habitantes de
aquellos enclaves donde esto sucedía con
mayor frecuencia fueron deportados: los
nubios a Canaán y los cananeos a Nubia.

Cuando Tutmosis III y Amenhotep II extendieron su imperio al oeste de Asia,
pretendían anticiparse a cualquier invasión, pero con el tiempo los beneficios económicos y sociales del Imperio (y, en particular, las fuentes de riqueza y trabajos
forzados entregados por los países extranjeros) empezaron a impresionar a los faraones. Amón-Re, soberano de los dioses, garantizó al faraón el dominio sobre las
tierras extranjeras como parte de su herencia. Las fronteras imperiales se pusieron bajo la protección del dios y se convirtieron en fronteras de Egipto. Así, la
maza y la espada del faraón se imponían sobre los jefes enemigos en presencia de
esta deidad suprema. El faraón regía «sobre todo lo que rodeaba el disco solar» y
«sobre toda tierra extranjera que estuviese bajo los pies del Dios Perfecto».

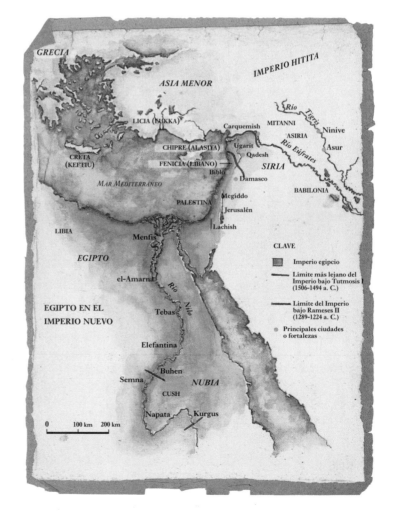

*Extensión del Imperio egipcio durante el Imperio
Nuevo (siglos XIV–XIII a. C.). Los dominios de
Egipto llegaban desde el sur de Nubia (el actual
Sudán) hasta el valle de Eleuteros, en el Líbano.
Durante un breve período, bajo el reinado de
Tutmosis III, la frontera norte llegó hasta el río
Éufrates.*

EL EJÉRCITO EGIPCIO

El ejército durante el Imperio Nuevo contaba con soldados a tiempo completo distribuidos en tiempos de paz entre las guarniciones del Alto y el Bajo Egipto, Nubia y Asia (*véanse* págs. 78-79). En las grandes expediciones a Asia para combatir contra Mitanni o los hititas, o para sofocar revueltas, el faraón reclutaba a uno de cada diez hombres de las comunidades de los templos.

Los soldados de infantería formaban compañías de doscientos (divididos en veinte pelotones), y las compañías se agrupaban a su vez en «divisiones» (en Egipto llamadas «ejércitos») de unos cinco mil hombres, bajo el estandarte del dios local. Las compañías estaban al mando de capitanes («portaestandartes»), que llevaban un bastón con la insignia de la compañía en lo alto; las divisiones las dirigía un general o un teniente general. Los soldados de infantería usaban jabalinas, dagas y cimitarras cortas, pero sus armaduras se componían sólo de unos cascos acolchados,

Cuarenta soldados egipcios equipados con lanzas y escudos de cuero sin refinar. Tumba del nomarca Meseheti en Asiut, Dinastía XI, hacia 2000 a. C.

escudos de cuero sin curtir de forma elíptica y unas escarcelas triangulares. Los carros de combate, de mimbre ligero, se valoraban más por su velocidad que como arma, y los soldados que los conducían llevaban un casco de piel o de bronce y una armadura; sus acompañantes iban armados con un arco y flechas y jabalinas. Los carros se agrupaban en cuerpos de cincuenta al mando de un comandante, y a su vez formaban parte de grupos mayores encabezados por coroneles o tenientes generales. Las unidades más temidas eran las de los arqueros y sus poderosos arcos compuestos. Éstos se agrupaban en batallones con sus propios comandantes, o bien iban secundando a las tropas de soldados de infantería. Sabemos muy poco de sus tácticas guerreras, excepto que los ejércitos se dividían en «centros» y «alas», y que las cargas eran frecuentes. Los egipcios no eran muy buenos en los asedios y solían verse obligados a sitiar la ciudad hasta que los asediados se rendían. Sus técnicas mejoraron en la Baja Época, al tomar prestados a los asiáticos arietes para las torres de asedio.

El Imperio egipcio se estableció de forma muy diferente en sus dos principales escenarios: el norte (el oeste de Asia) y el sur (Nubia). En el norte había una serie de ciudades Estado de carácter autónomo que no eran lo suficientemente fuertes para plantar cara a Egipto por sí solas, aunque luchaban por mantener sus intereses en coalición o bien dirigidas por una fuerza mayor. Tenemos, por ejemplo, el caso del Imperio de Mitanni, que utilizaba las ciudades Estado sirias como escudos contra Egipto. En el sur, sin embargo, había pocos centros urbanos o de poder, por lo que, una vez que Egipto conquistó el reino de Kerma (después de 1500 a. C.), le fue relativamente fácil traspasar sus fronteras y adentrarse a nada menos que 482 km del actual Jartum. La administración imperial se desarrolló con mayor rapidez en los territorios conquistados del sur que en Canaán. Nubia y Cush fueron gobernados por un virrey rodeado de una burocracia provincial que seguía el modelo egipcio, el cual se dedicaba a explotar los recursos de la región, y en especial su oro. En Asia, el faraón permitía a las ciudades mantener sus gobernantes y su estructura social local, siempre que los jefes cananeos jurasen lealtad.

UN REINO COSMOPOLITA

La amplitud de las fronteras de Egipto en el oeste de Asia sobrevivió durante cuatrocientos años e hizo que el país se viese inmerso en los problemas y en la cultura de Oriente Medio. Al mismo tiempo, una corriente de influencia contraria provocó la presencia asiática en las riberas del Nilo y expuso a los egipcios a la cultura de estos pueblos sometidos. Los comerciantes extranjeros se establecieron en el norte de Menfis y sus embarcaciones empezaron a frecuentar los puertos egipcios hasta lugares situados más al sur de Tebas. Se produjeron concentraciones ocasionales de tribus y mercenarios beduinos, que cambiaron el paisaje tanto del Alto como del Bajo Egipto. Los intercambios internacionales de productos aparecen de forma clara en los hallazgos arqueológicos a través de la presencia en Egipto de abundantes ánforas y tinajas cananeas, y, a la inversa, por la gran cantidad de vasijas y toda clase de artefactos egipcios descubiertos en varios lugares de Canaán.

Egipto, en el Imperio Nuevo, estaba también muy interesado en la mano de obra que podían ofrecer las tierras conquistadas del norte. Los cananeos llegaron

LA INFLUENCIA DE ASIA

El Imperio abrió las puertas de Egipto, no sólo a productos venidos del exterior, sino también a ideas y lenguas de las que los egipcios, anteriormente, había oído hablar muy vagamente. Muy pronto, la expresión «hacer negocio en lengua siria» se convirtió en sinónimo de «regatear» al ir de compras a algún mercado. Hacia el siglo XIII a. C., en la lengua egipcia empezaron a filtrarse palabras y expresiones cananeas para designar productos, técnicas, alimentos y formas de comportamiento procedentes de aquellas tierras, cuya presencia empezaba a ser frecuente en todo el país.

Un impacto similar se produjo en la religión, las formas de culto y la mitología. Los habitantes de las tierras del norte que llegaban a Egipto, ya fuera como prisioneros o como hombres libres, traían sus dioses y creencias consigo. Pronto, las figuras con extraños atavíos propias de las divinidades

Una estela de h. 1250 a. C. muestra (de izquierda a derecha) el dios egipcio Min y dos deidades asiáticas, Qadesh y Reshef. A un nivel inferior el artesano Qeh y su familia en un culto de adoración al dios Anath.

del oeste de Asia empezaron a aparecer en las obras de arte egipcias, en especial la del dios de la tormenta Baal («Señor») y sus consortes femeninas Astarté y Anath, así como la del dios de la guerra Reshef y la voluptuosa diosa Qadesh, la «Sagrada», que se solía representar desnuda (*véase* ilustración, izquierda).

Algunos mitos relacionados con estos dioses se incorporaron en la mitología egipcia (como ocurrió con la historia de *Astarté y el mar* o con *Verdad y mentira*), o bien dejaron ver su influencia a través de la forma o de algunos aspectos de la trama. Héroes como el protagonista del cuento *El príncipe predestinado* buscan refugio en Siria, mientras que Inupu o Anubis, uno de los principales personajes de la popular historia titulada *Los dos hermanos*, vivía en Líbano. Por otra parte, este relato posee resonancias de la historia bíblica de José en Egipto.

Portadores de tributos llegados de Palestina y el valle de Orontes se presentan ante el faraón con algunos de los objetos de orfebrería por los que Siria era famosa en la época. Un hombre situado en la parte superior lleva a su hijo, sin ropa alguna y con el mechón de pelo lateral propio de los jóvenes, al estilo egipcio, para que crezca «seguro» y se eduque en la corte faraónica. Fragmento de pintura mural de la capilla funeraria de Sebekhotep, Dinastía XVIII, hacia 1400 a. C.

a Egipto, en su mayoría durante los últimos años del reinado de Tutmosis III, como prisioneros de guerra apresados en las campañas de conquista; pero cuando su número era insuficiente, el faraón recurría a la deportación forzosa: Amenhotep II trajo a Egipto a más de ochenta y seis mil hombres procedentes de Palestina y el sur de Siria.

Para evitar las insurrecciones, el faraón obligaba a los gobernantes cananeos a que enviasen a sus hijos a la corte real egipcia, donde se les mantenía para asegurarse el buen comportamiento de sus padres. Durante ese tiempo, se les educaba para ser pajes, mozos o soldados de la guardia real, y tras la muerte de sus padres regresaban a sus tierras para sucederlos en su puesto. Las grandes masas de cananeos deportados se destinaban a trabajar como mano de obra, aunque, en ocasiones, la habilidad y la inteligencia también recibirían su recompensa. Muchos servían como peones en las propiedades reales o de los templos, o bien en casas particulares, mientras que otros trabajaban como tejedores en los asilos para pobres. Los hapiru, un grupo de bandidos organizados, se enviaban a trabajar en la construcción y en las canteras para cortar y transportar las piedras. Los que poseían una mejor educación podían aspirar a mejores puestos y a trabajar como ingenieros de la construcción, burócratas de rango intermedio, médicos, escribas y soldados. En el siglo XII a. C., los puestos superiores del servicio real –los de los mayordomos que servían al faraón– los ocupaban cananeos. En ocasiones, se concertaban matrimonios diplomáticos con princesas extranjeras, lo que despertaba la imaginación popular y hacía surgir historias de carácter folklórico en las que el faraón conquistaba a una bella princesa.

El desprecio que los egipcios sentían por los extranjeros hizo que los inmigrantes asiáticos tuvieran, por lo general, un papel discreto en la sociedad.

LAS MINAS
DEL SOBERANO

UNA ESTELA DE COLOR TURQUESA
El trayecto hasta las minas del Sinaí
y Arabah incluía parte de navegación
marítima y parte de expedición terrestre.
Una de las rutas a las minas de turquesa
del Sinaí conducía a través del *uadi*
(lecho del río seco) hacia el este, desde
la latitud del Fayum hasta un punto
cercano a donde acaba el canal de Suez
por el norte. Una vez allí, se construían
embarcaciones para transportar a los
mineros hasta la costa occidental del
Sinaí, cerca del actual Abu Rudeis. Y
como después tenían que regresar con
el mineral, se solían emplear grandes
cargueros con una tripulación de ciento
cincuenta hombres. Desde la costa del
Sinaí, la expedición con los asnos llegaba,
tras unas jornadas más de viaje, hasta el
emplazamiento en que se hallaban las
minas de turquesa, donde se había
montado un campamento provisional.
Explotada desde el período predinástico
hasta principios del Imperio Medio, la
región es hoy en día un lugar plagado de
agujeros al que los árabes llaman el «valle
de las Cuevas».

*Cabezas de ganado con joroba transportan piedras
desde la cantera de el-Masara, cerca de Tura, en
el Bajo Egipto, famosa por la gran calidad de su
piedra caliza. Los dos encargados son extranjeros:
uno de ellos, asiático (a la izquierda, con perilla),
y el otro, libio (con el cabello recogido a un lado).
Comienzos del Imperio Nuevo, hacia 1552 a. C.*

La realeza egipcia hacía ostentación de su poder, como muchas otras sociedades
de la Antigüedad, mediante grandes monumentos arquitectónicos, obras de arte o
esculturas, vestimentas y adornos. Para poseer todo esto se veían obligados a bus-
car fuera de las fronteras del país. Para los templos y las estatuas, el faraón necesi-
taba piedras como la diorita del sur, la grauvaca del desierto Oriental y el granito
de las cataratas; para las joyas, turquesa del Sinaí y oro de Nubia; y para otros instrumentos e instalaciones, cobre de Arabah.

Artesanos, mineros, albañiles, exploradores y otros obreros no especializados,
junto a un plenipotenciario asignado para el caso, partían con víveres y animales
en expediciones para trabajar en las minas. El número de trabajadores podía variar, de unos pocos cientos a más de diez mil. El jefe de la expedición, que llevaba
consigo la copia oficial del «encargo», en papiro, sellada en presencia del rey, solía
inscribir una copia del documento en la pared de roca situada junto a la mina o
cantera en cuestión. De este modo sabemos, por ejemplo, que el trigesimoctavo año
del reinado de Sesostris I (hacia 1971-1928 a. C.), un tal Amenemes fue a Hatnub
para conseguir ochenta bloques de piedra, con dos mil hombres para extraerlos, y
que la expedición llegó al Nilo dos semanas después de extraer el mineral.

El trabajo en las minas llevó a menudo a conflictos entre los egipcios y los lugareños, y estos últimos llevaban todas las de perder. Los nubios trabajaban en las
minas de oro de Uadi Allaqi, en la orilla este del Nilo, en condiciones que rozaban
la esclavitud. El mineral se transportaba hasta el Nilo y se fundía fuera de las fronteras egipcias, en Buhen o Quban, y después se enviaba a la corte del faraón como
parte del «impuesto de Uauat y Cush». La galena (sulfuro de plomo), que se utilizaba para elaborar el maquillaje de ojos, se extraía de los depósitos de Dyebel Zeit,
en el mar Rojo, y a veces se transportaba al Egipto Medio y se vendía a los beduinos que estaban de paso. Como en el Sinaí, cuando Egipto empezó a tener dificultades para controlar a la población local en los largos períodos entre expedición
y expedición, se esculpían paneles con prominentes altorrelieves diseñados como
protección contra el mal, que representaban el rostro del faraón sometiendo a un
nómada (*véanse también* págs. 64-65).

EL LEGADO DE EGIPTO

Sacerdotes y devotos de la diosa con túnicas de lino realizan los sacrificios matinales en este mural del siglo I a. C. procedente del Iseo (santuario consagrado a los cultos mistéricos de Isis) de Pompeya, en Italia. Destacan elementos típicamente egipcios, como los dos ibis sagrados y el altar enastado, en el centro; la flauta que toca uno de los fieles, a la derecha, y los sistros sagrados que toca la mayoría de las otras figuras (compárese con ilustración, pág. 148).

Los emperadores romanos se llevaron numerosos obeliscos, estatuas y otros objetos de Egipto para decorar con ellos la ciudad de Roma. Este obelisco de Setos I (hacia 1305-1289 a. C.), que hoy se encuentra en la Piazza del Popolo, se llevó a Roma en el año 10 a. C. para decorar el Circus Maximo.

La cultura egipcia apenas superó sus fronteras, pues lo cierto es que los egipcios no eran muy dados a hacer proselitismo en su provecho. Algunas comunidades nubias del Nilo alto y medio sí adoptaron las tradiciones egipcias, algo que puede apreciarse en los vestigios «faraónicos» del reino de Méroe en Sudán (desde el siglo III a. C. hasta principios del siglo IV d. C.), con sus pirámides, su estilo artístico y sus templos «egipcios». En la costa fenicia, Biblo y otras ciudades Estado vecinas incorporaron motivos artísticos, materiales para la creación de algunos de sus mitos y algo de la escritura jeroglífica; esto de forma difusa, pues durante largo tiempo estos pueblos conservaron su lengua y cultura propias.

La influencia cultural egipcia fue destacable en dos regiones, la antigua Israel y el Egeo, muchas de cuyas ideas se extenderían por Europa después del período clásico. En Israel, los hallazgos arqueológicos revelan préstamos de los que suelen aparecer en pueblos que han comerciado con Estados vecinos. Las unidades de pesos y medidas y los números empleados en Israel entre el siglo X y el VI a. C. derivaban en parte de los egipcios. Así mismo, los útiles para el comercio y otros productos para los cuales los hebreos no tenían vocablo llegaron de Egipto con sus significados intactos y entraron en el léxico hebreo como préstamos lingüísticos.

Mosaico de Praeneste (Palestrina), Italia, que muestra un paisaje típico egipcio del siglo I d. C., con templos y embarcaciones grecorromanos y egipcios, y animales propios del Nilo como los hipopótamos y los cocodrilos. Todo lo egipcio estaba muy de moda en los primeros años del Imperio romano.

Algunos ejemplos de ello los encontramos en las palabras egipcias que designaban productos y objetos como el junco, el loto, el ébano, los monos, el lino o el alabastro. En el campo de la literatura, las sagradas escrituras muestran asimismo claras influencias egipcias, y un caso bien conocido es el de Proverbios 22:17-24:22, versículos que derivan del texto egipcio *Aleccionamiento de Amenope*, así como el del Salmo primero. Algunas imágenes hebreas, en especial las utilizadas en poesía, recuerdan a otras escritas en lengua egipcia. Sin embargo, la influencia egipcia tampoco va mucho más allá, pues la cultura hebrea fue sobre todo un fenómeno ligado al Asia occidental.

Entre los siglos VII y IV a. C., Egipto empezó a tener contactos crecientes con los griegos del mar Egeo. Mercaderes, aventureros y mercenarios viajaban a Egipto para vender sus productos o en busca de trabajo, y, muy pronto, los viajes culturales o de placer a Egipto, de cinco días de duración, se convirtieron en una moda entre los intelectuales de habla griega de la época. Solón (principios del siglo VI a. C.), Hecateo de Mileto y Heródoto (ambos del siglo V a. C.) pasaron temporadas de su vida en el Nilo, y con la llegada de Alejandro Magno a Egipto en el 332 a. C., los griegos, y más tarde los romanos, se hicieron con el control del país.

La relación de amor-odio que se estableció entre griegos y egipcios a duras penas condujo a algún intercambio de ideas relevantes. Por un lado, los griegos respetaban la antigüedad y la «sabiduría» de los egipcios, un concepto que pronto se convirtió en cliché; pero por otro lado, no podían evitar sentir desprecio por el culto de los egipcios a los animales. En los inicios de la época arcaica griega (siglos VII a VI a. C.), la arquitectura y la escultura egipcias ejercieron cierta influencia en el desarrollo de las columnas dóricas y de las estatuas erguidas, pero, en general, los artesanos griegos crearon su arte siguiendo un camino muy diferente al de sus homólogos egipcios. Ciertas cosmogonías egipcias que resaltaban la importancia fundamental del agua, el aire, la tierra y la luz (o llama), y que introducían los conceptos de «mente» y «palabra» en las teorías de la creación (*véanse* págs. 124-125), se extendieron muy pronto por todo el Mediterráneo oriental, pero se ha discutido mucho si cabe hablar de una cuestión de dependencia o de mera influencia. En el campo de las matemáticas, la contribución de Egipto fue bastante escasa (*véanse* págs. 94-95), pero en medicina los egipcios gozaban de una gran reputación (*véanse* págs. 96-97), y en los escritos de los físicos romanos se pueden hallar ecos de sus métodos de diagnosis y tratamiento, que se preservaron en papiros. Los astrónomos egipcios legaron al mundo la invención del zodíaco (*véase* ilustración, pág. 115), así como la del calendario de doce meses y 365 días (*véanse* págs. 92-93).

LA INFLUENCIA RELIGIOSA DE EGIPTO

Aunque el antiguo Egipto tuvo cierta influencia cultural más allá de sus fronteras, tras su última transformación con el nacimiento del Egipto copto, a finales de la época antigua, no dejó ningún «sucesor» para el resto de las naciones. Eso sí, ciertos aspectos de la religión egipcia constituyeron todo un legado para las civilizaciones posteriores, y la conciencia de ello añade una nueva dimensión a nuestros conocimientos sobre la cultura judeocristiana europea.

El culto a Isis (y Osiris), que ofrecía la salvación del alma, se extendió por todo el Imperio romano. Los principales puntos en los que se basaba esta religión «mistérica» empezaron a tomar formas de expresión que influenciaron a su vez la literatura y la iconografía del cristianismo: la Madre de Dios con el niño en sus brazos; el juicio del alma después de la muerte; el cielo como premio para las almas salvadas, y el «infierno», en el inframundo, con sus torturas, para los condenados (*véase* pág. 135).

Jarra de terracota del templo romano dedicado a la diosa Isis en Londres. En ella aparece la inscripción latina «Londini ad Fanum isidis» («Londres, en el templo de Isis»).

Por otra parte, la «sabiduría de Egipto» fue un punto de referencia (aunque malinterpretado) para el conjunto de textos griegos del Egipto helenizado, conocido como Corpus Hermético, así como para el neoplatonismo propugnado por Plotino (siglo III d. C.). Éstas y otras creencias, como el gnosticismo, se basaban en el estudio de las artes esotéricas y la meditación como requisitos para la salvación del alma, señalados ambos en las inscripciones jeroglíficas egipcias (que los griegos y romanos no sabían interpretar) como base de toda sabiduría.

● CAPÍTULO 4

LA RIQUEZA
DE LA TIERRA

Para los antiguos, las riquezas de Egipto eran legendarias. Los cereales crecían en abundancia en las ricas y fértiles llanuras del Nilo (*véanse* págs. 10-16), río que era la base de la agricultura del país, pero el éxito de las cosechas también se debía al experto tratamiento de la tierra por parte de los egipcios. La eficiencia de sus sistemas de cultivo fue lo que permitió al gobierno faraónico la explotación de las otras fuentes de riqueza y prosperidad del país, entre ellas los aparentemente inagotables depósitos de minerales, tan apreciados tanto dentro como fuera de las fronteras egipcias.

▲

Los primeros agricultores 58

La tierra como fuente de vida 60

La caza, la pesca y la búsqueda de alimentos 62

Las riquezas minerales de Egipto 64

La economía egipcia 66

SUPERIOR: *Fragmento de azulejo de fayenza (hacia 1350 a. C.), con el dibujo de una vaca entre un lecho de papiros junto al Nilo. Los primeros rebaños hicieron su aparición en el Valle del Nilo a finales del sexto milenio a. C.*

LOS PRIMEROS AGRICULTORES

Antes del desarrollo de la agricultura, los habitantes del Valle del Nilo vivían de la pesca, la caza, la recolección de frutos y plantas silvestres, y la cría de aves. A finales de la última gran glaciación (hacia 11000–8000 a. C.), la principal fuente de alimento probablemente era el pescado, y las cada vez más abundantes precipitaciones debidas al recalentamiento posterior a la glaciación originaron grandes inundaciones y la aparición de efímeros lagos (*playas*) en el Sahara. Estas épocas de lluvias iban seguidas con frecuencia por intervalos más breves de frío y sequía, en los que la caza se tornaba escasa e impredecible. Se han encontrado huesos de ganado doméstico en el Sahara egipcio que se remontan a 8000–6000 a. C., lo que hace suponer que estos animales se domesticaron para ayudar a sobrellevar mejor los efectos de la sequía.

Hacia 5000 a. C., las gentes de la región recogían sorgo silvestre para alimentarse, tal como indican los restos encontrados en la Nabta playa y el oasis de Farafra. Los que moraban en el valle contaban con los recursos que les ofrecía el Nilo, y cazaban y buscaban alimento en las áreas desérticas de los alrededores, pero la inestabilidad climática y las grandes inundaciones de la era posglacial hicieron que la pesca cobrara una especial importancia.

No hay evidencias de que se produjeran alimentos en la llanura del Nilo antes del quinto milenio a. C. Los indicios de las primeras comunidades agrícolas se han descubierto en Merimda Beni Salama, en el borde occidental del Delta, y datan aproximadamente de 4750 a. C. (*véase* pág. 68). La posibilidad de que hubiera asentamientos agrícolas anteriores a lo largo del Nilo se ha relacionado a menudo con el descubrimiento de piezas de cerámica, y el motivo esgrimido es que los utensilios de terracota, al igual que otras herramientas propias de la vida «urbana», no pueden concebirse sin el desarrollo previo de asentamientos humanos. Se han hallado piezas de cerámica que datan de hacia 5500 a. C. en Fayum, donde los utensilios de barro y piedra muestran similitudes de estilo con los de Merimda, lo que sugiere que tuvo que haber algún tipo de filiación cultural entre los habitantes de estos dos lugares. También se han encontrado restos de cerámica en el-

Recogida de la cosecha en este fragmento de relieve procedente de la mastaba de Ipi, en Saqqara. A la derecha, un trabajador está segando un fajo de grano (espelta o cebada) con una hoz, mientras otro hombre habla con el supervisor de la cosecha, que lleva un largo báculo. Imperio Antiguo, Dinastía VI, reinado de Fiope I (hacia 2332 a. C.).

Tarif, cerca de Luxor, en el Alto Egipto, que datan de 5200 a. C. aproximadamente, pero no hay evidencias de producción de alimentos y, en todo caso, hoy se sabe que el desarrollo de las técnicas para la elaboración de productos de terracota son anteriores a la llegada de la agricultura.

La aparición de cerámicas saharianas, ganado vacuno, ovejas y cabras en las llanuras del Nilo entre 5300 y 4000 a. C. aproximadamente, junto con el inicio del cultivo del trigo y la cebada procedentes del sudoeste asiático, coincide con una transición hacia condiciones meteorológicas más secas a lo largo de toda la región y, en particular, con el segundo de los dos períodos de calor extremo que tuvieron lugar entre 6000 y 5000 a. C. Los hallazgos encontrados en el oasis de Farafra, en el desierto Occidental, muestran que, entre estas dos fechas, las condiciones meteorológicas sufrieron un cambio extraordinariamente brusco antes de desembocar en un clima frío y seco hacia 5000 a. C. Durante estos mil años, los lagos del Sahara se secaron y la presencia de grupos humanos en el desierto se tornó escasa y efímera. Es muy probable que muchos de los habitantes del desierto Occidental, el Sinaí y el desierto de Negeb se desplazaran hacia el Nilo en este período de inestabilidad climática. Algunos de estos primeros moradores del desierto permanecieron fuera de las llanuras del Nilo, convertidos en pastores nómadas que se desplazaban entre las distintas fuentes de agua o acampaban en oasis ricos en alimentos, como el de Jarga o Dajla.

Sin embargo, otros emigraron hacia el sur del Valle del Nilo o se establecieron cerca de la costa mediterránea, a lo largo de los límites de las tierras inundadas del Nilo, donde comenzaron a criar animales y a cultivar cereales. Estos «colonizadores» vivían junto a los cazadores y pescadores nativos del Valle del Nilo, y las tradiciones de los recién llegados –como su empleo del simbolismo del ganado y sus técnicas para fabricar cerámica y producir cultivos– se empezaron a mezclar con las tradiciones de caza y pesca de los habitantes ya existentes, un proceso del que da testimonio el desarrollo de comunidades como las de Hieracómpolis.

Esta pintura mural de la tumba de Menna, de la Dinastía XVIII, en Tebas Oeste, incluye una representación detallada de las labores de unos trabajadores egipcios en una hacienda del fallecido. En la parte inferior aparecen rastrillando el grano en la era, bajo la mirada del supervisor. En la parte central puede verse cómo se trilla la cosecha con la ayuda de unos bueyes, mientras otros hombres introducen el grano en sacos (véase también ilustración, *pág. 61).*

LA TIERRA COMO FUENTE DE VIDA

El antiguo Egipto se consideraba una tierra fértil de gran riqueza, y en ocasiones los reyes se vanagloriaban de las buenas cosechas que se habían recogido durante su reinado. Por ejemplo, Amenemes III (hacia 1843-1797 a. C.) aparece como el rey que «convierte las Dos Tierras en más verdes que el gran Nilo. [...] Él es vida. [...] El Rey es alimento y su boca está a rebosar». En una inscripción del templo de Abu Simbel, Rameses II puso las siguientes palabras en boca del dios Ptah: «Yo te entrego a ti [Rameses II] constantes cosechas [...], los haces son como arena, los graneros se aproximan al cielo y los montones de grano son como montañas».

La prosperidad de la agricultura se basaba en buena medida en el agua del Nilo y en unas buenas técnicas de cultivo, pero, sobre todo, en el trabajo duro. Los ricos sedimentos procedentes de la crecida anual del Nilo renovaban regularmente la fertilidad de las tierras de cultivo (*véanse* págs. 10-11). Las aguas de las crecidas irrigaban los campos, y la profundidad de la inundación determinaba la cantidad de tierra cultivable. Con el objetivo de calcular la subida del nivel del agua, los egipcios construyeron unos instrumentos que tenían como finalidad medir las crecidas, denominados «nilómetros», en diversos lugares a lo largo del Nilo (*véase* ilustración, izquierda).

Los egipcios crearon asimismo embalses y diques con el fin de proteger sus edificios y sus tierras durante las inundaciones, y controlar la entrada de agua en los campos. Para ello, aprovechaban la existencia de depresiones naturales en las que se formaban acequias, y dejaban fluir el agua desde una acequia a otra siguiendo la inclinación del terreno. Por su parte, los canales artificiales se encargaban de llevar el agua hasta las áreas más alejadas, donde el nivel de las crecidas era más bajo. Los primeros artefactos para irrigar los campos, sin embargo, no llegaron hasta el Imperio Nuevo, cuando se inventó un método para transportar el agua conocido en árabe como *shaduf* (*véase* ilustración, pág. 10). Una estaca actuaba como pivote de un palo en forma de cruz, que podía girar en todas direcciones y poseía un recipiente atado en un extremo y un contrapeso en el otro. El recipiente se llenaba de agua hundiéndolo en el canal, y entonces el contrapeso lo subía hasta el nivel necesario para sacar el agua. En tiempos posteriores a los faraones, el *shaduf*, que todavía se sigue utilizando en algunas partes de Egipto, se sustituyó por el molino de agua y el tornillo de Arquímedes.

Cuando el nivel del agua bajaba, se requería mucho trabajo para reparar los diques y canales, restablecer las marcas en los terrenos y preparar el suelo para la siembra. A menudo, lo único necesario para remover la tierra era un ligero arado de madera, pero cuando el suelo era demasiado duro había que utilizar una azada. Los arados los arrastraban grupos de bueyes o personas y, en general, las semillas se iban esparciendo por delante del arado. Las plantas crecían y se cosechaban antes de la siguiente crecida, y, a veces, la irrigación de los campos extendía las áreas cultivables y hacía posible obtener dos cosechas anuales.

Nilómetro de época romana en Elefantina. Un nilómetro consistía, básicamente, en un tramo de escalones situado junto a la orilla del río que se utilizaba para calcular el aumento del nivel del agua, aumento que permitía medir el alcance de las inundaciones durante un período determinado. Las mediciones obtenidas se registraron durante cientos de años (véase pág. 13), lo que ayudaba a los agricultores a predecir hasta cierto punto períodos de escasez o abundancia de agua.

La época de la cosecha era un momento de gran actividad. Los cereales (trigo y cebada) se cosechaban con hoces de madera con dientes de sílex, y el grano se llevaba hasta los pueblos en grandes sacos.

Se utilizaban horcas para romper los tallos en la era, y se conducían asnos o bueyes para que pisaran el grano (*véase* ilustración, pág. 59). Tras aventar el trigo (*véase* ilustración, inferior), la cosecha se transportaba hasta los graneros, donde se almacenaba, y un escriba registraba la cantidad de trigo obtenida.

Los egipcios cultivaban una gran variedad de verduras gracias a la irrigación (*véase* pág. 12), aunque la base de su dieta (pan y cerveza) se obtenía del cultivo de cereales. El grano se machacaba en grandes morteros y, con la ayuda de muelas y un molinillo manual, se obtenía harina. Los panes se cocían en hogueras al aire libre, a menudo en moldes cónicos. También se elaboraban pasteles aromatizados con miel de abejas silvestres o domésticas. La cerveza se consideraba tanto una bebida como un nutritivo alimento, y se obtenía de la fermentación de la harina de cebada; a menudo se endulzaba con miel, dátiles o especias. Ésta era la principal bebida egipcia, aunque también se producía vino. Los trabajadores de los viñedos recogían la uva a mano, y luego la pisaban en grandes cubas en grupos de hasta seis hombres. El juego obtenido se fermentaba primero en enormes tinajas de barro sin tapar, y más tarde tenía lugar una segunda fermentación en tinajas cerradas y almacenadas en estantes con etiquetas en las que se incluían informaciones como el año de la cosecha, el lugar de origen del vino y el vinicultor.

Las labores agrícolas incluían la cría de animales, sobre todo de vacuno, cuyos rebaños pastaban en los ricos prados del Delta. Los egipcios sólo comían carne en ocasiones especiales, excepto en las clases más altas, aunque las vacas también aportaban productos lácteos y hacían de bestias de carga. La productividad de una hacienda se medía por el tamaño de su rebaño.

EL APROVECHAMIENTO DE LA TIERRA

La productividad de las tierras que formaban parte de la llanura del Nilo dependía de la proximidad a la que se encontraran del agua. Las parcelas muy próximas al río por lo general quedaban demasiado inundadas como para poder cultivar cereales en ellas, mientras que las tierras altas cercanas al desierto a menudo eran demasiado secas, y sólo podían cultivarse en aquellos años en que la crecida era muy abundante o mediante irrigación artificial. Las mejores tierras eran las que se encontraban en la parte central de la llanura del Nilo. Después de un largo período de cultivos, los campos de estos fértiles terrenos centrales se dejaban ocasionalmente en barbecho, y tras la cosecha se permitía que los animales pastasen en ellos.

Después de trillarlo, el trigo se aventaba, es decir, se alzaba con la ayuda de paletas y se lanzaba al aire para que el viento se llevara lejos la paja y quedara sólo el grano. Esta escena procede de la tumba de Najt, en Tebas Oeste (Imperio Nuevo, Dinastía XVIII, hacia 1400 a. C.).

LA CAZA, LA PESCA Y LA BÚSQUEDA DE ALIMENTOS

La caza de animales para alimentarse de su carne era común en el Egipto predinástico. Los bueyes salvajes (*Bos primigenius*) y los ciervos se cazaban en el Valle del Nilo, mientras que los venados, los asnos salvajes y las liebres se encontraban en los límites del desierto. Los bueyes salvajes se adaptaban bien a los humedales del norte, en el Delta, y toleraban otras áreas húmedas; los ciervos, en cambio, preferían los climas más secos. Sin embargo, a menudo se han encontrado huesos de ambos animales en los mismos yacimientos arqueológicos. En el desierto, la mejor presa para los cazadores era la gacela común (*Gazella dorcas*), muy abundante en los *uadis* situados a lo largo de los límites de la llanura del Nilo. El addax y el órix también se cazaban con frecuencia, así como los chacales y los gatos del desierto.

Los bueyes salvajes resultaban fáciles de cazar, en especial durante la estación seca, cuando se congregaban junto a los ríos en busca de agua y comida; del mismo modo, los cazadores atrapaban fácilmente las gacelas que se introducían en la maleza para refugiarse bajo la sombra de los árboles y arbustos. Los egipcios iban de caza a pie y utilizaban arcos y flechas, lanzas, lazos y perros, aunque los animales más pequeños se atrapaban con redes y trampas. Las puntas de sus lanzas eran de sílex afilado, que en ocasiones iba sujeto a la mandíbula inferior y los dientes de un pez gato. Los animales se degollaban y se despellejaban con cuchillos de sílex, y la piel se preparaba con raspadores de este mismo material.

Con el desarrollo de la agricultura, la caza de grandes animales como actividad de subsistencia empezó a decaer, pero la pesca y la caza de aves siguió siendo frecuente en época dinástica. El Nilo y sus humedales aportaban un gran número de

Las pinturas en las que aparecía el dueño de la tumba cazando aves en los humedales del Nilo eran muy frecuentes en las tumbas egipcias, como es el caso de las que se reproducen en esta página y en la siguiente. En la detallada pintura mural, de finos trazos, hallada en la tumba de Nebamon, en Tebas Oeste (véase derecha), el difunto aparece cazando aves sobre un esquife de papiro. Su arpón de caza es una lanza de madera en forma de serpiente, y utiliza un gato para que le traiga las presas. Imperio Nuevo, Dinastía XVIII, reinado de Amenhotep III (hacia 1402-1364 a. C.).

alimentos. En el río se capturaban tortugas y mejillones, y a veces se cazaban hipopótamos y cocodrilos para obtener su carne, aunque los primeros pisoteaban los cultivos y se les consideraba una verdadera plaga, por lo que a menudo se les atacaba con lanzas en cacerías organizadas por deporte o con fines rituales.

La principal fuente de proteínas procedía del pescado capturado en el río y los canales de irrigación. Las especies más comunes eran el pez gato y la perca del Nilo; los pescadores capturaban los peces gato durante la crecida, cuando éstos emigraban en grandes grupos hacia sus lugares de desove, en charcas poco profundas. Una vez concluido el apareamiento, se capturaban fácilmente con la mano. El pescado se conservaba, o bien ahumándolo, o bien sin las escamas y dejado secar sobre un hogar o al sol. Los cazadores también atrapaban aves salvajes, como fochas, ocas y patos, con redes y trampas dispuestas junto a la orilla del río.

Asimismo se recolectaban semillas, frutos y plantas silvestres. Los egipcios solían utilizar una vara para desenterrar los tubérculos de una especie de junco muy apreciado que todavía es bastante abundante en la zona. Este tubérculo era muy rico en carbohidratos, pero cuando estaba maduro contenía una gran cantidad de toxinas, por lo que tenía que molerse y lixiviarse antes de ser consumido. También se recolectaban los tubérculos y la semillas de otro tipo de junco, así como las de otras muchas plantas, que se molían como harina para hacer pan. Las riberas del río proporcionaban rabos de zorra, juncos floridos, papiro y caña, cuyos rizomas, llenos de fécula, se cocinaban al vapor o a la brasa. Además, se consumían las hojas tiernas y los brotes de otras plantas, así como frutos silvestres como los de la palmera dum, el melón y los higos.

En esta escena de caza procedente de la tumba de Najt, en Tebas Oeste, el cazador aparece dos veces, arrojando su lanza y preparándose para utilizarla. La caza con estos arpones era un deporte muy popular entre los egipcios más adinerados; los que cazaban aves para subsistir empleaban redes y trampas. Como en la escena de la página anterior, el dueño de la tumba aparece retratado en compañía de su familia; aquí, se encuentra acompañado por dos de sus sirvientes. Imperio Nuevo, Dinastía XVIII, hacia 1400 a. C.

LOS METALES DIVINOS

Los egipcios consideraban el oro como una sustancia de origen divino. Según se creía, la carne de los dioses era de este material, mientras que sus huesos eran de plata, un raro metal que apenas se encontraba en Egipto y que, en general, se importaba de otras regiones. Al dios del Sol Re, en ocasiones se le invocaba como la «montaña de oro», mientras que a su hija, la diosa Hathor, se la conocía a menudo como «la dorada». El empleo del oro en las máscaras mortuorias de los faraones, como en el espectacular ejemplo de Tutankhamón (hacia 1346-1337 a. C.; *véase* pág. 34), reflejaba la creencia, por parte de los egipcios, de que aquéllos se convertían en dioses tras su muerte. De la misma forma, la punta de los obeliscos y de las pirámides (*véanse* págs. 170-171) a menudo se cubrían de oro, lo que incidía en su relación con el culto al Sol. Durante la época faraónica se construyeron grandes reservas de oro, y este material se empleaba en los trueques y para pagar a los mercenarios.

LAS RIQUEZAS MINERALES DE EGIPTO

Egipto tenía la suerte de contar con inmensos depósitos de varios tipos diferentes de piedras y metales que se explotaban a gran escala. Ciertos minerales, como el oro, el cobre, la malaquita y el alabastro, eran especialmente apreciados, al igual que la piedra caliza, el granito y otras rocas que se empleaban en la construcción de templos y de otros monumentos. Algunos de estos minerales poseían un significado religioso y simbólico aparte de su valor material (*véase* columna, izquierda).

Los egipcios extraían oro y cobre desde los tiempos más antiguos. El nombre de uno de los pequeños Estados del Egipto predinástico, Nubt («pueblo del oro»), sugiere que su prosperidad se basaba, en buena medida, en la explotación de este mineral. El trabajo en las minas estaba muy bien organizado: cada mina tenía sus propios pozos y operaba con una mano de obra supervisada por el ejército. Durante el Imperio Nuevo, en especial, se extraía oro del desierto Oriental y Nubia (*véase* recuadro, inferior). El cobre, explotado en el desierto Oriental, el Sinaí y Nubia, sirvió durante los primeros años del Período Badariense (hacia 5000-4000 a. C.) para la fabricación de agujas y de anzuelos, pero en el Período Predinástico Pleno también se empleaba en la construcción de objetos de mayor tamaño, como arpones y dagas, y en la de adornos, como anillos y cuentas de collar.

UADI HAMMAMAT

El mapa geológico más antiguo del mundo es el llamado «Papiro de las minas de Turín», de mediados del siglo XII a. C., que muestra las minas de oro de Fauajir, en el Uadi Hammamat (desierto Oriental). Probablemente tenía alguna relación con la expedición que se realizó durante el reinado de Rameses IV (hacia 1153-1146 a. C.).

El Uadi Hammamat se explotó, de forma ininterrumpida, por su riqueza en grauvaca, desde el Imperio Antiguo hasta época romana. Las canteras producían sobre todo piedra para la construcción de estatuas y sarcófagos, y la roca se partía con la ayuda de cinceles de bronce (más tarde de hierro) o bien se golpeaba con piedras más duras como la diorita. Los bloques se transportaban sobre unos trineos, arrastrados por bueyes o por grupos de hombres.

El número de participantes en una expedición de este tipo podía variar desde menos de cien hasta más de diez mil. Además del jefe de la expedición y de sus acompañantes, la mano de obra incluía cortadores de piedra, albañiles, escribas, arrieros para conducir a los animales, peones, inspectores, guías y encargados del abastecimiento. Los hombres acampaban en toscas chozas de piedra y oraban en una gruta cercana dedicada al dios Min. En general, las expediciones se recordaban con una inscripción en jeroglífico en la cara sur del *uadi*.

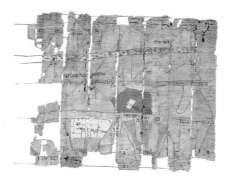

Mapa de la Dinastía XX, hoy en Turín, Italia, procedente de las minas de Fauajir, en el Uadi Hammamat.

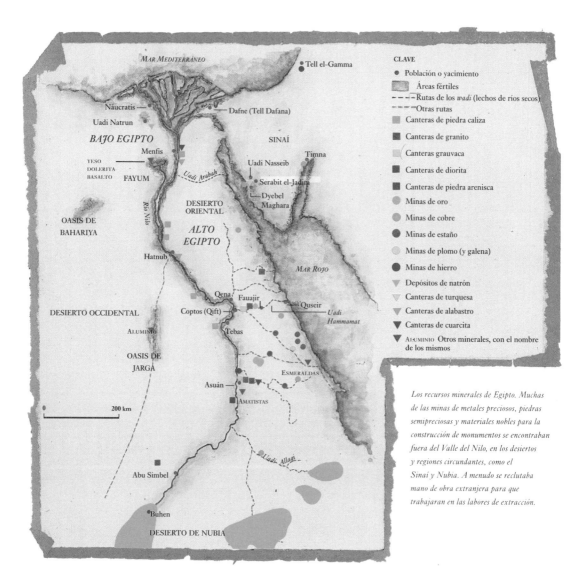

CLAVE

- Población o yacimiento

Áreas fértiles

- - - Rutas de los *wadi* (lechos de ríos secos)
- - - Otras rutas

Canteras de piedra caliza

Canteras de granito

Canteras grauvaca

Canteras de diorita

Canteras de piedra arenisca

Minas de oro

Minas de cobre

Minas de estaño

Minas de plomo (y galena)

Minas de hierro

Depósitos de natrón

Canteras de turquesa

Canteras de alabastro

Canteras de cuarcita

ALUMINIO Otros minerales, con el nombre de los mismos

Los recursos minerales de Egipto. Muchas de las minas de metales preciosos, piedras semipreciosas y materiales nobles para la construcción de monumentos se encontraban fuera del Valle del Nilo, en los desiertos y regiones circundantes, como el Sinaí y Nubia. A menudo se reclutaba mano de obra extranjera para que trabajaran en las labores de extracción.

Entre los otros recursos mineros de Egipto, se encontraba el hierro procedente de Asuán y el oasis de Bahariya, aunque parece ser que no empezó a explotarse hasta nada menos que en la Dinastía XXVI (hacia 644–525 a. C.). La malaquita, un mineral de color cobrizo verdoso, se utilizaba como cosmético ya en tiempos predinásticos, en cuanto símbolo de vegetación y vida. Los egipcios se acicalaban, además, con collares, amuletos y otros adornos fabricados con una gran variedad de piedras semipreciosas encontradas en los depósitos de grava del Alto Egipto. Entre ellas destacaban la amatista, el granate, el jaspe, la galena, el feldespato rojo y la cornalina. El natrón, que se utilizaba para desecar, se extraía de Uadi el-Natrun y se empleaba en el proceso de momificación.

LA ECONOMÍA EGIPCIA

La larga duración de la civilización egipcia y su extraordinaria capacidad de adaptación se potenciaron con su economía agrícola. La mayoría de la población era campesina, y los pueblos prosperaron gracias a las economías locales independientes, basadas en el trueque. Sin embargo, también existía una economía nacional dictada por el gobierno faraónico, además de la regional, que era administrada por los cuarenta y dos nomos (provincias) en que se dividía el país. Las capitales de los nomos eran centros desde donde se controlaba la agricultura de la zona y se recaudaban los impuestos para el gobierno central.

El sistema de impuestos egipcio lo supervisaba un visir nombrado por el faraón. La producción agrícola anual dependía del nivel de las crecidas del Nilo, que determinaba la cantidad de tierra disponible para los cultivos. Al gobierno le interesaba mucho mantener los sistemas de irrigación en buenas condiciones, y la responsabilidad se delegaba en los nomarcas, que llevaban el registro de los propietarios y los arrendatarios de las tierras.

Fuera del ámbito agrícola, la actividad económica la controlaba una elite urbana que se beneficiaba de la monarquía egipcia y del culto al faraón como divinidad (*véanse* págs. 112-113). Esta ideología se plasmaba en la construcción de grandes monumentos funerarios reales, como las pirámides y los templos. Éstos eran empresas de gran envergadura, y una buena parte de los ingresos reales se dedicaba al pago de la mano de obra empleada en ellas: artesanos y obreros sin especialización. Estos últimos solían ser trabajadores del campo contratados por unos meses en las épocas del año en que no se cultivaba (por ejemplo, durante las crecidas del río), y cobraban en especies, con grano o cualquier otro producto.

Los oficiales subalternos, como los escribas, los soldados y los recaudadores de impuestos, eran los responsables de la recaudación, el registro, el almacenaje y la distribución de los ingresos anuales. En esta miniatura de madera de un granero, procedente de una tumba de Beni Hasan, un escriba anota las cantidades de grano recogidas por los cuatro trabajadores del granero. Imperio Medio, Dinastía XII, hacia 1850 a. C.

En este fragmento de pintura mural de la tumba de Nebamon, en la Tebas Oeste, un escriba presenta al fallecido (que probablemente se encontraría a la izquierda de la escena) el registro en el que consta el número de ocas de su propiedad. Dinastía XVIII, reinado de Amenhotep III (hacia 1402-1364 a. C.).

En un registro de la época puede leerse que un capataz ganaba veintiocho veces más que el peor pagado de entre sus subordinados.

La población de Egipto no superó probablemente los dos millones de personas durante el Imperio Antiguo y los tres millones en el Imperio Nuevo. La población de las ciudades suponía una pequeña fracción del total, quizá no más de un 5 % del mismo. El aumento de esta población urbana, el crecimiento de las demandas por parte de la elite o las crecientes necesidades de defensa del país hicieron que la presión sobre los agricultores egipcios fuera cada vez mayor. Por ejemplo, durante el Imperio Nuevo, cuando Egipto contaba con un gran imperio, los productores de alimentos se vieron obligados a mantener a un ejército casi permanente de más de cuarenta mil escuadrones, la mayoría de ellos reclutados entre los trabajadores del campo. El problema se solucionó en parte gracias a la creación de grandes infraestructuras agrícolas en el Delta y al empleo de esclavos como mano de obra. En la Baja Época, las costosas guerras y el empleo de mercenarios griegos (que cobraban en oro en una época en que las minas de oro estaban prácticamente agotadas) contribuyeron al declive de la economía egipcia.

LA ADMINISTRACIÓN DE LOS TEMPLOS EGIPCIOS

Los dos mil templos construidos en Egipto contaban con grandes propiedades y constituían un importante sector de la economía del país. Los templos más ricos y poderosos eran los que se encontraban en las capitales reales, como Menfis y Tebas (*véanse* págs. 208-209). Los templos recibían dotaciones del rey y, a su vez, generaban ingresos independientes procedentes de sus abundantes tierras y rebaños de animales, así como de las donaciones de particulares. En la Baja Época, el rey Ápries (589-570 a. C.) cedió al templo de Ptah, en Menfis, la propiedad, libre de impuestos y a perpetuidad, de todo un distrito con sus tierras cultivables, sus habitantes y sus rebaños incluidos. Según el Gran Papiro Harris, en el que constan las donaciones realizadas por Rameses III al templo (*véase* ilustración, derecha), casi un tercio de la tierra cultivable de Egipto pertenecía a los templos.

Del mismo modo que los templos se beneficiaban del mecenazgo real, también el rey se beneficiaba de la existencia de los templos, pues gracias a ellos quedaba legitimada su autoridad divina durante su vida y se perpetuaba su culto tras su muerte. También suponían una fuente de ingresos ocasional para las arcas reales. La independencia económica y política de los templos dependía de la que tuviese, a su vez, el gobierno central. Cuando la autoridad real

Fragmento del Gran Papiro Harris, donde se registraron en escritura hierática las donaciones de Rameses III (hacia 1184-1153 a. C.).

se debilitaba, como ocurrió al final del Imperio Nuevo, el poder de los altos sacerdotes aumentaba proporcionalmente. En ocasiones, éstos se atrevieron incluso a desafiar la autoridad real, como en el caso de los sumos sacerdotes de Amón en Tebas durante los últimos años de la Dinastía XX (*véanse* págs. 36-37).

• CAPÍTULO 5

LAS CIUDADES

Los magníficos templos y tumbas egipcios, las moradas dedicadas a los dioses y a la muerte, resistían mejor los estragos del tiempo que las casas de los vivos. Son escasos los restos que nos han llegado de las construcciones de adobe en las que se alojaba la gran mayoría de la población egipcia, es decir, los agricultores que se instalaron en las ricas llanuras del Valle del Nilo. Otros vivían en poblaciones de mayor tamaño o en ciudades, donde peones y obreros sin especialización compartían el espacio con artistas, escribas, sacerdotes y burócratas. Finalmente, estaban los palacios donde residía el rey y su corte, así como los asentamientos de las guarniciones militares que protegían las fronteras del país.

▲

El auge de la vida urbana 68

Poblaciones y casas 70

Principales capitales 74

Los palacios reales 76

Las fortalezas 78

SUPERIOR: *Maqueta de barro de una casa de una sola planta, con una única ventana, escaleras hasta la terraza superior y «aire acondicionado», una abertura en el techo diseñada para hacer entrar y circular el aire en el interior de la vivienda. Estas maquetas, conocidas como «casas del alma», se colocaban en las tumbas de los egipcios más pobres para que éstos pudiesen utilizarlas en el más allá; en el patio de la casa, aparecen representados diversos alimentos para el difunto. Imperio Medio, hacia 1900 a. C.*

▲▲▲▲▲▲▲▲▲▲▲▲▲▲▲▲▲▲▲▲▲▲▲▲▲

EL AUGE DE LA VIDA URBANA

Durante mucho tiempo se creyó que el antiguo Egipto había sido una «civilización sin ciudades». Hasta hace poco, sólo se habían estudiado seriamente algunos yacimientos urbanos de época faraónica, pero las investigaciones arqueológicas llevadas a cabo en lugares como Abido, Elefantina o Buto han empezado a revelar la existencia de comunidades grandes y complejas ya en los tiempos en que empezaban a emerger los primeros rastros de civilización en el Valle del Nilo.

El primer asentamiento conocido data de hacia 4750 a. C., y fue el de Merimda Beni Salama, en el límite occidental del Delta, unos 25 km al noroeste de El Cairo. Aunque cubre un área de 181.000 m² y es probable que la población total alcanzase los dieciséis mil habitantes, no todo el espacio estuvo habitado al mismo tiempo. Las primeras construcciones no eran más que unos cuantos cortavientos y unas pequeñas chozas con un armazón de postes de madera, pero más adelante se construyeron casas de adobe, quizá con techos de brea y unos tres metros de diámetro. El grado de organización de la población queda patente en el ordenado diseño de sus calles y en el gran número de graneros públicos existentes.

Merimda Beni Salama, al parecer, fue tan sólo una simple comunidad rural, pero el asentamiento de Maadi, del Período Predinástico Pleno, a 5 km de El Cairo en dirección sur, era una ciudad típicamente comercial. A juzgar por la presencia de vasijas de cerámica importada y productos palestinos (como alfileres de cobre, cinceles, anzuelos para pescar, recipientes de basalto, betún y collares de cornalina), mantenía relaciones comerciales con Oriente Próximo. Entre las chozas de zarzos y barro, y las grandes casas semisubterráneas, que cubren una superficie de unas dieciocho hectáreas, se han encontrado en la ciudad huellas de la actividad agrícola y de los talleres de artesanos especializados, por ejemplo, en el comercio y la fabricación del cobre que se traía, seguramente, del Sinaí (*véanse* págs. 64-65). Asimismo, se han hallado numerosos fragmentos de cerámica del Alto Egipto y objetos de piedra, y parece ser que la población prosperó gracias al comercio con el Alto Egipto y Palestina entre mediados y finales del cuarto milenio a. C.

Aunque la mayoría de los asentamientos primitivos se han encontrado en los alrededores del Delta, las primeras poblaciones con emplazamientos amurallados y un número sustancial de viviendas surgieron en el Alto Egipto.

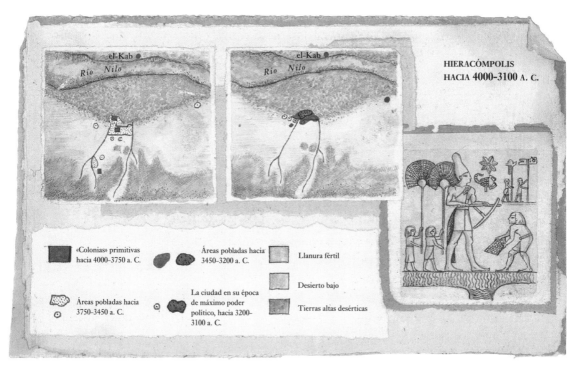

«Colonias» primitivas hacia 4000-3750 a. C.

Áreas pobladas hacia 3750-3450 a. C.

Áreas pobladas hacia 3450-3200 a. C.

La ciudad en su época de máximo poder político, hacia 3200-3100 a. C.

Llanura fértil

Desierto bajo

Tierras altas desérticas

HIERACÓMPOLIS
HACIA 4000-3100 A. C.

Nején, célebre por su nombre griego, Hieracómpolis, y la población sureña de Nagada surgieron al final del período predinástico como capitales de los «Protoestados» que después formarían un Estado mucho mayor, el del Alto Egipto, entre 3200 y 3000 a. C. (*véanse* págs. 22-23, 106-107). Hieracómpolis es un buen ejemplo del desarrollo de los asentamientos en el Valle del Nilo. Su historia comienza hacia 4000 a. C., cuando los cazadores y recolectores locales se unieron a los nuevos «colonos» para labrar la tierra y criar ganado. Hacia 3500 a. C., la población aumentó hasta casi siete mil quinientos habitantes, incluido un gran número de artesanos especializados en la fabricación de cerámica, ladrillos y tejidos. A finales del cuarto milenio a. C., la mayoría de la población se trasladó a la llanura del Nilo, quizá por un período de cortas crecidas que dificultaban el riego de las zonas próximas al desierto, y a la deforestación gradual debida al empleo de madera en los hornos de cocción de terracota. En esta época se empezaron los primeros grandes monumentos arquitectónicos, en el interior y en las afueras de la población, entre ellos un recinto religioso y diversas tumbas de ladrillo. Uno de los últimos fue la tumba decorada más antigua que se conoce en Egipto, que pudo pertenecer a un rey. Hacia 3200 a. C., se protegió la ciudad con una muralla.

Nagada y Hieracómpolis (y quizás también Tinis, cerca de Abido) se desarrollaron gracias a una agricultura y un comercio prósperos. Sin embargo, a medida que el Estado empezó a tomar forma, se convirtieron en capitales de provincia que tendían a desarrollarse alrededor de antiguos centros religiosos, por lo que los cultos a Horus y Set, en Hieracómpolis y Nagada respectivamente, pudieron ser claves en el crecimiento de estas ciudades.

Desarrollo de la ciudad de Hieracómpolis, en el Alto Egipto. El dibujo del lateral, basado en la escena representada en una maza ceremonial de principios de la época dinástica, descubierta entre los restos de la ciudad, muestra a un rey del Alto Egipto inaugurando un canal de irrigación. Hieracómpolis siguió creciendo durante la Dinastía I (hacia 3000-2800 a. C.), pero su importancia política fue disminuyendo.

La «Paleta Libia», una pizarra votiva de finales de la época predinástica hallada en Hieracómpolis, está decorada por una de sus caras con la representación de varias ciudades fortificadas. Éstas, tal vez, estaban a punto de ser conquistadas por uno de los primeros reyes del Alto Egipto.

POBLACIONES Y CASAS

La lengua egipcia poseía diversas palabras para designar los diferentes tipos de asentamiento. El vocablo *dmi* a menudo se traduce como «pueblo», mientras que los términos *whyt* y *niwt* se podrían traducir como «aldea» y «ciudad» respectivamente. Sin embargo, aunque los textos egipcios de época tardía acostumbran a emplear estos términos para hacer notar la diferencia de tamaño de cada asentamiento, lo cierto es que las inscripciones del Imperio Antiguo y Medio parecen darles un uso diferente basado en factores como la importancia política o la riqueza económica. Por ejemplo, *niwt* se utilizaba en el Imperio Antiguo para referirse a una «población corriente», mientras que *hwt* se empleaba para aludir a un «centro de poder real», que tenía la autoridad para cobrar impuestos a una *niwt*. Por otro lado, *dmi* significaba además santuario o centro de culto.

Gran parte de la información sobre las poblaciones egipcias se debe a los estudios arqueológicos y antropológicos más que a los lingüísticos. Las incertidumbres acerca de los restos arqueológicos que han sobrevivido constituyen un factor clave para la reconstrucción de los elementos de una civilización antigua, y esto es especialmente cierto en el caso de Egipto. La mayoría de los pueblos estaban cerca de las tierras inundadas por las crecidas anuales del Nilo, y se han conservado mucho peor que los cementerios situados en los desiertos circundantes. Además, el Nilo actual, cercano a la moderna El Cairo, tal vez se fue desviando de forma gradual hacia el este durante el período faraónico y la época posterior, anegando a su paso numerosos núcleos urbanos del Egipto medio. Finalmente, muchos asentamientos antiguos fueron saqueados durante centenares de años por los agricultores, que utilizaban los restos de las construcciones de adobe para elaborar un estiércol llamado *sebaj*. Y numerosas poblaciones de época faraónica han sobrevivido, simplemente, por ser comunidades aisladas, situadas por alguna razón concreta en zonas desérticas y no en el Valle del Nilo.

En algunas ocasiones las pinturas de El libro de los muertos *ofrecen imágenes de la vida cotidiana egipcia. Este caso concreto muestra al escriba Najt y a su esposa en el jardín con los brazos en alto, en adoración a Osiris (izquierda). En el jardín hay un estanque rodeado de árboles, y la casa en sí tiene dos tejados. Imperio Nuevo, Dinastía XIX, h. 1300 a. C.*

Nuestra visión actual de los pueblos egipcios tal vez se base en emplazamientos anómalos y poco representativos. Por ejemplo, el asentamiento urbano mejor conservado de época faraónica es el de el-Amarna (la antigua Ajetatón), capital construida hacia 1350 a. C. por el faraón Ajenatón (*véanse* págs. 128-129). Al final de su reinado, la mayoría de los habitantes regresó a Tebas, y la ciudad quedó casi abandonada. Factores tan inusuales como éste hacen pensar que el-Amarna no es un ejemplo muy útil para el estudio de las ciudades egipcias.

La mayoría de las casas egipcias estaban construidas con ladrillos de adobe fabricados en moldes rectangulares de madera puestos a secar al sol. Las dimensiones variables de estos moldes servían para datar las construcciones. Algunas casas, en especial las construidas en comunidades de existencia breve en zonas desérticas aisladas, se han conservado muy bien, sobre todo si comparamos los restos con los de ciudades más estables situadas en las llanuras del Nilo, tapadas a veces por campos o ciudades de época posterior. Entre las casas mejor excavadas destacan las de la aldea para los obreros situada al este de Ajetatón. La población, comparable a Deir el-Medina, Tebas Oeste (*véase* pág. 73), está en un valle llano, orientado hacia el sur, junto a un conjunto de montañas y rodeado por una red de antiguos caminos de ronda. En ella había unas setenta y dos casas bordeadas por una muralla cuadrada; de ellas, se han excavado unas cuarenta.

Esta maqueta de piedra caliza del Imperio Nuevo es la representación de una estrecha vivienda de dos pisos con una terraza superior cubierta hasta la mitad. Las ventanas, con rejas o contraventanas en la mitad inferior, se abrían a una distancia considerable del suelo para proteger el interior del calor excesivo.

EL PUEBLO DE LA PIRÁMIDE DE KAHUN

Algunas poblaciones surgían en los alrededores de las pirámides del Imperio Antiguo y Medio. La mayor y mejor conservada de todas ellas es Kahun, también conocida como Lahun, un asentamiento de forma rectangular y cuidadosamente planificado, con una extensión de entre 335 y 384 m. Fue descubierto en 1889 por el arqueólogo inglés Flinders Petrie en el extremo oriental del recinto de la pirámide del faraón Sesostris II, de la Dinastía XII, en el límite suroriental del oasis de Fayum. El papiro oficial encontrado en el yacimiento sugiere con mucha claridad que la población se llamaba Hetepsenuseret («Sesostris está satisfecho»), y se cree que sus primeros moradores fueron los propios trabajadores que participaron en la construcción de la pirámide, aunque más tarde se unieron a ellos los funcionarios encargados de mantener el culto funerario a Sesostris.

Al final del Imperio Medio, Kahun se encontraba en su máximo apogeo y se había convertido en una verdadera ciudad. Si se calcula una media de seis personas por vivienda, la población de Kahun en esta época habría alcanzado los tres mil habitantes. No obstante, según las estimaciones, sus graneros tenían capacidad para mantener a una población mucho mayor, de entre cinco mil y nueve mil personas. Es posible que se almacenara más grano del necesario por si se producían largos períodos de sequía.

Al contrario que otras ciudades más extensas como Tebas o Menfis, Kahun contaba con una excelente planificación y estaba limitada por una gruesa muralla. En la parte occidental, había más de doscientas viviendas rectangulares, de reducidas dimensiones, cada una de las cuales ocupaba un área de hasta 100 m² y tenía de tres a siete habitaciones. La parte oriental era claramente el barrio residencial de los más adinerados, pues había una docena de mansiones de gran tamaño, cada una de ellas con hasta setenta habitaciones y una superficie de entre 1.000 y 2.400 m².

Sería un error intentar calcular la distribución de la riqueza durante el Imperio Medio basándose en las viviendas de un solo asentamiento que, además, probablemente fuera bastante atípico. Sin embargo, los acusados contrastes que pueden verse en Kahun, junto con las evidencias que muestran las tumbas cercanas, indican que los recursos de los egipcios de la época se concentraban en manos de una reducida elite.

REGISTRO DE UNA CIUDAD

En un papiro de finales del siglo XII a. C. se hallan los nombres y profesiones de 182 residentes de Tebas Oeste. Este tipo de documentos en general sugiere que la población urbana estaba compuesta principalmente de sacerdotes, soldados, escribas y funcionarios administrativos, pero el papiro incluye además otras ocupaciones más humildes, como las de jardinero, pastor, pescador, forjador del cobre o fabricante de sandalias.

Las casas donde vivían estos artesanos probablemente se encontraban entre el pueblo de Deir el-Medina (*véase* recuadro, pág. sig.) y los templos funerarios de Setos I, Rameses II y Rameses III. Por regla general, las casas no aparecen agrupadas por oficios o estatus, sino que parecen estar dispuestas por orden topográfico. Si esto es cierto, todas las profesiones y las clases sociales vivían mezcladas y no separadas en diferentes zonas. Sin embargo, algo que no es tan sorprendente en una comunidad donde no abundan los templos (*véase* mapa, pág. 195), las casas de los sacerdotes aparecen a menudo agrupadas en los alrededores de los tres templos funerarios. Hay asimismo algunas concentraciones de otras profesiones, en grupos de entre dos y cinco casas en una misma fila, que corresponden a forjadores del cobre, escribas, cerveceros, pescadores, pastores y fabricantes de sandalias. La mayoría de los «trabajadores de la tierra» se concentraban en el extremo sudoeste del asentamiento.

Los muros de la ciudad y las líneas más bajas de las murallas exteriores eran de ladrillos fabricados con el fango del río. Sin embargo, la parte superior de las murallas exteriores y los muros interiores eran de arcilla procedente de una cantera muy cercana a la ciudad. Este sistema sugiere que la construcción tuvo dos etapas: tal vez los cimientos de la población fueran tirados abajo por las autoridades, después de lo cual habrían sido los propios habitantes los que prosiguieran los trabajos. Una casa situada en la esquina sudeste del pueblo era mucho más ancha que las otras: quizá se tratara de la casa del jefe de la comunidad. Las otras tenían cuatro habitaciones: una estancia delantera, otra central y una más en la parte de atrás, dividida en dos. En la mayoría de los casos, había una escalera hacia el piso superior desde una de las habitaciones traseras. Se ha debatido mucho si la escalera en cuestión llevaba simplemente a la azotea, pero cada vez hay más evidencias que demuestran que las casas, tanto aquí como en Ajetatón (y presumiblemente también las del resto de las ciudades) solían contar con una planta superior.

Ajetatón ha contribuido más que ninguna otra ciudad a dar una imagen de las casas nobles durante la Dinastía XVIII. La típica «villa Amarna» acogía a las familias de los altos funcionarios y tenía entre veinte y veintiocho habitaciones. En el centro del edificio solía haber una estancia más alta, con columnas y ventanas, encima del resto de las habitaciones. Las villas mayores se ubicaban en medio de un gran terreno amurallado en el que solía haber un pozo, un jardín y varios graneros.

La distribución del grano y el agua nos puede dar la clave de la vida cotidiana dentro de estas ciudades. Los numerosos habitantes de las casas más pequeñas, que querían un hueco entre los reducidos espacios que dejaban las residencias más grandes, quizás fueran empleados de los dueños de las villas, y puede que sus raciones de agua y alimento salieran de los almacenes de sus jefes.

Algunas pinturas de tumbas, como este fragmento de la capilla funeraria de Nebamon, retrata con detalle los jardines de las típicas villas de los nobles. El estanque contiene un buen número de peces y patos, y se encuentra rodeado por palmeras datileras, sicómoros y mandrágoras. El sicómoro de la esquina superior derecha del estanque está habitado por tres diosas que llevan bandejas llenas de comida y bebida, como símbolo de una idílica vida en el más allá para los difuntos. Imperio Nuevo, Dinastía XVIII, hacia 1400 a. C.

Las diferencias entre los tamaños de las casas de Ajetatón no son tan marcadas como en Kahun (*véase* pág. 71), lo que sugiere unos contrastes entre ricos y pobres menos acusados, así como la existencia de una sustancial «clase media».

Las excavaciones llevadas a cabo en el-Amarna proporcionan una idea aproximada de los muebles y el resto de los objetos de uso doméstico en una casa típica del Imperio Nuevo. En las más pequeñas, el mobiliario consistía en unos estantes de ladrillo, varios huecos en la pared y, a veces, un tosco asiento de piedra o una mesa de madera. En las villas más lujosas, había camas de madera, colchones, ventanas con rejas de piedra, lavaderos de piedra mezclada con yeso e incluso sanitarios (consistentes en un asiento de piedra o de madera con una abertura en forma de ojo de cerradura situada sobre una bandeja llena de arena).

Gran parte de la información sobre las ocupaciones, la alimentación y el estilo de vida de estas poblaciones egipcias se ha perdido. Parece que un buen número de actividades eran al aire libre, pero las calles y los patios no han empezado a excavarse a fondo como los interiores hasta hace dos o tres décadas.

EL PUEBLO DE LOS OBREROS DE DEIR EL-MEDINA

En 1929, el arqueólogo checo Jaroslav Cerny identificó un pequeño yacimiento encontrado en Deir el-Medina, en Tebas Oeste (*véase* mapa, pág. 195) como el pueblo donde residían los peones, escribas y artesanos que realizaron las tumbas del Valle de los Reyes. Las casas, capillas y tumbas de estos trabajadores proporcionan una información inusualmente detallada sobre la vida cotidiana de una pequeña comunidad de empleados del gobierno desde tiempos de Tutmosis I (hacia 1506–1494 a. C.) hasta finales de la Dinastía XX (hacia 1075 a. C.). En su época de mayor auge, durante la Dinastía XX, el pueblo –conocido como «Lugar de la Verdad»– constaba de setenta casas de ladrillo de adobe dispuestas en filas dentro de un recinto amurallado. Otras cuarenta casas, dispersas por los alrededores, eran quizás las viviendas de los obreros menos especializados, como los conductores de asnos o los recolectores de fruta. Cada una de las casas de Deir el-Medina poseía de cuatro a seis habitaciones de media, además de una pequeña bodega empleada como almacén. Las funciones de cada habitación no están muy claras, y puede que no existiese la actual costumbre de dar a cada habitación una única función, como la «cocina» o el «dormitorio».

El pueblo de Deir el-Medina es único, pues en él se han encontrado numerosos tipos de textos escritos por sus propios habitantes. Muchos toman la forma de *ostraca* (inscripciones en tiestos o láminas de piedra), pero también existen papiros y un gran número de objetos con inscripciones en las casas y las capillas funerarias. Aunque el gobierno pagaba a los trabajadores en especies con espelta (un tipo de trigo) y cebada, u otros productos como cerveza, miel, pescado y aceite, los numerosos documentos de transacciones personales encontrados sugieren que los trabajadores no dejaban pasar la oportunidad de completar las raciones recibidas del Estado.

Las maquetas de madera de la tumba de Meketra, en Tebas Oeste (del Imperio Medio), dan una imagen de la vida en pueblos como Deir el-Medina. En esta maqueta en que Meketra inspecciona su ganado, algunos de sus habitantes eran ricos y tenían sus propias tierras, ganado y esclavos.

PRINCIPALES CAPITALES

CAPITALES DEL
ANTIGUO EGIPTO

CLAVE

● Capital (emplazamiento incierto)
● Capital (emplazamiento conocido)
● Otras ciudades

▨ Área fértil

0   150 km

Las principales capitales del Egipto faraónico. Se han excluido de este mapa las principales ciudades de las dinastías menos conocidas o más breves.

La primera capital de Egipto y la que se mantuvo durante más tiempo fue Menfis (*véase* recuadro, pág. sig.), situada a pocos kilómetros al sudoeste de la actual El Cairo, cerca de la confluencia entre el Valle del Nilo y el Delta. Se fundó al comienzo del período dinástico o incluso antes, y pronto eclipsó a la última de las capitales predinásticas, Hieracómpolis (*véase* pág. 69). Su nombre primitivo fue tal vez Ineb-Jedy («muros blancos»), en alusión al palacio real. Más tarde se la conocía como Mennefer («Perfección permanente») por la cercana necrópolis de Fiope I en Saqqara. El vocablo «Menfis» es una versión griega de «Men-nefer».

La aparición de una familia tebana de faraones a comienzos del Imperio Medio transformó Tebas, en el Alto Egipto, en un poderoso centro religioso y administrativo que más tarde rivalizaría con Menfis durante la Dinastía XVIII (hacia 1552-1305 a. C.) y siguientes. No obstante, la capital de la Dinastía XII (hacia 1991-1786 a. C.) fue otra ciudad, Ittauy («[Amenemes I es] dueño de las Dos Tierras»), situada al este de la necrópolis de principios de la Dinastía XII, en el-Lisht. La historia de las dinastías XII y XIII está muy ligada a la centralización política y económica de esta capital.

Al final de la Dinastía XIII (hacia 1786-1633 a. C.), los reyes del Imperio Medio tuvieron que retroceder hacia el sur hasta Tebas a causa de los hicsos, que pasaron a gobernar el norte (*véanse* págs. 30-31). Éstos establecieron su capital en Ávaris (la actual Tell el-Dab'a), al este del Delta, y transformaron esta pequeña población en una típica ciudad asiática de la Siria-Palestina de la época.

En el siglo XVI a. C., los hicsos fueron expulsados del país y la recién creada Dinastía XVIII devolvió a Menfis la importancia que había tenido en el pasado. El lugar de residencia de la dinastía, Tebas, se convirtió en la necrópolis de los faraones del Imperio Nuevo y recobró importancia como principal sede administrativa. Sin embargo, Ajenatón (hacia 1364-1347 a. C.) fundó su propia capital, Ajetatón, en el Egipto Medio. Ajetatón nos ha proporcionado un gran número de detalles fascinantes acerca de la vida cotidiana en las ciudades, pero las radicales innovaciones del reinado de Ajenatón (*véanse* págs. 128-129) demuestran que probablemente no se trataba de una capital egipcia típica (*véanse* págs. 71-73).

Durante el reinado de Setos I (hacia 1305-1289 a. C.), el centro de poder se desplazó hacia el norte, en consonancia con la nueva esfera de influencia en Oriente Próximo. Los sucesores de Setos fundaron una nueva ciudad, Pi-Rameses, en el Delta, que se convirtió en el centro de poder de los reyes ramésidas durante los siglos XIII y XII a. C. A pesar de ello, Tebas y la capital tradicional, Menfis, siguieron cumpliendo funciones religiosas y administrativas.

Durante el Tercer Período Intermedio, Egipto quedó dividido en el Alto Egipto, gobernado por los grandes sacerdotes de Amón en Tebas, y el Delta, al mando de los faraones de ascendencia libia con sede en Tanis.

Las construcciones de Tanis (fundada por Psusenes I hacia 1039-991 a. C.) eran, en su mayoría, de piedra traída desde Pi-Rameses y Ávaris, principal fuente también para la edificación del santuario de la nueva ciudad. Cuando el faraón de Cush Peye (hacia 747-716 a. C.) reconquistó el norte, se jactó de haber sometido nada menos que a diez gobernantes, cada uno con una capital diferente.

La tendencia a situar el centro de poder al norte prosiguió en la Baja Época, cuando Sais (la actual Sa el-Haggar), situada en el Delta, se convirtió en la capital durante la mayor parte del tiempo. Más tarde, cuando Egipto quedó absorbido por los griegos, Alejandro Magno (332-323 a. C) fundo una nueva capital, Alejandría, en la costa mediterránea. Esta ciudad helénica, que miraba hacia Europa, fue la última gran capital del antiguo Egipto.

MENFIS, LA CIUDAD DESAPARECIDA

Poco ha quedado de la ciudad de Menfis, la capital de Egipto durante la mayor parte de su historia antigua, sobre todo debido a que sus ruinas se utilizaron durante la Edad Media para construir las iglesias y mezquitas de El Cairo. El gran tamaño e importancia de la ciudad los conocemos gracias a la extensión que ocupa su necrópolis, en Saqqara, y por los relatos de autores griegos como Heródoto y Estrabón. Durante el Imperio Nuevo, Menfis estaba presidida por el recinto sagrado dedicado al dios Ptah, probablemente un impresionante monumento comparable al templo de Amón en Karnak (*véanse* págs. 208-209).

El yacimiento arqueológico de Menfis ocupa una extensión de al menos 7,5 km^2, y se cree que la parte más antigua es la que linda con las necrópolis de Saqqara y Abusir, al norte, aunque las últimas excavaciones sugieren que la ciudad se extendía hacia el sur y el este en el lugar en que el Nilo gira hacia el este. Los trabajos arqueológicos se han centrado en los grandes edificios ceremoniales, como el templo de Ptah, el palacio de Ápries (hacia 589-570 a. C.) y el templo y el palacio de Mineptah (hacia 1213-1204 a. C.; véase pág. 77). Sin embargo, las excavaciones llevadas a cabo entre 1984 y 1990 por la Egypt Exploration Society en Kom el-Rabi'a, una zona residencial, han aportado nueva luz sobre cómo debía de ser la vida cotidiana en Menfis durante los Imperios Medio y Nuevo. Los miles de descubrimientos incluyen piedras de molino, anzuelos de aleación de cobre o plomos para pescar de piedra caliza, y también se han descubierto numerosos aspectos de la dieta de los menfitas durante el Imperio Nuevo gracias a los restos de al menos veinte tipos diferentes de pescado de río y de más de tres mil huesos de animales, entre ellos de oveja, vaca, cabra, cerdo, pato, oca y aves zancudas.

Esta esfinge de calcita del Imperio Nuevo es uno de los pocos monumentos que han sobrevivido al saqueo medieval de los templos y los palacios menfitas, cuyos restos se emplearon en la construcción de iglesias y mezquitas en El Cairo.

LOS PALACIOS REALES DE AJENATÓN
El Palacio del Norte, una enorme
residencia rodeada por un grueso muro
en el extremo norte de el-Amarna, según
se cree fue la principal residencia de
Ajenatón y su familia. Por desgracia, la
mayor parte del edificio se encuentra
sepultado bajo los actuales campos.
Otra mansión real, bautizada por los
arqueólogos como la «Casa del Rey» pudo
haberse erigido frente al Gran Palacio de
Ajetatón (*véase* texto principal). El
edificio estaba conectado con el Gran
Palacio a través de un puente que cruzaba
la principal arteria de la ciudad.

La Casa del Rey seguramente era una
residencia temporal de la familia real
durante sus visitas a los dos principales
templos del centro de la ciudad. En una
de las estancias del palacio, el arqueólogo
inglés Flinders Petrie encontró un gran
fragmento de pintura mural (*véase*
ilustración, inferior) en el que aparecen
dos de las hijas menores de Ajenatón
sentadas a los pies de sus padres durante
una celebración. Ambas aparecen
retratadas con la informalidad que
caracterizó el arte oficial durante
el reinado de este monarca.

LOS PALACIOS REALES

El palacio del rey era el eje principal de la administración egipcia. Ittauy, la capital de las dinastías XII y XIII, se conocía simplemente como «La Residencia», un nombre que indica la importancia del palacio del faraón para el funcionamiento del país. En la práctica, la mayoría de los gobernantes tuvieron varias residencias diferentes, desde la principal sede de la familia real en la capital (Menfis en gran parte del Egipto faraónico) hasta pequeños palacios de uso ritual situados junto a los templos funerarios de Tebas. Durante la Dinastía XII, había también cierto número de «palacios de campaña», de duración efímera, dos de los cuales se construyeron cerca de las fortalezas egipcias de Nubia (*véanse* págs. 78-79), posiblemente para proporcionar un alojamiento provisional a los faraones durante sus campañas militares.

La mayoría de los palacios reales datan del Imperio Nuevo o de época posterior, y entre ellos destacan los edificios ceremoniales de los reyes ramésidas en Pi-Rameses, al noroeste del Delta, y el palacio de Mineptah en Menfis. El diseño de los palacios varía de unos a otros, pero en general incluyen una sala del trono, una entrada con columnas y la «Ventana de las Apariciones», una abertura en la pared donde el rey se asomaba para ver los rituales o repartía obsequios entre sus cortesanos. La mejor muestra de arquitectura y decoración de los edificios reales es la de los yacimientos del Alto Egipto de el-Amarna, la antigua Ajetatón, en el Egipto Medio, y de Malqata en Tebas Oeste, ambos del siglo XIV a. C. Malqata (cuyos restos se excavaron por primera vez en 1888-1918 y se estudiaron de nuevo en los

*Pintura mural que muestra a las hijas de Ajenatón (*véase* columna, superior) en la «Casa del Rey» de el-Amarna; hacia 1335 a. C.*

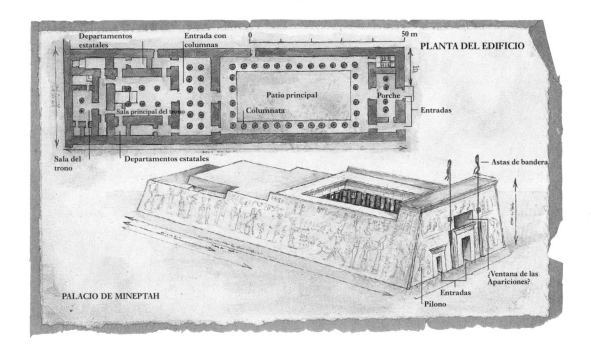

PLANTA DEL EDIFICIO

Departamentos estatales

Entrada con columnas

0   50 m

Sala principal del trono

Patio principal

Columnata

Porche

Entradas

Sala del trono

Departamentos estatales

Astas de bandera

¿Ventana de las Apariciones?

Entradas

Pilono

PALACIO DE MINEPTAH

años 1970) acoge los restos de una comunidad que creció en torno a la residencia tebana de Amenhotep III (hacia 1402-1364 a. C.).

Las excavaciones han sacado a la luz varios edificios oficiales de grandes dimensiones, entre ellos cuatro posibles palacios, así como cocinas, almacenes, zonas residenciales y un templo dedicado al dios Amón. Justo al este de la residencia real se encuentran los restos de un gran lago artificial conocido actualmente como Birket Habu. Según parece, este lago se construyó al mismo tiempo que los palacios de Amenhotep III, y probablemente se empleaba con motivo de la celebración del festival *sed*, en el que se conmemoraba el trigésimo aniversario de la ascensión al trono del faraón.

La estructura real mejor conservada de Ajetatón, la capital del faraón «herético» Ajenatón (*véanse* págs. 128-129), es el Palacio del Norte, un enorme edificio ceremonial con estanques, jardines y un aviario, que se encontraba situado junto al límite septentrional de la ciudad. Al parecer, perteneció en un principio a una de las esposas reales, probablemente a la famosa reina Nefertiti (*véanse* págs. 88-89), y más tarde a la princesa Meketatón, una de las hijas de Ajenatón. Los muros y los suelos de esta residencia, así como los del «Gran Palacio», situado en el centro de la ciudad, estaban decorados con bellas pinturas, muchas de las cuales representaban escenas típicas del Nilo, con pájaros y animales entre plantas de papiro y palmeras. En el Gran Palacio, algunos de los pavimentos que rodean uno de los estanques contienen representaciones de los «Nueve Arcos», figuras que hacían alusión directa a los tradicionales enemigos extranjeros del rey y a los que Ajenatón podía pisar cuando caminaba alrededor del estanque (*véase también* columna, pág. ant.).

Los palacios reales mejor conservados datan del Imperio Nuevo o de época posterior, y entre ellos se encuentran los edificios ceremoniales de los reyes ramésidas, en Pi-Rameses, y el palacio de Mineptah en Menfis (véase plano y reconstrucción realizada por un artista, superior). El perfectamente conservado plano de planta del edificio (extremo superior) revela que el exterior del palacio era muy parecido al de los templos egipcios típicos. Algunos detalles del dibujo, como la posición de la «Ventana de las Apariciones» son simples conjeturas.

LA VIDA EN LAS ZONAS FRONTERIZAS

Los detalles sobre la vida de los soldados que formaban parte de las guarniciones y las fortalezas egipcias en Nubia los conocemos gracias a los llamados «Papiros de Semna», una serie de documentos administrativos enviados por el comandante de la guarnición de Semna a los cuarteles generales de Tebas durante el reinado de Amenemes III (hacia 1843-1797 a. C.). Estos informes (*véase* ilustración, inferior) sugieren que los soldados de Nubia se encargaban de inspeccionar regularmente los desiertos que rodeaban las fortalezas. Uno de ellos afirma que «la patrulla encargada de vigilar la frontera del desierto cercana a la fortaleza de Jesef-Medyau en el último día del tercer mes de primavera del tercer año ha regresado para informarme en los siguientes términos: "Hemos encontrado huellas de treinta y dos hombres y tres asnos..."». Este tipo de mensajes da una idea del tedio –y quizás incluso la paranoia– que se adueñaba de los habitantes de las zonas fronterizas de Egipto.

Uno de los Papiros de Semna (véase columna, superior), descubiertos en 1896 en la tumba tebana de un sacerdote lector del Imperio Medio. Entre otros objetos, en la tumba se encontró una caja con papiros mágicos, tres de los cuales se escribieron detrás de viejos informes militares.

LAS FORTALEZAS

Las vulnerables fronteras al norte y al sur de Egipto se protegieron con ciudades militares fortificadas, las cuales podían alojar desde una veintena de personas hasta varios centenares de escuadrones a su servicio durante un máximo de seis años. Para engrosar sus filas, Egipto debía reclutar nubios, filisteos o libios.

Una zona fronteriza crucial era la Baja Nubia (el norte de esta región). Durante el Imperio Antiguo, Egipto explotó casi sin problemas los recursos minerales de la zona, pero, en el Imperio Medio, el aumento del poder de los nubios obligó a construir al menos diecisiete fortalezas, la mayoría entre los reinados de Sesostris I y Sesostris III (hacia 1878-1843 a. C.). Su finalidad era asegurar el control del monopolio real sobre las lucrativas rutas comerciales procedentes del África subsahariana. Las enormes dimensiones de las fortalezas nubias han hecho a algunos arqueólogos considerar, más que otra cosa, su impresionante ejercicio de propaganda. Los complejos incorporaban almenas, bastiones, fosos, triples aspilleras y otros elementos que se podrían asociar con los castillos de la Europa medieval. Hubo dos tipos básicos de fortaleza, que quizá se corresponden con las dos etapas en las que puede dividirse la colonización de Nubia en el Imperio Medio. Las «fortalezas planas», como la de Buhen (*véase* recuadro, pág. sig.) o la de Iken, junto a la Segunda Catarata (la mayor de las once fortalezas construidas por Sesostris III), se erigían en la llanura y tenían una planta rectangular. Tales construcciones poseían un aspecto sin duda impresionante, pero en realidad hubieran resultado difíciles de defender. El segundo tipo, más funcional, era de planta irregular y aspecto desgarbado, y podía soportar un asedio en caso de guerra.

No todas las fortalezas eran sólo de uso militar. Iken contaba con varios graneros y una grada revestida con barro por la que los comerciantes podían arrastrar sus embarcaciones para evitar los rápidos del río. Askut, a medio camino entre la Segunda Catarata y la de Semna, contaba con el principal almacén de grano para abastecer a todas las guarniciones de la zona; de hecho, la mitad se reservaba para llenar los graneros. El oro del cercano yacimiento de Jor Ahmed Sherif se llevaba a Askut para su procesado.

En el Imperio Nuevo (hacia 1552-1069 a. C.), los fuertes nubios se convirtieron en poblaciones típicas egipcias, con sus templos fuera de las murallas. Los egipcios estaban tan seguros de su poder sobre los nubios en esa época que situaron varias comunidades al sur de las antiguas fortalezas del Imperio Medio con unas defensas bastante deficientes.

En el nordeste del Delta, la otra región vulnerable de Egipto, Amenemes I (hacia 1991-1962 a. C.) erigió las «Murallas del Príncipe» (Inbw Heqa) para proteger el país las invasiones palestinas. Seis siglos más tarde, Rameses II edificó sus plazas fuertes en esa misma frontera.

UNA FORTALEZA NUBIA

Una de las fortalezas más grandes y sofisticadas de Egipto era la de Buhen, a unos 250 km al sur de Asuán, cerca de la Segunda Catarata del Nilo, en la Baja Nubia. La fortaleza, situada en la orilla occidental del río, se creó en el Imperio Antiguo como un centro de organización y supervisión para las expediciones que se realizaban a las minas de la región. Más tarde, durante la Dinastía XII (1991-1786 a. C.), se erigieron unas impresionantes murallas de adobe alrededor del asentamiento, que lo transformaron en un fuerte de defensa para controlar la región situada al sur de la Segunda Catarata.

La muralla exterior de la cara oeste, de cuatro metros de grosor, contaba con cinco grandes torres, así como con una torre central, de mayor tamaño, que se utilizaba como entrada principal o «barbacana». Ésta constaba de dos accesos laterales, dobles puertas de ma-dera y un puente levadizo. La fortaleza interior, de planta cuadrada y más regular, estaba protegida por una gran torre en cada una de las esquinas y con bastiones a intervalos de 5 m. Las construcciones que iban llenando el espacio interior consistían en bloques de viviendas rectangulares separados por calles. Uno de los bloques estaba ocupado por la residencia del comandante del fuerte, y también había un templo. En el Imperio Nuevo, Buhen se convirtió en un asentamiento civil, ya que en la Dinastía XVIII la frontera se desplazó mucho más al sur, más allá de la Cuarta Catarata (*véase* mapa, pág. 51).

Los restos de Buhen se examinaron por vez primera en 1819, pero la principal excavación tuvo lugar entre 1957 y 1964, antes de la construcción de la Gran Presa de Asuán, y, como el resto de las fortalezas nubias, desapareció bajo las aguas del lago Nasser.

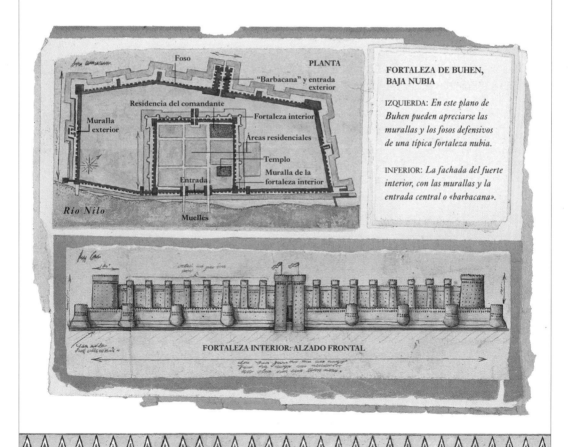

PLANTA

Foso

"Barbacana" y entrada exterior

Residencia del comandante

Muralla exterior

Fortaleza interior

Áreas residenciales

Templo

Entrada

Muralla de la fortaleza interior

Río Nilo

Muelles

FORTALEZA DE BUHEN, BAJA NUBIA

IZQUIERDA: *En este plano de Buhen pueden apreciarse las murallas y los fosos defensivos de una típica fortaleza nubia.*

INFERIOR: *La fachada del fuerte interior, con las murallas y la entrada central o «barbacana».*

FORTALEZA INTERIOR: ALZADO FRONTAL

● CAPÍTULO 6

LA MUJER EN EL ANTIGUO EGIPTO

Aunque su posición social estaba determinada por la de sus padres y maridos, las mujeres disfrutaban de una situación privilegiada en la sociedad egipcia, si la comparamos con la de otras muchas civilizaciones antiguas. La mujer era igual que el hombre ante la ley y, aunque sólo los hombres podían ocuparse de gobernar, la esposa, la madre o la hija de un rey o de un alto cargo administrativo gozaban de una considerable influencia. Además, si el faraón era menor de edad, su madre podía gobernar como regente.
En muy raras ocasiones, como en el caso de la reina Hatshepsut, la madrastra de Tutmosis III, una mujer podía incluso asumir todo el poder y gobernar como faraón.

Las mujeres y la sociedad egipcia 80

Roles e imágenes 82

La familia 84

Las mujeres y la religión 86

Mujeres de la realeza 88

SUPERIOR: *La viuda (de pie, en el centro) se lamenta, junto a una mujer de su familia, de la muerte de su esposo, el escriba Hunefer, delante de su momia y del dios Anubis. Del* Libro de los Muertos *de Hunefer, Tebas, Dinastía XIX.*

DERECHA: *Varias parejas de nobles son atendidas por sus sirvientas, bailarinas y músicas. De la tumba de Nebamon en Tebas, hacia 1400 a. C. Invitados y músicos llevan conos de cera en su cabeza, que se iban fundiendo durante la velada y despedían un fuerte perfume.*

▲▲▲▲▲▲▲▲▲▲▲▲▲▲▲▲▲▲▲▲▲

LAS MUJERES Y LA SOCIEDAD EGIPCIA

No todas las mujeres eran iguales en la jerarquía social egipcia, ya que su posición dependía de la de sus padres y, con el matrimonio, de la de sus maridos. Pero esto no quiere decir que no tuvieran derechos. En otras civilizaciones antiguas, las mujeres eran marginadas desde un punto de vista legal y no podían acudir a los tribunales de justicia sin un varón que actuara en su nombre. Las mujeres egipcias, sin embargo, no sólo eran iguales al hombre ante la ley, sino que podían asistir a los juicios solas para quejarse, defenderse o actuar como testigos. Eran responsables de sus acciones y podían responder de ellas ante la justicia.

Dado que podían poseer propiedades o rentas por derecho propio, no todas las mujeres dependían económicamente de sus maridos. Al margen de su sexo, todos los hijos recibían partes equitativas de la herencia de sus padres, por lo que las hijas podían ver crecer su patrimonio a la muerte de aquéllos. Y lo mismo ocurría con las viudas, que heredaban las riquezas de sus maridos. Un papiro de finales del Imperio Medio, descubierto en la población situada junto a la pirámide de Kahun (*véase* pág. 71), contiene las últimas voluntades de un sacerdote llamado

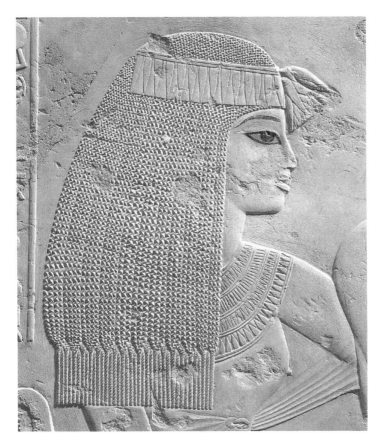

Una mujer de la alta sociedad en un banquete por los funerales del visir real Ramose, en la tumba de este último en Tebas Oeste, hacia 1375 a. C. La posición social de la mujer queda de manifiesto en su vestimenta y sus adornos, que son un reflejo de las modas cortesanas de la época: lleva un ancho collar (probablemente de oro y piedras semipreciosas), un traje de lino, una peluca ricamente trenzada y una cinta para la cabeza decorada con flores de loto (compárese con ilustración, pág. 82).

Uah: «Estoy realizando un acto de traspaso de bienes para mi esposa. [...] Podrá dejárselos a cualquier hijo que haya tenido conmigo según su elección. Le cedo los tres [esclavos] asiáticos que me regaló mi hermano Anjreni. [...] Puede cedérselos a cualquiera de sus hijos».

Las mujeres controlaban un tercio de cualquier propiedad que compartiesen con sus maridos, y podían disponer libremente de todos sus bienes personales. Una tal Naunajte, que vivió durante la Dinastía XX en Deir el-Medina (*véase* pág. 73), desheredó en su testamento a cuatro de sus ocho hijos por no haberla atendido bien en su vejez. A pesar de ello, el testamento decía de forma explícita que los ocho hermanos podrían seguir compartiendo las propiedades heredadas de su padre.

Las mujeres egipcias podían realizar actividades comerciales, y con frecuencia comerciaban con productos como tejidos o verduras que fabricaban o producían en su propia casa. Como demostrara Uah en su testamento, también podían poseer esclavos, que en ocasiones alquilaban a terceros para obtener beneficios.

Los papiros y los monumentos los hacía la elite, y dicen muy poco sobre las clases menos favorecidas. Las mujeres campesinas satisfacían a sus maridos, criaban a los hijos y trabajaban en el campo si era necesario. A menudo, las familias adineradas las contrataban como sirvientas, músicas o bailarinas.

LA CULTURA DE LA MUJER

La cuestión de si las mujeres egipcias recibían algún tipo de formación ha sido objeto de gran debate. Las únicas personas que recibían una educación formal eran una minoría de hombres que trabajaban como funcionarios de elite para el faraón y que, durante su infancia, se enviaban a una escuela para que aprendiesen a leer y a escribir. Las mujeres no podían acceder a las tareas de gobierno, por lo que su educación no era una cuestión vital para ellas, y no nos ha llegado ningún texto que aluda de forma explícita a una lectora mujer. Pero es posible que algunas mujeres aprendieran a leer de la mano de sus padres o de sus hermanos, y que ellas, a su vez, transmitieran sus conocimientos a sus hijas. Se ha sugerido que algunas anotaciones breves enviadas por mujeres a amigas suyas pudieron haberlas escrito ellas mismas, ya que, de otro modo, se las tendrían que haber dictado a algún familiar o escriba, y después, otra persona hubiera tenido que leérselas a las destinatarias, en cuyo caso hubiera resultado mucho más simple transmitir este tipo de mensajes breves de forma oral.

ROLES E IMÁGENES

Una esposa abraza a su marido en un banquete representado en la tumba de Ramose, en Tebas Oeste (compárese con ilustración, pág. 81). Viendo esta escena, un egipcio pensaría que ambos esposos estaban sentados uno junto al otro, pero las convenciones del arte egipcio los hacen aparecer uno detrás del otro para que nada haga sombra al resto. El marido se encuentra situado delante de la mujer, ocupando la posición principal, como muestra del papel dominante que los hombres pertenecientes a la nobleza desempeñaban en la sociedad como miembros destacados del funcionariado.

Figurilla de piedra caliza pintada, procedente de la tumba de Meresanj, en Guiza, que muestra a una mujer elaborando cerveza. La mujer, que va con los pechos desnudos y lleva un collar de cuentas, amasa pasta de cebada en el interior de un enorme recipiente donde se fermentará en agua. Imperio Antiguo, finales de la Dinastía V (hacia 2350 a. C.).

En la sociedad egipcia, hombres y mujeres asumían roles muy diferentes entre sí, y muy raramente se intercambiaban. Los hombres de las clases superiores ocupaban altos cargos en la administración, mientras que las mujeres de la nobleza, que no podían ser funcionarias, desplegaban su actividad en la esfera doméstica. Cuidaban de la crianza de los hijos, de la casa y de la supervisión del trabajo de los sirvientes. En general, los hombres tenían mayores posibilidades de prosperar que las mujeres, puesto que recibían un salario del gobierno. Esta disparidad económica queda demostrada en el número de monumentos (tumbas, capillas funerarias, estatuas, estelas, etc.) erigidos por hombres, mucho mayor que el de las mujeres. Son muy raros los ejemplos de capillas funerarias decoradas de mujeres, pues éste era el monumento más caro de la época y se reservaba a los funcionarios de alto rango, quizás en recompensa a sus servicios.

Los diferentes roles sociales de los hombres y las mujeres de las clases superiores aparecen también en la imaginería del arte egipcio. Las personas retratadas no aparecían con sus rasgos individuales, sino ajustadas a unos cánones ideales. El ideal femenino era la belleza y la juventud, con el énfasis en las caderas y los pechos, partes del cuerpo relacionadas con la maternidad. Las embarazadas, o las figuras rechonchas de mujeres de mayor edad con un gran número de hijos, no eran frecuentes. Las imágenes de mujeres maduras eran negativas, pues remitían a una etapa de la vida en que ya no podían concebir hijos. Por eso había poca diferencia entre el retrato de una esposa y de una madre. En los hombres, la madurez tenía otra connotación, y las figuras masculinas solían ceñirse sólo a dos ideales.

El primero era el del hombre joven, y el segundo el del período de madurez: una figura rolliza con pliegues de grasa en su cuerpo. Esta última imagen representaba al burócrata de éxito, con ayudantes que hacían su trabajo y un salario que le permitía estar bien alimentado (*véase* ilustración, pág. 33).

Las parejas aparecen con frecuencia en las obras artísticas de dos y de tres dimensiones. En muchos casos, la mujer pasa su brazo alrededor de los hombros o del pecho de su esposo (*véanse* ilustraciones, pág. ant. y pág. 84), mientras que en las estatuas del Imperio Nuevo el gesto es recíproco y cada uno de los miembros de la pareja aparece abrazando al otro. Aunque en la sociedad egipcia dominaban los hombres, la frecuencia con la que las mujeres de clase alta aparecen retratadas junto a sus maridos e hijos muestra su importancia en la sociedad.

Los roles de los hombres y las mujeres de clase baja, y la división de tareas entre ellos, no están ni mucho menos tan claros. Los monumentos funerarios muestran las actividades en las grandes haciendas y propiedades de los más ricos, donde las mujeres más pobres suelen aparecer moliendo el grano, haciendo pan o preparando cerveza. Aunque existen retratos de mujeres trabajando en el campo, sobre todo recogiendo el grano ya cortado durante la cosecha, la mayoría de los campesinos de las pinturas y relieves son hombres. No está claro si esto refleja la verdadera división de tareas de la época o si es una visión ideal de la vida en el campo, creada por la nobleza, según la cual las mujeres trabajaban en casa y los hombres fuera.

EL MATRIMONIO Y EL DIVORCIO

Es muy probable que el matrimonio se considerara como el estado natural de los hombres y las mujeres adultos, pero se sabe muy poco acerca del modo en que se elegía a las parejas para casarse. La mayoría de los matrimonios, al parecer, eran monógamos, aunque hay algunas evidencias ocasionales de hombres (de fuera de la casa real) que tenían más de una esposa. No había ninguna ceremonia legal o religiosa ligada a la formalización del matrimonio, sino que éste se formaba, más bien, cuando los dos miembros de la pareja se establecían juntos en una casa. El divorcio, que era bastante común, se producía cuando las parejas que vivían juntas se separaban, y ambos, hombres y mujeres, podían volver a casarse si lo deseaban. Los principales motivos de divorcio eran la incapacidad para procrear y el adulterio por parte de la mujer. En este último caso, una mujer podía perder las propiedades que de otro modo le hubieran podido corresponder en caso de divorcio. De hecho, el adulterio estaba muy mal visto en el seno de la comunidad, y se consideraba inaceptable mantener relaciones con mujeres casadas. La razón, en último extremo, era que los hombres legaban sus propiedades a sus hijos, y querían estar seguros de que eran ellos los verdaderos padres biológicos. La maternidad, como es lógico, nunca se llegaba a poner en duda.

Una interesante carta escrita por una mujer de la Dinastía XX que vivía en Deir el-Medina, el pueblo de los obreros de Tebas Oeste, relata el ultraje cometido por un hombre casado que había mantenido relaciones con otra mujer durante ocho meses sin haberse divorciado de su esposa. Un funcionario del gobierno había llegado a tiempo para evitar que los partidarios de la mujer dieran una paliza al marido y a su amante, y el burócrata dejaba bien claro que el hombre debía regularizar su situación con las dos mujeres en un sentido o en otro. La carta refleja que, aunque el matrimonio y el divorcio no estaban regulados por el Estado, sí que eran de interés para la comunidad, y que esta presión social se utilizaba para forzar a aceptar ciertas normas de comportamiento en las relaciones entre hombres y mujeres.

LOS NIÑOS

Cuando una pareja no podía concebir, el matrimonio solía terminar en divorcio. Sin embargo, existen evidencias de que muchas parejas sin hijos adoptaban niños.

La mortalidad infantil era muy elevada, y el riesgo de muerte era especialmente alto durante los primeros cinco años de vida del pequeño. Cuanto más tiempo lograba sobrevivir, más posibilidades tenía de llegar a la edad adulta. Por esta razón, los niños se iban incorporando a la sociedad de forma muy gradual, y no se convertían en miembros de pleno derecho hasta que no alcanzaban la pubertad.

El enano Seneb, su mujer Senetites y sus dos hijos son las figuras que aparecen en esta estatua de piedra caliza pintada hacia 2475 a. C. El niño y la niña aparecen representados del modo típico, según los modelos iconográficos del antiguo Egipto: desnudos y con un dedo en la boca. El artista los ha colocado con una gran sensibilidad, de manera que ocupen el espacio que en otros retratos hubieran ocupado las piernas del hombre.

LA FAMILIA

La importancia de la familia como unidad social fundamental queda clara en los numerosos monumentos en los que aparecen parejas acompañadas por su descendencia. Los hijos cuidaban de sus padres cuando éstos se hacían mayores y se responsabilizaban de su entierro y culto funerario. En las familias de los escribas de elite, a las que conocemos mejor que al resto, la mujer era la que se encargaba de criar a los hijos, mientras que el marido trabajaba fuera de casa. Este hecho queda reflejado en el título que se da a la mayoría de las mujeres, el de «señora de la casa». En las grandes mansiones, eso seguramente significaba supervisar el trabajo de los sirvientes, pero en las moradas más humildes las mujeres de la familia realizaban tareas como moler el grano, elaborar el pan y preparar la comida, además de ocuparse de otras responsabilidades como la de hilar y tejer ropa para toda la familia y para otras finalidades.

La importancia del papel reproductor de la mujer queda patente en la obsesión de los egipcios por la salud y la higiene femenina. Un gran número de papiros tratan sobre el bienestar de las mujeres y de sus pequeños, con temas como la infertilidad, la concepción, el embarazo, el aborto, el parto, la lactancia y el cuidado de los recién nacidos. Contaban con «test» para determinar si una mujer era fértil, si estaba encinta y si el recién nacido sobreviviría o no. Los egipcios sabían mucho sobre los problemas de infertilidad, los peligros del parto tanto para la madre como para el niño y la elevada mortalidad infantil. Según se cree, las mujeres daban a luz en cuclillas o arrodilladas, apoyadas sobre dos bloques de piedra y asistidas por dos o más comadronas, una de las cuales las sujetaba por la parte de delante, mientras la otra les ayudaba a sacar al niño.

Los textos que nos han llegado dicen poco acerca de la menstruación, aunque las listas de ropa sucia del Imperio Nuevo mencionan algo parecido a una compresa. En un discutido fragmento de la obra del Imperio Medio *Sátira de los oficios* (que critica todas las profesiones excepto la de escriba), el encargado de lavar la ropa es desgraciado porque tiene que «lavar las vestimentas de una mujer con la menstruación».

Los egipcios creían que las enfermedades y las desgracias las provocaban espíritus malignos y los enemigos ya fallecidos, y que para mantener la salud era necesario protegerse contra estas fuerzas sobrenaturales. Uno de los remedios más habituales consistía en invocar el poder de una deidad recitando un ensalmo sobre el objeto que fuese a emplearse para curar o como medida de protección. Este tipo de remedios incluía bebedizos o pociones para la piel, tampones vaginales o amuletos con figuras de dioses que se llevaban colgados del cuello (*véanse también* págs. 96-97).

Las viviendas disponían de un rincón dedicado al culto donde se veneraba a deidades domésticas como Bes o Tueris y se pedía la continuidad del linaje familiar y la fertilidad de sus mujeres.

FIGURILLAS DE LA FERTILIDAD

La importancia de la fertilidad femenina para los antiguos egipcios queda demostrada por la enorme cantidad de imágenes de mujeres desnudas encontradas en todo Egipto. En materiales como la arcilla, la fayenza, la madera o la piedra, estas figuras suelen aparecer con un colgante y un ceñidor alrededor de la cadera y con el triángulo púbico claramente marcado. En ocasiones aparecen estiradas sobre un lecho o llevan un niño. Estas imágenes eran de culto doméstico y solían colocarse en un altar instalado en la vivienda. Su función era asegurar la concepción y el éxito del parto, garantizando así la continuidad del linaje familiar.

Las figurillas de la fertilidad se presentaban también como ofrendas en los templos dedicados a la diosa Hathor, divinidad muy relacionada con la sexualidad, la fertilidad y el parto. Aunque no se menciona en ningún texto la razón por la que se le ofrecían estas figurillas, ni si el que las donaba era hombre o mujer, lo más probable es que fuera para pedirle hijos o para darle las gracias por haberlos traído con salud.

Otras figurillas similares se han encon-

Esta figurilla de la fertilidad de fayenza muestra a una mujer desnuda –exceptuando las sofisticadas joyas, entre las que destaca un ceñidor para la cadera– con tatuajes o dibujos sobre la piel. Imperio Medio, de origen desconocido.

trado en los monumentos funerarios. Puesto que los muertos podían tener una gran influencia en las vidas de las personas, tal vez se les llevaran ofrendas para que les ayudasen a concebir hijos. Una de estas figuras, que incluía la imagen de un niño, contenía este mensaje: «Garantiza el nacimiento de un niño a tu hija Seh».

Algunas de estas figurillas se introducían en la tumba durante los funerales. Hubo un tiempo en que los estudiosos se referían a ellas como las «concubinas de los muertos», y se creía que estaban allí para ofrecer gratificaciones sexuales a los dueños (masculinos) de las tumbas. Sin embargo, se encontraron figurillas de este tipo tanto en las tumbas de hombres como en las de mujeres, y tanto en las de adultos como en las de niños, por lo que se ha llegado a la conclusión de que eran figurillas de la fertilidad. Para los antiguos egipcios, la muerte abría una nueva vida, y la transición era como una forma de renacimiento.

Así, las figurillas de la fertilidad, que seguramente se crearon en un principio como ayuda para la concepción y el parto en este mundo, se creía que también ayudaban a los muertos a renacer en el otro.

Bes y Tueris eran dos divinidades relacionadas con la concepción, el embarazo y la salud de los recién nacidos, y también se les invocaba para que ahuyentasen a los espíritus malignos y a los muertos. A menudo aparecen representadas haciendo feroces muecas y con cuchillos o jeroglíficos para la «protección» o la «vida». Su imagen aparecía con frecuencia en objetos de uso doméstico como sillas, camas y recipientes de productos cosméticos. Se han descubierto asimismo muchos amuletos con la imagen de las dos divinidades, y se cree que los llevaban las mujeres para recibir protección durante el embarazo y el parto. La decoración de las paredes de muchas viviendas también tenía relación con estos temas, e incluía escenas en las que aparecían madres junto a sus hijos recién nacidos.

Además, en las paredes de las casas había entrantes o huecos para colocar estelas y bustos de familiares ya fallecidos, ya que se creía que los espíritus de los muertos ejercían una gran influencia (para bien o para mal) en los asuntos de los vivos; por ello se les honraba con ofrendas (*véanse* págs. 152-153).

Tres collares de la Dinastía XVIII compuestos de diversos amuletos. El exterior muestra pequeñas imágenes de la diosa Tueris y probablemente servía para proteger a su portadora contra los peligros del embarazo y el parto.

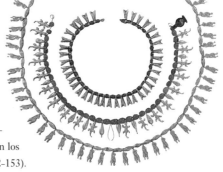

LAS MUJERES Y LA RELIGIÓN

LAS ESTELAS VOTIVAS

Desde el Imperio Medio en adelante, los miembros de las clases más altas erigían estatuas y estelas votivas en los recintos de los templos. La finalidad de éstas era crear un vínculo hasta la eternidad entre el donante, la deidad relacionada con el templo y el culto que tenía lugar en el mismo.

Las mujeres raramente erigían estatuas en los templos, pero tanto ellas como los hombres colocaban estelas votivas que, por lo general, mostraban al dador llevando ofrendas o venerando a la deidad a la cual se dedicaba la estela en cuestión, aunque no había ningún modelo de representación o texto especialmente creado para las mujeres. Por otro lado, aunque a las mujeres se les permitía dedicar estelas tanto a divinidades masculinas como femeninas, los ejemplos encontrados sugieren que casi siempre preferían dedicárselas a diosas en lugar de a dioses.

En el Imperio Antiguo, el Primer Período Intermedio y el comienzo del Imperio Medio, muchas mujeres de clase alta fueron sacerdotisas en los templos de la diosa Hathor, aunque fueron pocas las que sirvieron en los dedicados a otras divinidades. Durante el Imperio Nuevo, todos los sacerdotes fueron hombres con una sola excepción, las mujeres de la familia real que llegaban a convertirse en la «Esposa del dios Amón» en Tebas. En lugar de acceder al sacerdocio, muchas mujeres de la elite de este período tenían el título de músicas de una determinada deidad, y su función consistía en acompañar con instrumentos musicales los rituales del templo. A menudo se las representa con el sistro sagrado, que tocaban rítmicamente mientras cantaban. Las escenas del templo de la reina Hatshepsut en Karnak muestran a varios grupos de mujeres tocando el sistro como parte del acompañamiento musical de la barca sagrada del dios Amón, que iba en procesión desde el templo de Karnak al de Luxor y volvía (*véase* pág. 159). La directora de los músicos era, al parecer, una mujer noble que ostentaba el título de «Superiora del Grupo Musical».

Los rituales de los santuarios ocultos en los templos tenían poco que ofrecer como forma de culto individual. Ahora bien, tanto hombres como mujeres visitaban las zonas más externas de los templos para rezar y presentar ofrendas votivas a los dioses, muchas de las cuales se han encontrado en los santuarios dedicados a la diosa Hathor de Deir el-Bahari. Aunque pocas revelan la identidad del donante, algunas incluyen dibujos de mujeres. Dado que Hathor estaba estrechamente relacionada con la sexualidad, la fertilidad, el embarazo y el parto, era una divinidad importante para las mujeres, y sin duda muchas visitaban los santuarios dedicados a ella con ofrendas y peticiones. Un fragmento de estatua de un hombre encontrado en Deir el-Bahari contiene un texto dirigido de forma expresa a las

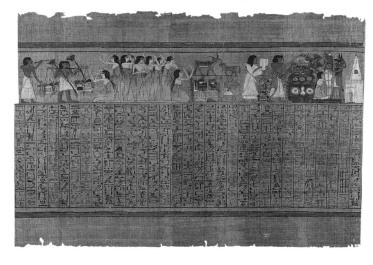

El sacerdocio durante el Imperio Nuevo era casi en su totalidad masculino, aunque las mujeres tomaban parte en los ritos religiosos. En la imagen, la esposa del difunto llora su muerte ante la momia de su marido y el dios Anubis, mientras otro grupo de mujeres, seguramente de la familia pero también plañideras contratadas para ello, dan muestras de duelo. Extraído del Libro de los Muertos *del escriba real Ani, Dinastía XIX, hacia 1125 a. C.*

LA ESPOSA DEL DIOS AMÓN

Durante las Dinastías XXV y XXVI, uno de los cargos más importantes del templo de Amón en Karnak, en Tebas Oeste (*véanse* págs. 208-209), era el de «Esposa del dios Amón». Por lo general, este puesto lo ocupaba una de las hijas del rey, que no podía acceder al matrimonio pero podía adoptar a su sucesora. Aunque no sabemos los detalles exactos de las actividades desempeñadas por la princesa, una parte de sus funciones consistía en encargarse de los rituales dedicados al dios, incluida la parte que consistía en tocar el sistro sagrado para estimular constantemente a la divinidad a llevar a cabo una y otra vez el acto de creación del mundo.

El puesto de «Esposa del dios Amón» tiene su origen a principios del Imperio Nuevo, cuando el rey Amosis le dio ese título a su esposa, la reina Amosis Nefertari, junto con una dotación económica para que pudiera sobrellevar los gastos de mantenimiento del mismo. Más tarde, la reina Hatshepsut fue una destacada «Esposa del dios Amón» antes de convertirse en faraón (*véase* pág. 89),

y es posible que utilizase la autoridad que le otorgaba su cargo como trampolín para acceder al poder. Después de su muerte, el título decayó en importancia durante varios cientos de años.

La relevancia del puesto de «Esposa del dios Amón» queda reflejada en la decoración de una serie de capillas que formaban parte del recinto de Karnak. Allí, aparece retratada junto al faraón en escenas que, antes de las Dinastías XXV y XXVI, hubieran mostrado únicamente al rey. La «Esposa del dios» veneraba y llevaba ofrendas a los dioses, que la abrazaban, la coronaban y la amamantaban. La estrecha relación entre ella y su pareja divina, Amón, puede verse en una estatuilla de fayenza procedente de Karnak que muestra a la «Esposa del dios» Amenirdis I en las rodillas de Amón, que la rodea con sus brazos.

Esta elaborada estatuilla de bronce con incrustaciones representa probablemente a una «Esposa del dios Amón» del Tercer Período Intermedio, una precursora de las poderosas «Esposas del dios» de las Dinastías XXV y XXVI.

mujeres que visitaban el templo. En él, el hombre promete que, en compensación por las ofrendas, intercederá por ellas ante la diosa para pedirle «felicidad y un buen [o quizás quiera decir "potente"] marido» (*véase también* pág. 85).

Las mujeres desempeñaban asimismo un importante papel como plañideras en los rituales funerarios. Las representaciones de las procesiones hasta las tumbas muestran a la esposa del fallecido con grupos de otras mujeres llorando al difunto, con los cabellos despeinados, los pechos desnudos y lágrimas cayendo por sus mejillas. Dos mujeres, una en cada extremo del féretro que transportaba al finado hasta la tumba, representaban los papeles de las diosas Isis y Neftis llorando la muerte de su hermano Osiris, asesinado por Set (*véanse* págs. 134-135). Aunque las procesiones funerarias de mujeres no acostumbraban a representarse, sabemos por las excavaciones de las tumbas que se realizaban de forma similar, aunque por lo general con menos pompa y boato, que las dedicadas a hombres de la misma clase social, y que esperaban compartir el mismo destino en el más allá, con idénticas necesidades y peligros.

De la celebración de los cultos funerarios solía encargarse el hijo mayor del difunto, aunque las pinturas de las estelas funerarias sugieren que las mujeres de la familia también tomaban parte en ellos, pues aparecen quemando incienso, realizando libaciones y dedicando ofrendas.

El famoso busto pintado de la reina Nefertiti, encontrado en Ajetatón, en el taller de un escultor llamado Tutmosis, la muestra como una mujer de una extraordinaria belleza, con la corona alta de color azul con la que solía aparecer retratada. Se ha sugerido que Nefertiti cumplió una función de corregente más que la de mera reina consorte, y algunos estudiosos creen que Neferneferuaten, un faraón casi desconocido que según se decía había gobernado brevemente a la muerte de Ajenatón, podría haber sido la misma Nefertiti. El busto parece inacabado y es posible que se hubiese utilizado en el taller para enseñar a los aprendices de artistas.

La reina Nefertari (véase derecha), la primera y principal esposa de Rameses II, realiza una ofrenda a la diosa Hathor en su tumba del Valle de las Reinas, en Tebas Oeste. Además de esta tumba bellamente decorada, Rameses II construyó para su esposa un templo de menor tamaño que el suyo en Abu Simbel, en la Baja Nubia (véase pág. 204), en el que la reina aparece asociada a la diosa Hathor y se la representa realizando ofrendas a varias divinidades. En una de las escenas, aparece ella misma como una diosa recibiendo ofrendas.

MUJERES DE LA REALEZA

Al igual que el oficio de rey, el de reina, encarnado por la madre del rey y su principal esposa, estaba directamente relacionado con la divinidad. Las dos reinas llevaban la misma insignia, utilizaban los mismos títulos y aparecían en los mismos tipos de escenas, puesto que desempeñaban una función similar. Según las creencias de los egipcios, el dios del Sol se renovaba todos los días fecundando a la diosa del cielo cada noche y naciendo de ella de nuevo por la mañana, con lo que la diosa se convertía en madre y esposa a la vez. El rey era la manifestación del dios del Sol en la Tierra, y la función de diosa del cielo se la repartían su madre y su principal esposa. El carácter divino de este rol aparecía en objetos con insignias.

No se sabe a ciencia cierta el modo en que los faraones elegían a la que sería su esposa. En algunos casos, se trataba de hermanas del rey con el que contraían matrimonio, pero otras no tenían sangre real. Antes se pensaba que los reyes se casaban con sus hermanas debido a que el derecho al trono se transmitía por vía femenina, de modo que el hombre que se casara con la «heredera» del momento se convertía en el rey. Sin embargo, si esto hubiese sido así realmente, tendría que haber existido una línea ininterrumpida de «herederas» descendientes unas de otras, cosa que no se dio. Lo más probable es que los reyes que contrajeron matrimonio con una de sus hermanas lo hicieran a causa de que este tipo de uniones tenían lugar entre deidades, en lugar de entre gente normal, con lo que el rey ponía de relieve su carácter divino y se distinguía de sus súbditos.

Los vestigios que nos han llegado no aclaran demasiado sobre las personalidades individuales de las reinas egipcias, pero la gran cantidad de material encon-

HATSHEPSUT, LA MUJER FARAÓN

Pocas mujeres de la realeza llegaron a ser faraones, pero una de esas figuras excepcionales fue la reina Hatshepsut, hija de Tutmosis I y principal esposa de su medio hermano Tutmosis II. Hatshepsut dio a Tutmosis II una hija, pero ningún hijo varón logró sobrevivir, por lo que cuando el rey murió, en plena juventud, el título de rey lo heredó el hijo de una de sus otras esposas. Tutmosis III era muy joven para gobernar solo, así que Hatshepsut asumió la regencia. Durante cierto tiempo, entre el segundo y el séptimo año del reinado de Tutmosis, la reina Hatshepsut tomó los atributos del faraón. Al principio aparece vestida con atuendos femeninos, pero pronto empezó a hacerlo con la vestimenta tradicional del rey. Además, para legitimar su ascensión al trono, la reina mandó realizar inscripciones en las que se afirmaba su nacimiento divino y se aseguraba que su padre la había nombrado faraón durante su reinado.

Hatshepsut no llegó a reemplazar a Tutmosis III, que gobernó como rey junto a ella. Este período fue uno de los más prósperos

Hatshepsut (1490-1468 a. C.) en un retrato procedente de su templo funerario en Deir el-Bahari, en Tebas Oeste (véanse págs. 8 y 211), con los rasgos del dios Osiris, con el que todos los reyes se identificaban tras su muerte.

para los egipcios, por lo que la reina tuvo la oportunidad de sufragar numerosas obras arquitectónicas y de organizar importantes expediciones comerciales y campañas militares.

En su vigésimo segundo año como rey, Tutmosis reinaba ya solo, presumiblemente a causa del fallecimiento de Hatshepsut. En los últimos años de su largo reinado –gobernó durante cincuenta y cuatro años– Tutmosis inició una campaña para mutilar los monumentos de Hatshepsut, probablemente con el fin de borrar cualquier huella de la reina, aunque durante un tiempo se creyó que lo había hecho por simple despecho. Sin embargo, la razón más probable es que los egipcios, en general, consideraban antinatural que una mujer se convirtiera en faraón. Por ello, cuando ya se encontraba próximo al fin de su reinado, Tutmosis quiso evitar que le sucediera en el trono otra mujer eliminando la memoria de la reina Hatshepsut. De forma significativa, en aquellos monumentos en los que aparecía simplemente como consorte de Tutmosis II no se eliminó ni su nombre ni su imagen.

---

trado y que se halla relacionado con algunas de ellas ofrece una idea de su relevancia.

Dos de las más conocidas fueron Nefertiti, consorte del «herético» Ajenatón (hacia 1364-1347 a. C.; *véanse* págs. 128-129) y Nefertari, la esposa favorita de Rameses II. Ninguna reina alcanzó la importancia de Nefertiti, y ninguna apareció tanto en los monumentos dedicados a su esposo. Ajenatón, que abandonó el culto a las divinidades tradicionales de Egipto en favor del dios Atón (el disco solar), construyó un gran número de templos dedicados a esta deidad (*véase* pág. 203). Nefertiti aparece en los relieves y esculturas de estos edificios acompañando a su marido en rituales e incluso celebrándolos en solitario. De todos modos, su retrato más famoso es un busto de piedra pintado, hoy en Berlín (*véase* ilustración), descubierto en el taller de un escultor en el-Amarna, lugar donde se encontraba la capital de Egipto en tiempos de Ajenatón, Ajetatón.

Cuando Rameses II construyó un templo dedicado a su culto en Abu Simbel, erigió también uno más pequeño muy cerca, consagrado a la diosa Hathor y a la reina Nefertari; en la actualidad, esta reina es famosa sobre todo por su tumba.

EL HARÉN REAL

La mayoría de los egipcios eran monógamos, mientras que sus reyes, en cambio, practicaban la poligamia. Las esposas principales de los faraones poseían su propia residencia y servidumbre, pero el resto vivía en alguno de los harenes del rey, dirigidos por funcionarios. Muchas de estas esposas procedían de familias nobles, mientras que otras eran princesas de países extranjeros con los que el rey establecía alianzas o relaciones diplomáticas. Un documento del reinado de Rameses III habla de una conspiración fallida que tuvo lugar en el harén de una esposa real llamada Tiy, que había planeado asesinar a Rameses para ocupar el trono en su lugar.

● CAPÍTULO 7

LOS LÍMITES DEL CONOCIMIENTO

La «sabiduría de los egipcios» fue un tópico muy extendido en el imaginario occidental desde la Antigüedad, y la creencia de que en Egipto se respetaba y se apreciaba el conocimiento, tanto desde un punto de vista práctico como esotérico, por encima de otras posesiones materiales, no es exagerada. Según el autor de *El aleccionamiento de Amenope* (una guía para el hombre sabio que influyó en el libro bíblico de los Proverbios), adquirir sabiduría era conseguir «una casa de tesoros para la vida», donde «tu ser prosperará sobre la tierra».

▲

La transmisión del saber 90

La naturaleza 92

Las matemáticas 94

La medicina 96

La tecnología 98

La magia 100

La literatura y la música 102

SUPERIOR: *Detalle de una estatua de finales de la Dinastía IV o principios de la V, procedente de Saqqara y que presenta al dueño de la tumba como un escriba. Los pechos caídos y los rodetes de grasa son característicos de su profesión y aparecen en muchas otras estatuas egipcias similares.*

LA TRANSMISIÓN DEL SABER

En el antiguo Egipto, la lengua escrita constituía la clave para acceder a cualquier tipo de conocimiento. El «sabio» letrado desempeñaba un importante papel en su comunidad local, con funciones que iban desde la realización de los rituales religiosos o el recitado de textos literarios hasta la asistencia médica, la magia o la educación. Las clases nobles sabían leer y escribir, pero incluso en los niveles más altos del poder egipcio éstas representaban tan sólo un 1 o 2 % de la población. Los funcionarios de alto rango se representaban como escribas rollizos, bien alimentados, elegantemente vestidos y exentos de trabajos físicos, pues su función era la de anotar y registrar el trabajo que los demás realizaban. La paleta y el rollo de papiro eran los símbolos de su autoridad y conocimientos, y las listas y registros burocráticos eran las principales herramientas del poder político y económico.

La cultura, que también se transmitía a través de la escritura, conllevaba un tipo diferente de poder. La literatura era muy apreciada por su capacidad para influir en los hombres y por la fama que otorgaba a los autores de las obras. La escritura poseía prestigio porque adquiría antigüedad y se convertía en un legado de los antepasados. Las recetas médicas, los rituales y las fórmulas mágicas debían su autoridad a la creencia de que habían sido escritas por un dios o un antiguo rey, y por ello continuaban considerándose efectivas durante mucho tiempo.

Los lugares donde se impartían los conocimientos eran los templos, que poseían unos departamentos con extensas bibliotecas conocidos como «Casa de la Vida», donde se copiaban manuscritos. Durante el período faraónico, el palacio y los departamentos de Estado eran también centros de enseñanza.

La principal función de la educación consistía en preparar a aquellos alumnos destinados a entrar en el funcionariado. Algunos niños de las clases altas recibían su educación en palacio, junto con las princesas de la casa real, pero la mayoría recibía las clases en casa, de la mano de sus propios progenitores, en las escuelas de los templos o en el lugar de trabajo de sus padres. En el Imperio Nuevo, el primer libro de texto conocido fue *El libro de Kemit*, una recopilación de fórmulas para aprender a leer y escribir, textos funerarios y autobiografías, copiadas de manus-

El dios Tot, con cabeza de ibis, otorgando el poder de la vida en esta imagen extraída del Libro de los Muertos *del escriba Hunefer (hacia 1285 a. C.). Relacionado con la escritura, este dios era el patrón de los escribas y la deidad que otorgaba a la escritura su poder mágico y ritual. Era el escriba de los dioses y registraba las justificaciones de los fallecidos durante el «peso del corazón» en el más allá (*véase *pág. 137).*

EL INVENTARIO DEL CONOCIMIENTO

Los sabios egipcios, ya fuesen teólogos que intentaban definir el concepto de dios o médicos que escribían tratados sobre enfermedades y tratamientos, presentaban sus conocimientos en forma de lista, como si se tratase de un texto burocrático, y no a través de la exposición de una serie de principios abstractos. El intento de crear listados con todas las cosas existentes es característico de la enseñanza egipcia, algo que puede verse claramente en *La lista onomástica de Amenope*, un libro de texto para cursos avanzados:

> «Iniciar el aprendizaje capacitando la mente, instruir al ignorante y conocer todo lo que existe; lo que Ptah ha creado y Tot ha escrito; el cielo con todas sus constelaciones [?]; la tierra y todo lo que hay en ella; lo que las montañas arrojan al exterior; lo que se inunda con las crecidas; todo sobre lo que Re ha brillado; todo lo que crece en la tierra, que el escriba del libro del dios en la Casa de la Vida, Amenope, hijo de Amenope, ha creado [...]».

Lo que sigue a este comienzo es, simplemente, una lista de palabras por orden temático, lo más próximo a un diccionario o una enciclopedia que nos ha llegado del antiguo Egipto. Sin embargo, estas listas de palabras se utilizaban para que los estudiantes practicaran con el vocabulario escrito.

critos anteriores. Los alumnos practicaban aprendiendo de memoria textos en escritura hierática en cursiva, copiando primero *El libro de Kemit* y, más tarde, otras obras de literatura clásica, textos que a menudo no comprendían del todo.

Los jeroglíficos se empezaban a estudiar en cursos avanzados, y el proceso de aprendizaje era largo y tedioso. Un texto compara la enseñanza de un alumno con la doma de un caballo o un animal de carga, a los que se les enseña a través de disciplina y golpes hasta que logran saber lo suficiente para llevar a cabo su trabajo: «La oreja de un muchacho está en su espalda, oye a través de los golpes». De hecho, la palabra «enseñanza» tenía la misma raíz etimológica que «castigo».

Cuando el estudiante había practicado lo suficiente, empezaba a copiar y a crear textos administrativos, así como obras literarias: modelos de cartas, informes y variantes de tópicos literarios como la importancia de la educación de los escribas o la alabanza al maestro. Los estudiantes practicaban los ejercicios en calidad de aprendices de escribas, y trabajaban ayudando a uno. Sólo desarrollaban sus conocimientos y, al mismo tiempo, aprendían su oficio y ejercían como secretarios o ayudantes de su maestro. No parece que hubiese un acceso libre a la educación, ni siquiera a la elemental; sólo los hijos de los escribas podían aspirar a ella.

LA VISIÓN DEL ORDEN

En la visión de los egipcios de su propia topografía, el orden era la principal característica; las crecidas del Nilo nunca se representaban, tan sólo el paisaje ordenado que quedaba cuando el río regresaba de nuevo a su lecho. Desde principios del Imperio Medio, las inscripciones de un quiosco del rey Sesostris I, de la Dinastía XII en Karnak, incluyen un itinerario geográfico de Egipto en el que éste queda dividido en sus dos mitades naturales en la fachada norte y la sur del edificio. Las divisiones administrativas del territorio (los nomos) aparecen dispuestas en forma de tablas, con sus respectivas dimensiones y la mención de su principal dios y su capital. Estos textos, al parecer, tenían una motivación política, ya que la descripción detallada de cada región del país facilitaba su control por parte del gobierno central, pero también definían el quiosco como una imagen o modelo de Egipto, habitado por su dios. Los «textos geográficos» procedentes de los templos de la Baja Época describen el país de modo similar, con listas de los nomos con sus diferentes árboles sagrados, sus festivales, sus tabúes e incluso sus serpientes.

LA NATURALEZA

Para los egipcios, su territorio era el centro del universo, una entidad viva que tenía como núcleo el Nilo. El cielo aparecía en ocasiones personificado como la diosa Nut, separada de la tierra, caracterizada por su esposo Gueb (*véanse* págs. 116-117). Cuando se viajaba fuera de la rica «tierra negra» de Egipto, uno se adentraba en la «tierra roja» del desierto, un territorio desconocido y peligroso. En el interior del Valle del Nilo existía un orden natural de elementos que podían enumerarse y que definían el territorio egipcio como parte del mundo físico.

El mundo de los egipcios oscilaba entre lo físico y lo biológico, lo tangible y lo metafórico, lo real y lo mitológico. El cielo y la tierra seguían los ciclos diarios, mensuales y anuales del nacimiento, el crecimiento y la muerte, y el ciclo biológico era un tema recurrente en las concepciones de los egipcios sobre el mundo. Así, los templos de las pirámides de las Dinastías V y VI mostraban toda clase de detalles sobre los ciclos de la vida de un gran número de plantas y animales. Más tarde, Tutmosis III incluyó imágenes de plantas y animales exóticos, tal vez traídos por expediciones extranjeras, para decorar los relieves de Karnak.

La geografía como ciencia práctica no figura en los textos que nos han llegado. El documento más importante en este sentido es un mapa de las minas de oro de Uadi Hammamat, que data del reinado de Rameses V (*véase* pág. 64); aunque los detalles no son muy exactos, constituye un buen esbozo de la ruta que seguían las expediciones. Lo más parecido a este mapa lo encontramos en los planos de la ruta al más allá, dibujados en la parte inferior de una serie de cofres del Imperio Nuevo (*véase* pág. 136). Los itinerarios que se seguían para recorrer los territorios extranjeros (listas de ciudades visitadas, conquistadas o con obligación de pagar tributos) eran habituales en las inscripciones reales del Imperio Nuevo.

Representación astronómica en el techo de la tumba de Setos I (hacia 1305-1289 a. C.) en el Valle de los Reyes, en Tebas Oeste. Las constelaciones y divisiones del cielo se representan como divinidades.

Los conocimientos prácticos acerca del cielo y de los movimientos de las estrellas y los planetas aparecen representados de forma casi mitológica en los techos de las tumbas y los cofres de las momias. El techo de la tumba de Senmut, del reinado de Hatshepsut, y el de la tumba de Setos I en el Valle de los Reyes, muestran las principales constelaciones encarnadas por figuras mitológicas. El calendario egipcio (*véase* recuadro) se basaba en la observación de la Luna y las estrellas. Los ciclos de la Luna y los movimientos estacionales de las estrellas definían el calendario y regulaban la celebración de festividades religiosas, basándose en observaciones realizadas desde el techo del templo. La observación más significativa fue la reaparición de Sirio (la Sopdu de los egipcios) como lucero de la mañana a mediados de julio, tras haber permanecido durante varios meses invisible, al inicio de la crecida anual del Nilo. Esta conjunción de fenómenos marcaba el inicio del año egipcio. (*Véanse también* págs. 116-117.)

EL CALENDARIO EGIPCIO

El año egipcio se dividía en doce meses, cada uno de los cuales de treinta días de duración. Cada mes estaba dividido en tres semanas de diez días o «décadas». Los textos sobre astronomía dividían el cielo nocturno en treinta y seis decanos, de acuerdo con la aparición de las constelaciones a determinadas horas de la noche. Cada decano representa una década (semana) del calendario. Los meses se agrupaban en tres estaciones: *ajet* o «crecida», desde mediados de julio a mediados de noviembre aproximadamente; *peret*, que significaba «renacer» o «invierno» y que era la principal estación de crecimiento, desde mediados de noviembre a mediados de marzo; y *shemu* o «cosecha», quizá literalmente «aguas bajas», que era la época en la que se recogían las cosechas, desde mediados de marzo hasta mediados de julio.

El año egipcio llegaba a los 365 días con la inclusión de cinco días adicionales al final de la estación *shemu*. Según los egipcios, eran los días en los que habían nacido los dioses Osiris, Set, Isis, Neftis y Horus, y se consideraban de mal agüero. Sin embargo, seguía faltando un cuarto de día al año, por lo que el calendario se tenía que mover de forma progresiva para estar sincronizado con el año natural añadiendo un día cada cuatro años. La aparición de Sirio (Sopdu) en el cielo sólo coincidía con el día de Año Nuevo del calendario cada 1460 años, un acontecimiento que se recogió en 139 a. C. De forma similar, los meses de

treinta días no coinciden con el ciclo natural de la Luna. Muchos festivales se celebraban basándose en la observación de los ciclos de la Luna más que en el calendario oficial.

El día estaba dividido en veinticuatro horas, con doce horas diurnas y doce nocturnas. El paso del tiempo se medía con relojes de agua en la forma de un recipiente con marcas por el que iba saliendo poco a poco el agua a través de un agujero.

SUPERIOR: *La diosa Isis, cuya onomástica estaba marcada como uno de los cinco días que se intercalaban al final del año egipcio. Tumba de la princesa Tuya, Tebas Oeste, hacia 1375 a. C.*
IZQUIERDA: *Figurilla de bronce de la diosa Sodu o Sotis, personificación de Sirio, coronada con una estrella. Baja Época, después de 600 a. C.*

LAS MATEMÁTICAS

Nuestros conocimientos sobre las matemáticas egipcias provienen de un pequeño número de papiros procedentes de una serie de libros de texto prácticos para los escribas que habían obtenido un nivel avanzado de aprendizaje. No está clara la dificultad y el alcance de estas enseñanzas, pero se sabe que cuentas básicas como calcular la cosecha obtenida en relación con una superficie de tierra concreta, los niveles de consumo respecto a los de adquisición de alimentos, la inversión en mano de obra y materiales para llevar a cabo un proyecto, o la administración de los templos, eran esenciales para cualquier administrador.

El sistema jeroglífico decimal utilizado por los egipcios contaba con símbolos distintos para los números 1, 10, 100, 1.000 y 10.000 (*véase* recuadro, pág. sig.), pero no había ningún símbolo para representar el cero. Los números intermedios se escribían como múltiplos de un número simple.

Todos los cálculos matemáticos se basaban, al parecer, en procesos de adición y sustracción. La multiplicación consistía en añadir un número a él mismo el número de veces requerido, y la división, en sustraer un número hasta que quedaba un resto indivisible. No se utilizaban tablas de multiplicar, aunque las multiplicaciones y divisiones por diez se realizaban de forma simple y sistemática.

Los cálculos con números fraccionarios se basaban en la adición y la sustracción de unidades de fracción. Con la excepción de casos especiales como el de $2/3$, o, aún más raramente, el de $3/4$, los egipcios no utilizaban múltiplos de fracción, sino únicamente unidades de fracción. Por ejemplo, $1/5$ se escribía *r5*, es decir, «la quinta parte», y $1/6$ aparecía como *r6* o «sexta parte».

Hoja de cálculo del Papiro Rhind, el texto matemático más famoso del antiguo Egipto. Los problemas principales tenían que ver con el cálculo del volumen de un granero. También hay una tabla para dividir una cantidad de grano en fracciones, así como una fórmula para calcular el área de un círculo. Dinastía XV, hacia 1550 a. C.

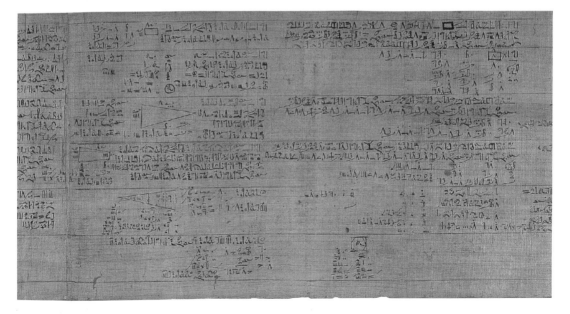

Donde los matemáticos modernos escribirían $^{11}/_{30}$, los egipcios hubieran escrito *r5 r6*, es decir, $^1/_5 + {}^1/_6$.

Los papiros con textos matemáticos encontrados sólo muestran cálculos que tal vez poseían aplicaciones prácticas: por ejemplo, métodos para averiguar áreas y volúmenes de una gran variedad de formas, incluidos triángulos y cilindros. Esto no quiere decir que los egipcios no tuviesen el concepto de número en abstracto; simplemente no nos ha llegado evidencia alguna de ello. Un egipcio podía calcular cuánto tiempo le llevaría a un número determinado de hombres la construcción de una rampa de ladrillo porque su cometido consistía, precisamente, en supervisar la construcción de rampas. Un escriba del ejército llamado Amenope tuvo que calcular el número de hombres necesarios para transportar un obelisco desde las canteras, erigir un coloso en cierto tiempo, calcular las raciones para alimentar a los hombres que tenían que desecar un lago y preparar los víveres de una gran expedición militar a Siria.

En los papiros existen claras evidencias de conocimientos acerca de fórmulas y ratios para aplicaciones prácticas. El ratio *pesu* se utilizaba como medida para calcular la cantidad de pan o de cerveza que podía elaborarse con una unidad de grano. El término *seked* definía la inclinación de una pirámide como ratio del desplazamiento lateral frente a la elevación. Existía una fórmula para calcular el área de un círculo que consistía en tomar como base el diámetro, restarle $^1/_9$ y extraer el cuadrado del resultado. Un granero circular de 9 codos de diámetro tenía, según sus cálculos, un área de 64 codos², en lugar de los correctos 63,64 codos².

Al contrario que los griegos, los egipcios no parecieron mostrar ningún interés por probar las fórmulas matemáticas, aunque llevaban a cabo manipulaciones de los números sumamente sofisticadas. En el contexto de las matemáticas aplicadas (o, lo que es lo mismo, en el cálculo de productos, áreas y volúmenes sobre todo), los pequeños errores no se consideraban significativos. De hecho, es bastante común en los papiros de cálculo que se han conservado que las cuentas contengan algún error aritmético, con totales que muestran una pequeña variación en la suma de las partes que beneficiaba al contable.

En este relieve de la tumba de Ti en Saqqara, de la Dinastía V, Ti y su esposa supervisan la producción de su hacienda. En la parte inferior, dos registradores y sus escribas toman nota de las cantidades.

PESOS Y MEDIDAS

La unidad de longitud básica en el antiguo Egipto era el «codo real» (alrededor de 50 cm), que equivalía a siete «palmos de anchura» (7,5 cm), cada uno de los cuales de cuatro «dedos de anchura» (1,9 cm). (El codo normal, basado en la distancia entre el codo y la punta de los dedos, medía seis «palmos de anchura».) Cien codos constituían un *jet*. La unidad habitual de superficie era el *setjet* (por lo general llamado como su equivalente griego, *arura*), que consistía en 100 codos² (alrededor de 0,25 hectáreas).

Las medidas para calcular la producción de grano eran el *heqat* (unos 5 litros), compuesto a su vez de diez *hin*; el *heqat* cuádruple, a menudo llamado *oipe(t)*; y el *jar* o saco de cuatro *oipe(t)* (unos 80 litros). El líquido solía medirse mediante *hin* (0,5 litros), mientras que la unidad de peso más usual era el *deben* (0,9 kg), que se dividía en diez *qite*, o bien, en otros períodos, en doce *shat*.

LOS NÚMEROS EGIPCIOS

1	8	40	362	10.000	$^1/_2$
2	10	100	1.000	100.000	$^1/_3$
4	24	200	4.281	1.000.000[1]	$^1/_6$

[1] También significa «¡No se puede seguir contando!».

LA MEDICINA

La medicina era una rama del aprendizaje de los escribas de los cursos más avanzados. Los médicos egipcios eran de las clases altas y gozaban de gran reputación en todo el mundo antiguo. Los conocimientos en medicina se identificaban con los de los rituales. Sin embargo, aunque el físico actuaba como especialista en rituales, el recitado de fórmulas no tenía prioridad sobre la práctica terapéutica.

Los papiros sobre medicina conservados, concernientes a una tradición textual que se extendió hasta el Imperio Medio, servían como manuales para la enseñanza, pero también como textos de referencia. Por ejemplo, en el Papiro Quirúrgico Edwin Smith, que data de finales del Imperio Medio o algo más tarde, se describen casos individuales con una lista de síntomas, junto con los hallazgos realizados a partir de exámenes físicos. Cada caso tiene su diagnóstico, su pronóstico (curable, tratable o incurable) y un tratamiento, si éste se considera necesario.

La mayoría de los textos médicos consisten en prescripciones, es decir, recetas para el tratamiento de una enfermedad. Los análisis actuales de la eficacia de estas prescripciones pueden resultar complicados debido a las dificultades para identificar tanto las enfermedades como los ingredientes utilizados en los tratamientos. Algunos componentes parecen tener mayor relación con la magia que con la farmacología, aunque está claro que la práctica médica tenía una base científica.

Dos documentos (los papiros médicos de Ebers y de Berlín) proporcionan una gran cantidad de información sobre la interconexión ente las distintas partes del cuerpo a través de «vasos», que era el nombre que se les daba a las venas, arterias, conductos, músculos y tendones. El corazón se encontraba en el centro, y, según se creía, los vasos se encargaban de transportar el aire, la sangre y otros fluidos, así como las enfermedades, a las diferentes partes del cuerpo.

Una prenda votiva llevada como ofrenda a la diosa Hathor, procedente de su santuario en Deir el-Bahari, en Tebas Oeste. Este tipo de ropas solían ser donaciones de mujeres y es probable que estuvieran relacionadas con su función como diosa de la fertilidad.

Los papiros incluyen interesantes datos sobre la estructura del cuerpo, sus órganos y funciones, aunque no hay evidencia alguna de que existieran estudios de anatomía propiamente dichos. Tampoco hay evidencias que sugieran que la práctica médica se basaba en los conocimientos sobre anatomía derivados de los procesos de momificación o carnicería, pues no se realizaban operaciones de cirugía interna y no había demasiada motivación práctica para tales estudios.

Para el observador actual, el empleo de la «magia» está relacionado con las limitaciones de los otros tipos de tratamientos. Por ejemplo, era muy común el encantamiento de serpientes para prevenir, curar o aliviar sus picaduras. No obstante, en un papiro se enumeran las serpientes de Egipto, con un análisis y un pronóstico de sus picaduras, y listas con las prescripciones y los tratamientos detallados en que los encantamientos mágicos ocupan un lugar secundario.

Una de las principales especialidades médicas egipcias era la ginecología en su relación con el parto. Para la concepción, el embarazo, el nacimiento y el cuidado de los recién nacidos, la ayuda divina resultaba mucho más útil que la humana; se conservan papiros con tratamientos para problemas ginecológicos, y se han hallado colecciones de encantamientos y fórmulas mágicas para el nacimiento y la protección de los recién nacidos, así como para la satisfactoria provisión de leche de la madre o contra las enfermedades y los peligros durante la infancia. Se invocaba a algunas divinidades para ayudar a las mujeres a concebir y a dar a luz sin problemas.

Estatuilla protectora, dorada y pintada, de la diosa escorpión Selqet, procedente de la tumba de Tutankhamón (hacia 1346-1337 a. C.). Los escorpiones eran muy comunes en Egipto, y las invocaciones a la diosa Selqet se encontraban entre los remedios más comunes utilizados para mantenerlos alejados o curar los efectos de sus picaduras.

DIAGNÓSTICO Y TRATAMIENTO

El Papiro Quirúrgico de Edwin Smith contiene un análisis sistemático de las enfermedades y sus tratamientos. Antes se creía que, debido a la naturaleza de las enfermedades que menciona, su autor había sido un cirujano del ejército, pero algunos investigadores atribuyen el texto a un médico perteneciente al equipo que se encargaba de la construcción de una pirámide. Si esto es cierto, las heridas que se enumeran seguramente son el resultado de los accidentes ocurridos durante los trabajos. Uno de los casos, el de «un hombre con una herida en la ceja que llegaba hasta el hueso», se trató de la siguiente manera: «Explora su herida y une la raja con una puntada [?] y pronuncia acerca de él: '... Una herida que voy a tratar'. Después de que hayas dado la puntada [?], haz un vendaje con carne fresca el primer día. Si crees que esta herida queda suelta con la puntada [?], entonces sujétala con vendajes y úntala con aceite y miel cada día hasta que mejore».

No todas las heridas podían curarse, sin embargo, como fue el caso de un desafortunado trabajador parcialmente paralizado después de una fractura en el cráneo: «Si [...] crees que el bulto sobresalc por detrás de la fractura de su cráneo, y su ojo bizquea bajo ella, en el lado que tiene el golpe en el cráneo, y camina arrastrando el pie en el lado donde tiene el golpe en el cráneo, el diagnóstico es el de un herido por lo que entra de fuera [...] Una herida que no tiene tratamiento». La frase «lo que entra de fuera» aparece explicada: «Es el aliento de dios o la muerte».

LA TECNOLOGÍA

Maqueta de madera de un taller de tejidos procedente de la tumba de Meketra, en Tebas Oeste; dinastía XI, hacia 2000 a. C. Nuestros conocimientos acerca de la tecnología egipcia proceden en parte de las imágenes de las tumbas, pero sobre todo de los hallazgos arqueológicos. No nos han llegado obras escritas que describan o instruyan sobre el aprendizaje de las técnicas empleadas, lo que hace pensar que no existían textos de estas características.

El Nilo era una vía de comunicación esencial (véanse págs. 14–15), por eso no es extraño que los egipcios tuvieran fama de buenos constructores de barcos. Esta nave de una pintura mural de una tumba de la Dinastía XVIII, en Tebas Oeste, muestra las típicas proa y popa curvadas de las embarcaciones del Nilo.

Todos los avances tecnológicos del período faraónico se hallan marcados por la ausencia de maquinaria o herramientas de funcionamiento complejo, así como por la utilización de métodos sencillos, acompañados de una extraordinaria habilidad para el trabajo artesanal, que se realizaba con gran lentitud, paciencia y precisión.

Quizá la mayor limitación de la tecnología fue el escaso desarrollo de la metalurgia. El cobre y el bronce eran costosos, y la manufactura del hierro no surgió en Egipto, importada del extranjero, hasta el Imperio Nuevo. En lugar del bronce, predominaban las aleaciones de cobre o el cobre reforzado, lo que limitaba la producción de metales para cortar y fabricar herramientas. En el período faraónico, se usaba el sílex para crear el filo cortante de muchos utensilios de uso común.

En lo que se consiguieron grandes logros desde tiempos muy antiguos fue en el trabajo y el labrado de la madera para la fabricación de muebles de lujo, así como en la construcción de barcos. El trabajo del metal alcanzó su máximo apogeo con la producción de joyas de oro (algunas escenas de tumbas del Imperio Antiguo relacionan la fundición del oro con los enanos). Las piedras semipreciosas como la turquesa, el lapislázuli, la cornalina y la amatista se utilizaban con frecuencia en las incrustaciones. El cristal verdadero floreció muy brevemente durante el Imperio Nuevo, quizá por influencia extranjera, pero los barnices brillantes fueron importantes en todos los períodos. La fayenza egipcia, ampliamente utilizada en objetos decorativos, era un material artificial cubierto con un barniz azul o verde.

En el Imperio Antiguo, se fabricaban vasijas de piedra para las tumbas, así como sarcófagos con relieves, también de piedra. No había herramientas de metal lo suficientemente fuertes como para cortar la piedra, y el principal procedimiento para lograrlo era el golpeo continuo y la abrasión. En los trabajos más delicados,

se empleaban cinceles de cobre y taladros tubulares, aunque cuando era posible se utilizaban grandes mazas de piedra y piedras de arena para pulir como abrasivo.

Las edificaciones de piedra se realizaban sin herramientas para cortar u otro tipo de maquinaria. En las canteras, se hacían surcos alrededor de los bloques con la ayuda de duras mazas de piedra; después, se introducían cuñas de madera en los huecos y se humedecían para hacer que la piedra se desprendiera de la roca por la presión. Todos los trabajos de ingeniería se basaban en la mano de obra, no en la maquinaria. Los pesados bloques de piedra se transportaban sobre yunques, y como no existían máquinas para subir y bajar las piedras, se colocaban en su lugar mediante la construcción de rampas. El transporte rodado no resultaba práctico, por las condiciones del terreno egipcio, y probablemente no se utilizó en ninguna situación destacable antes de la introducción de los carros de guerra, procedentes del extranjero, durante el Imperio Nuevo. Antes del período ptolemaico no se conocían instrumentos para extraer el agua del río, e incluso utensilios como un simple *shaduf* (*véase* pág. 10) para la irrigación no empezaron a fabricarse hasta el Imperio Nuevo. La tecnología agrícola se veía limitada por el alto coste de los metales, lo que impidió el desarrollo de herramientas para arar y cosechar.

LOS ARTESANOS EN LA SOCIEDAD EGIPCIA

La mayor parte de la producción artesanal iba dirigida a la elite social o a las instituciones oficiales y los templos, los únicos que podían sufragar el prolongado aprendizaje y el lento e intensivo trabajo que se requería. Los productos de mayor valor, como las estatuas o los objetos de oro, se realizaban sólo en los talleres del palacio o el templo. Los mejores artesanos se formaban desde la adolescencia en el propio palacio, como los hijos de los altos cargos del funcionariado. Estos maestros artesanos podían alcanzar un alto estatus, y los que trabajaban para la elite social o en los templos formaban una pequeña pero significativa clase media, mejor retribuida que el resto de los campesinos y artesanos.

LA SÁTIRA DE LOS OFICIOS

El famoso texto del Imperio Medio conocido como la *Sátira de los oficios* pretendía hacer ver a los escribas que la suya era la mejor de las profesiones. Al expresar defectos en los oficios, esta sátira revela detalles fascinantes de la vida de los artesanos.

«[El escriba] es [apenas] un niño, [pero] se le trata con respeto.

Se le envía para que realice misiones [oficiales] y antes de regresar se pone un traje.

Nunca he visto que a un escultor se le envíe a un viaje [oficial], ni tampoco a un forjador de oro.

He visto a un herrero del cobre en su taller, a la entrada de su forja.

Sus dedos son como garras de cocodrilo, y huele peor que una hueva de pescado.

Todos los carpinteros, al manejar la azuela, se esfuerzan más que los campesinos en el campo.

Su campo es la madera, y su azada, el hacha.

Su labor no tiene fin, y trabajan más de lo que sus brazos son capaces de soportar [...].

El joyero ha de perforar con cuidado cualquier tipo de piedra por dura que sea.

Completa la incrustación de un ojo; sus brazos están exhaustos y está cansado.

Se sienta a la puesta de sol, con sus rodillas y su espalda llenas de calambres [...].

El alfarero se encuentra bajo tierra, aunque pertenece al mundo de los vivos.

Remueve el barro más que un cerdo para poder fabricar sus vasijas.

Sus ropas están llenas de arcilla; su taparrabos, harapiento.

Su nariz respira directamente lo que sale de su horno.

Pisotea [el barro] con sus pies y él mismo se llena de él».

Esta cabeza dorada de halcón procedente de Hieracómpolis («ciudad del halcón»; véase pág. 69), centro de culto a Horus, es una bella muestra de la habilidad de los egipcios en el trabajo fino del metal. Los ojos son de una sola piedra de obsidiana, redondeada y pulida por los dos bordes. Dinastía VI, hacia 2350 a. C.

El siguiente listado de sueños se ha extraído del Papiro Chester Beatty III, que data del período ramésida (hacia 1305-1069 a. C.):

«Si un hombre se ve a sí mismo en un sueño matando a un buey con sus [propias] manos, es bueno: significa que logrará matar a su adversario.

»Comer [carne de] cocodrilo es bueno: significa actuar como un buen funcionario para su pueblo.

»Sumergirse en el río es bueno: significa purificar el alma de todos los demonios.

»Enterrar a un anciano es bueno: significa prosperidad.

»Trabajar la piedra en la propia casa es bueno: es fijar a un hombre en su casa.

»Verse la cara en un espejo es malo: significa una nueva esposa.

»Ir con sandalias blancas es malo: significa vagar por la tierra.

»Copular con una mujer es malo: significa ponerse de luto.

»Ser mordido por un perro es malo: significa que uno ha sido tocado por la magia.

»Si su cama arde en llamas, es malo: significa que la esposa va a abandonarlo».

Escarabeo de pasta de vidrio del período grecorromano, símbolo del sol naciente y del surgimiento de la vida y del renacimiento, que se utilizaba como amuleto.

LA MAGIA

La magia en Egipto consistía en la aplicación de los conocimientos metafísicos con fines prácticos y religiosos, pues se creía que se trataba de una creación divina para beneficio de la humanidad. Personificada por la diosa Heqa, era una de las principales manifestaciones del contacto entre el mundo humano y el divino. El conocimiento de la magia se encontraba en la misma categoría que el de los rituales, la mitología, la medicina y la literatura, y los magos, en la práctica, no se distinguían de los encargados de realizar los rituales, ni de los físicos. La magia era, simplemente, una categoría del conocimiento que se utilizaba como una ayuda en las relaciones entre el mundo material y el de los dioses.

Los rituales de magia más conocidos servían para alejar a los enemigos mediante el recitado de fórmulas mágicas (*véanse* págs. 144-145). Éstas incluían la destrucción de figuras de cera o de arcilla. Los rituales pretendían vencer o mantener alejado al enemigo cósmico Apep o Apofis y a los enemigos extranjeros o políticos del rey y del país, e incluso los privados tenían características similares. Algunas fórmulas grecoegipcias invocan a los dioses infernales y a los demonios para que se aparezcan en las pesadillas de alguien. Pero la magia también se utilizaba de forma benigna. Las pociones de amor se presentaban de forma no muy diferente a las prescripciones médicas, e incluían su correspondiente fórmula mágica. Al parecer, las recetas incluían ingredientes cuyo poder se creía que provenía de los principios de magia simpatética y de los juegos de palabras. Las palabras y los nombres se consideraban especialmente poderosos, así como las asociaciones de ideas de contenido simbólico o metafórico (*véanse* págs. 242-243).

La principal técnica utilizada en magia consistía en exigir, más que en rogar, la ayuda de los poderes divinos. En las fórmulas, el mago solía identificarse mediante el nombre con una deidad, a fin de que ésta le otorgase el poder; otra opción era que el mago amenazase al dios con cosas terribles si sus demandas no eran atendidas. El futuro se le podía consultar a una estatua dedicada al culto de un dios como si se tratase de un oráculo, o bien a través de la interpretación de los sueños. Existían calendarios con los días de buena y mala suerte marcados, a modo de guía para saber cómo actuar en cada momento, con explicaciones mitológicas de cada recomendación. Las evidencias del empleo de la astrología en otras formas de adivinación durante la época faraónica son, sin embargo, muy limitadas. Los sueños constituían un punto de contacto de los dioses con los seres humanos. La «incubación» o práctica consistente en dormir en el interior del recinto de un templo para experimentar un sueño profético inspirado por un dios no se conocía antes de la Baja Época, pero hay indicios de prácticas anteriores menos institucionalizadas.

Para protegerse utilizaban amuletos, que tenían que llevar consigo tanto los vivos como los muertos y que, según se creía, hacían que hubiese una diferencia real entre la suerte de las personas, más allá de los efectos de lo que podríamos llamar «encantamientos para la buena suerte». Este tipo de objetos ha sobrevivido en grandes cantidades en los monumentos funerarios, donde se han encontrado pequeños amuletos entre los tejidos con que se envolvía a las momias en forma de dioses y diosas, partes del cuerpo, animales, objetos con supuestos poderes especiales y símbolos mágicos. Los amuletos se fabricaban con una gran variedad de materiales, ya que su poder simbólico se atribuía tanto a la sustancia de la que se componía el objeto como a lo que representaba. Las fórmulas mágicas, siempre escritas en una hoja nueva de papiro, también se utilizaban como amuletos. Un grupo de textos de este tipo de la Baja Época, que apareció en la boca de un dios, prometía protección para el individuo en cuestión contra un gran número de peligros tanto físicos como sobrenaturales.

Las prácticas mágicas tenían que ver con cualquiera de los dioses y diosas del panteón egipcio, pero se acudía al más relacionado con el tipo de ayuda que se solicitaba. Entre las principales deidades, Isis era la que más se requería por su papel como protectora de su hijo Horus, con quien a menudo se identificaba la persona que pedía ayuda. Otra figura maternal que se solía invocar era la diosa Hathor; pero, de entre todos los dioses existentes, el más curioso es Bes, el enano bailarín, cuyo horrible aspecto personifica la mezcla de terror y bondad propias del mundo sobrenatural.

Figurilla de fayenza del período ptolemaico que representa al dios enano Bes, representante de las fuerzas destructivas, desenterradas a través del poder de la danza, la música y la alegría. Se trataba de una deidad doméstica muy popular que se asociaba con la procreación, el parto y la protección de los recién nacidos.

UN ENSALMO CONTRA LOS COCODRILOS

El cocodrilo del Nilo se veneraba por su extraordinaria fuerza y poder, pero para los barqueros y otras muchas personas esta criatura era una de las más peligrosas del río. El Papiro Mágico Harris, en la actualidad en el British Museum, contiene una fórmula mágica para protegerse de este animal:

«La primera fórmula de todas las canciones acuáticas, acerca de la cual el mago ha dicho: "¡No se la reveléis a cualquiera! Es un secreto de la Casa de la Vida [es decir, de los hombres cultos de los templos]".

»"Oh, huevo de agua y saliva de la tierra –las cáscaras de huevo de la Ogdóada de los Dioses– grande en el cielo, grande en el más allá [...], que es principal en la Isla de los Cuchillos, es contigo con quien he escapado del agua. Emergeré contigo de tu guarida. Soy Min [un dios relacionado con el rejuvenecimiento] de Coptos [...]".

»Este ensalmo se pronuncia sobre un huevo de arcilla que se coloca en la mano de un hombre en la proa de un barco. Si algo emerge de la superficie del agua, se sumergirá de nuevo».

Otro modo más de mantener alejados a los cocodrilos consistía en apuntarlos con los dedos índice y meñique de una mano (*véase* pág. 156).

El rey Sesostris I (hacia 1971-1928 a. C.) ante el dios Amón, que aparece representado bajo la forma de Min (izquierda), el dios con falo prominente que se invocaba en los ensalmos contra los cocodrilos y que solía asociarse con la fertilidad y la juventud. Pabellón para la celebración del festival sed (jubileo) en Karnak, en Tebas Oeste.

LA CANCIÓN DEL REY INYOTEF

Este poema lírico, recogido durante el Imperio Nuevo y conocido como Gran Papiro Harris, se cantó en los funerales de uno de los reyes llamados Inyotef de la Dinastía XI o XVII. Es uno de los pocos ejemplos de escepticismo religioso que ha llegado hasta nuestros días:

> «Una canción que se encuentra en la capilla de Inyotef, autorizada, que se halla delante del cantante que lleva el arpa.
> Es floreciente, este príncipe.
> Dios es el destino; es bueno perecer.
> Una generación pasa, otra
> ocupa su lugar, desde los tiempos de los ancestros.
> Los dioses que vivieron antes descansan en sus pirámides.
> Los muertos transformados también están enterrados en sus pirámides.
> Los constructores de las capillas, sus hogares ya no existen.
> ¿Qué se ha hecho de ellos?
> He oído las palabras de Imhotep y Hordyedef.
> Sus dichos aparecen citados en todas partes.
> ¿Dónde están sus hogares?
> Sus muros están abandonados.
> Sus hogares ya no existen, como si no hubieran vivido nunca.
> Nadie regresa de allá,
> que pueda hablar sobre su estado,
> que pueda hablar sobre sus cosas,
> que pueda calmar nuestros corazones,
> hasta que vayamos al lugar donde ellos han ido.

> [Estribillo:]
> Pásalo bien. No te canses de hacerlo.
> Mira, no hay nadie que se haya podido llevar sus propiedades con él.
> Mira, no hay nadie que se haya ido y que haya regresado de nuevo».

LA LITERATURA Y LA MÚSICA

Las obras literarias egipcias se componían para ser recitadas y representadas, y no para su lectura individual. La literatura clásica se componía de versos breves, en general pareados, que poseían una cadencia rítmica que podía variar entre las formas típicamente retóricas de la poesía narrativa y un estilo que daba mayor importancia a la métrica. A pesar de que el sistema egipcio de escritura no representaba las vocales, parece evidente que el sonido de las palabras era importante para reconocer el mérito literario. El acento prosódico recaía sobre el inicio de las palabras y los versos, más que en el final de los mismos, por lo que eran las aliteraciones y las homofonías las que dotaban de ritmo a las composiciones; la rima probablemente no se utilizaba, pero el ritmo de cada verso o pareado se marcaba a través de la similitud o del contraste entre el significado de cada par de enunciados.

Más importantes eran las combinaciones entre sonidos de palabras para enfatizar su significado. Como figura literaria, el equívoco o juego de palabras trascendía el ingenio verbal y representaba conceptos más profundos. La similitud entre sonidos servía para representar una gran variedad de significados. Tales juegos de palabras eran esenciales para llevar a cabo rituales o magia y para la práctica de la medicina, ya que aportaban el tipo de asociación de ideas que otorgaba fuerza a la acción. Por ejemplo, en un papiro sobre medicina la cura de una herida incluía miel (*véase* pág. 97), ya que la palabra egipcia para curar una herida era *ndm*, que significaba «ponerse bien», pero también «ser dulce». Este tipo de asociaciones metafóricas constituía el núcleo del conocimiento egipcio del mundo y de su habilidad para controlarlo. Las palabras y los nombres tenían el poder de dotar de significado la realidad y de hacerla accesible; además, su empleo proporcionaba placer. Tanto los datos autobiográficos de las tumbas como las inscripciones reales se dirigían a un público. Ambas tenían su origen en los recitados de plegarias

Hombres y mujeres cantando, tocando instrumentos musicales y danzando en un relieve en piedra caliza coloreado procedente de la tumba de Nenjefetka, en Saqqara. Los músicos tocan el arpa, la flauta y un instrumento hecho con juncos. Imperio Antiguo, Dinastía V, hacia 2400 a. C.

Un grupo de bailarinas tocan la pandereta y las tablillas de entrechoque antes de una procesión funeraria en este relieve en piedra caliza de Saqqara, Imperio Nuevo, Dinastía XIX, hacia 1250 a. C.

que se realizaban ante una audiencia, en honor de una persona en concreto, o del rey. Por otra parte, nos ha llegado un buen número de narraciones que se recitaban como entretenimiento y que se basaban en la mitología o en historias relacionadas con un rey o su corte. Los llamados «aleccionamientos», en los que un padre ilustra a su hijo o un sabio lamenta la situación del país, presentan temas que podrían englobarse dentro de los textos filosóficos de contenido didáctico.

No hay evidencias de que el recitado de obras narrativas tuviese algún tipo de acompañamiento musical, lo cual podría significar que no lo había. Sin embargo, existían formas de literatura ligadas a la música: un gran número de composiciones como la poesía amatoria, los himnos a los dioses, las plegarias en verso y las canciones de trabajo, que podían interpretarse con o sin acompañamiento musical.

Aunque nuestros conocimientos técnicos sobre la música egipcia son muy limitados, las representaciones pictóricas de músicos eran muy frecuentes. Para acompañar los rituales y las plegarias dedicadas a los dioses, así como los festivales y las procesiones, se utilizaba todo tipo de música. En general, en las representaciones suele aparecer un arpista tocando para el dueño de la tumba o en los funerales del mismo, y sus composiciones suelen hacer referencia a la relación entre esta vida y la del más allá. El arpa era el instrumento que acompañaba habitualmente a cierto tipo de recitados, aunque lo más frecuente es que aparezcan grupos de músicos tocando junto a bailarines. Los principales instrumentos eran los de cuerda y los de viento: arpas de diferentes tamaños, laúdes, flautas y oboes, así como, ya dentro de los instrumentos de percusión, panderetas, bombos y sistros. La trompeta se empezó a utilizar en contextos militares en el Imperio Nuevo, y los instrumentos de metal no solían formar parte de los conjuntos habituales.

Los conocimientos musicales no se incluían en la formación de los egipcios cultos, aunque en el Imperio Nuevo eran muy habituales entre las mujeres de clase alta, y tenían relación con un culto divino en el que la mujer desempeñaba el papel de «cantante» del dios local. Lo poco que sabemos de los músicos y de los bailarines implica que los artistas que aparecen en las tumbas y en las escenas de los templos eran profesionales iletrados, y que los músicos contaban con un estatus muy inferior al que poseía el conocimiento de la escritura con fines estéticos.

Segunda parte

CREENCIAS Y RITUALES

Avenida de las esfinges con cabeza de carnero, en el templo del dios Amón en Karnak, en Tebas Oeste. Amón, una de las principales deidades egipcias, se representaba con frecuencia con cuerpo humano y cabeza de carnero, o todo él con la forma de este animal, que se asociaba con la fuerza y la fertilidad.

CAPÍTULO 8: EL SEÑOR DE LAS DOS TIERRAS 106

CAPÍTULO 9: EL REINO CELESTIAL 114

CAPÍTULO 10: EL CULTO A LOS MUERTOS 132

CAPÍTULO 11: LOS RITUALES 148

PÁGINA ANTERIOR: *Osiris, con quien, según se creía, el faraón se asimilaba tras su muerte, en su trono de dios del más allá. Lleva una corona de plumas (atef) y los emblemas de la realeza, el* heqat *o cayado y el flagelo. Copia de una ilustración de un papiro del Imperio Nuevo.*

● CAPÍTULO 8

EL SEÑOR DE LAS DOS TIERRAS

El rey o faraón, un monarca absoluto que controlaba todas las funciones del Estado, desde la recaudación de los impuestos y la administración de la justicia hasta el mando del ejército en las guerras, presidía la tierra y el pueblo de Egipto. No obstante, al contrario que otros gobernantes, el rey –o más raramente, la reina– no era simplemente el jefe del Estado, sino también un elemento esencial del universo egipcio, ya que compartía la divinidad que emanaba de su poder en la tierra con los otros dioses. Para los egipcios, sin el faraón, el mundo permanecería en un estado de caos permanente que supondría una amenaza para la existencia del universo.

Orígenes de la monarquía 106

El dios que reinaba sobre la tierra 108

El faraón después de la muerte 110

¿Humano o divino? 112

SUPERIOR: *Relieve coloreado procedente de Deir el-Bahari, en Tebas Oeste, que representa al rey Tutmosis III (hacia 1490-1436 a. C.) portando la corona atef de Osiris (véase pág. 109), dios con el que el faraón se identificaba tras su muerte (véase pág. 108).*

ORÍGENES DE LA MONARQUÍA

La monarquía en el antiguo Egipto constituía un elemento esencial para el buen funcionamiento tanto del Estado como del universo. El faraón en funciones era el vínculo entre el mundo de los dioses y el de los seres humanos (*véase* pág. 108), y como figura central del Estado egipcio su poder era el de una divinidad. Si bien conceptos de monarquía como éste quedaron reflejados durante el período histórico egipcio en numerosos textos y en las inscripciones que decoraban las tumbas y los templos, algunos otros elementos aparecieron ya de forma clara mucho antes. Es posible trazar el desarrollo de la iconografía propia de la tradición faraónica de Egipto y las regiones circundantes acudiendo a fuentes que datan del período dinástico o incluso de antes, cuando Egipto estaba gobernado por reyes locales o cabecillas, mucho antes de la unificación del país hacia 3100 a. C. (*véanse* págs. 22-23).

En el Alto Egipto, según los restos encontrados, parece claro que hubo cierta continuidad entre, por una parte, los asentamientos predinásticos antiguos (badarienses) y posteriores (Nagada), cuando la iconografía relacionada con la monarquía empezó a ser más frecuente, y, por otra, los del período dinástico. Aunque existieron asentamientos en el norte y en el sur, la cultura de ambos era muy distinta, y es posible que fuese en esas diferencias donde residían las raíces que dieron lugar a los dos reinos en los que se dividía el Egipto faraónico.

Sin embargo, los primeros investigadores tendían a pensar que la cultura protodinástica emergió, en un primer desarrollo, poco antes de 3100 a. C., y atribuían esto al impacto directo o indirecto de las culturas de los pueblos circundantes. Tradicionalmente se creía que Mesopotamia –y posteriormente también Nubia– había sido la principal fuente de influencia: la primera, a causa de ciertos motivos decorativos y por su temprana tradición arquitectónica de carácter monumental y su empleo de la escritura; la segunda, por la presencia de lo que parecía una iconografía de la realeza propia de los egipcios en diversos objetos descubiertos en Nubia (aunque estos materiales procedían en su origen de Egipto). Los recientes hallazgos arqueológicos indican la existencia de otros asentamientos anteriores en muchos más lugares de Egipto de lo que se pensaba, una información que ha permitido presentar nuevas teorías sobre los orígenes de la monarquía.

Cabeza de una colosal estatua de Rameses II (hacia 1289-1224 a. C.) situada en el templo de Luxor, en Tebas Este. El rey promovió el culto al faraón como divinidad erigiendo un gran número de estatuas con su imagen deificada por todo el país (véase pág. 113).

Cabeza de piedra caliza coloreada perteneciente a Nebhepetre Mentuhotep II (hacia 2061-2010 a. C.), el rey tebano que unificó Egipto al final del Primer Período Intermedio, con la corona blanca del Alto Egipto. Los egipcios creían que su país se componía de dos reinos (Alto y Bajo Egipto) que se habían unificado bajo el reinado de Menes (véase pág. 23). Los reyes acostumbraban a representarse portando, o bien la Corona Roja del Bajo Egipto (compárese esta ilustración con la de la pág. 26), o bien la Corona Blanca, o bien el Pschent (véase pág. 108), que era una combinación de ambas. (Véase también pág. 109.)

La unidad cultural y política al parecer existía ya a comienzos del cuarto milenio a. C. Un elemento típico de la iconografía relacionada con la realeza, la corona roja, aparece ya en los primeros años del período predinástico (Nagada I, hacia 3800-3600 a. C.): un altorrelieve en un jarro procedente de Nagada muestra claramente a una figura portando esta corona. Otras imágenes características se desarrollaron en los siguientes períodos predinásticos (Nagada II y III). En Hieracómpolis (*véase* pág. 69), la que probablemente fuera la tumba de uno de los monarcas predinásticos contenía una escena en la que un hombre golpeaba a tres figuras más pequeñas. La «escena de triunfo» era un símbolo de sometimiento al rey que perduró durante toda la historia de Egipto (*véanse* págs. 23 y 155).

Las fases de Nagada también supusieron los primeros pasos hacia un Estado egipcio organizado. Durante Nagada I, había pequeños dominios en diversas regiones, cada uno de los cuales era gobernado por un jefe. De estas primitivas unidades políticas emergieron los conceptos de monarquía y gobierno que evolucionaron en Nagada II y III y que llegaron a un alto grado de desarrollo al convertirse Egipto en un solo Estado gobernado por un rey, justo antes de la Dinastía I.

El rey Tutmosis III (que gobernó hacia 1490-1436 a. C.) aparece retratado en esta estatua de granito que lleva el Pschent o Doble Corona como símbolo de su poder sobre las «Dos Tierras» (véase ilustración, pág. sig.). La corona está adornada con una cobra levantada, el ureo, que representaba al faraón como protector de todo el reino. Otro atributo típico del rey era la barba postiza cuidadosamente trenzada, que se consideraba propia de los dioses, por lo que indicaba el estatus divino del faraón. Las pocas mujeres que gobernaron Egipto, y en especial la antecesora de Tutmosis III, la reina Hatshepsut (véase pág. 89), también llevaban la barba postiza.

EL DIOS QUE REINABA SOBRE LA TIERRA

Como la mayoría de los monarcas, el faraón ocupaba la posición principal en lo más alto de la jerarquía política y social. Sin embargo, en Egipto el rey era más que un simple jefe de Estado, pues se trataba de un elemento esencial dentro del universo egipcio. Su posición privilegiada en el mundo de los dioses, los hombres y los espíritus de los muertos (*ajs*) era necesaria para mantener la *maat*, es decir, el orden divino. Los egipcios pensaban que, sin el faraón, en el cosmos reinaría la confusión y el mundo se convertiría en un caos. El rey tenía un papel activo en la mitología relacionada con la monarquía, ya que era el representante en la tierra del dios Horus, hijo de Osiris. Su título de *Sa-Re* («hijo de Re»), cuya primera aparición se remonta a la Dinastía IV (*véase* pág. 173), indica claramente que el monarca se consideraba descendiente del dios Sol. Un faraón adquiría el estatus de dios después de su coronación. Los mitos relacionados con la monarquía, en especial los que hablan de Osiris y de su familia –algunas partes de los cuales se explican en el relato del Imperio Nuevo conocido como *La disputa entre Horus y Set* (*véase* pág. 22)– provienen de los primeros tiempos de Egipto y pervivieron a lo largo de toda su historia.

Como gobernante en la tierra, el faraón controlaba la burocracia del Estado y las acciones judiciales. Como figura religiosa, era el líder teológico del país, y las inscripciones e imágenes lo mostraban como el jefe que oficiaba todos los rituales dedicados a los dioses, aunque en realidad eran los sacerdotes de los templos los que asumían este papel en la vida real (*véanse* págs. 150-151).

El rol militar del faraón como comandante en jefe y principal supervisor de todas las operaciones militares aparece bien documentado en textos e imágenes procedentes de todos los períodos de la historia egipcia. De acuerdo con tales hallazgos, en las frecuentes batallas en las que tomaba parte el rey siempre salía victorioso. Los dioses autorizaban al faraón que luchase en su nombre, de modo

El rey Rameses III (hacia 1184-1153 a. C.) con la vestimenta de lino de los grandes sacerdotes (derecha) ante las deidades de Heliópolis: Re-Haractes (una de las formas del dios Sol), Atón, Iusaas y Hathor Nebthetepet. La escena está extraída del Gran Papiro Harris (el más largo de todos cuantos se han encontrado), que registra las donaciones al templo de Rameses III (véase también pág. 67).

que eran ellos quienes le otorgaban el éxito y gracias a su ayuda la victoria estaba garantizada. Las bajas y las derrotas sufridas por los egipcios no se consignaban en la propaganda oficial, que se convertía así en una importante herramienta para el mantenimiento de la *maat* y del poder absoluto del faraón.

De hecho, fueron muchos los reyes que tomaron un papel activo en los combates, a la cabeza de sus tropas, y algunos incluso murieron en plena batalla, como Seqenenre Taa, cuya momia presenta las marcas de las múltiples heridas que sufrió en el cráneo cuando luchaba contra los hicsos del Delta hacia 1543 a. C. (*véase* pág. 31). Otros reyes estuvieron muy cerca de sufrir una derrota, como por ejemplo Rameses II (hacia 1289-1224 a. C.), que en el quinto año de su largo reinado tomó parte en una batalla de resultado bastante cuestionable contra los ejércitos del Imperio hitita en Qadesh, Siria. En las monumentales inscripciones y relieves de los templos de Abido, Tebas y Abu Simbel, Rameses II, tal como era previsible, transformó esta confrontación en una gloriosa victoria, en la que el propio faraón en solitario logró abrir una brecha en el ejército hitita, que tenía totalmente acorraladas a las fuerzas egipcias. En realidad, es probable que fuese la intervención de un ejército de relevo la que evitó la derrota del joven faraón.

Para referirse al rey, los egipcios utilizaban un gran número de términos diferentes, algunos de los cuales se referían a él personalmente, mientras que otros lo hacían de forma indirecta. La palabra *nsw*, que se podría traducir como «rey», se utilizaba para describir al faraón y sus poderes administrativos, judiciales y de otra índole, mientras que *ḥm* indicaba su presencia física. El título de «faraón» proviene de la expresión egipcia *per aa*, que significaba «gran casa» y que en su origen hacía referencia al palacio real. Sin embargo, desde finales del Imperio Nuevo empezó a emplearse para designar al propio soberano.

Coronas y tocados utilizados más comúnmente por los faraones egipcios. ILUSTRACIÓN PRINCIPAL: *El* nemes *de rayas azules y doradas se llevó en casi todos los períodos, aunque se asocia particularmente a los reyes del Imperio Medio. El tocado constaba de dos trozos de tela que colgaban sobre los hombros y que se sujetaban a la espalda en una trenza.* SUPERIOR, DE IZQUIERDA A DERECHA: *La Corona Blanca o Jedyet, que simbolizaba el Alto Egipto; la Corona Roja o Desheret del Bajo Egipto; la Corona Roja y Blanca o Pschent, que representaba las «Dos Tierras», el Alto y el Bajo Egipto.* INFERIOR, DE IZQUIERDA A DERECHA: *La corona de plumas Atef, que se llevaba en algunos rituales, a menudo acompañada de unos cuernos de carnero (véase ilustración, pág. 106) y relacionada con el dios Osiris; la Corona Azul o Jepresh, también conocida como «Corona de guerra», que solían llevar los faraones de la Dinastía XVIII y que se asociaba con el dios Sol; y el Jat, una variante del Nemes.*

Parte de una estatua de granito de hacia 1250 a. C. que muestra a Rameses II en su forma «osírica», es decir, con las características del dios Osiris: lleva las manos cruzadas sobre el pecho como una momia y sujeta en las manos el heqat o cayado y el flagelo, dos de los atributos del faraón. Los reyes acostumbraban a enterrarse en esta postura.

Restos del «Rameseo», el templo funerario de Rameses II en Tebas Oeste. Los griegos lo llamaron equivocadamente «la tumba de Osymandias», un nombre que deriva del praenomen de Rameses (véase pág. 113), Usermaatre. El faraón, sin embargo, estaba enterrado en el Valle de los Reyes.

EL FARAÓN DESPUÉS DE LA MUERTE

No todos los egiptólogos están de acuerdo acerca de la naturaleza de la divinidad del faraón mientras éste estaba vivo (*véanse* págs. 112-113), aunque sí existe una total unanimidad respecto a su estatus divino tras su muerte. La mayoría de los hallazgos arqueológicos relacionados con la monarquía se centran en los restos materiales relativos a la preocupación de los faraones por asegurar su existencia eterna como dioses. Los primeros monarcas instauraron la tradición de construir un complejo funerario que les asegurase la inmortalidad, y con el paso de las generaciones este tipo de complejos crecieron hasta alcanzar proporciones monumentales (*véanse* págs. 168-191 y 210-211). Las tumbas y los templos funerarios (*véanse* págs. 136-137), claro testimonio del poder y el estatus del faraón, eran el lugar de reposo eterno del gobernante muerto (que, según se creía, al morir se convertía en un dios), además de un elemento esencial para su deificación.

Las fuentes con las que contamos para conocer la naturaleza de la divinidad del faraón muerto son los textos y las escenas que decoran las paredes de las tumbas reales y los templos funerarios. Los *Textos de las Pirámides*, las inscripciones funerarias más antiguas de las que se tiene noticia, se grabaron en los muros de la cámara y la antecámara funerarias de la pirámide del rey Onos, de la Dinastía V (*véase* pág. 188). Los faraones posteriores modificaron este material, que durante el Imperio Nuevo y las épocas siguientes tomó la forma de libro con ilustraciones detalladas del más allá (*véanse* págs. 136-137).

Todas estas fuentes tienen en común el concepto de que el faraón, tras su muerte, había trascendido su existencia terrenal: «¡Elévate por ti mismo, oh rey! Tú no has muerto» es la instrucción que se le da en los *Textos de las Pirámides* al recién transformado rey. Algunas fórmulas funerarias de estos textos especifican las diferentes divinidades con las que se identifica y se relaciona el rey, como por ejemplo: «Yo soy Horus», o «Yo soy Sobek». También se referían al faraón como el hijo de un dios, como en una petición dirigida al dios Sol, Re: «El rey es tu hijo», que aparece asimismo en la obra posterior *Letanía de Re*. Algunas fórmulas asocian partes del cuerpo del rey con diversas deidades, y en varios casos se especifican sus diferentes funciones. Así, podía ser el Señor de los Truenos que cruzaban el cielo como sucesor de Re (*Letanía de Re*) o la cabeza del cielo (*Textos de las Pirámides*), la única que puede dar órdenes. Otros pasajes dictan cuál ha de ser su comportamiento, instándolo a conceder honores y a realizar ofrendas.

Tanto en los textos funerarios más antiguos como en los posteriores, los dioses que más se mencionan son Re y Osiris. La *Letanía de Re* y los *Textos de las Pirámides* afirman que el rey estaba destinado al trono, por lo que podía sentarse en él como Osiris, el legendario primer rey en la tierra, asumiendo todo el poder. En algunos pasajes, la identificación del rey con la divinidad se menciona directamente, como en las frases «El rey es Osiris en un torbellino» o «El rey Osiris Menmaat-Re [Setos I] es Re [y viceversa]», ambas extraídas de la *Letanía de Re*.

Refiriéndose al faraón muerto como «el rey Osiris So-y-So», los textos indican su transformación en el dios Osiris, que había renacido como rey en el más allá y era el poder divino asociado con la fertilidad de la tierra y los ciclos eternos de la vida y el crecimiento.

El faraón fallecido se identificaba asimismo con Re, la deidad suprema que nacía cada mañana y moría al anochecer. La identificación del rey con las deidades supremas de la Tierra y el Sol en el panteón egipcio sugiere que el rey, tras su muerte, pasaba a personificar la dualidad que caracterizaba el universo egipcio en la antigüedad. El gobernante deificado representaba la continua regeneración (como Osiris) y el ciclo diario del renacimiento (como Re). En su concepto de cosmos, los antiguos egipcios se habían habituado a que cada una de sus divinidades poseyera un gran número de asociaciones y roles diferentes, por lo que era natural que el faraón deificado tuviese esos mismos atributos.

EL PODER DEL FARAÓN TRAS SU MUERTE

Los complejos funerarios construidos para los faraones eran proyectos de gran envergadura que tardaban décadas en concluirse y que requerían inversiones a largo término para asegurar la continuación del culto al rey muerto (*véanse* págs. 140-141) y garantizar así su divinidad eternamente. Una inversión a tal escala implicaba una gran fe y determinación, lo que sugiere que los egipcios creían firmemente en el poder del faraón en la tierra y en su potencial como dios en el más allá.

Aun así, tal vez esta creencia no fue tan firme y extendida como cabría pensar. Si bien los complejos funerarios sobrevivieron durante largo tiempo, permitiendo el culto al faraón fallecido durante muchos años, en cambio las tumbas reales no gozaron de la misma suerte. Todas fueron víctimas de los robos, y las confesiones de los ladrones registradas en los papiros oficiales ponen en cuestión la profundidad de la creencia en el poder del faraón fallecido y deificado. Los delincuentes de finales del período ramésida (hacia 1120 a. C.) testificaron el hurto de objetos procedentes de las tumbas, el saqueo de metales preciosos de las arcas y momias y la destrucción de los cadáveres (*véase* pág. 196). Esta actitud sugiere que una parte de la población temía poco las consecuencias de sus actos en este mundo o en la otra vida.

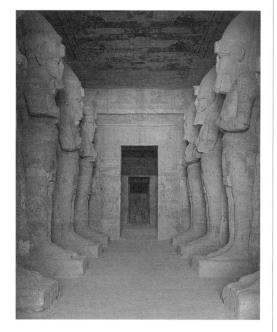

Interior del templo de Rameses II en Abu Simbel, en la Baja Nubia, dedicado a sí mismo como dios y a los grandes dioses Re-Haractes, Amón-Re y Ptah. Los pilares tienen la forma de enormes estatuas del rey como dios Osiris.

¿HUMANO O DIVINO?

Fragmento de un relieve extraído del complejo funerario del rey Onos (hacia 2345 a. C.), de la Dinastía V, en el que aparece una diosa dándole el pecho al faraón. El concepto de divinidad del rey en Egipto podría derivar de los cultos dedicados a la realeza durante el Imperio Antiguo, que asociaban la figura del gobernante con los dioses.

La divinidad del faraón muerto aparece de forma clara en los cultos populares que proliferaron al final del Imperio Nuevo, cuando se empezaron a encargar estelas votivas particulares con imágenes de gobernantes fallecidos como Amenhotep I (*véase* pág. 153), con la esperanza de que las plegarias y ofrendas dedicadas al finado les procurasen beneficios. La práctica de la elite de situar sus propias tumbas cerca de la pirámide del faraón a quien habían servido, o en cuyo culto habían tomado parte, indica el gran respeto por el faraón muerto. Pero no todos honraban su memoria; algunas personas robaban el contenido de las tumbas reales (*véanse* págs. 111 y 196), dibujaban caricaturas del rey e incluso se burlaban de él en textos escritos, en uno de los cuales se refieren al faraón como «el viejo general».

El modo en que la gente veía al faraón reinante varió mucho durante los distintos períodos y entre las diferentes clases sociales. Dos elementos distintivos aunque inextricables fueron constantes: el gobernante (el rey) y su institución (la monarquía). En su centro de poder, el rey se consideraba una presencia inmortal y divina, un elemento fijo del cosmos. Cada rey se acababa identificando con la institución que representaba, que por extensión se convertía también en inmortal. Aunque la imagen «oficial» del faraón era vital tanto desde un punto de vista religioso como sociopolítico, la gente seguía viendo una gran diferencia entre los reyes y los dioses. A los gobernantes a menudo se les atribuían características sobrehumanas, pero éstas se consideraban un regalo de los dioses. Los reyes no poseían una naturaleza omnisciente, pero con frecuencia se apoderaban del conocimiento de otros. En textos populares, esculturas, *grafitti* y cartas de la época aparecían bromas sobre las debilidades o las flaquezas del rey que enfatizaban su aspecto humano e incluso llegaban, como hemos visto, a ridiculizarlo.

El templo de Abu Simbel, construido en el vigésimo cuarto año del reinado de Rameses II. El monumento tenía la intención, en primer lugar, de impresionar a la población nubia que habitaba al sur de la frontera con Egipto mostrándole el tremendo poder y la divinidad del faraón y de los dioses de su país.

LA DECLARACIÓN DE DIVINIDAD

Los antiguos egipcios expresaban su piedad a través de una gran variedad de cultos. Mientras que las estelas votivas que mostraban al rey muerto deificado solían costearlas particulares (*véase* texto principal), otros de estos cultos se originaban por iniciativa real. El concepto de divinidad asociada al gobernante probablemente tenía su origen en los cultos oficiales al faraón que se iniciaron en el Imperio Antiguo. Sin embargo, el culto al faraón vivo como dios no apareció de forma explícita hasta los reinados de los monarcas que restablecieron la unidad nacional después del caos de los dos primeros Períodos Intermedios. El rey, entonces, empezó a poner énfasis en su divinidad afirmando su nacimiento divino y su relación de parentesco con los dioses y el universo.

En el Imperio Nuevo, el culto al faraón en vida se convirtió en algo habitual. Amenhotep III (hacia 1402-1364 a. C.) estableció cultos y erigió estatuas del rey vivo en templos situados en su mayoría en áreas fronterizas. Las inscripciones de Luxor hacen hincapié en su nacimiento divino, un concepto llevado al extremo por su hijo Ajenatón. Rameses II (hacia 1289-1224 a. C.) también incitó a sus súbditos a honrarlo como un dios erigiendo numerosas estatuas de sí mismo deificado en los templos que construyó a lo largo y ancho del país y en su ciudad de residencia, Pi-Rameses, en el Delta.

Ningún monarca erigió tantos monumentos en los que se hiciera alusión a su divinidad como Rameses II. En este relieve procedente del Rameseo, su templo funerario en Tebas Oeste (véase también ilustración, pág. 110), aparece representado como el dios Amón-Re, que es atendido por una diosa.

La asociación del rey con la divinidad venía corroborada por sus títulos. Desde el Imperio Nuevo en adelante, el faraón utilizaba un conjunto de cinco nombres, títulos y epítetos, y la práctica de introducir los nombres de los reyes en un cartucho de forma ovalada se inició con el fundador de la Dinastía IV, Esnofru, hacia 2613 a. C. Cuando accedía al trono, el rey recibía cuatro nombres, de los cuales, el «nombre de Horus», el «nombre de las Dos Señoras» (o «nombre *nebty*») y el «nombre del Horus de Oro» incidían en su naturaleza divina, mientras que el nombre del trono o *praenomen*, «Rey del Alto y del Bajo Egipto» (*nswt bity* o «El de la Caña y la Abeja», emblemas del Alto y del Bajo Egipto), aludía al título oficial del gobernante. El único nombre que el faraón recibía al nacer, el *nomen*, era el último de la secuencia de cinco títulos reales, tras el epíteto que lo precedía, y a menudo se conocía como el nombre Sa-Re («hijo de Re»). Esta designación es una referencia al nacimiento divino del faraón y a su relación con el dios Sol. El nombre de Horus con frecuencia se escribía en el interior de un *serej*, un panel rectangular con la forma de la fachada del palacio y un halcón Horus sobre él.

CAPÍTULO 9

EL REINO CELESTIAL

Según Heródoto, los egipcios eran «excesivamente religiosos, por encima de cualquier otra nación del mundo». La religión egipcia no era un sistema de creencias como lo sería hoy el cristianismo o el islam, con un solo dios y una serie de principios fundamentales sobre el origen y el funcionamiento del cosmos.

Entre los aspectos más destacables de la religión egipcia se encuentra el gran número de dioses y diosas que poseían, cada uno de ellos con diversos atributos, y su buena disposición para aceptar la validez de relatos cosmológicos diversos e incluso contradictorios entre sí.

▲

El cosmos de los egipcios 114

Los dominios del cielo 116

El ciclo solar 118

«Antes de las Dos Cosas» 120

Lo uno y lo múltiple 122

La palabra de Dios 124

Amón el Escondido 126

La herejía de Ajenatón 128

El ámbito humano 130

SUPERIOR: *Imagen del dios Osiris de la Dinastía XVIII, el cabeza de familia del panteón de los dioses egipcios que desempeñaba un papel fundamental en la religión y la mitología de esta civilización. Tumba de Senedyem, Tebas Oeste (Imperio Nuevo, Dinastía XX, hacia 1140 a. C.).*

EL COSMOS DE LOS EGIPCIOS

Observando el cielo sin telescopio alguno, los egipcios no veían más que un fondo uniforme de color azul durante el día y negro durante la noche, las mismas características que observaban en el río Nilo. Como consecuencia de ello, su conclusión fue que el cielo, como el Nilo, se componía de agua. Las aguas celestiales se encontraban alrededor de la Tierra y se extendían en todas las direcciones hasta el infinito. El mundo no era más que un vacío en medio de ese mar infinito, con la única ayuda de la atmósfera para evitar que el océano celeste se precipitara sobre la tierra, como si se tratase de un balón inflado.

Toda la vida existente se encontraba en el interior de esta burbuja cósmica, pues las aguas, en sí mismas, estaban desprovistas de toda vida. Durante el día, el sol ascendía atravesando la superficie de ese océano celestial, animando a todos los seres que habitaban en la tierra situada debajo; más tarde, tras el ocaso, cuando las estrellas salían, el sol descendía hasta una región denominada «Duat». Puesto que los egipcios se habían dado cuenta de que el sol se componía, de alguna manera, de fuego (fuente de luz y de calor), creían que permanecía dentro del vacío cósmico, pero en un lugar no visible desde la tierra. Pensaban que el Duat se hallaba bajo la superficie terrestre y que era el equivalente del cielo y la atmósfera en el mundo conocido. En la cosmología egipcia, de hecho, el mundo consistía, tal como se narra en los textos antiguos, de «cielo, tierra y Duat».

Esta concepción del cosmos se refleja asimismo en muchas imágenes de los templos, las tumbas, los papiros y los sarcófagos. Sin embargo, la ilustración en la que aparece de forma más clara quizá sea la encontrada en los techos de dos monumentos ramésidas: el cenotafio de Setos I (hacia 1305-1289 a. C.), en Abido; y la tumba de Rameses IV (hacia 1153-1146 a. C.), en el Valle de los Reyes, en Tebas Oeste. Estos techos no destacan tanto por sus imágenes (que pueden encontrarse en otros muchos lugares) como por los textos que las acompañan, que fueron motivo de análisis y comentario en dos papiros del siglo II d. C, unos quinientos años después de que fueran escritos los originales ramésidas. La escena muestra la superficie del cielo (la diosa Nut, «la acuosa») suspendida sobre la tierra (el dios Gueb) por la atmósfera (el dios Shu, «seco» o «vacío»), mientras que el Sol aparece retratado en varios puntos a lo largo del cuerpo de Nut, en representación de su

*Nuestro zodíaco moderno procede de la visión del cielo nocturno de los antiguos egipcios. La representación mejor conservada del mismo se encuentra en el techo de la pequeña capilla (*naos*) del templo de Hathor en Dandara (*véase izquierda*). Período Ptolemaico, 323-330 a. C. (Véanse también págs. 120-121.)*

ciclo diario. El texto que se encuentra encima describe tanto el universo situado más allá del vacío cósmico como la estructura del propio cosmos: «La parte superior de este cielo se encuentra en una oscuridad uniforme, los límites de la cual [...] son desconocidos; éstos se hallaban en las aguas, sin vida. No hay luz [...] no hay resplandor alguno. Y como en cualquier lugar que no es ni el cielo ni la tierra, en su totalidad se hallan cubiertos por el Duat». En cualquiera de los textos que rodean la escena se habla del Duat como lo que reside en el interior del cuerpo de Nut, el cielo, lo que refleja la concepción del cielo como lugar en el que «nace» el sol cada mañana. En el pensamiento egipcio, estas imágenes son complementarias, no contradictorias. El concepto del mundo como un vacío cósmico situado en el interior de un océano universal continuó vigente y prácticamente sin cambios durante los tres mil años de historia del Egipto antiguo.

La imagen egipcia del cosmos, por lo general, se representaba utilizando los equivalentes mitológicos de cada uno de sus elementos: Nut estirada sobre el cuerpo yacente de Gueb, con Shu entre ambos (*véase* ilustración, pág. 126). Sin embargo, el concepto del universo aparece también como un elemento habitual en la mayor parte de las pinturas y relieves. Tradicionalmente, los techos de las tumbas y los templos se decoraban con estrellas doradas sobre un fondo de color azul, mientras que los suelos se recubrían con basalto para evocar la fértil tierra negra de las riberas del Nilo, y las columnas que soportaban el techo se esculpían y se pintaban en forma de tallo de papiro o de loto.

MUNDOS ESFÉRICOS

La imagen en forma de cubo del vacío cósmico aportada por los textos egipcios (*véase* texto principal) resulta un tanto engañosa. Las formas arqueadas del jeroglífico «cielo» de los relieves más antiguos indican que los egipcios consideraban el vacío universal esférico. La misma visión se percibe en metáforas posteriores como la del círculo rodeado de dioses, cuya versión más conocida, el cartucho que rodeaba los nombres reales (⬭), indica el poder del faraón sobre el universo.

Las imágenes de un cosmos esférico no surgieron, sin embargo, hasta mucho más tarde. Una de las más antiguas y completas es la que se halla en un sarcófago de hacia 350 a. C., hoy en el Metropolitan Museum of Art, de Nueva York. El mundo aparece rodeado por el cuerpo del cielo y un jeroglífico compuesto de unos brazos con pies en el que puede leerse el nombre de Gueb. Entre ellos, dos discos concéntricos muestran el mundo conocido, con Egipto representado con los signos de sus nomos en el interior, rodeado por los pueblos de otras tierras. Un tercer círculo con dos discos solares alados parece estar dispuesto a 90° de los otros, y representa el recorrido del Sol por encima y por debajo de la Tierra. El famoso zodíaco de Dandara *(superior)* es una clara muestra de que el cielo cubría una tierra de forma esférica.

EL REINO DE LOS DIOSES Y LOS PÁJAROS

Los egipcios veían el cielo como el principal dominio de los dioses, aunque éstos se podían asociar con cualquier región del cosmos. Los *Textos de las Pirámides* hablan del tiempo en que «el cielo estaba separado de la tierra y los dioses se fueron al cielo». También se creía que los pájaros venían del cielo, en especial de sus regiones más septentrionales, probablemente a causa de las migraciones de aves desde el norte y a la riqueza de la fauna del Delta en aquellos tiempos. La relación entre los dioses y los pájaros y el cielo a menudo queda reflejada en las imágenes del Sol, las estrellas y los planetas, que aparecen dibujados como si fueran aves.

Escena del Libro de los Muertos *de Ani. A la izquierda, el fallecido goza de los placeres del «Campo de Juncos» (*véase *texto principal); a la derecha, recibe al dios Sol. Imperio Nuevo, Dinastía XVIII o XIX, hacia 1300 a. C.*

LOS DOMINIOS DEL CIELO

De acuerdo con su visión del cielo como la superficie donde las aguas del océano universal se encuentran con la atmósfera terrestre, los antiguos egipcios veían el movimiento de los cuerpos celestes como una travesía en barco. Durante el día, el sol recorría el cielo, mientras que, de noche, eran las estrellas las que lo hacían. Un texto que acompañaba una escena del sol realizando su recorrido diario, lo describe de la siguiente manera: «Cuando este dios [el Sol] asciende hasta los límites de la bóveda celeste, ella [Nut, el cielo] hace que él entre de nuevo en la noche, en medio de la noche, y, cuando él navega hacia la oscuridad, las estrellas se encuentran detrás de él. Cuando la encarnación de este dios penetra [...] en el Duat, éste permanece abierto una vez se encuentra ya dentro, para que estas estrellas puedan ir navegando y entren detrás de él y lleguen unas tras otras tras él».

Los textos antiguos describen diversas regiones celestes, en especial del cielo nocturno. Los egipcios tenían un gran conocimiento de los cielos nocturnos y registraban cualquier aspecto visible de ellos. Aparte de las estrellas y los planetas individuales (*véase* recuadro, pág. sig.), algunas formas atraían especialmente su atención y se interpretaban como los equivalentes celestiales de los seres y los objetos que se hallaban en su entorno, junto a los márgenes del Nilo.

La fuente más antigua de los textos cosmológicos egipcios, los *Textos de las Pirámides* del Imperio Antiguo (que datan de las Dinastías V a VI, hacia 2494-2173 a. C.), constituían una importante referencia para esta antigua «geografía» del

cielo. Entre los fenómenos que en ellos se describen se encuentra la Vía Láctea, que los egipcios denominaban «el camino trillado de las estrellas». Como otras partes del cielo, podía recorrerse en barco y se veía como una serie de islas situadas en medio del océano celestial.

Los textos dedican una mayor atención, no obstante, al «Campo de Ofrendas» y al «Campo de Juncos» (este último término es el origen de los Campos Elíseos de la Grecia clásica, hoy recordados por los Champs Elysées de París, derivado de la adaptación al griego de la palabra egipcia que significaba «junco»). Estas dos áreas estaban asociadas con el extremo norte del cielo, el dominio de las estrellas circumpolares (que los egipcios llamaban «imperecederas» porque nunca se ocultaban). Como la Vía Láctea, podían recorrerse en barco, y los textos hablan de una «tortuosa ruta marítima» a través de las mismas. Puesto que el Polo Norte celeste se encuentra aproximadamente a 30° sobre el horizonte egipcio, se creía que estos «campos» se encontraban a lo largo del borde del océano celeste, al igual que las marismas que rodeaban las riberas del Nilo en la antigüedad. El cielo que se alzaba sobre ellas debía de verse relativamente vacío excepto por la Vía Láctea, que los *Textos de las Pirámides* sitúan en «lo más alto del cielo».

LAS ESTRELLAS Y LOS PLANETAS

Como en la mayoría de las sociedades agrícolas, los egipcios observaban las estrellas y les seguían el rastro, pues se consideraba que sus movimientos anunciaban los cambios de estación. En este sentido, el cuerpo celeste que cobraba mayor importancia era la estrella más brillante, Sirio, que los egipcios llamaban «la puntiaguda» (*spdt* o Sopdu, palabra adaptada al griego como Sothis): su aparición anual en el cielo de la mañana, tras una ausencia de unos setenta días, coincidía con el comienzo de la crecida anual del Nilo, el hecho más importante para la vida de los antiguos egipcios.

Los egipcios identificaron cinco de los nueve planetas del Sistema Solar: Júpiter, Saturno y Marte (todos ellos asociados con varios aspectos del dios Horus), Mercurio y Venus (llamados «la estrella viajera» y «la estrella de la mañana» respectivamente). También conocían muchas de las

constelaciones, aunque veían en ellas dibujos diferentes a los que nosotros consideramos familiares. Entre las más importantes se encontraban la Osa Mayor, que se veía como la pata y la pezuña de un toro; y Orión, identificada con el dios Osiris y con la forma de un hombre con un bastón. Basándose en sus observaciones de las estrellas y los movimientos de éstas, los egipcios dividieron el día y la noche en doce horas cada uno. Esta división produjo nuestro día de 24 horas, aunque en el antiguo Egipto las horas tenían duraciones distintas, al igual que el día y la noche, a lo largo del año. Hacia el final del período faraónico, los egipcios crearon también el primer zodíaco (*véase* ilustración, pág. 119).

En el interior de esta tapa de ataúd, la diosa del cielo Nut aparece rodeada por las figuras que representan los signos del zodíaco y las horas del día, que miran hacia la fallecida, una mujer llamada Soter. Período romano, siglo II d. C.

EL CICLO SOLAR

Re-Haractes («Re, Horus del Horizonte»),
uno de los aspectos que adoptaba el dios Sol al
asimilarse al dios del cielo Horus (véase recuadro,
pág. sig.), es adorado por unos babuinos al
amanecer. Del Libro de los Muertos *de Hunefer,*
Imperio Nuevo, Dinastía XIX (hacia 1292-
1190 a. C.).

DISTINTOS ASPECTOS
DE UN MISMO DIOS

Los egipcios aceptaban la validez de
varias explicaciones distintas para
cualquier fenómeno natural, incluso
cuando éstas resultaban a todas luces
contradictorias. Como resultado de ello,
a menudo existía una desconcertante
profusión de nombres e imágenes
asociados a cada una de las divinidades
egipcias (*véase* recuadro, pág. sig.), un
fenómeno que no se entendía como la
coexistencia de varias teologías, sino
como explicaciones alternativas para
una misma realidad, cada una de ellas
centrada en unos determinados aspectos
de la fuerza o elemento de la naturaleza
en cuestión. Por ejemplo, el dios Horus
podía aparecer a un tiempo como el Sol
(Horus Re, el rey del universo; *véase*
ilustraciones, superior y pág. sig.), como
el faraón del momento (Horus rey de los
vivos, «Hijo de Re»), o bien, en la forma
de un faraón ya fallecido (Horus, el hijo
de Isis y Osiris). Cada uno de ellos era
considerado un diferente aspecto o
manifestación de un solo fenómeno,
el de la monarquía o poder supremo,
personificado por el dios Horus.

    Este enfoque queda reflejado,
no sólo en la multiplicidad de dioses
y diosas del Egipto antiguo, sino también
en la rapidez con la que los egipcios
adoptaban las divinidades de otras
culturas (*véase* pág. 52).

Para los antiguos egipcios, el día comenzaba al amanecer, cuando Nut, el cielo,
«daba a luz» al Sol en el Oriente. El Sol, considerado como una divinidad masculina, surcaba las aguas celestiales en su «barca diurna», antes de descender hacia el
oeste hasta el Duat, la región situada debajo de la tierra y en el útero de su madre
Nut (*véanse* págs. 118-119). Durante la noche, navegaba de oeste a este a través
del Duat en su «barca nocturna», para renacer de nuevo por la mañana.

    Mientras que la jornada diurna del Sol podía contemplarse como una serena
progresión a través del cielo, su viaje nocturno a través del Duat sólo podía ima-
ginarse. Los egipcios veían éste –y, de hecho, también la noche– como un tiempo
de incertidumbre y peligro. El concepto de viaje nocturno aparece en textos religiosos de épocas muy tempranas, pero donde mejor queda retratado es en una serie de «libros del mundo inferior», compuestos a principios del Imperio Nuevo.
La más detallada de estas composiciones es la conocida como el *Amduat* («el que
está en el Duat»), y muestra la progresión del Sol durante la noche.

    Los peligros relacionados con el Duat estaban personificados por una gigan-
tesca serpiente llamada Apep (Apofis para los griegos), que habitaba el mundo inferior en toda su extensión y trataba de impedir el viaje diario del Sol desde las
puertas que marcaban la entrada a cada una de las doce horas de la noche. Cuando
el Sol atravesaba cada una de las regiones, su luz despertaba a los habitantes del
Duat, que según se creía eran los demonios y las almas de los condenados. Un conocido pasaje del *Amduat* describe al Sol «llamando a sus almas [...] y un sonido
se ha oído en esta caverna como el de los lamentos de personas, que son sus almas
llamando al Sol».

En mitad de la noche, en la parte más profunda del Duat, el Sol descubría el cuerpo momificado del dios Osiris, el poder de la vida y el renacimiento. En este punto del viaje, los dos dioses se convertían en uno solo: «el Sol descansa en Osiris, Osiris descansa en el Sol». A través de esta unión, el Sol recibía el poder de la nueva vida, mientras que Osiris renacía en el Sol. Una vez dada la nueva vida «en los brazos de su padre Osiris», el Sol podía proseguir durante el resto de la noche hacia su renacimiento en el crepúsculo.

Cuando el Sol dejaba el Duat, no comenzaba inmediatamente la travesía por el horizonte visible, sino que lo hacía por el espacio existente entre el Duat y el cielo. Los egipcios llamaban a esta región el Ajet, que significa «el lugar donde se vuelve efectivo». En la práctica, esto se explica por el hecho de que el cielo comienza a iluminarse antes de que el Sol haya aparecido en el cielo. Una vez allí, el astro recibía una forma de vida anterior a su verdadero nacimiento: «Entonces inicia su camino hacia el mundo, para aparecer y nacer. Entonces, se crea a sí mismo en lo alto. Después, divide las caderas de su madre Nut y se aleja por el cielo». Desde la perspectiva de los egipcios, este ciclo diario del Sol no era únicamente un fenómeno natural, sino una reafirmación del triunfo de la vida sobre la muerte.

LAS MANIFESTACIONES DEL SOL

El Sol era, en varios aspectos, el principal dios de los egipcios. Su importancia queda patente en la plétora de dioses asociados con él, cada uno como representación de uno o más de sus múltiples aspectos (*véase* columna, pág. ant.):

Re: el Sol en sí mismo, representado como un hombre, un halcón, un carnero o un hombre con cabeza de uno de estos animales. Re significa simplemente «Sol», y en el Imperio Nuevo y más tarde aparecía a menudo precedido por el artículo determinado (*pa-Re*, «el Sol»). Como manifestación física del dios Sol, también se llamaba Ojo de Re, y bajo esta forma se representaba como diosa.

Jepri: el Sol al amanecer. El nombre significa «el que se desarrolla» y se escribe con el jeroglífico de un escarabajo pelotero (*jeprer*, 𓆣). Jepri aparece a menudo como un escarabajo (en ocasiones llevando el disco solar) o como un hombre con cabeza de escarabajo.

Pectoral de oro y piedras semipreciosas que representa a Jepri, el Sol naciente, con el disco solar. Tumba de Tutankhamón (hacia 1346-1337 a. C.), Valle de los Reyes, Tebas Oeste.

Atum: el Sol en su punto culminante de creación. Bajo la imagen de un hombre, Atum se suele asociar con el Sol durante el ocaso mediante la combinación Re-Atum.

Horus: «el lejano», el Sol como iniciador de la creación; representado como un hombre, un halcón o un hombre con cabeza de halcón. Con frecuencia aparece con los nombres de Haractes o Re-Haractes («Horus del Horizonte [Ajet]») y Hor-Em-Ajet o Harmaqui («Horus en el Ajet»). Como en el caso de Re, el Sol puede llevar el nombre de Ojo de Horus.

Atón: el disco solar visible, representado como tal. No era tanto un dios como el medio a través del cual la luz del Sol llega al mundo. Era el centro de la reforma religiosa de Ajenatón (*véanse* págs. 132-133).

Amón-Re: el Sol como manifestación de Amón, el primero y más importante de los dioses. Este aspecto se solía representar como un hombre coronado con dos largas plumas.

«ANTES DE LAS DOS COSAS»

Las especulaciones de los egipcios acerca del aspecto del universo antes de la creación se centraban en la naturaleza del océano universal, que, según se creía, rodeaba el mundo. Como todos los fenómenos naturales, estas aguas cósmicas se consideraban un dios al que los egipcios llamaban Nu («el acuoso», una forma masculina de la palabra «Nut»; *véanse* págs. 118-119) o Nun («el inerte»). Antes de la creación, el universo se componía únicamente de aguas de Nu: los textos egipcios lo describen como un período en el que el creador «se encontraba solo con Nu [...] antes de que se desarrollara el cielo, antes de que se creara la tierra, antes de que se creara la gente, antes de que los dioses nacieran, antes de que se creara la muerte». Como la propia creación se consideraba, en parte, como el desarrollo de la multiplicidad a partir de una unicidad primigenia (*véanse* págs. 126-127), la eternidad que la precedió se conocía como el tiempo «anterior a las Dos Cosas se desarrollasen en este mundo».

Este universo preconcebido fue tema de reflexión desde épocas muy tempranas de la historia egipcia. Viéndolo como lo opuesto del mundo conocido y creado, los teólogos codificaron algunas de estas formas esenciales en una serie de conceptos: la acuosidad (*nwi*) o la inercia (*nnw*), las cualidades más básicas, englobadas por los nombres de las aguas (Nu, Nun); el infinito (*hhw*); la oscuridad (*kkw*); la incerteza (*tnmw*, literalmente «pérdida»), o lo oculto (*imnw*). Estas cuatro

EL MONTÍCULO PRIMIGENIO

Los primeros textos egipcios que tratan sobre la concepción y la creación del universo aparecen cerca de mil años después de los primeros documentos escritos del antiguo Egipto. El conocimiento de los conceptos primitivos nos ha llegado tan sólo a través de imágenes pictóricas y arquitectónicas, así como de textos de época posterior que explican el significado de tales imágenes. Una de las primeras nociones parece haber sido la del montículo primitivo, el primer «lugar» que emergió de las aguas infinitas, sobre el cual el sol salió por vez primera. En esta imagen se ha visto un reflejo de lo que debió de ser el entorno de los primeros pobladores de Egipto: viendo emerger los puntos más altos de las fértiles tierras egipcias durante la retirada de las aguas de la crecida, es natural que esos agricultores ilustrasen la creación con la imagen del mundo.

Al margen de su origen, la idea del montículo primigenio continuó inalterable durante toda la historia de Egipto. Algunos templos poseían, en su santuario, un montón de tierra o de arena que lo evocaba. Las tumbas de las primeras dinastías también se marcaron con montículos similares, lo que significaba una promesa de creación y renacimiento para quienes yacían enterrados en ellas. La imagen del montículo primigenio se combina con el poderoso simbolismo del sol en las pirámides que albergaron los cuerpos de los reyes desde el Imperio Antiguo, así como en los obeliscos que adornaban los templos egipcios (*véanse* págs. 170-171).

Como todas las imágenes del mundo egipcio, el montículo primigenio se consideraba una fuerza de origen divino: el dios llamado Ta-Tenen, «Tierra elevada».

También se asociaba con el dios Nefertem, que se representaba como un loto; según un relato de la época, él había sido la primera forma de vida que apareció tras la retirada de las aguas primitivas. De esta flor brotó el Sol.

cualidades aparecieron por vez primera en los *Textos de los Sarcófagos* de hacia 2000 a. C. En los relieves de los templos del período ptolemaico (323-330 a. C.), suelen aparecer retratados como cuatro parejas de dioses y diosas, cuyos nombres son los equivalentes masculinos y femeninos de cada uno: Nun y Naunet, Heh y Hehet, Kek y Keket, Amón y Amaunet. Como colectivo, las ocho divinidades se conocen como Ogdóada (palabra griega que significa «grupo de ocho»), y esta Ogdóada se veneraba en Hermópolis, parte de la cual se conocía como la «ciudad de los ocho» (Ashmun, la moderna el-Ashmunein) en su honor. Aunque el grupo no aparece como tal hasta el período ptolemaico, es probable que fuese mucho más antiguo, pues el nombre «ciudad de los ocho» se remonta a la Dinastía V (hacia 2494-2345 a. C.), y dos de estas parejas divinas (Nun y Naunet, Amón y Amaunet) aparecen en los *Textos de las Pirámides* desde 2350 a. C. aproximadamente.

Los egipcios creían que los dioses de la Ogdóada, al igual que las aguas universales, existían antes de la creación. Los teólogos de Hermópolis veían las cualidades que representaban como una imagen negativa del mundo real. El universo de antes de la creación era acuoso, inerte, infinito, oscuro e incierto u oculto, en contraposición al mundo ya creado, que era árido, activo, limitado, luminoso y tangible. Estos contrastes formaban una tensión dinámica entre las potencias negativas del universo antes de la creación y la realidad positiva del mundo ya creado. Para los teólogos de Hermópolis, esta tensión contribuyó a la inevitabilidad de la propia creación. Como resultado de ello, los dioses de la Ogdóada eran venerados como deidades creadoras: «Los padres y las madres que existían antes que los dioses originales, que se desarrollaron primero, los ancestros del Sol».

La creación del mundo, según el Libro de los Muertos *de Jensumose, un sacerdote de Amón. El primer día de la creación, el Sol se elevó en tres fases y, finalmente, apareció sobre el horizonte del montículo primigenio (representado en forma de círculo), rodeado por las aguas repartidas por dos diosas asociadas con el norte (derecha) y el sur (izquierda). En el mismo montículo hay ocho divinidades creadoras, la Ogdóada, representada por unas figuras azadonando la tierra como símbolo de los primeros actos de la creación. Tercer Período Intermedio, Dinastía XXI (hacia 1075-945 a. C.).*

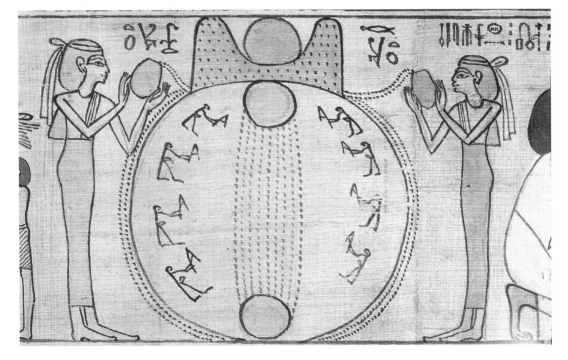

LO UNO Y LO MÚLTIPLE

No nos ha llegado un solo texto o documento en el que se encuentren todas las versiones egipcias acerca de la creación del mundo. Este hecho se debe, en parte, a una circunstancia histórica: aunque la teología egipcia antigua permaneció prácticamente inalterable durante sus tres mil años de existencia, se fue desarrollando y tornándose cada vez más compleja con el paso de los siglos. Las tradiciones de la teología egipcia promovieron más la diversidad que la uniformidad, y los templos de todo el país se centraron en diferentes aspectos de la historia de la creación. Éstas no se consideraban, por lo general, como teorías encontradas (*véase* columna, pág. 118), pero el hecho de que las diversas tradiciones permanecieran separadas ha producido una visión fragmentada del pensamiento egipcio.

Una de las más antiguas, ricas e influyentes de estas tradiciones fue la que se originó en la ciudad de Hermópolis, cuyo templo estaba dedicado al dios Atum. Aquí, la creación se consideraba como un proceso evolutivo que tenía mucho en común con la teoría del «Big Bang» desarrollada por la física moderna. Sin embargo, aparece recogida en las típicas metáforas egipcias más que como parte de la terminología científica o filosófica. Los teólogos de Heliópolis concentraron su atención en explicar el modo en que pudo desarrollarse la diversidad de la creación a partir de una única fuente creadora. La solución se hallaba encarnada por el dios Atum, cuyo nombre significa algo parecido a «el Todo». Atum existía ya antes que la creación, junto con las aguas primigenias, en un estado de potencialidad

El dios Shu separa el cielo, Nut, de la tierra, Gueb, que yace debajo (véase recuadro, pág. sig.). Escena del Libro de los Muertos de Nesitanebtashru, hermana de Pinedyem I, gran sacerdote de Amón y rey del Alto Egipto. Tercer Período Intermedio, hacia 1069-664 a. C.

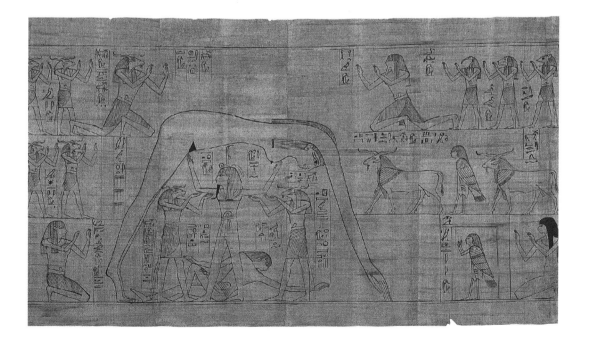

todavía no realizada (hoy reconocida como semejante a la noción de la singularidad primordial por los físicos actuales). Los textos egipcios describen esto a través de la imagen de Atum «flotando [...] inerte [...] solo con Nu».

La creación tiene lugar cuando Atum «se desarrolla» desde su estado inicial de unicidad hasta alcanzar la multiplicidad del mundo que conocemos. La primera etapa de este proceso es la evolución de un vacío seco en medio de las aguas universales. Este vacío originó un espacio con la tierra y el cielo como límites, los cuales, a su vez, hicieron posible el proceso de la vida en toda su diversidad. Este proceso culminó (y de hecho se inició) con el primer amanecer en el nuevo mundo. Aunque se realizó en varias fases, probablemente se consideraba como algo que ocurrió todo de una vez. Los textos reflejan esta creencia al describir la atmósfera como lo que «Atum creó el día en que se desarrolló». El proceso de la evolución de Atum aparece en metáforas, la primera de las cuales lo muestra como padre dando a luz a sus «criaturas», Shu y Tfenis (*véase* recuadro, inferior). Pero el producto final de la creación, con toda su diversidad, no era más que, en último término, la última transformación del mismo Atum, una relación que se refleja en sus frecuentes epítetos de «Creador de sí mismo» y «Señor de los límites».

LA ENÉADA

En la metáfora del «nacimiento» utilizada para explicar la teoría de la creación de Heliópolis, la evolución de Atum hasta dar como resultado los elementos y fuerzas esenciales del mundo se describe, en términos generacionales, como un grupo de nueve dioses llamado la «Enéada», con Atum a la cabeza. La primera generación estaba formada por Shu (con el significado de «vacío»), la atmósfera, y Tfenis, su equivalente femenino. Esta pareja de dioses dio a luz a Gueb, la tierra, y a Nut, el cielo, que se hallaban juntos, extendidos en un abrazo, hasta que Shu los separó (*véase* ilustración, pág. ant.). Gueb y Nut, a su vez, dieron a luz otras dos parejas de dioses: Osiris e Isis y Set y Neftis, los cuatro dioses que encarnaban las fuerzas de la vida, el nacimiento y la sexualidad.

Aunque la Enéada estaba formada idealmente (y lo más probable es que en un principio fuera así) por estos nueve dioses, en ocasiones los egipcios realizaban interpretaciones más libres. Algunos textos hablan de una «Enéada» de cinco dioses o incluso de veinte o más, o bien de varias Enéadas. A menudo, la Enéada tradicional incluye un décimo dios, que suele ser Horus (el hijo de Osiris e Isis) o Re (el Sol). Tales aberraciones numéricas muestran que los egipcios a menudo consideraban la Enéada como un término colectivo que englobaba a los principales dioses cósmicos más que como un grupo específico de nueve divinidades. La palabra «Enéada» en ocasiones aparece escrita con el jeroglífico que representa a «dios» repetida en tres grupos de tres, y puesto que el grupo de tres era una forma habitual de escribir el plural de la palabra «dioses», esto podía indicar que la Enéada se consideraba el «plural del plural», es decir, que servía para englobar a todas las divinidades.

LA EVOLUCIÓN DE ATUM

La historia de los nacimientos de los «hijos» de Atum no es más que una metáfora para explicar cómo pudieron emerger los principales elementos y fuerzas del mundo de un solo ser: como los niños, recibieron la vida y la materia de la que estaban constituidos de sus padres. Sin embargo, como Atum vivía solo en el inicio de los tiempos, su primera «evolución» tuvo que consistir en crearse a sí mismo. Los textos explican esto a través de metáforas relacionadas con la autofecundación o masturbación, con lo que la mano de Atum se consideraba como una especie de compañera femenina.

Estas imágenes se utilizaron durante toda la historia de Egipto para explicar la teoría de la creación de Heliópolis. Sin embargo, un papiro que data de principios del período ptolemaico (323-330 a. C.), pero cuyos antecedentes podrían remontarse a tiempos tan antiguos como la Dinastía XX (hacia 1186-1069 a. C.), describe el relato de la evolución de Atum de una forma más abstracta: «Cuando yo me creé, se creó la evolución. Toda evolución se creó tras mi creación [...] de Nu, de la inercia. Yo mismo supervisé mi corazón, y la evolución de las evoluciones se convirtió en muchas otras, en las evoluciones de sus hijos y en las evoluciones de los hijos de éstos».

LA INTERVENCIÓN DIVINA
Si bien la mayoría de los textos
atribuyen los poderes de «percepción»
y «anunciación» al creador, la teología
menfita explora en mayor profundidad
la importante relación entre la idea, la
palabra y la realidad, una relación que
se asocia con el dios Ptah. Cuando el
creador expresa su deseo, Ptah lo
transforma en la realidad del mundo tal
como lo conocemos, del mismo modo en
que continúa haciéndolo en el campo,
mucho más prosaico, de la actividad
creativa del hombre.

Este concepto de intermediario divino
entre el creador y la creación es la gran
contribución de la teología menfita,
precedente de la noción griega de
demiurgo que surgiría varios cientos de
años más tarde y que tendría su máxima
expresión en la teología cristiana dos mil
años después: «En el principio era la
Palabra, y la palabra estaba en Dios,
y la palabra era Dios» (San Juan, 1: 1-2).

LA PALABRA DE DIOS

La teología heliopolitana se centraba, especialmente, en el aspecto material de la
creación. En ocasiones, no obstante, los teólogos egipcios reflexionaban sobre una
cuestión fundamental: cómo se realizó el paso del concepto a la realidad en el momento de crear el universo. La solución suele encontrarse en la noción de expresión creativa (*véase* recuadro, pág. sig.), el mismo concepto que subyace en el relato de la Creación en la Biblia («Dios dijo: "Que se haga la luz"», Génesis, 1:3).
Algunos de los primeros textos heliopolitanos atribuyen este poder divino a
Atum, pues relatan el modo en que el creador «llevaba la Anunciación en su boca»
y «se creó a sí mismo como quiso, de acuerdo con su corazón».

Los teólogos de la ciudad de Menfis veían la relación entre el concepto y la
realidad física de una forma muy diferente: su principal dios, Ptah, la encarnaba
en la actividad humana de la creación artística. Creaciones tales como las esculta-
ras y los edificios arquitectónicos suponían realmente la existencia de un concepto inicial en la mente del artesano, y sólo más tarde, a través de la habilidad del
artista, este concepto tomaba la forma de un edificio o una estatua esculpida en
piedra. Para los teólogos menfitas, la relación entre la concepción del artista y la
transformación de este material tosco consistía en la fuerza representada por el
dios Ptah.

Los teólogos de Ptah unieron ambos conceptos (la creación artística y la expresión creativa) en una sola teoría de la creación. El resultado fue uno de los mayores logros del pensamiento humano que nos ha llegado del Egipto antiguo. Escrito
originalmente en papiro o piel, y no antes del reinado de Rameses II (hacia 1289-
1224 a. C.), logró sobrevivir al ser traspasado a piedra durante el reinado del faraón nubio Sabacón (hacia 716-702 a. C.; *véase* ilustración).

*La Piedra de Sabacón, la principal fuente que ha
sobrevivido hasta nuestros días del relato menfita
de la creación (*véase *texto principal*). Durante el
reinado de Sabacón, este relato escrito en un viejo
papiro que, según se afirma en el inicio del texto,
«fue devorado por los gusanos y era impenetrable
de principio a fin», se transfirió a una tabla de
basalto. Por desgracia, antes de su descubrimiento
por parte de los arqueólogos, la piedra se perforó
por la mitad y se utilizó para moler el grano, por
lo que se han perdido algunas partes del texto
en jeroglífico.*

La «teología menfita» establece una asociación, perfectamente razonada, entre los procesos de «percepción» y «anunciación», en el plano humano, y el empleo, por parte del creador, de estos procesos para la creación del mundo. Esta teología atribuye el poder que subyace en la evolución de Atum a la mente y la palabra de un creador sin nombre: «A través del corazón y a través de la lengua, ocurrió la evolución que dio lugar a la imagen de Atum». La palabra empleada para describir esta «imagen» del dios suele referirse a los relieves, las pinturas, las esculturas y los jeroglíficos (llamada «palabra divina» por los egipcios). Todas estas representaciones son «imágenes» de una idea, ya sea pictórica o verbal: del mismo modo, el propio mundo es una «imagen» del concepto del creador. Atum, sin embargo, es únicamente la materia prima a través de la cual tomó forma esta imagen: «La Enéada de Atum se desarrolló a partir de su semilla y de sus dedos, pero la Enéada son dientes y labios en su boca que pronunciaron la identidad de todas las cosas [...]. De este modo nacieron todos los dioses, Atum y su Enéada también; por ello, es a través de lo que el corazón planea y la lengua manda por lo que todas las palabras divinas se han desarrollado».

Estos pasajes reproducen, con un elevado grado de sofisticación, la teología de la expresión creativa. Más adelante, el texto relaciona este concepto con la acción de Ptah, «el que dio vida a todos los dioses [...] a través de su corazón y su lengua [...]. Así se creó todo lo construido y lo fabricado: haciendo las manos, avanzando los pies y cada uno de los miembros, pues rige sobre lo que piensa el corazón, lo que sale de la lengua, y que lo facilita todo [...]. Por ello, Ptah ha venido para descansar después de haberlo creado todo y de haber proferido su habla divina».

Estatuilla de Ptah, el dios principal de Menfis y protector de los artesanos, a través del cual cobró forma el concepto de creador del mundo (procedente de la tumba de Tutankhamón, hacia 1346-1337 a. C., en el Valle de los Reyes, Tebas Oeste).

IDEA Y REALIDAD

Al igual que otras culturas de la antigüedad, los egipcios creían en el poder creativo de la palabra hablada (y escrita). Este poder tenía dos elementos fundamentales: por un lado la formación de una idea en la mente (proceso éste que los antiguos egipcios llamaban «percepción» y localizaban en el corazón en lugar de en la mente); y, por otro, la expresión creadora de esa idea (o «anunciación»). Como al resto de las fuerzas de la naturaleza, a éstas se les atribuía un origen divino, de ahí que los dioses que las representan suelan aparecer acompañando al dios Sol en su barca. Tanto la percepción como la anunciación eran procesos privativos de los dioses y el faraón, cualquiera de los cuales estaba capacitado para «hablar y crear».

El vínculo entre anunciación y realidad solía entenderse como una tercera fuerza, llamada «efectividad» o «magia». La posesión de este poder marcaba la diferencia entre la expresión normal y la verdadera expresión creadora. Dado que, al igual que la percepción y la anunciación, la habría empleado el creador para crear el mundo, era más «antigua» que los demás dioses, «aquel a quien el Único creó antes de que tuviesen lugar dos cosas en este mundo».

AMÓN EL ESCONDIDO

Las teologías de la creación de Heliópolis y Menfis se basaban en la idea de que los dioses encarnaban las fuerzas y los elementos del mundo creado. La naturaleza misma de Atum explicaba el origen de estos elementos, y la noción de palabra creadora explicaba a su vez cómo surgió la voluntad del creador. Los teólogos del antiguo Egipto entendieron que el creador tenía que ser trascendente, estar por encima del mundo creado en lugar de ser inmanente a él. No podía estar al mismo nivel que el resto de los dioses. Este carácter «escondido» e insondable formaba parte de su esencia y tenía su reflejo en el nombre de Amón, el «oculto».

La teología de Amón está estrechamente relacionada con la ciudad de Tebas y sus dos grandes templos, Karnak y Luxor. Aunque a Amón se le menciona por vez primera en los *Textos de las Pirámides* a partir de 2345 a. C. aproximadamente, su carácter trascendente data de más tarde, tal vez del Imperio Nuevo (a partir de 1552 a. C.), como máximo. Una vez consolidado como el dios de los dioses, Amón y su culto se asimiló al de los otros grandes centros religiosos del país, cuyos dioses terminaron siendo manifestaciones del propio Amón. Ello explica que las referencias a la teología tebana en los textos escritos conservados superen a las de cualquiera de las otras grandes escuelas de pensamiento religioso existentes.

Un papiro conservado actualmente en Leiden, Holanda, que data del reinado de Rameses II (hacia 1289-1224 a. C.) y contiene una serie de «capítulos», es la expresión más elaborada de la teología tebana conservada. El capítulo 90 presenta a Amón como el origen último de todos los dioses: «La Enéada forma parte de tu cuerpo: tu imagen es cada uno de los dioses, unidos en tu persona». Asimismo, en el capítulo 200 se identifica a Amón, situado más allá de la naturaleza, como un ser

Panorámica tomada desde el oeste del gran templo de Amón situado en Karnak, en Tebas Este (véanse también págs. 208-209).

inalcanzable: «Se halla oculto del resto de los dioses, y su apariencia es desconocida. Está más allá del cielo y de los abismos del Duat. Ningún dios sabe qué apariencia tiene [...] nadie puede dar prueba de él con exactitud. Es tan secreto que está más allá de cualquier intento de conocimiento, es demasiado grande para estudiarlo, demasiado poderoso para intentar comprenderlo». Precisamente, al existir más allá de la naturaleza, Amón es el único dios capaz de haberla creado. El texto recalca esto al identificar a los otros dioses creadores como meras manifestaciones de Amón, la causa suprema, aquel cuya percepción y palabra creadora dieron origen, a través de Ptah (*véanse* págs. 124-125), al universo.

Una consecuencia de esta concepción fue considerar al resto de los dioses como meras manifestaciones de Amón, según, una vez más, el capítulo trescientos: «Todos los dioses son tres: Amón, el Sol y Ptah, sin sus segundos. Su identidad permanece oculta en tanto que el rostro de Amón es el Sol y su cuerpo es Ptah». Aunque el pasaje habla de tres dioses, éstos en el fondo son expresiones de un único dios, punto en que la teología de los antiguos egipcios alcanzó cierta forma de monoteísmo, diferente al del islam, que reconoce la existencia de un dios único e indivisible, pero similar al de la Santísima Trinidad para el cristianismo. Así, este pasaje sitúa la teología del antiguo Egipto en el origen mismo de las grandes tradiciones religiosas de Occidente.

«DIOS MARAVILLOSO CON INCONTABLES MANIFESTACIONES»

A pesar de su carácter «escondido», es habitual ver representado a Amón como un hombre coronado con dos esbeltas plumas. De hecho, una de las más antiguas representaciones del dios de que disponemos, influida tal vez por la del dios Min, lo muestra como una figura varonil con el pene erecto, en clara alusión a su poder creador y su capacidad para engendrarse a sí mismo, rasgo éste que queda de manifiesto en el nombre de Amón-Kamutef (el «Toro de su madre»). Además de con Min, a Amón se le solía identificar con Re, el dios Sol. La unión de estos dos últimos, Amón-Re, encarna a la perfección el carácter trascendente de Amón y su asimilación con el Sol. Por otro lado, a Amón-Re solía llamársele a menudo «el Señor de los tronos de las Dos Tierras» y «el Rey de los dioses», en fiel consonancia con su posición de supremacía. Por lo que se refiere a las asociaciones animales, a Amón se le relacionaba con el carnero (debido a su poder creador y a su asociación con Re) y con el ganso (como creador supremo).

La imagen de Amón se llevaba en solemne procesión varias veces al año por las calles de Tebas, momento en que los fieles podían realizar peticiones de carácter personal al dios. El gran número de estelas, *ostraca*, papiros e inscripciones con oraciones conservadas dan prueba del carácter asequible de la divinidad, como el hecho de que su templo principal en Karnak contase con un santuario reservado para la oración en privado.

Pintura mural de un santuario próximo al templo funerario de Hatshepsut, en Tebas Oeste, en el que Tutmosis III (hacia 1490-1436 a. C.) aparece ante Amón-Re, la manifestación de Amón asimilada al dios Sol (véase pág. 119).

LA HEREJÍA DE AJENATÓN

Estatuilla pintada de piedra caliza que representa al rey Ajenatón acompañado de su esposa principal, Nefertiti, en el estilo naturalista propio de los últimos años de su reinado. La pose de la pareja ilustra el grado de intimidad y familiaridad que caracterizó los retratos de este período. Imperio Nuevo, período de Amarna, hacia 1340 a. C.

La religión egipcia se mantuvo sin apenas cambios a lo largo de sus más de tres mil años de historia, con una sola excepción. Durante cerca de dos décadas, a finales de la Dinastía XVIII (en el «período Amarna»), el faraón Ajenatón (hacia 1364-1347 a. C.) introdujo una visión del mundo totalmente diferente, desafiando todos los fundamentos en los que se asentaba la religión egipcia.

Ajenatón inició su reinado de una manera bastante tradicional, con el nombre de Amenhotep IV. Sus primeras inscripciones, sin embargo, ya muestran algunos rasgos innovadores, ya que en ellas aparece una devoción inusitada hacia el dios Sol, al que se le otorga un nuevo epíteto: «El que vive, Re-Haractes, que se torna activo en el Ajet, en su identidad de luz que se encuentra en el disco solar». En el quinto año de su reinado apareció una iconografía totalmente nueva en la que el nombre y los títulos de Re-Haractes se inscribían en dos cartuchos parecidos a los del faraón, y la en otro tiempo venerada imagen de un halcón o un hombre con cabeza de halcón fue remplazada por la del disco solar con rayos (el Atón). Al mismo tiempo, el rey dejó de llamarse Amenhotep («Amón está contento») para pasar a ser Ajenatón («Efectivo para el Atón»). Asimismo, inició la construcción de una nueva capital llamada Ajetatón («Horizonte de Atón») en el lugar conocido hoy como el-Amarna, a medio camino entre la capital tradicional, Menfis, en el norte, y el asentamiento de la dinastía en Tebas, al sur.

Los cambios introducidos por Ajenatón afectaron a muchos aspectos de la cultura egipcia (*véase* pág. 227), pero el cambio más profundo se dio en la religión. En lugar de los cientos de elementos y fuerzas naturales que los egipcios habían venerado como dioses hasta ese momento, Ajenatón reconoció sólo a uno: la fuerza suprema de la Luz que llegaba al mundo y le otorgaba cada día la vida a través del disco solar. Al contrario que las divinidades tradicionales, este dios no podía representarse: el símbolo del disco solar con rayos, que dominaba el arte de Amarna, no era más que una versión a gran escala del jeroglífico que significaba «luz» (☥).

Al final del reinado de Ajenatón, dos nuevos faraones empezaron a aparecer en los documentos históricos, y al menos uno de ellos gobernó al mismo tiempo que aquél. El primero, Esmenjkare, reinó hasta 1346 a. C. aproximadamente y contrajo matrimonio con la hija mayor de Ajenatón; el otro (hacia 1336 a. C. y en los años siguientes) era conocido como Neferneferuaten, nombre que había utilizado la principal esposa de Ajenatón (*véase* pág. 90), por lo que podría tratarse de ella misma. Un *graffiti* de Tebas, que data del tercer año de reinado de Neferneferuaten, contiene una plegaria dirigida a Amón que sugiere que, finalmente, Ajenatón habría cedido a la presión política poniendo un corregente para que gobernase en el resto de Egipto al modo tradicional, mientras que él, al parecer, habría limitado su poder y la práctica de su nueva religión a la ciudad de Ajetatón. Probablemente los tres faraones fueron sucedidos por Tutankhamón (hacia 1346-1337 a. C.), quien abandonó esta última ciudad y restauró la antigua religión. Las generaciones posteriores repudiaron la visión de Ajenatón y borraron el resto de su reinado destruyendo sus monumentos en todo Egipto. Ajenatón empezó a ser conocido, desde ese momento, como el «herético de Ajetatón».

Todavía quedan por aclararse numerosos interrogantes sobre este interesante período de la historia egipcia, así como las razones que lo provocaron. Algunos investigadores han sugerido que las reformas de Ajenatón fueron la primera gran revolución cultural documentada de la historia, mientras que otros han visto en ellas, simplemente, un intento de disminuir la influencia política de Amón y sus templos. Ambas visiones podrían considerarse válidas si tenemos en cuenta que política y religión estaban íntimamente ligadas en la mentalidad egipcia, debido, en parte, a la poderosa influencia de la tradición; pero también refleja una importante fisura en la teología de Ajenatón: al promover la divinidad de una sola fuerza de la naturaleza, estaba dando al traste con la extraordinaria complejidad de las creencias tradicionales egipcias. Y lo que es aún más importante: la naturaleza impersonal del dios de Ajenatón dejaba a sus súbditos sin ninguna deidad a la cual dirigirse directamente. Ésta podría ser quizá la principal razón por la que la revolución intelectual de Ajenatón se vio irremisiblemente condenada al fracaso.

TOLERANCIA Y CENSURA

Ajenatón toleró el culto a los dioses tradicionales hasta poco tiempo después del inicio de su noveno año en el trono, momento en que estableció la supremacía de la nueva religión creada por él. Las referencias a las antiguas divinidades se prohibieron en todos los relieves e inscripciones, y el nombre de Amón, el principal dios hasta aquel momento, fue borrado, junto con la palabra «dioses», de todos los monumentos. Los cartuchos de la nueva divinidad se volvieron más abstractos: «El sol del Ajet que vive, que se torna activo en el Ajet, en su identidad de la luz que llega a través del disco solar».

Ajenatón aparece adorando a la Luz en este relieve de un altar. Cada uno de los rayos del sol terminan en una mano con un anj (☥), *el jeroglífico que significa «vida». La figura de la reina Nefertiti, mucho más pequeña, aparece a su lado, a la izquierda. Período Amarna, hacia 1350 a. C.*

EL ÁMBITO HUMANO

LA *MAAT* O EL «ORDEN DIVINO»
La concepción de los egipcios de un
mundo ideal establecido en el momento
de la creación queda resumida en la
idea conocida como *maat* («orden»,
«equilibrio»), personificada por la diosa
del mismo nombre. La *maat* se dirigía al
control de las diferencias, más que a su
eliminación. En el cosmos, la misma
creación (como la salida del sol cada
mañana) se consideraba como el
establecimiento del orden en medio del
caos, representado por la oscuridad que
reinaba antes de la creación del universo
y durante la noche. Para el rey, la *maat*
representaba la responsabilidad de
mantener el orden en el país y los
enemigos alejados. Y para los egipcios,
en general, la *maat* era tanto la justicia
social como la rectitud moral: la no
explotación de los pobres por parte de
los poderosos y la necesidad de que
todos los hombres vivieran en armonía
con su entorno (es decir, con los dioses)
y con sus semejantes. (*Véanse también*
págs. 148-149.)

Mientras que la narración bíblica de la Creación culmina con la aparición de la humanidad, la creación egipcia finaliza con un hecho cósmico: el primer amanecer, inicio del ciclo de la vida. Cuando la mitología egipcia se refiere a la creación de la humanidad, suele hacerlo de pasada y deriva el ser humano (*rmt*) de las lágrimas del creador (*rmyt*). Para los egipcios, el origen de la vida tenía menos interés que el de las condiciones necesarias para que ésta se diera: la aparición de un vacío seco entre las aguas universales (Shu y Tfenis, Gueb y Nut); y el primer amanecer, que habría puesto todas estas fuerzas en funcionamiento. Por los documentos que tenemos, parece ser que la misma vida, en toda su diversidad, se consideraba consecuencia directa de estos sucesos de alcance cósmico.

Sin embargo, al menos uno de los textos ofrece un punto de vista más detallado sobre la creación de la humanidad. En la invocación 1130 de los *Textos de los Sarcófagos*, el creador se refiere a «cuatro acciones [...]. Yo he creado los cuatro vientos, para que cada persona pueda respirar en su medio ambiente: ésta es una de las acciones. He creado la gran inundación, para que los pobres puedan tener el control del mismo modo que los ricos: ésta es una de las acciones. He creado a cada persona como su prójimo; no he decretado que sembrasen la confusión, pero ésta se encuentra en sus corazones que quebrantaron lo que dije: ésta es una de mis acciones. He hecho que sus corazones no olviden el occidente». Todas estas «acciones» son un reflejo de la visión del estado ideal en el que se creó el mundo según los egipcios: abundancia de recursos y seres humanos en paz unos con otros, con su destino («el occidente» era la tierra de los muertos) y con los dioses.

Los seres humanos se consideraban como la principal causa de inestabilidad en el mundo: «Sus corazones son los que rompen» el orden ideal o *maat* (*véase* columna, izquierda) del creador. El reconocimiento mismo de este hecho dio lugar

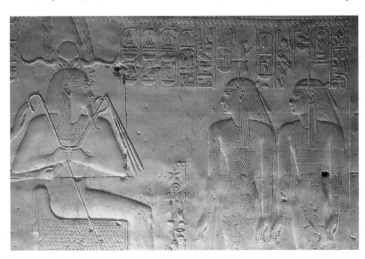

*La diosa Maat, que lleva sobre su cabeza
la pluma con la que se le representaba
tradicionalmente, y Renpet ante Osiris
(izquierda). La escena refleja la dependencia
del orden cósmico (*maat*) y del tiempo (*renpet,
literalmente: «año»*) respecto al renacimiento
diario (representado por Osiris). Templo de culto
del rey Setos I (hacia 1305-1289 a. C.), Abido.*

EL TIEMPO Y LA ETERNIDAD

Los antiguos egipcios tenían dos palabras para referirse a la «eternidad». Una de ellas (*dt*) expresaba la condición invariable de la existencia; la otra (*nḥḥ*) hacía especial hincapié en la capacidad renovadora de la misma. Tanto la una como la otra reflejan a la perfección la noción tanto lineal como cíclica que tenían del tiempo. Concebida como una especie de juego escrito de un solo modo, pero abierto a jugarse de un sinfín de maneras diferentes, la vida se encontraba sumida en un perpetuo cambio desde el momento mismo de la creación, iniciándose con cada amanecer y con cada una de las generaciones habidas y por haber.

Son pocos los textos que nos han llegado acerca del fin del mundo, y aquellos que sí lo han hecho se refieren a un gran cataclismo tras el cual el universo habría de regresar al estado original anterior a la creación. En el ensalmo 175 del *Libro de los Muertos*, Amón, el gran dios creador, describe cómo, al cabo de «millones y millones» de años, «destruiré todo cuanto he creado; entonces este mundo regresará a Nu, a las aguas sin límite, como lo estuvo en su origen». Tras este episodio apocalíptico, tan sólo sobrevivirán dos fuerzas cósmicas: «Yo y Osiris seremos los que quedaremos [...]. Entonces, me sentaré con él en un mismo sitio» (ensalmo 1130 de los *Textos de los Sarcófagos*). De acuerdo con la cosmología de los antiguos egipcios, Amón era la fuente primigenia de todos los elementos y las fuerzas del mundo (eternidad *dt*), mientras que Osiris encarnaba el principio del renacimiento diario (eternidad *nḥḥ*). En ese sentido, la supervivencia de ambos tras el fin del mundo incluía la promesa de una nueva creación y, por tanto, el inicio de una nueva eternidad.

Representación de las aguas sin límite de Nu (figura de la izquierda), así como del Nilo y el Mediterráneo (figura con los dos recuadros azules, derecha), procedente del Libro de los Muertos *de Ani (hacia 1300 a. C.).*

al más prolífico y duradero de todos los géneros habidos en el antiguo Egipto: los aleccionamientos, dentro de los cuales cabe incluir desde las instrucciones dejadas por los faraones a sus herederos en el trono hasta prosaicos consejos sobre cómo comportarse en sociedad. Para los antiguos egipcios, la necesidad de actuar «de acuerdo con la *maat*» partía del presupuesto de que cualquier otro tipo de conducta era sinónimo de desorden. Ello explica, tal vez, por qué los antiguos egipcios no llegaron a desarrollar, durante buena parte de su historia, un sistema codificado de leyes civiles o preceptos religiosos.

La asunción de que la *maat*, con su aplicación primordial al ser humano, fue obra del creador en el momento de la creación del mundo suponía que el universo fue creado para beneficio de la humanidad, tal como se desprende de uno de los «aleccionamientos» más antiguos de que disponemos, *Enseñanzas para el rey Merikare*: «Destinado al ser humano, el rebaño de Dios. Para su beneficio creó el cielo y la Tierra; para él apartó la oscuridad de las aguas; dio forma al aire de la vida de manera que todos pudieran respirar. El hombre es su semejante, procede de su carne. Para su beneficio se alza en el cielo; para él creó la vegetación, los animales pequeños, los pájaros y los peces con los que se alimenta». Y, en su condición de padre, el cariño que muestra por su hijo no acabó en el momento de crearlo: «Cuando llora, él lo escucha [...] pues Dios conoce todos los nombres».

CAPÍTULO 10

EL CULTO A
LOS MUERTOS

Pocos aspectos de la civilización del antiguo
Egipto tenemos tan presentes en nuestra
mente como las complejas tradiciones
relacionadas con el entierro de los muertos,
pues no en vano los monumentos más grandes
y espectaculares que nos ha legado esta
civilización, las pirámides de Guiza, fueron en
su día tumbas. Por otro lado, la idea de que los
muertos están dotados de vida ha dado origen
a la creencia popular de la «maldición de la
momia». Ahora bien, deducir de todo ello que
los antiguos egipcios fueron un pueblo
obsesionado con la muerte es del todo injusto,
pues si algún objetivo tenían sus rituales
fúnebres no era tanto el de celebrar la muerte
en sí misma como el de garantizar la
continuidad de la vida tal cual era en la Tierra
una vez en el más allá.

▲

Actitudes ante la muerte 132

La teología de la muerte: Isis y Osiris 134

Literatura funeraria 136

La momificación 138

El culto funerario 140

La comunicación con los muertos 142

Espíritus y rituales de exorcismo 144

La maldición de la momia 146

SUPERIOR: *Detalle del* Libro de los Muertos *del
escriba Ani en el que aparecen representados este
último y su esposa ante una mesa con ofrendas
para Osiris, el dios de los muertos (principios
de la Dinastía XIX, hacia 1290 a. C.).*

ACTITUDES ANTE LA MUERTE

Aunque todas las civilizaciones deben abordar la idea de la muerte, pocas, si es que
ha habido alguna, lo han hecho de manera tan directa y compleja como los antiguos egipcios. Prueba de ello son las espléndidas momias enterradas en las no menos soberbias tumbas junto a costosos ajuares funerarios, práctica que ha contribuido a cimentar la imagen del antiguo Egipto como una civilización obsesionada
por la muerte. No obstante, fuera de tópicos, la religión de los antiguos egipcios
fue, ante todo, una religión de la vida, con incontables edificios, rituales y oraciones destinados a preservar la vida y el estatus de los muertos tras su tránsito hacia
la muerte, que en el fondo se concebía como una necesidad impuesta y, desde luego, nada agradable. A diferencia del cristianismo, que con el tiempo la reemplaza-
ría, la teología de los antiguos egipcios no se basaba ni en el rechazo a la vida terrenal ni en el martirio voluntario en nombre de ningún paraíso ideal. Lejos de
eso, lo que ansiaban los antiguos egipcios era precisamente prolongar su vida terrenal el máximo tiempo posible en el más allá, con su personalidad, su estatus social, su familia e incluso sus posesiones, al margen de su recién adquirida condición divina. La religión egipcia decayó sólo en tiempos de la dominación romana,
cuando el día a día se hizo tan miserable para la gran mayoría de la población autóctona que el deseo de reafirmarla y prolongarla tras la muerte dejó de tener sentido. Entonces, las antiguas creencias dieron paso a una adhesión tan fanática
como violenta a una fe que prometía a sus fieles un paraíso en el más allá.

La muerte, que a menudo suele mencionarse como «la enemiga» de la vida, era
un final absoluto tanto para los enemigos de los dioses como para cuantos no lograban proveerse del tan necesario culto ritual. Hasta para los más virtuosos y mejor preparados, el momento de la transición a la muerte tenía obstáculos, y, en última instancia, la supervivencia del espíritu del muerto dependía tanto del
conocimiento que se tuviese de la teología arcana como de la eficacia de los ensalmos mágicos pronunciados. Según los antiguos egipcios, cuando el espíritu aban-
donaba el cuerpo, vagaba por los caminos y los pasillos del mundo de los muertos
en busca de la Sala del Juicio de Osiris, el señor del Occidente, lugar por donde se
pone el sol (*véanse* págs. 118-119). En cada una de las etapas del viaje del alma,
ésta corría el riesgo de perecer a manos de terribles serpientes y demonios, así

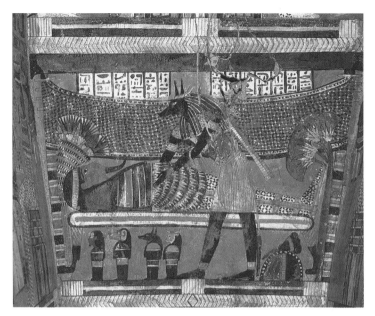

como de los implacables guardianes que detenían a todo aquel que desconociese sus nombres. Una vez en la Sala del Juicio, el alma estaba obligada a nombrar, no sólo a los guardianes de la misma, sino también a los de los cerrojos y los tablones del suelo. Semejante complejidad en el mundo de los muertos, así como en sus peligros (*véanse* págs. 118-119), imponía toda una literatura funeraria (*Textos de las Pirámides, Textos de los Sarcófagos* y *Libro de los Muertos*) que acompañase al muerto y le permitiese culminar su viaje al más allá (*véanse* págs. 136-137).

Una idea básica que los antiguos egipcios tenían del mundo de los muertos era la existencia de un tribunal divino presidido por el «gran dios», identificado desde finales del Imperio Antiguo con Osiris. El alma del muerto era conducida ante este último y un total de cuarenta y dos jueces, y entonces se procedía a pesar el corazón del muerto en una balanza con la pluma de Maat, la diosa de la verdad, la armonía y la justicia (*véase* pág. 139), como contrapeso. El muerto podía acceder a la condición de *aj*, de «espíritu verdadero», si el corazón y la pluma quedaban en perfecto equilibrio. Algunos textos exhortan a dichos espíritus a convertirse en plantas o animales, aunque todos ellos podían visitar a los vivos, tanto en la forma espectral de un *aj* como bajo la apariencia alada de un *bai*, ser representado con la cabeza del fallecido y el cuerpo de un pájaro (*véase* ilustración, pág. 143).

La persona muerta se convertía en una manifestación particular del dios del mundo de los muertos y, en general, se solía mencionar como «Osiris [nombre del fallecido]». Pero, a pesar de alcanzar este estatus divino, mantenía su personalidad terrenal. Pocas veces el muerto adquiría la categoría de «santo», con su correspondiente culto e incluso templos erigidos en su honor. En la familia, los antepasados ilustres solían ser, a menudo, objetos de culto, y no era extraño que los familiares vivos les enviasen «cartas» de forma periódica (*véanse* págs. 142-143).

EL PORTADOR DE VIDA

Aunque a veces se le haya comparado con los dioses que mueren y vuelven a nacer propios de las antiguas civilizaciones de Oriente Próximo, lo cierto es que Osiris no resucita del inframundo, sino que es una divinidad que crea vida a partir de la muerte en las mismas entrañas de la Tierra, convirtiéndose así en la fuerza primordial que hace crecer el grano y permite las crecidas del río. Esta faceta del dios pasaría a integrarse con el culto funerario a través del llamado «Osiris vegetante», una caja con la forma del dios rellena de tierra y semillas destinadas a germinar en la tumba.

Horus e Isis flanqueando a Osiris, que aparece sentado con los rasgos faciales del faraón Osorcón II (colgante de oro del Tercer Período Intermedio, reinado de Osorcón II, hacia 874-850 a. C.).

LA TEOLOGÍA DE LA MUERTE: ISIS Y OSIRIS

Pocos mitos del antiguo Egipto hay tan célebres o que hayan ejercido tanta influencia en Occidente como el ciclo protagonizado por los dioses Isis y Osiris. Hay muchas referencias a las acciones de estos dioses en los himnos, las oraciones y la literatura del antiguo Egipto en general, aunque lo cierto es que la leyenda de Isis y Osiris debía de ser tan familiar que gran parte de lo que sabemos de ella se lo debemos precisamente a la versión griega de Plutarco (*Isis y Osiris*), escrita unos dos mil quinientos años después de la instauración del culto.

Los orígenes del culto osiríaco preceden con mucho a las primeras menciones conocidas del nombre del dios. La imaginería ritual con la que se acabaría asociando a Osiris data de tiempos de la Dinastía I, aunque los epítetos y la asociación con el lugar sagrado de Abido son el resultado de la fusión entre él y Jentamentiu, «El que está a la cabeza de los occidentales», antigua divinidad funeraria con forma de chacal. Por otro lado, Osiris, mencionado ya en tiempos de la Dinastía V (hacia 2350 a. C.), es una figura imprescindible en la tradición mitológica asociada con el gran centro de culto de Heliópolis, el «On» de la Biblia.

Como miembros integrantes de la «Enéada», el selecto grupo de los nueve primeros dioses, Isis y Osiris eran dos de los cinco vástagos que nacieron en días consecutivos fruto de la unión de Nut, la diosa del cielo, y Gueb, el dios de la Tierra, junto con Set, Neftis y Horus el Viejo. Por ser primogénito, Osiris obtuvo el trono de la Tierra y se casó con su hermana Isis, de quien se había enamorado ya en el vientre materno. Pero su hermano Set, casado infelizmente con Neftis, ansiaba el trono a toda costa. Según la versión más extendida, Osiris, ajeno a los ardides de su hermano, perdió el trono durante un gran banquete al que asistían todos los dioses, cuando Set ofreció como «regalo» un objeto nuevo (un sarcófago) a aquel que cupiese en él. Pese al interés de varios dioses, el preciado objeto fue para Osiris, pues no en vano había sido fabricado con sus medidas. Una vez dentro, Set y sus aliados cerraron el sarcófago y lo arrojaron al Nilo. Osiris murió ahogado y así fue cómo la muerte se introdujo en el mundo. Con no pocas penalidades, Isis recuperó el cuerpo de su desdichado esposo, pero entonces Set se lo arrebató y lo partió en trozos, que dispersó a lo largo y ancho de Egipto, de modo que, con el tiempo, cada una de las provincias pudo presumir de contar con una reliquia y un santuario en honor al dios muerto.

Con ayuda de su hermana Neftis, Isis emprendió una travesía por entre las marismas, o bien voló cual milano, en busca de cada una de las partes de su difunto esposo, hasta que logró reunirlas todas y recomponer el cuerpo con la colaboración de Anubis, el dios de la momificación. A continuación, Isis le insufló vida a Osiris durante el tiempo suficiente para que éste pudiese engendrar al que habría de convertirse en su hijo y heredero al trono, Horus el Joven. Éste hubo de sufrir innumerables ataques *por parte de Set* y sus secuaces, pero gracias a la protección de Isis siempre curó de sus heridas. La imagen de Horus herido acabaría convirtiéndose en una de las constantes más recurrentes en los ensalmos para curar, en los que se solían invocar los poderes curativos de la leche de Isis. Estos ensalmos tenían que recitarse sobre la «leche de una mujer que haya dado a luz un hijo varón», un ingrediente que la medicina popular occidental adoptaría y emplearía hasta el siglo XIV d. C.

En una larga serie de enfrentamientos y juicios perfectamente documentados en la literatura y en la tradición artística, Horus y Set luchan entre sí para hacerse con el trono vacante de Osiris, hasta que Horus lo consigue y venga la muerte de su padre. En uno de estos choques, Horus hiere con una lanza a Set, que había adoptado la apariencia de un terrible hipopótamo o cocodrilo, escena que con el tiempo acabó convirtiéndose en el eje argumental de una elaborada pieza dramática (*La obra de Horus*) que se representaba junto al lago sagrado del templo ptolemaico de Edfu, en el ejemplo más antiguo de teatro ceremonial.

Tras la conquista de Egipto a manos de Alejandro Magno en el siglo IV a. C., Isis se convirtió en la patrona nacional del Egipto ptolemaico, de ahí que se multiplicaran los templos y la iconografía consagrados al ciclo osiríaco en la región del Mediterráneo. Aunque al principio fue prohibido por las autoridades romanas, Calígula adoptó con fervor este culto helenizado de Isis, que se convirtió en una de las manifestaciones religiosas más importantes del Imperio romano, e influyó en los cultos contemporáneos y posteriores (*véase* pág. 57).

Estatuilla de bronce y oro de Isis dando el pecho a su hijo Horus (Baja Época, hacia 600 a. C.). Imágenes como ésta constituyen un precedente de las representaciones cristianas de la Virgen con el niño Jesús en los brazos.

EL CULTO DE LOS ANTIGUOS EGIPCIOS A LA MUERTE Y EL CRISTIANISMO

El cristianismo, que según la tradición se predicó por vez primera en tierras egipcias a finales del siglo I d. C. de manos del evangelista san Marcos, se propagó en un primer momento entre la clase aristocrática de habla griega asentada en Alejandría y otras ciudades de importancia, aunque hacia finales del siglo II d. C. empezó a calar también entre la población autóctona. Los cristianos egipcios, o coptos, utilizaban un alfabeto basado en el griego (*véanse* págs. 232-233) y condenaron con gran dureza las creencias paganas de sus antepasados. No obstante, fueron varios los elementos del antiguo culto a los muertos y el mito osiríaco los que pasaron a la iconografía y la mitología de la nueva fe.

Tal como solía aparecer en las esquemáticas *Guías del mundo de los muertos*, tan características de las tumbas reales del Imperio Nuevo, aquellos que no lograban superar el juicio de Osiris eran arrojados a unos pozos, donde eran torturados. Cuando los primeros monjes cristianos empezaron a instalarse junto a las tumbas abandonadas, es indudable que la visión de estas escenas debió de influir en ellos, de ahí que, en la imaginería tradicional copta, en los

dominios de Satanás, al que se conocía como *Amente*, «el Occidente», del reino de Osiris, aparezcan los antiguos guardianes con sus cabezas de animal y sus amenazadores cuchillos.

En algunas representaciones tardías de uno de los enfrentamientos entre el dios Harpócrates (Horus el Joven) y Set, Horus aparece representado con la apariencia de un soldado romano a caballo hiriendo con la lanza a un Set con cuerpo de cocodrilo, imagen que pudo dar origen a la iconografía posterior relativa a san Jorge y el dragón. Asimismo, la popularísima imagen de la diosa Isis dando el pecho a su hijo Horus (*véase* ilustración, superior) es más que un probable precedente de las representaciones cristianas de la Virgen amamantando al niño Jesús.

Otros sorprendentes ejemplos de supervivencia de la antigua religión egipcia incluyen la representación de la cruz dentro de la tradición copta con una forma muy parecida al antiguo *anj* (☥), el jeroglífico de «vida», así como la representación de un fiel orando con las manos en alto, motivo recurrente en los monumentos precristianos de época faraónica y posterior.

LA «MAGIA» Y EL CULTO A LOS MUERTOS

Todos los textos de carácter funerario tenían la finalidad de conseguir algo en el más allá, de ahí que haya que entenderlos como composiciones «mágicas». Para los antiguos egipcios, la «magia» (*heqa*) era un poder divino legítimo que el creador había puesto a disposición del ser humano para su propio beneficio. Por ello mismo, se permitía el empleo de la magia en el contexto funerario, aunque el episodio de «Espulón y Lázaro» que aparece en el segundo relato demótico de Setne Jamuaset, de época romana, enseña que los rituales costosos y elaborados no siempre dan buenos resultados, al contrario que los más austeros.

Detalle del Libro de los Muertos *de Pinedyem I, sumo sacerdote de Amón en Tebas Oeste, a quien se le representa adorando a Osiris en el extremo izquierdo de la imagen. Pinedyem aparece ataviado con las prendas propias de un faraón, pues por aquel entonces (hacia 1070-1032 a. C.) los sumos sacerdotes de Tebas se habían autoproclamado reyes del Alto Egipto (*véanse págs. 38-39).

LITERATURA FUNERARIA

En el complejo mundo del más allá, los muertos poseían toda una colección de himnos y actos que servían de ensalmos mágicos destinados a protegerlos y rejuvenecerlos. La colección de ensalmos más antigua que se conoce, reservada en exclusiva para el faraón, se encuentra grabada en el interior de las pirámides reales del Imperio Antiguo construidas bajo el reinado de Onos (hacia 2345 a. C.). Estos *Textos de las Pirámides* constan de un total de unos ochocientos ensalmos repartidos entre las pirámides de nueve reyes y reinas de las Dinastías VI a VIII. En ellos se menciona por primera vez a Osiris como el señor de los muertos, patrón y compañero del faraón muerto (*véanse* págs. 110-111).

Con el debilitamiento del poder central al término del Imperio Antiguo y la aparición de toda una serie de poderosos soberanos locales (los nomarcas) durante el Primer Período Intermedio (hacia 2173-2040 a. C.), la promesa de la inmortalidad, reservada en su origen a la persona del faraón, se hizo extensible al resto de las clases sociales. Durante este período y el Imperio Medio, se grabaron en la cara interior de los sarcófagos, y a veces incluso en las paredes y los techos de las propias tumbas, series de ensalmos funerarios que suman, en total, más de mil cien fórmulas. Estas inscripciones, conocidas como los *Textos de los Sarcófagos*, incluían nuevas «guías» del más allá con los senderos que debía seguir el espíritu. En el Imperio Nuevo, los *Textos de los Sarcófagos* se reemplazaron por ensalmos copiados en largos papiros enrollados, decorados con ilustraciones coloreadas. Éstos eran caros, pero se encontraban al alcance de todo el que pudiese costearlos. Conocidos popularmente en Occidente como el *Libro de los Muertos*, estos textos, que los antiguos egipcios llamaban *Libro para salir al día*, no se estandarizaron hasta los albores de la época faraónica. Los manuscritos varían entre sí en lo que respecta al número y el contenido de los ensalmos, que en última instancia dependían de las tradiciones locales y del ejemplar disponible en aquel momento para el copista. Los ensalmos no pasan de los dos centenares, cifra a todas luces inferior a las de las otras colecciones, aunque los textos combinan a menudo varias fuentes anteriores.

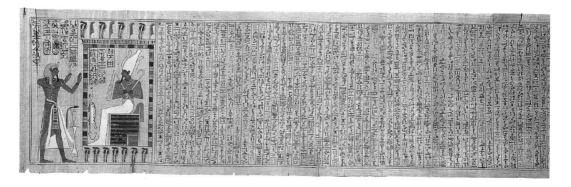

El *Libro de los Muertos* continuó siendo una obra de referencia durante la dominación romana, junto con otras composiciones de la Baja Época de entre las que destacan el *Libro de las respiraciones*, compuesto tal vez en época saíta, y el *Libro del viaje por la eternidad*. El primero, escrito en época ptolemaica, se inspira en el *Libro de los Muertos* e incluye una «confesión negativa» (*véase* recuadro inferior), así como varios ensalmos puestos en boca de Isis; en época romana se añadió una sección adicional con ensalmos para preservar el nombre del homenajeado. El segundo, por su parte, se compone de un prolongado exordio dirigido al muerto, a quien se le garantiza el poder para visitar a Osiris y disponer de centros de culto y celebraciones en el mundo de los vivos. El *Ritual del embalsamamiento*, que data del siglo I o II d. C., es una de las últimas composiciones funerarias de los antiguos egipcios, si bien los ensalmos que incluye se corresponden con la tradición.

EL JUICIO ANTE OSIRIS

De los ensalmos que se van repitiendo en las diferentes versiones conservadas del *Libro de los Muertos*, el más importante es sin duda el capítulo 125, en el que se detalla el ritual en que se compara el peso del corazón del muerto con la pluma de Maat, la diosa de la verdad. En presencia de Osiris y de un tribunal integrado por representantes de los diferentes nomos (provincias) del antiguo Egipto, el muerto niega toda una serie de ofensas, de ahí lo de «confesión negativa». A continuación, el dios Anubis pesa el corazón –centro del pensamiento, la memoria y la personalidad– en una balanza, mientras Tot, el escriba divino, registra el veredicto. Si el corazón y la pluma quedan equilibrados, al muerto se le declara «verdadero/justo de voz» y se le asigna una porción del dominio de Osiris. Además, se une al dios Sol en su travesía celestial, o bien pasa a morar entre las estrellas. Los que no superan el juicio, en cambio, son aniquilados a manos del «monstruo engullidor», una bestia a medio camino entre un cocodrilo, un león y un hipopótamo que aguarda junto a la balanza.

Escena del juicio procedente del Libro de los Muertos *del escriba real Hunefer (hacia 1285 a. C.). Desde la izquierda: Anubis conduce a Hunefer a la sala del juicio; se pesa el corazón del muerto y Tot anota el resultado favorable; por último, Horus lleva a Hunefer ante Osiris.*

LA MOMIFICACIÓN

EL ÓRGANO DEL ALMA

El corazón, que los antiguos egipcios consideraban como el depositario de la razón, la memoria y la personalidad, era el único órgano de relevancia que se dejaba en el cuerpo durante el proceso de momificación. Sobre la momia se depositaba un escarabeo en forma de corazón, con un ensalmo inscrito en él destinado a asegurar el silencio del corazón respecto a las malas acciones realizadas en vida, en el momento de pesar el corazón ante Osiris (*véase* pág. 137). Aquellos que no lograban superar la prueba estaban condenados a sufrir terribles torturas, aunque lo normal era que el corazón del reo se arrojase al «monstruo engullidor», que al devorarlo borraba para siempre la personalidad del muerto. Y es que, para los antiguos egipcios, el destino más terrible era la pérdida de la identidad.

Máscara funeraria de una princesa, elaborada con vendas de lino endurecidas con yeso y bañadas en oro (principios del Imperio Nuevo, hacia 1500 a. C.).

Los antiguos egipcios creían esencial preservar el cuerpo del fallecido para asegurar su vida en el más allá. El proceso de momificación evolucionó durante milenios, desde la deshidratación natural en hoyos poco profundos del desierto, al recubrimiento del cuerpo, ya preparado, con capas de lino y el retrato del fallecido.

Las primeras técnicas artificiales de preservación de cadáveres se remontan al final del período predinástico, cuando los muertos empezaron a enterrarse en tumbas recubiertas con ladrillos o madera dentro de sarcófagos. Bien aislado del efecto deshidratador de la arena del desierto, el cuerpo se envolvía en una serie de vendas de lino empapadas en resina, en uno de los primeros métodos conocidos destinados a retardar el proceso natural de descomposición. En tiempos de la Dinastía III, los intentos por dotar al muerto de un mayor realismo llevaron a rellenarlo hasta conseguir las mismas dimensiones que el fallecido poseía en vida. No obstante, no se puede hablar de verdadera momificación hasta la Dinastía IV, cuando se descubrió el efecto deshidratante del natrón, un compuesto de carbonato sódico y bicarbonato sódico que suele aparecer mezclado con cloruro sódico (sal). Sin apenas modificaciones, este proceso configuró la base de la momificación por medios químicos durante los siguientes tres milenios.

Las fuentes de los antiguos egipcios suelen omitir detalles de las técnicas empleadas por los embalsamadores, si bien se conocen aspectos del método gracias a los historiadores griegos Heródoto y Diodoro Sículo, así como a la primera versión en demótico del relato de Setne Jamuaset, de época ptolemaica (*véase* pág. 147). Según estas fuentes, el proceso normal de embalsamamiento duraba setenta días. El primer paso consistía en extraer las vísceras del cuerpo sin vida, con especial cuidado en el caso de los pulmones, el hígado, el estómago y los intestinos. Una vez extraídas, se desecaban, se envolvían por separado y se depositaban dentro de unos recipientes especiales (los más antiguos que se conocen se remontan a la Dinastía IV). Poco después, se introducía cada órgano en unas vasijas individuales llamadas «vasos canopos». El corazón se dejaba dentro del cuerpo (*véase* columna, izquierda). La extracción de vísceras implicaba retirar los órganos más proclives a la descomposición, según los antiguos egipcios. Así, se creía que los *wjedu*, los restos de los alimentos todavía no digeridos, provocaban enfermedades y aceleraban el envejecimiento, y, por extensión, la descomposición del cadáver. Una de las maneras más económicas de eliminar los *wjedu* consistía en disolver los órganos infectados y purgar los intestinos con inyecciones.

Una vez extraídas las vísceras, el cuerpo se rellenaba con natrón seco y se dejaba durante los cuarenta días del proceso de deshidratación. A continuación, se lavaba, se rellenaba con una mezcla de resina y lino, y, por último, se envolvía a conciencia con metros y metros de vendas de lino fino. Los rasgos faciales de la momia se retocaban con pinturas, y sobre el rostro se aplicaba un recubrimiento de yeso, que desde el Primer Período Intermedio se reemplazó por una máscara funeraria separada.

Durante los siglos se añadieron otras modificaciones. Desde el Imperio Medio y hasta época ptolemaica, el cerebro se extraía por las fosas nasales con un punzón. Por otro lado, el destino de las vísceras embalsamadas fue variando, desde su devolución al cuerpo (Dinastía XXI), a su colocación dentro de vasos canopos (Dinastía XXVI) o en una especie de bolsas entre las piernas (desde la Dinastía XXVII). Con la dominación romana, la máscara funeraria se reemplazó por un tablón de madera pintado con gran realismo denominado «retrato del Fayum» (*véanse* págs. 226-227). Cuando la sociedad egipcia adoptó el cristianismo copto, el fenómeno de la momificación se mantuvo durante cierto tiempo, pero hacia el siglo IV d. C. se dejó de practicar por ser práctica pagana.

PALEOPATOLOGÍA

El remarcable estado de conservación de muchas momias egipcias ha dado lugar, en los últimos años, a la aparición de una nueva especialidad dentro de la historia médica: la paleopatología, esto es, el estudio de las enfermedades del pasado. A diferencia de las antiguas investigaciones con las momias, verdaderas autopsias destructivas, los avances permiten contar con nuevas técnicas no invasivas, como los escáneres CT y los rayos X. Los resultados aportan una idea más precisa del cuadro de patologías más frecuentes entre los antiguos egipcios, en el que aparecen casos de neumonía, tuberculosis, viruela y poliomielitis, así como la relativa incidencia de enfermedades parasitarias, como la bilharzia. Tras la autopsia realizada en 1975 a la momia de una joven de catorce años en la Universidad de Manchester, Inglaterra, se supo que la joven había sufrido la amputación de las dos piernas poco antes de su fallecimiento, por lo que pudo ser víctima de un cocodrilo del Nilo.

De las momias estudiadas, tan sólo se han identificado ocho casos de cáncer, mientras que entre el 10 y el 20 % de las momias de personas adultas muestran síntomas de arteriosclerosis. El estudio de las dentaduras ha permitido descubrir pocas cavidades, pero lo suficientemente graves como para deducir que acabaron en abcesos. La explicación más probable de esta abrasión hay que buscarla en la arena, que se mezclaba de forma involuntaria con el pan al moler el grano en ruedas situadas en el nivel del suelo.

El análisis de las momias de varios faraones del antiguo Egipto ha permitido arrojar luz sobre el estado de salud de aquéllos. Así, por ejemplo, Rameses II, que gobernó hacia 1289-1224 a. C.) y vivió probablemente casi noventa años, padeció de dolencias propias de la gente mayor. En ese sentido, los rayos X no dejan lugar a dudas: como la gran mayoría de sus súbditos, el faraón también padeció abcesos y caries en los dientes.

La momia extraordinariamente bien conservada de Rameses II, cuyo reinado (hacia 1289-1224 a. C.) fue uno de los más largos de toda la historia del antiguo Egipto. El examen de su cuerpo, realizado con las técnicas más modernas del momento (incluyendo los rayos X) durante una campaña de restauración en 1975 en París, reveló que el faraón había padecido, como era de esperar, los achaques propios de su edad (vivió hasta casi los noventa años).

EL CULTO FUNERARIO

Ante el convencimiento de que los muertos, como los vivos, tenían necesidades en el más allá, los antiguos egipcios comenzaban los preparativos para su futura existencia bastante antes de su muerte. Éstos consistían, no sólo en la construcción de una tumba y la adquisición de su contenido, sino también en la realización del adecuado culto funerario, a fin de perpetuar su nombre entre los vivos y su estatus entre los muertos. Este culto funerario, manifiesto ya en las tumbas de los primeros tiempos del Periodo Predinástico, que solía incluir ofrendas de alimentos y pertenencias personales, discurrió en paralelo (si bien en una escala más reducida) a las grandes ceremonias fúnebres de los templos en honor a los dioses. En general, la realización de ofrendas, himnos y oraciones exigía la presencia de los sacerdotes responsables del culto, y, por tanto, una fuente constante de ingresos para sufragar los gastos del mantenimiento de dicho personal y las ofrendas.

Estela funeraria de la sacerdotisa Deniuenjonsu (madera pintada), en la que aparece adorando a Re-Haractes-Atum, el dios Sol con cabeza de halcón, junto a una mesa repleta de ofrendas para el dios (Dinastía XXII, hacia 945-715 a. C.).

El número de personas al cargo, los «sacerdotes-*ka*» o «servidores del espíritu *ka*» del muerto, variaba en función de la riqueza del homenajeado. Tras el Imperio Nuevo, estos sacerdotes fueron conocidos como «libadores de agua», por su obligación de realizar libaciones de agua para refrescar al muerto. En el mejor de los casos, el oficio de sacerdote *ka* lo realizaba el primogénito y heredero del muerto, igual que Horus asumió las funciones de Osiris, su padre. También podían participar otros familiares, de modo que el culto funerario proporcionaba ocupación y cierta seguridad económica a los descendientes del finado. El culto a los miembros de la nobleza era más costoso, pues participaba en él un gran número de sacerdotes. La fuente de financiación procedía de la explotación de «fincas fúnebres», extensiones de terreno que proporcionaban ingresos para el culto y ofrendas para el altar. Éstas se dejaban en el altar hasta que el espíritu hubiese satisfecho sus necesidades, y entonces pasaban a manos de los sacerdotes responsables del culto, que las consideraban parte de su retribución.

Con el tiempo, el culto funerario caía en el olvido, ya fuese por la desaparición natural de los descendientes y, con ellos, de los sacerdotes *ka*, o por la redistribución de las tierras y la desaparición de la principal fuente de ingresos. En ese sentido, los antiguos egipcios idearon un sistema alternativo mediante imágenes y palabras para asegurarse de que los muertos tuvieran un amplio repertorio de elementos básicos. Ello explica que, a menudo, junto al altar del santuario de las tumbas aparezcan representaciones de platos junto a las oraciones fúnebres. Tanto la elaborada decoración como las inscripciones del santuario abierto querían atraer la atención de los visitantes, quienes ante su visión tal vez accedían a realizar ofrendas o libaciones de agua, o a recitar una oración fúnebre, convirtiéndose así ellos mismos en sacerdotes *ka* y asegurando la pervivencia del culto. Mencionar el nombre de la persona muerta en una oración garantizaba la continuidad de su vida en el más allá.

En esta pintura mural hallada en la tumba de Inerja, en Tebas Oeste (Dinastía XX), un sacerdote cubierto con la máscara de Anubis celebra la ceremonia de la «apertura de la boca», el último rito funerario antes de la presentación de las ofrendas finales y la colocación del cuerpo en el interior de la tumba. Durante la misma, el sacerdote tocaba la boca, los ojos y las orejas de la momia con una azuela para asegurarse de que pudiera utilizarlos una vez en el más allá. En los funerales más ostentosos, esta ceremonia tenía lugar tras una solemne procesión del cuerpo sin vida del fallecido, así como de su ajuar funerario, hasta la tumba, con participación de plañideras y bailarinas, y la realización de ceremonias de purificación.

«UNA OFRENDA QUE REALIZA EL FARAÓN»

Si hay alguna oración en el antiguo Egipto que se pueda catalogar como «escritura integradora» desde el punto de vista cultural, ésta es sin duda alguna la oración fúnebre estándar, presente durante cerca de dos mil años, desde el Imperio Antiguo hasta la época helenística. La oración, que empieza con la fórmula *Hetep di nesu*, «Una ofrenda que realiza el faraón…», ilustra a la perfección la creencia de que sólo el faraón estaba autorizado para realizar ofrendas a los dioses, aun cuando en la práctica éstas se realizaran en su nombre. En las versiones más extendidas de la oración, se especifica que dichas ofrendas se realizaban en honor o en compañía de Osiris y Anubis, las dos divinidades relacionadas con los muertos, acompañadas en ocasiones por otros dioses locales. Este conjunto de divinidades transmiten a su vez las ofrendas al culto y el espíritu del muerto, fenómeno que se conoce con la expresión de «reversión de las ofrendas». Las ofrendas reales se depositaban primero en los altares de los templos, de donde se retiraban transcurrido el tiempo oportuno y se utilizaban para los cultos funerarios de los particulares adscritos al templo en cuestión. Las oraciones, presentadas a modo de «ofrendas invocativas», proveían al *ka* de la persona muerta de mil hogazas de pan, vasijas de cerveza, bueyes, aves de corral, recipientes de alabastro y telas, además de «todo lo bueno y puro de lo que se nutre un dios».

Las cartas que se escribían a los muertos se solían depositar en el interior de las tumbas o de los sarcófagos. En una de ellas, expuesta en la actualidad en el Louvre, de París, el remitente alude al «noble cofre del Osiris [nombre del finado], que descansa debajo de ti y me escucha y transmite mi mensaje». El autor, sin embargo, no esperaba ninguna carta de respuesta, sino que más bien daba por supuesto que el muerto se le aparecería en sueños llevando a cabo el encargo solicitado. Este sistema de comunicación a través de los sueños constituía una versión temprana del fenómeno conocido como «incubación», en el que el solicitante buscaba un remedio en los sueños que tenía mientras dormía en un santuario. En el Egipto de época helénica, este fenómeno se popularizó en los templos consagrados a Imhotep, el gran arquitecto de la Dinastía III, considerado con el tiempo un dios del arte de la sanación (*véase* pág. 178).

Grabado procedente de una «carta» a un difunto escrita en hierático sobre una vasija de cerámica. El destinatario aparece en el centro de la vasija, que debió de contener ofrendas antes de ser depositada en la tumba. Esta vasija, una de las escasísimas veinte «cartas a los muertos» halladas hasta hoy, se conservaba en Berlín, pero fue destruida en la segunda guerra mundial.

LA COMUNICACIÓN CON LOS MUERTOS

Los antiguos egipcios creían que los muertos, tras superar la prueba del juicio ante Osiris, se convertían en los intermediarios entre sus familiares vivos y el panteón de los dioses. Dotados de poderes divinos, estos espíritus (*ajs*) mantenían los lazos con su familia, así como con sus intereses particulares, y se les podía rogar a través de invocaciones y oraciones. En el seno de las familias, los antepasados ilustres solían convertirse en objeto de un verdadero «culto» a los antepasados, tal como se desprende de la serie de bustos del Imperio Nuevo hallados en diversos santuarios domésticos (*véase* pág. 152). En la mayoría de los casos, sin embargo, la interacción entre los vivos y los muertos era más informal, con plegarias orales de las que no ha quedado constancia, o casi, pues en las *Cartas a los muertos*, unos pocos textos que van desde el Imperio Antiguo hasta la Baja Época, se incluye un gran número de fórmulas suplicatorias.

Estos textos, inscritos en vasijas de cerámica y en telas y papiros, presentan la forma de cartas normales, con mención al destinatario y al remitente y, según el tono de las mismas, un saludo: «Mensaje de Merirtyfy para Nebetiotef: "¿Cómo estás? ¿Te está cuidando el Occidente como esperabas?"». (Es probable que este tipo de preguntas sobre el estado del muerto no fueran meramente retóricas, pues los ensalmos 148 y 190 del *Libro de los Muertos* contienen complejos rituales a través de los cuales el espíritu del finado podía «hacer saber qué destino le ha correspondido».) Las cartas se solían depositar en la tumba y escribir en vasijas, probablemente llenas de ofrendas. Al efecto piadoso (y persuasivo) de estas últimas, se unía el de las peticiones, cuyo tono varía mucho de un testimonio a otro. En todos los casos, sin embargo, se insta al muerto a que intervenga en favor del remitente, a menudo contra espíritus malignos que aflige a éste o a alguno de sus familiares (*véanse* págs. 144-145). Estas súplicas suelen referirse a los dioses y al papel del muerto en el más allá: «Debes llevarlo a juicio, ya que tienes testigos a mano en la misma ciudad [de los muertos]». En una vasija expuesta actualmente en el Louvre, París, podemos leer el principio que regía en el más allá, según los antiguos egipcios: «De igual modo que viviste sin tacha en la Tierra, así eres ahora uno de los que cuentan en la necrópolis». A pesar de este tono tan legalista, lo cierto es que las cartas nunca responden a un mismo patrón formal, sino que varían respecto al contenido y a la extensión, y algunas de ellas adoptan incluso un tono familiar.

Los asuntos tratados en las *Cartas a los muertos* suelen versar, en general, sobre cuestiones de propiedades y herencias, remordimientos o la fertilidad de las esposas y las hijas, así como el temor a los espíritus, entre ellos el propio destinatario. Para ganarse el favor de este último, los remitentes

suelen referirse a hechos agradables del pasado, como cuando un hijo, en la vasija de Kaw, recuerda a su madre cómo, en una ocasión en que deseaba comer siete codornices, él se las había ingeniado para satisfacerla. ¿Acaso sería capaz de permitir que él, su amantísimo hijo, resultase herido en su presencia? Si así fuera, nadie podría realizar libaciones en lo sucesivo en su honor, dando por extinguido su culto funerario. En otros casos, los remitentes defienden con fervoz su buena fe, aunque de vez en cuando puedan «descuidar» cierto ensalmo durante la realización del culto funerario. Si bien en la gran mayoría de los casos las peticiones que se formulan a los muertos son de naturaleza defensiva, como la del defender o proteger al vivo de tal o cual peligro, lo cierto es que los poderes más creativos de los espíritus se invocan en los casos de fertilidad (*véase* pág. 85). En una vasija expuesta en Chicago, el remitente solicita que «me permitas engendrar un hijo sano, pues eres un espíritu capaz de ello».

Por el contrario, en algunas misivas angustiadas encontramos aspectos no tan positivos acerca de los espíritus. En un papiro de la Dinastía XIX conservado en Leiden, Holanda, un viudo expresa su fervor por su esposa, pero le reprocha su «predisposición para el mal» y su «poca memoria» para recordar lo bien que él la trató, y lo injusta que es al no infundirle «tranquilidad de espíritu». En una fórmula archiconocida, el marido dice: «¿Qué es lo que te he hecho?».

Los antiguos egipcios creían que los muertos podían volar desde sus tumbas hasta el mundo de los muertos bajo la apariencia de un bai, *un ser con cuerpo de pájaro y la cabeza con los rasgos del muerto. En este grabado procedente del* Libro de los Muertos *del escriba Ani (hacia 1290 a. C.), el* bai *abandona el cuerpo de este último.*

Antes de la aparición de las estatuillas de
execración (*véase* ilustración, pág. sig.),
existió el rito funerario de «la ruptura de
las vasijas rojas», destinado a conjurar o
destruir a los enemigos del dueño de una
tumba. Esta ceremonia, que aparece
descrita tanto en los *Textos de las
Pirámides* como en los *Textos de los
Sarcófagos*, constituía el colofón del
banquete de celebración, y es probable
que se utilizaran las vasijas empleadas
durante el mismo. Con posterioridad,
el uso de vasijas convivió con el
de estatuillas, que eran unas
representaciones mucho más realistas
de la víctima. En la Biblia,
concretamente en Jeremías 19: 1-11, se
menciona una costumbre muy parecida
a la de los antiguos egipcios, según la cual
los sacerdotes rompían unas vasijas para
maldecir a sus enemigos políticos.

ESPÍRITUS Y RITUALES DE EXORCISMO

De igual manera que los antiguos egipcios rendían culto a sus muertos, sentían un
profundo temor por los espíritus menos favorecidos, a los que atribuían un enorme potencial destructivo. Buena prueba de ello es la gran cantidad de ensalmos
médicos que culpan a la presencia de un espíritu impuro de una infinidad de aflic-
ciones y enfermedades. Pero, como se desprende de las *Cartas a los muertos*, hasta
los espíritus favorables resultaban temibles cuando se enfadaban, de ahí que los
antiguos egipcios estuviesen siempre prestos a suplicar su conmiseración. Todo el
mundo podía sufrir la acción de estos espíritus, desde el faraón hasta un simple
campesino, de ahí la necesidad de protección mediante rituales.

A los difuntos acusados de cierta influencia maligna sobre los vivos se les com-
batía atacando su tumba, su imagen o incluso su nombre. Borrar la imagen o
el nombre constituía un ataque directo a la existencia de su espíritu, para darle
muerte en el más allá, motivación que sin duda primó en la exhaustiva campaña de
destrucción de las imágenes del herético Ajenatón (*véanse* págs. 128-129).

El ritual para la destrucción de espíritus hostiles más explícito del que se tiene
constancia aparece recogido en forma de inscripción en la colección de vasijas y
estatuillas conocidas con el nombre genérico de *Textos de execración*. Estas fórmulas, que superan el millar de versiones, cubren un extenso abanico temporal que

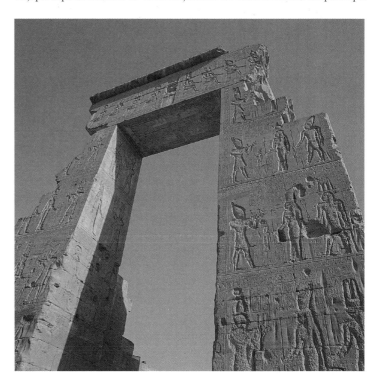

*Detalle de la entrada al templo de Hathor en
Dandara, donde se aprecian los rostros borrados
tanto del faraón como de los dioses, obra tal vez de
los primeros cristianos, quienes al proceder de esta
manera creían tal vez destruir el poder de aquéllos
y «exorcizar» el templo pagano.*

va desde el Imperio Antiguo hasta la Baja Época. Aunque los textos y los rituales descritos en estas inscripciones varían de forma más que considerable, se puede establecer una especie de práctica estándar de exorcismo: primero, se inscribe en una serie de vasijas o estatuillas de color rojo una «fórmula de rebelión» que incluya los nombres de los enemigos potenciales de Egipto, y a continuación se rompen, se queman y se entierran. Éste es el ritual oficial, aunque pudo haber diversas variantes locales. En la mayoría de los casos, el listado incluía el nombre de los soberanos que reinaban en aquel momento en las tierras contiguas a Egipto, información que seguro debía de proporcionar la administración real. Junto a ese listado, sin embargo, se añadía también una especie de apéndice con los nombres de egipcios, ya «muertos», considerados una amenaza. Buena parte de éstos habían estado implicados en conspiraciones dentro de la misma corte (*véase* pág. 89) o en algún otro crimen de Estado. A veces, incluso, se procedió a borrar la imagen del sujeto en cuestión en su propia tumba. A algunos espíritus malignos, sin embargo, se les atribuían ciertas rencillas personales con el solicitante del exorcismo, de ahí que en esos casos aparezcan ensalmos «particulares» en un gran número de estatuillas con los nombres concretos de egipcios ya muertos, así como de sus familiares.

Los rituales de exorcismo pretendían destruir el espíritu maligno rompiendo, quemando y enterrando la imagen y el nombre de éste. Para asegurarse de la destrucción del espíritu, el solicitante invocaba la ayuda de los espíritus de otras personas muertas. Suelen aparecer estatuillas de execración (*véase* columna, pág. ant.) enterradas en cementerios antiguos y abandonados, cuyos «inquilinos» pudieron estar airados por verse privados de ofrendas. En ese sentido, así como las vasijas de las *Cartas a los muertos* (*véanse* págs. 142-143) incluían ofrendas para los muertos «buenos», otro tanto sucedía con las de los *Textos de execración*, que ofrecían los espíritus de los condenados como sacrificio para calmar las ansias vengativas de los espíritus «abandonados». La costumbre de recurrir a los muertos airados para «conjurar» los espíritus amenazadores permaneció durante la época de dominación romana y conformó un rasgo propio de la magia «helenística».

Fotografía de una de las «estatuillas mágicas»
de la tumba de Tutankhamón, tomada in situ
poco después de que ésta fuera abierta. Se han
encontrado cuatro de estas figurillas, cada una de
ellas decoradas con un fragmento del capítulo 151
del Libro de los Muertos y depositadas en sus
respectivas hornacinas, tantas como puntos
cardinales, dando así forma a una especie de
perímetro defensivo. En otros objetos hallados en la
misma tumba también se encontraron ensalmos del
Libro de los Muertos, *con menciones por ejemplo*
al capítulo 6, sobre la activación de los shauabti
*o estatuillas destinadas a servir al muerto (*véase
pág. 133); o al capítulo 30, como el ensalmo
dirigido al escarabeo que se ponía en el lugar
del corazón.

LA MALDICIÓN
DE LA MOMIA

La repentina muerte del duque de Carnarvon (1866-1923), el aristócrata inglés que sufragó la campaña de Howard Carter para encontrar la tumba de Tutankhamón (*véase* pág. 196), apenas seis meses después de la apertura de esta última, desencadenó una especie de histeria entre los periodistas. En los diarios de todo el mundo empezó a hablarse de la supuesta «maldición del faraón Tut», quien al parecer había maldecido a todo el que profanara su tumba con la «muerte de las dulces alas». Por más que los egiptólogos han intentado mostrar una y otra vez la inexistencia de un texto semejante en la tumba de Tutankhamón y en el mobiliario en ella depositado, la «maldición de la momia» arraigó con fuerza en la imaginación popular e inspiró un gran número de relatos y películas de terror. Es preciso matizar, no obstante, que en otros emplazamientos sí se han encontrado maldiciones reales, si bien casi siempre en tumbas privadas (las de los faraones se protegían mediante medios más físicos y disuasorios).

Estas maldiciones son más frecuentes en las tumbas del Imperio Antiguo, y en ellas el difunto suele referirse al juicio en el mundo de los muertos para disuadir a los profanadores. En la tumba de Ni-ka-anj, situada en Tihna y de esa misma época, el muerto afirma: «En cuanto a todo el que altere mi descanso, habrá de ser juzgado conmigo». En una tumba del Imperio Antiguo hoy desaparecida se leía una amenaza mucho más contundente: «Al que ose hacer algo contra esta tumba, que se abalance sobre él un cocodrilo en el agua, o que una serpiente lo muerda en tierra. Yo nunca hice nada en su contra. Será el dios quien lo juzgue».

La idea de castigo al profanador aparece por duplicado en la maldición de la tumba de Anjmahor (Imperio Antiguo), situada en Saqqara: «Lo que hagas contra ésta tumba en el Occidente, le sucederá también a tus bienes. Soy un excelente sacerdote lector, perfecto conocedor de los ensalmos y de todo tipo de magia. Al que ose entrar impuro en ésta mi tumba, habiendo comido lo que abominan los espíritus *aj* sin mácula, o sin haberse purificado como corresponde a un *aj* sin mácula, que hace cuanto promulga su señor, lo agarraré como si fuera un ganso [esto es, por el cuello], le infundiré miedo haciéndole ver espíritus sobre la tierra que bien podrían temer a un *aj* sin mácula [...]. En cambio, al que entre en mi tumba siendo puro y con fines pacíficos, lo protegeré en el Occidente, en el patio del gran dios». Las amenazas de Anjmahor al profanador prefiguran, sin duda, la creación de la vengativa momia de las películas de Hollywood.

Aunque menos habituales, las maldiciones protectoras de fechas posteriores resultan mucho más llamativas, pues condenan al profanador a sufrir la «ira de Tot» o las «llamas de Sacmis», así como a padecer la destrucción tanto de su tumba como la de sus descendientes. De tiempos ramésidas data precisamente la llamada «maldición del asno», que durante siglos y siglos se invocó para salvaguardar las propiedades privadas amenazando a los hipotéticos profanadores con sufrir las acometidas de un asno, el animal de Set. La maldición más extensa que nos ha llegado se remonta a la Dinastía XXI y forma parte de un decreto retrospectivo sobre el recinto funerario del divinizado Amenhotep, el hijo de Hapu (*véase* pág. 33). En él, la máxima autoridad de la Dinastía XVIII amenaza con toda una serie de castigos a cuantos osen dañar su tumba y ultrajar su culto funerario, en concreto con perder todo cargo y honor, ser incinerado en un horno acompañado de todo tipo de improperios, ser arrojado al mar, verse privado de descendencia, tumba y ofrendas fúnebres de cualquier tipo, y, por consiguiente, con la degeneración de su cuerpo, «pues morirá de hambre al verse sin sustento, y sus huesos perecerán».

La maldición más reciente data del duodécimo año de reinado de Alejandro IV (312 a. C.) y a buen seguro provocará cierta sonrisa en libreros y bibliófilos: «Todo aquel que provenga de cualquier tierra, ya sea de Nubia, Cush o Siria, que cambie de sitio este libro o se lo apropie, no será enterrado, se verá desprovisto de libaciones de cualquier tipo, no olerá el incienso, no engendrará hijo ni hija alguna que pueda verter agua en su honor, su nombre será borrado de la faz de la Tierra para siempre y no contemplará los rayos del sol».

EL PRÍNCIPE SETNE Y LAS MOMIAS

En las maldiciones de las tumbas rara vez se especifica que el muerto se haya de aparecer a los vivos, si bien es cierto que la literatura del antiguo Egipto proporciona varios ejemplos de «muertos vivientes». Un «relato de fantasmas» hallado en una ruinosa tumba de época ramésida cuenta cómo un sacerdote mago invocó al espíritu del muerto, quien, después de referir todas sus aventuras y desventuras, regresó de nuevo a la tumba, donde se le realizaron nuevas ofrendas.

El primer relato en demótico de Setne Jamuaset trata sobre el enfrentamiento entre uno de los hijos de Rameses II y una familia de momias con vida. En su afán por hacerse con el libro sagrado de Tot, Setne perdió al *senet* (un popular juego de mesa en tiempos de los antiguos egipcios) contra el marido ya muerto, pero en un arrebato lo robó y se lo llevó. Maldecido por semejante ultraje, Setne cayó seducido por la misteriosa Tabubu, quien en realidad no era sino la manifestación de la esposa muerta. Entonces, Setne se vio obligado a devolver el libro y, en compensación, se comprometió a trasladar los cuerpos de la esposa y su hijo, también muerto, desde Coptos, donde estaban enterrados. Bajo la supervisión del marido muerto, que surgió de su tumba bajo la apariencia de un vetusto anciano, Setne cumplió con su cometido y logró por fin reunir a toda la familia en su tumba de Menfis.

Esta escena procedente de la tumba de Senedyem, en Tebas Oeste, muestra a éste y a su esposa Inyferti sentados ante una mesa con ofrendas. Al igual que la momia del relato de Setne Jamuaset, están jugando al senet, *un popular juego de mesa que simbolizaba el tránsito de los muertos en su viaje al más allá. El juego consistía en mover las piezas alrededor de un tablero de treinta casillas o* peru *(«casas»), intentando evitar a toda costa los obstáculos y hacerse con las bendiciones. El primero en pasar al más allá era el que ganaba la partida (véase pág. 165).*

CAPÍTULO 11

LOS RITUALES

Los antiguos egipcios vivían en un mundo dominado por los rituales y las ceremonias. Sus firmes creencias religiosas se manifestaban en toda una serie de actos y fórmulas repetitivas que tenían como finalidad conseguir cierto favor u objetivo, como disfrutar de buena salud o alejar las adversidades. Para los miembros de las clases privilegiadas, de las que procede la gran mayoría de vestigios conservados, el culto consistía en una colección de rituales. Éstos se basaban, a su vez, en unos actos de carácter repetitivo documentados tanto en textos escritos como en representaciones pictóricas.

▲

Asegurar el orden cósmico 148

Las ofrendas diarias 150

El culto a los ancestros 152

Los ritos y el pasado 154

Gestos y posturas rituales 156

Las barcas sagradas 158

Nacimientos y matrimonios divinos 160

Piedad y sacerdocio 162

Juegos rituales 164

SUPERIOR: *Detalle del* Libro de los Muertos *de Anhai (Dinastía XX, hacia 1150 a. C.). En él aparece Titiu, una cantora del templo de Amón, tocando el* sistro sagrado. *Los antiguos egipcios creían que el sonido del sistro, que tocaban los sacerdotes en las ceremonias, gustaba a los dioses (la hiedra simboliza el regreso a la vida).*

ASEGURAR EL ORDEN CÓSMICO

La importancia de los rituales en la vida de los antiguos egipcios está ligada a su visión del mundo, basada en conceptos de carácter dual. El universo surgía del conflicto permanente entre diversos contrarios cósmicos: el bien y el mal, la luz y la oscuridad, la esterilidad y la fecundidad y, por encima de todo, el cosmos (el orden armónico o *maat*) y el caos (*isfet*). El mismo universo se apoyaba en unos ciclos de carácter repetitivo: el sol que aparece por la mañana y se pone al anochecer, el transcurso de las estaciones, la subida y bajada anual de las aguas del Nilo… Cuando la *maat* se quebraba, aparecía el *isfet*, no había crecida del Nilo y el hambre se apoderaba del país. Se entiende, pues, la obsesión de los antiguos egipcios por asegurar, con sus rituales y ceremonias, la continuidad del orden cósmico y la benevolencia de los dioses que controlaban el universo.

Los rituales de los antiguos egipcios estaban encaminados sobre todo a rendir homenaje a la imagen del dios correspondiente, así como a obsequiarle con las ofrendas necesarias para su sustento. La creencia de que un acto de culto podía atraer el favor de los dioses queda bien patente en el hecho de que en egipcio antiguo la palabra «ofrenda» tuviese también el significado de «estar en paz».

Dado el carácter repetitivo de los rituales y las ceremonias, cada uno de éstos reunía un poco de todos los celebrados con anterioridad. Los rituales encarnaban el retorno al pasado, que los antiguos egipcios tenían en muy alta estima. Creían que en el momento de la creación el mundo era perfecto, de ahí que los cambios no se entendieran como una manifestación del progreso, sino más bien como una desviación no deseada. Como representaciones inamovibles de hechos pasados, los rituales contribuían a afianzar el carácter perfecto del universo.

El faraón era el eje indiscutible de la vida ritual de los antiguos egipcios y, al menos en teoría, era él quien presidía todos los rituales sagrados que se celebraban en los templos. En la práctica, sin embargo, contaba con una serie de representantes religiosos, los sacerdotes, que eran quienes se encargaban de celebrar el culto diario, a pesar de ser el faraón quien aparecía representado como máximo responsable de los mismos en los relieves y las pinturas murales de los templos.

Personificación divina de uno de los nomos (provincias) del antiguo Egipto en el templo funerario de Rameses II, en Tebas Oeste. La figura aparece presentando los frutos de la parte del país que representa; en concreto, panes, higos y granadas, así como los jeroglíficos de «vida» y «dominio». Las ofrendas de alimentos eran un elemento fundamental en un gran número de ceremonias religiosas.

Estatuilla en plata y baño de oro que representa la ceremonia de la «presentación» ante la diosa Maat. Las ofrendas con presentes materiales, tales como pan, telas, incienso o leche, formaban parte de la liturgia diaria por ser consideradas «alimento para los dioses». Por ello mismo, la ofrenda de una estatuilla de Maat simbolizaba todo cuanto se debía a la generosidad de los dioses, tanto de índole material como inmaterial.

Cada ofrenda funeraria que se realizaba en honor del alma de una persona se presentaba en nombre del propio rey, con independencia de quien la presentase en realidad (*véase* pág. 141). A partir del Imperio Medio, el papel del faraón quedó aún más claro con la asunción del título real de «Señor de los actos rituales».

El ritual más importante era la llamada «presentación ante Maat», la diosa que encarnaba el concepto de *maat* (verdad y orden universal). En todas las escenas de dicha ceremonia, desde el reinado de Tutmosis III (hacia 1490-1436 a. C.) hasta el período de dominación romana, el que realiza la ofrenda, casi siempre el faraón, presenta a la diosa una pluma (, jeroglífico de *maat*) o bien la estatuilla de una diosa (*véase* ilustración, derecha), gesto que simboliza la promesa del faraón ante los dioses de mantener el orden cósmico (*véase también* pág. 130).

LAS OFRENDAS DIARIAS

La liturgia diaria en los templos era el ritual más extendido de entre todos los que se celebraban en el antiguo Egipto. Tenía lugar tres veces al día en cada uno de los templos repartidos a lo largo y ancho del país: uno al amanecer, otro al mediodía y el último al anochecer. Estos rituales se tenían como algo esencial para asegurar el sustento de cada una de las divinidades, cuyas imágenes en forma de estatuas sagradas se guardaban en el interior del santuario. Aunque dicha estatua no se veneraba como el dios en sí, los antiguos egipcios creían que el espíritu del mismo sí residía en ella. Las ceremonias que celebraban los sacerdotes en el santuario del templo tenían por objeto no sólo venerar al dios en cuestión, sino también purificar la imagen del culto con la finalidad de convencer al espíritu divino para que permaneciese en ella.

Los diferentes actos que tenían lugar en estos rituales de carácter diario aparecen representados con todo detalle en tres sitios diferentes: los relieves del templo

ESCENAS DE OFRENDAS

La mayoría de las escenas que contienen ofrendas rituales siguen el mismo patrón. El faraón, que preside el oficio, se halla enfrente del dios al que se dedica la ofrenda y puede estar tanto de pie como arrodillado, mientras que el dios suele estar de pie o sentado. Las inscripciones jeroglíficas suelen dividir la escena en tres acciones. La primera secuencia suele hacer referencia al poder y el éxito con que el dios ha honrado al faraón, con fórmulas como ésta: «Palabras dichas por Amón-Re, rey de los dioses: "Es a ti a quien he dado cada una de las victorias. Es a ti a quien he dado toda la vida y la estabilidad"». La segunda secuencia alude a los actos del soberano, que suelen ir enumerados en gerundio («Ofreciendo incienso a su padre...»), mientras el soberano aparece realizando la ofrenda al dios. La última secuencia, unida en general con la dedicatoria del faraón, suele ser un deseo: «Que él [el faraón] reciba la vida».

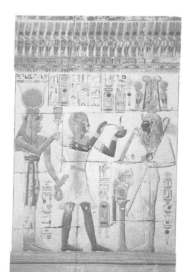

Una imagen del templo de Setos I, en Abidos (h. 1290-1279 a. C.). Vestido con piel de pantera y con una capa sacerdotal, ofrece el incienso a su propio dios, Isis, con el sistrum, es testimonio del ritual.

Con anterioridad a la Dinastía XIX, la única figura que se representaba realizando ofrendas ante los dioses era la del rey, pero a partir de Rameses II (hacia 1289-1224 a. C.) se han conservado algunas estelas en las que éste aparece en presencia del dios en la mitad superior, mientras en la otra mitad aparece la imagen del particular (tanto hombre como mujer) que ha encargado la estela, en general adoptando una actitud de adoración ante la inscripción de una ofrenda. Llegado un punto se prescinde incluso de la imagen del faraón, si bien en los relieves de los templos siguió mostrándosele ante la divinidad en cuestión.

de Setos I (hacia 1305-1289 a. C.) en Abido; la gran sala hipóstila (con columnas) del templo de Amón en Karnak, y
el templo de Horus en Edfu. Aunque se distinguen diferentes actos rituales, resulta más difícil establecer una secuencia de los mismos debido al modo en que están dispuestas las escenas en los muros. El faraón aparece siempre
presidiendo la ceremonia, pero en los textos que acompañan la escena es el sumo sacerdote, que celebra el ritual en nombre de su señor, el que se dirige al dios con
estas palabras: «Es el faraón quien me envía».

Tras oficiar toda una serie de ceremonias de purificación en las que el sacerdote responsable del oficio se
lava con agua y natrón, éste, que en determinadas ocasiones aparece acompañado de otros sacerdotes de la jerarquía correspondiente, así como de un coro de sacerdotisas, rompe los sellos de la puerta del santuario y accede
al lugar más sagrado del recinto. A continuación, se pro-
nuncian unas oraciones y se realiza una ofrenda de incienso ante los ureos, las imágenes protectoras (aunque
potencialmente peligrosas) de las cobras que decoran el
santuario.

Entonces el sacerdote enciende la antorcha que sirve para
despertar a la divinidad de su sopor, y que simboliza al mismo tiempo la salida del sol, permitiendo así la renovación del cosmos. Tras recitar unas oraciones más, el aire se purifica con incienso y, a continuación, el sacerdote lleva la estatua del dios desde el santuario hasta un montículo de tierra
limpia que simboliza el montículo primigenio del que emergió la vida (*véanse*
págs. 120-121). Acto seguido, despoja a la estatua de las vestiduras y la limpia con
ungüentos que han sobrado del ritual anterior. Tras purificar el ambiente con más
incienso, se procede a adornar al dios con vestiduras limpias y se le unge con perfumes y más ungüentos, tras lo cual se le presentan como ofrenda collares, perfumes, coronas, cetros y trajes de color blanco, verde y rojo.

Llegados a este punto, los sacerdotes profieren una invocación en la que invi-
tan al espíritu del dios a regresar a la estatua y a disfrutar de los alimentos que se
han colocado ante ella: «¡Regresa a tu cuerpo! ¡Regresa a la majestad (esto es, el faraón), tu servidor, que no se olvida de tu festín! ¡Trae contigo tu poder, tu magia
y tu honor a este pan caliente, a esta cerveza caliente, a este asado caliente!».

Tras el simbólico banquete, la estatua se purifica de nuevo con incienso, ungüentos y perfumes, y por último se recubre con una tela de lino blanco. A continuación, se esparce tierra limpia por el suelo del santuario (no se sabe quién realizaba esta operación) mientras el sacerdote sale de la estancia barriendo sus pisadas
a medida que retrocede con un cepillo de color rojo. Por último, se cierran de nuevo las puertas del santuario y se reemplazan los sellos, de manera que la divinidad
pueda descansar hasta el día siguiente.

*Detalle de un relieve hallado en un templo de
Abido (Baja Época, Dinastía XXX) en el que
el faraón Nectánebo I (378-361 a. C.) presenta
una estatuilla de la diosa Maat a Tot, que
aparece bajo la apariencia de un babuino con un
disco solar sobre la cabeza. Otro dios, Onuris,
permanece de pie a la derecha.*

EL CULTO A LOS ANCESTROS

A los faraones del antiguo Egipcio se les veneraba tanto de forma colectiva como individualizada, mediante una serie de ceremonias. El culto a los antepasados de la realeza consistía en realizar ofrendas de alimentos en honor al espíritu del soberano, así como en la recitación de oraciones, que tenían por finalidad permitir al *ka* o espíritu del faraón «nutrirse» de los alimentos ofrendados. En los templos funerarios faraónicos (*véanse* págs. 210-211) era donde se realizaban tales ceremonias de culto, si bien había otros templos de carácter no funerario, como por ejemplo los de Luxor y Karnak, que desempeñaban una función similar. De hecho, la mayoría de los templos del Imperio Nuevo contaban con santuarios concebidos para rendir culto al padre del faraón reinante y a los dioses Amón y Re.

La fuente de información más precisa acerca del culto a los antepasados de linaje real es, en ese sentido, el conjunto de textos relativo a las modalidades del culto diario (*véanse* págs. 150-151). Otra fuente no menos interesante es un decreto promulgado en tiempos de Tutmosis III (hacia 1490-1436 a. C.), en el que se exigen doce montones de ofrendas para el culto diario en el templo de Ptah situado en Karnak, de los cuales seis se depositaban delante de la estatua del faraón. De los relieves y las inscripciones conservadas en el templo de Setos I, en Abido, se desprende que, una vez satisfechas las «necesidades alimenticias» de la imagen de la divinidad o el rey en cuestión, las ofrendas se colocaban en un altar situado enfrente de una lista con los nombres de todos los faraones de Egipto (a excepción de los monarcas caídos en «desgracia», como la reina Hatshepsut o el «herético» Ajenatón y sus más inmediatos sucesores), de manera que todos y cada uno de ellos pudiese alimentarse y ser honrado de forma conveniente. Este tipo de listas, como las halladas en el templo de Tutmosis III en Karnak o en el templo de Rameses II en Abido (*véase* ilustración, pág. 20), en la actualidad expuestas en el Louvre y el British Museum respectivamente, testimoniaban el culto a los faraones ya fallecidos y no tanto un mero registro de los soberanos del antiguo Egipto. Las ofrendas de alimentos depositadas ante las listas con los nombres de los faraones pasaban a manos de los sacerdotes una vez transcurrido un margen prudencial de tiempo, durante el cual los soberanos podían dar cuenta de las mismas.

Los templos funerarios del Imperio Nuevo se concibieron para rendir culto a la figura del faraón una vez muerto. Ahora bien, la concurrencia de ciertos elementos, como por ejemplo un santuario para el culto al rey en vida y un «palacio» real, permiten pensar que tales templos se utilizaban ya en vida del soberano. Hay quien ha sugerido que se rendía culto a las estatuas con la representación del faraón en vida de éste, como si estuviese ya muerto, anticipándose así a su muerte real, aunque lo más probable es que se le venerase por su asociación con Amón, el dios supremo del panteón egipcio.

Sarcófago de un varón llamado Artemidoro (siglo II d. C.), cuyo retrato, pintado a la encáustica (cera pintada), reemplaza a la tradicional máscara funeraria tridimensional de fechas anteriores. Este tipo de representaciones de carácter realista fueron muy populares en tiempos de la dominación romana de Egipto, sobre todo en el Fayum, de ahí que se conozcan con la expresión de «retratos del Fayum». Se solía encargar su realización en vida del interesado, al que se le acostumbraba a representar siempre con rasgos juveniles, tal vez por la creencia de que así el finado sería un espíritu más fuerte y activo. Aunque Artemidoro aparece ataviado al estilo romano, el resto del sarcófago está decorado con motivos tradicionales egipcios.

Eso es lo que se desprende de los restos de la Tebas del Imperio Nuevo, donde en los santuarios de los faraones muertos éstos aparecen bajo la apariencia de Amón. Así, tanto Setos I como Rameses II y Rameses III aparecen como «el Señor, Amón unido a la eternidad dentro del Templo».

Por el contrario, el culto a Amenhotep I (hacia 1527-1506 a. C.), al que los artesanos de Tebas Oeste veneraban como dios protector, se consolidó unos dos siglos después de muerto aquél. Durante las ceremonias de culto, las pequeñas comunidades de Tebas Oeste sacaban en procesión las estatuas de Amenhotep y de su madre, Amosis Nefertari, en unas plataformas o bien en barcas de carácter sagrado, mientras los fieles congregados batían tambores y cantaban. En estas ceremonias, la gente solía dirigirse a la estatua del faraón con preguntas, que obtenían un escueto «sí» o «no» mediante un leve movimiento de la figura. La enorme popularidad que logró el culto a este faraón en la época ramésida quedó reflejada en el calendario, que consagraba unos siete días al año en honor al soberano, así como en las numerosas estelas y pinturas funerarias con la imagen de la pareja divina.

«ESPÍRITUS EFECTIVOS DE RE»

E l culto a los antepasados ajenos a la realeza se limitaba básicamente a los hogares más que a los templos. Gracias al gran número de estelas, recipientes para ofrendas y bustos de piedra hallados en el pueblo de los artesanos de Deir el-Medina, en Tebas Oeste, sabemos que a determinados antepasados se les consideraba *aj iker en Re*, esto es, «espíritus efectivos de Re». El adjetivo «efectivos» alude a su capacidad para actuar de intermediarios entre los vivos y los muertos, y, según creían los antiguos egipcios, estos espíritus tan «eficaces» mantenían una relación especial con el dios Sol, de ahí su lugar de honor en la barca en que éste recorría los dominios de los muertos durante la noche. De hecho, a veces se les representa incluso con la apariencia de unos rayos solares.

El culto a los antepasados de la familia consistía en depositar ofrendas de alimentos ante la imagen del *aj iker en Re*. La mayoría de estas representaciones se hallaban en una especie de hornacinas situadas dentro del mismo hogar, o bien en sus proximidades. Dichas ofrendas predisponían al «espíritu efectivo» para que intercediese ante los dioses en favor del interesado. Gracias a varios textos relacionados con este tipo de culto se sabe que el vivo pedía ayuda al muerto en toda una serie de cuestiones, desde tener descendencia a la resolución favorable de litigios de carácter legal. Esto dice uno de ellos: «Conviértete en un *aj* ante mis ojos de manera que pueda verte en un sueño combatiendo en mi nombre. Entonces depositaré ofrendas en tu honor…».

Busto del «espíritu efectivo» de Mutemonet, la madre de Amenmose, escriba en tiempos de Rameses II (hacia 1289-1224 a. C.). Era costumbre depositar ofrendas en forma de alimentos ante este tipo de estatuas con la esperanza de convencer al espíritu para que intercediese en favor del interesado.

LOS RITOS Y EL PASADO

Los antiguos egipcios creían que representar una acción en un relieve o una pintura mural era equivalente a realizarla. Así, cuando se representaba al faraón oficiando una ceremonia sagrada, se consideraba que era él mismo en persona el que la había presidido, aunque fuesen los sacerdotes quienes lo hicieran en nombre suyo. Otro tanto sucede con las imágenes de carácter aparentemente histórico: por ejemplo, una escena en la que el rey aparecía sometiendo al enemigo tenía el mismo efecto que una verdadera victoria en el campo de batalla.

Ahora bien, las escenas de victoria servían asimismo para conmemorar hechos reales, de ahí que no resulte muy fácil distinguir una representación real de otra simbólica. Algunas imágenes presentan un marcado sentido ritual ya que las acciones que representan resultan a todas luces imposibles, como cuando el faraón aparece sosteniendo en el aire a un grupo de prisioneros ante la mirada aprobadora de Amón. Por otro lado, en los pilonos de los templos abundan las escenas estandarizadas en las que el soberano arremete contra sus enemigos (*véase* recuadro, pág. sig.) o somete a los «Nueve Arcos», expresión ésta con la que se designaba de forma genérica a los enemigos tradicionales de los antiguos egipcios.

En otros tipos de representaciones a veces resulta difícil distinguir los elementos reales de los ceremoniales (*véase* recuadro, pág. sig.). Así, las referencias a los festivales *sed*, conmemoraciones del trigésimo aniversario de la subida al trono del faraón, no suelen coincidir con la cronología histórica propiamente dicha. Son muchos los reyes que presumen haber celebrado un *sed*: Hatshepsut (hacia 1490-1468 a. C.), Tutmosis III (hacia 1490-1436 a. C.) y Amenhotep II (hacia 1438-1412 a. C.), cuando en realidad, según la cronología histórica, sólo Tutmosis III logró prolongar su reinado durante tres decenios o más, de ahí que la autenticidad

En este cofre hallado en su tumba, Tutankhamón (hacia 1346-1337 a. C.) arremete acompañado de su tropa, perfectamente formada, contra las filas sirias, que corren en desbandada. En otra de las caras del cofre, el faraón aparece derrotando a los nubios (véase ilustración, pág. 41). Este tipo de escenas no tienen por que tomarse como representaciones de carácter histórico, pues no existe evidencia alguna de que el joven Tutankhamón, que debió de morir con apenas dieciocho años, emprendiera semejantes campañas. No obstante, al aparecer representado como gran faraón victorioso, pretendía congraciarse con las fuerzas divinas para que éstas protegieran el país.

EL FARAÓN VICTORIOSO

En el arte del antiguo Egipcio abundan las escenas en que aparece el faraón sometiendo a los enemigos de la nación. Así son las imágenes en que aparece en actitud de golpear al adversario con su maza de combate, motivo que por otro lado apenas ha experimentado variaciones durante la dilatada historia del antiguo Egipto. En realidad, se trata de una manifestación estandarizada de la iconografía real que tiene por objetivo convertirse en una manifestación simbólica de la supremacía del faraón. Ahora bien, también es cierto que hay ciertas escenas en las que el dominio del soberano se manifiesta de una manera tan realista que a veces resulta fácil confundirlas con un testimonio de valor histórico.

En una escena hallada en el templo de Sahure (hacia 2487 a. C., Dinastía V), en Abusir, el rey aparece representado como una esfinge sometiendo a unos enemigos libios mientras, a su derecha, contemplan la imagen una mujer y dos hombres con atuendos libios, tal vez familiares o proveedores de las filas libias, cada uno de ellos con su propio nombre. Se especifica, además, el número total de cabezas de ganado capturadas al enemigo. Al principio, este relieve se tomó como testimonio de un hecho histórico que, según se suponía, había tenido lugar realmente: una campaña contra los libios. Ahora bien, con el tiempo se encontraron esos mismos personajes, con idénticos nombres, en diversas escenas del templo de Fiope II (hacia 2278 a. C.), situado al sur de Saqqara. Por si fuera poco, hay otras dos escenas en las que aparecen esos mismos personajes libios, aunque con faraones diferentes, halladas concretamente en el templo de Osorcón I (hacia 924-889), situado en Bubastis, y en el de Tarco (690-664), en Kawa, Nubia. Estas últimas, obviamente, no pretenden erigirse en testimonios de sucesos históricos, sino en protectores rituales contra los enemigos del momento, con independencia de que el faraón luchase contra los libios o no. De hecho, este tipo de testimonios se han catalogado como «afirmaciones rituales de conquista».

Los enemigos tradicionales de los faraones egipcios, los «Nueve Arcos» (*véase* texto principal), suelen aparecer también representados en actitud humilde, lo que constituye otra manifestación más de la supremacía del faraón sobre sus adversarios.

Las escenas en las que el faraón aparece sometiendo a sus enemigos apenas experimentaron variación alguna durante los siglos, tal como se puede apreciar en estas dos escenas, una del faraón Den (Dinastía I, superior) y otra de Rameses III (Dinastía XX, inferior).

de los *sed* de Hatshepsut y Amenhotep II sea más que cuestionable. Ahora bien, como las escenas de victoria pretendían conseguir el favor de los dioses en el campo de batalla, es posible que el faraón celebrase el *sed*, o bien encargase la representación de éste, para asegurar su trono.

Otro ejemplo de confusión entre verdad histórica e intencionalidad ritual figura en los relieves de los muros del templo de Rameses III en Medinet Habu, Tebas, donde el rey aparece derrotando a los hititas en Tunip y Arzawa, poblaciones que, en realidad, fueron sometidas casi un siglo antes, según varios relieves que datan del décimo año de reinado de Rameses II. Se cree que las escenas de Medinet Habu son reproducciones de los relieves tallados en tiempos del predecesor de Rameses III. La ausencia de fechas junto a las representaciones de éste y su cercanía a las escenas de procesiones religiosas sugieren intencionalidad ritual.

Ptah, el dios creador, sostiene a Sesostris I (hacia 1971-1928 a. C.) con un abrazo protector. La escena procede de la capilla de la barca situada en el templo que el faraón mandó construir en Karnak.

GESTOS Y POSTURAS RITUALES

Las representaciones de ceremonias rituales en el arte del antiguo Egipto suelen incluir fórmulas y posturas de enorme valor simbólico. Algunas son fácilmente reconocibles hoy para cualquier persona. Así, por ejemplo, una figura arrodillada ante una persona o divinidad denota que aquélla es de rango o clase social inferior. De igual modo, una pose de reverencia es un signo de honor y respeto, los brazos extendidos hacia delante con las palmas hacia arriba significan veneración, y las imágenes abrazadas a una divinidad simbolizan protección.

Otros gestos resultan menos evidentes con el paso de los milenios. Por ejemplo, una mano en la mejilla nos muestra la imagen de una cantante; arrojar polvo por encima de la cabeza es un símbolo de aflicción; extender un brazo con la palma vuelta hacia arriba es símbolo de dicha, y recoger un brazo junto al pecho mientras se alza la otra mano con la palma hacia fuera es símbolo de veneración. Hay otros gestos cuyo valor ceremonial a veces pasa desapercibido, como en la escena en la que un hombre y una mujer aparecen respirando el aroma de una flor de loto, expresión del proceso de rejuvenecimiento vivido durante los ritos funerarios: el loto, cuyos pétalos se abren con el calor de los primeros rayos de la mañana y se retraen al caer la noche hasta la mañana siguiente, cuando vuelven a abrirse, simboliza el ciclo del nacimiento, la muerte y el regreso a la vida.

Ciertos gestos están relacionados con rituales cotidianos, como las escenas de barcas del Imperio Antiguo en las que uno de los barqueros señala con el índice y el pulgar a un cocodrilo, gesto cuya finalidad era ahuyentar a las bestias salvajes, frecuentes por entonces a orillas del Nilo. Un gesto similar aparece en los relieves de los templos, donde el faraón aparece señalando con el índice y el meñique el rostro de una divinidad.

El ademán de oler una flor de loto, tan presente en las tumbas privadas, también lo está (y por duplicado) en la tumba de Sennefer, el alcalde de Tebas en tiempos de Amenhotep II, que reinó entre 1438 y 1412 a. C. aproximadamente. Simboliza la vuelta a la vida tras la muerte.

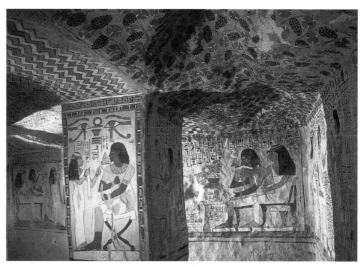

Los jeroglíficos como modalidad «taquigráfica» permitían enriquecer lo que a simple vista no eran más que meros actos de devoción, y diferenciar aquellos cuyo significado no resulta de inmediato evidente. Así, por ejemplo, el jeroglífico de «prenda» (⨆⨆), situado entre una figura humana y una divinidad, indica una ofrenda de ricos tejidos ante un determinado dios. En la escena conocida como «el bautismo del faraón», las divinidades aparecen representadas realizando una especie de libación sobre la figura del faraón. El «agua» de dicha libación toma en ocasiones la forma de una retahíla de jeroglíficos, entre los que suelen encontrarse el *anj* (☥ , «vida») y el cetro *uas* (⌐ , «dominio»). Más allá de su significado aparente, la escena representa también el obsequio de dichos dones de parte de los dioses al faraón. En otro nivel de significado menos aparente aún, los recipientes alargados de donde mana el «agua» presentan la forma del jeroglífico para «honor» (⌐).

Tanto el faraón como el dios Osiris suelen aparecer representados sosteniendo un cetro con forma de cayado (⌐), que en realidad es el jeroglífico que significa «gobernar» y hace las veces de reafirmación explícita de la autoridad del soberano. En determinadas escenas en las que aparece la imagen de una diosa dando la bienvenida a los muertos en el más allá, ésta aparece sosteniendo una especie de línea ondulada (∿) con forma de agua sobre dos líneas oblicuas (＼＼) en cada mano, símbolos que forman el jeroglífico de «acoger».

OFRENDAS AL DISCO SOLAR

L os usos y costumbres de la religión egipcia cambiaron bastante durante el «período amarniense», cuando el faraón Ajenatón instauró el culto a Atón, el disco solar (*véanse* págs. 128-129). Aunque Atón no tenía ninguna manifestación humana, lo cierto es que en las escenas ceremoniales aparece mucho más próximo a los fieles que las divinidades tradicionales en las escenas de ofrendas anteriores. En esas imágenes, los fieles dirigen sus brazos en alto hacia el Atón, cuyos rayos solares, rematados cada uno en una mano, bendicen cada una de las ofrendas realizadas en su honor.

La ceremonia religiosa más popular entre los antiguos egipcios, la ofrenda diaria al dios correspondiente, no dejó de practicarse durante este período, si bien experimentó muchas variaciones. Así, por ejemplo, el ritual se desplazó desde la zona más reservada del santuario hasta un patio abierto bañado por los rayos solares del propio Atón. Por otro lado, en el período preamarniense los templos contaban con un único altar, mientras que en tiempos de Ajenatón pasaron a contar con varios. Y es que, según se creía, la omnipresencia de Atón precisaba más altares para garantizar su «sustento».

Con la llegada al trono de Tutankhamón (hacia 1346-1337 a. C.) dejó de rendirse culto a la imagen de Atón. Este trono, sin embargo, es anterior a dicha restauración y en él se distingue cómo los rayos en forma de brazos de Atón alcanzan al faraón y a su esposa, Anjesenamón, rasgo característico de las representaciones de Atón. Al final de cada rayo hay una pequeña mano que sostiene el anj (☥), el jeroglífico de «vida».

LAS BARCAS SAGRADAS

Barca sagrada de Quéope (Jufu) minuciosamente reconstruida, expuesta en el Museo de Guiza. En su día, se enterraron cinco barcas junto a la pirámide de Quéope (véase texto principal) y la orientación de las mismas tal vez explique la función original de cuatro de ellas. Dos estaban orientadas en sentido este-oeste y es probable que se concibieran para que tanto el faraón como el dios Sol realizasen en ellas su periplo diario por el cielo (véanse págs. 118-119). Otros dos pozos se hallan orientados en sentido norte-sur, y se cree que las barcas que contenían tenían por objeto permitir recorrer los márgenes del Nilo a Quéope-Horus en su vida en el más allá. Por último, el quinto pozo bien pudo estar relacionado con el culto a Hathor, divinidad a la que se rendía culto en Guiza por aquel entonces.

Como en las barcas reales, los dioses de los antiguos egipcios se desplazaban a bordo de sus correspondientes barcas celestiales. Desde los primeros tiempos del período tinita, era costumbre sacar en procesión la imagen de las divinidades en unas barcas en miniatura, a hombros de los sacerdotes, del santuario de un templo a otro, o bien alrededor del propio recinto religioso. Las barcas sagradas más elaboradas son las del reinado de Hatshepsut (hacia 1490-1468 a. C.), talladas en los muros de Tebas con la imagen de la reina y la tríada de divinidades tebanas: Amón (*véanse* páginas 126-127), su esposa Mut y su vástago Jonsu.

Aunque la mayoría de los testimonios acerca de la existencia de barcas sagradas data del Imperio Nuevo, la imaginería de éstas ya en tiempos predinásticos sugiere que tales elementos rituales debieron de guardarse en fechas muy tempranas en cámaras especiales dentro de los templos. Cuando la divinidad tenía que emprender su viaje sagrado, su estatua se depositaba en una especie de santuario portátil similar a los antiguos santuarios del Alto Egipto, esto es, con el techo decorado con un friso de ureos (cobras protectoras) y los costados inscritos con los títulos reales y un friso con jeroglíficos. Este santuario se colocaba a su vez en la «cubierta» de la barca. Tanto la proa como la popa solían decorarse con la cabeza de la divinidad: un carnero en el caso de Amón, un hombre en el de Jonsu o el faraón, y

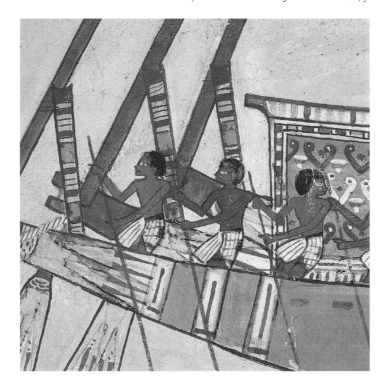

Detalle de una pintura mural hallada en la tumba de Menna, en Tebas Oeste (Dinastía XVIII, hacia 1395 a. C.), en la que se muestra a unos remeros llevando el sarcófago con los restos del muerto.

«USERHAT» Y LA FIESTA DE OPET

Una de las procesiones de barcas más espectaculares tenía lugar en Karnak con motivo de la celebración del Opet. La primera se celebró en tiempos de Hatshepsut (hacia 1490-1468 a. C.) y se sabe que continuó celebrándose hasta al menos el reinado de Peye (hacia 747-716 a. C., Dinastía XXI). Era a finales de verano y conmemoraba la travesía del dios Amón desde Karnak hasta el vecino templo de Luxor. Los extraordinarios relieves de Karnak, algunos de ellos de hasta 26 m de longitud y fechados en los reinados de Tutankhamón y Setos I, ambos del Imperio Nuevo, reproducen el trayecto de las barcas desde Karnak a Luxor y viceversa, así como los concurridos actos celebrados junto a los templos.

Esbozo sobre un ostracón *de piedra caliza (Dinastías XIX o XX, Imperio Nuevo) en el que unos sacerdotes llevan en procesión la barca sagrada de Amón (obsérvese la cabeza de carnero que decora tanto la proa como la popa). La estatua del dios se encuentra dentro del santuario portátil que descansa en medio de la barca.*

A la procesión de sacerdotes que iban desplazando poco a poco las barcas ceremoniales hasta la orilla del río se unía un sinfín de cantores, bailarines, acróbatas, músicos, soldados y lugareños. Una vez a orillas del Nilo, las barcas ceremoniales se subían a bordo de

otras de verdad, de entre las que destacaba *Userhat* («Poderosa de Proa»), que era la de mayores dimensiones y la que llevaba la barca sagrada de Amón. El casco de *Userhat* estaba bañado en oro e iba decorado con escenas del faraón en presencia del dios. Los mástiles, tanto de proa como de popa, estaban decorados con la cabeza de carnero de Amón, convenientemente adornada con lujosos collares y pectorales, mientras que la cubierta estaba decorada con obeliscos. Una vez que se depositaba la estatua del dios en la barca *Userhat*, ésta se dirigía hacia el sur, a contracorriente, empujada por medio de cuerdas atadas a diversas barcas. La fiesta musulmana de Abu Haggag, que se celebra todos los años en Luxor, viene a ser una versión moderna de lo que en su día debió de ser el Opet. Dicha fiesta, celebrada en honor al santón del lugar, culmina con una procesión de pequeñas barcas alrededor del recinto del templo de Luxor.

una mujer en el de Mut. El dios protector Tutu, representado por una esfinge con la cola erguida y ciñendo una corona *atef* (*véase* pág. 109), solía ir de pie en la proa, y alrededor del santuario de la cubierta se colocaban estatuillas del faraón y otras divinidades. La barca-santuario descansaba sobre una serie de postes que desplazaban poco a poco los sacerdotes, y la procesión realizaba altos de vez en cuando, para que los fieles pudieran honrar al dios o consultarle como a un oráculo. Cuando la procesión se detenía, la barca se depositaba sobre un pedestal de piedra. Ciertos itinerarios incluían una especie de santuarios especiales para barcas donde los sacerdotes podían descansar y purificar la estatua divina con incienso.

Muchos faraones quisieron ser enterrados acompañados de barcas a escala natural para su vida en el más allá. Por ejemplo, Quéope (Jufu), junto a cuya pirámide había cinco pozos destinados a albergar tales barcas (*véase* pie de ilustración superior, pág. ant. y págs. 180-183). Tres de ellos se encontraron vacíos, pero los otros dos albergaron en su día sendas barcas desmontadas, una de las cuales se ha ensamblado minuciosamente. La otra continúa todavía en el pozo, donde en 1987 se logró fotografiar con una microcámara.

NACIMIENTOS Y MATRIMONIOS DIVINOS

Las divinidades de los antiguos egipcios poseían atributos humanos, hasta el punto de realizar actos tan propios del hombre como casarse o tener descendencia. Así, por ejemplo, en el templo de Hatshepsut (hacia 1490-1468 a. C.) situado en Deir el-Bahari, en Tebas Oeste, encontramos relieves en los que el dios Amón aparece en calidad de padre del faraón, y en el templo de Luxor hay escenas similares talladas en tiempos de Amenhotep III (hacia 1402-1364 a. C.). En los relieves de Deir el-Bahari, se dice que el dios tomó la apariencia del padre de Hatshepsut cuando éste dejó encinta a su esposa. Ésta advirtió la presencia del dios por el exquisito olor a incienso que desprendía, y según se dice «lo vio (a Amón) en su apariencia divina». Aunque tanto la concepción como el alumbramiento de carácter divino aparecen en los relieves del templo, no se tiene constancia de que se llevaran a cabo rituales especiales al respecto en tiempos del Imperio Nuevo. En realidad, lo más probable es que tales escenas tuvieran una clara intencionalidad política, con el objetivo de enfatizar la legitimidad y la autoridad del so-

RITUALES DE NACIMIENTO

Son pocas las fuentes documentales que nos han llegado acerca de las ceremonias celebradas con motivo del nacimiento de un vástago. Según un texto del Imperio Medio (el llamado Papiro Westcar), la reina Reddyedet, a la que se atribuía la maternidad de los faraones de la Dinastía V, «se purificó durante catorce días», período de reclusión y purificación posnatal que todavía siguen practicando las mujeres en algunas regiones de Oriente Medio y de otras culturas. El texto sugiere que, antes del parto, se soltaba la ropa de la madre embarazada o bien se ponía del revés a semejanza de ciertos rituales funerarios, tal vez en alusión al ciclo de la vida, la muerte y el renacimiento.

Se han encontrado varios *ostraca* (fragmentos de cerámica o piedra con inscripciones) en Deir el-Medina, en Tebas Oeste, en los que aparece la figura de una mujer dando el pecho a su hijo en una estancia que se cree que era el lugar donde las madres daban a luz y pasaban el correspondiente período de reclusión que seguía al parto. La estancia descansa sobre unas esbeltas columnas en forma de

Ostracón de la Dinastía XX, hallado en Deir el-Medina en el que una mujer da el pecho a su pequeño en una especie de pabellón para recién nacidos. En la parte inferior, una joven le ofrece un espejo y cosméticos.

flor de loto y está recubierta a ambos lados con una frondosa hiedra, plantas asociadas con el regreso a la vida. La mujer, a su vez, lleva recogido el cabello de un modo que sólo aparece en este tipo de escenas, con una especie de moño en el centro del que caen dos colas sobre los hombros. Asimismo, lleva un collar voluminoso, otro de cuentas y brazaletes en los pies.

Otros textos aluden a la presencia de una diosa, como Isis, en el momento del alumbramiento. En *El Príncipe predestinado*, al nacimiento de éste asisten «Siete Hathors», divinidades que, según se cree, interpretaban el destino del recién nacido. En este caso presagiaron la muerte del príncipe «a manos de un cocodrilo, una serpiente o un perro». En el Papiro Westcar, se menciona a siete divinidades con apariencia de bailarinas que predicen el futuro de los próximos faraones de la Dinastía V.

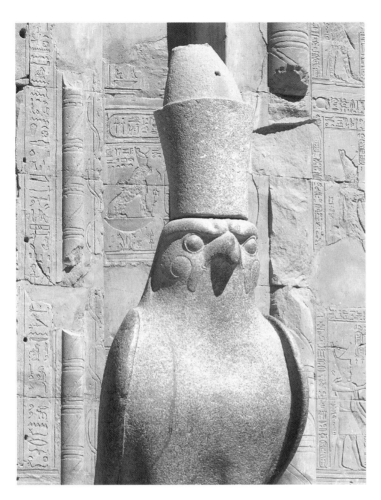

Figura colosal del dios Horus en su manifestación de halcón conservada en el templo de Edfu, adonde se trasladaba la imagen de Hathor con motivo de la celebración de la «Buena Reunión».

LA UNIÓN DE HATHOR Y HORUS

Durante la Baja Época, las ceremonias de matrimonios divinos, esto es, los celebrados entre dos divinidades, solían estar protagonizadas casi siempre por la diosa Hathor y el dios Horus. De hecho, uno de los acontecimientos más importantes del calendario religioso del Alto Egipto era precisamente la celebración, durante catorce días, de la llamada «Fiesta de la Buena Reunión»), en la que se festejaba la unión entre las dos divinidades. Durante la misma, se trasladaba a Hathor a bordo de una barca llamada *La Señora del Amor* desde su templo en Dandara hasta el gran templo de Horus, situado en Edfu, a más de 170 km en dirección sur. Tan solemne procesión se detenía en el templo de Mut, en Karnak; en el santuario de Anucis, en Per-mer, entre Esna y Hieracómpolis, así como en la misma Hieracómpolis, importante centro de culto a Horus desde los primeros tiempos de la época tinita. A medida que la barca de Hathor se aproximaba a Edfu, se llevaban a su encuentro las estatuas de Horus y Jonsu, al que también se le veneraba en dicha localidad. Los relieves e inscripciones que decoran las paredes de los templos, tanto de Dandara como de Edfu, hacen referencia tan sólo a las procesiones en sí, y no aportan información acerca de las ceremonias que se celebraban en el interior de los recintos, por lo que son muchas las lagunas que hay acerca del verdadero significado de esta festividad.

berano a través del parentesco divino. En el caso de la reina Hatshepsut, la necesidad de legitimar su derecho a gobernar era aún más apremiante, puesto que asumía un poder reservado tradicionalmente a los hombres (*véase* pág. 89).

Ciertos elementos de los relieves tallados en tiempos de la Dinastía XVIII se repiten en escenas de los templos ptolemaicos de Filas, Dandara, Ermant y Kom Ombo. No obstante, en estas representaciones de época posterior, la madre del faraón es también una divinidad, en general Hathor o Isis, las diosas más asociadas con la maternidad, y su vástago adquiere la apariencia de otro dios como Ihy, Jonsu o Harpócrates («Horus Niño»), en vez de como faraón. La «ceremonia del nacimiento divino», de la que se desconoce prácticamente todo, tenía lugar en una estancia conocida con el término copto de *mammisi* («casa del nacimiento»), una estructura de pequeñas dimensiones situada dentro del recinto del templo. El *mammisi* de Filas ilustra hasta qué punto se dio una continuidad en las escenas de alumbramientos del Imperio Medio y de épocas posteriores, pues en ellas el dios recién nacido Harpócrates, hijo de Amón-Re e Isis, aparece asimilado al faraón.

PIEDAD Y SACERDOCIO

En esta estela de la Dinastía XIX decorada con el motivo recurrente de una oreja, Bai, un artesano del pueblo de Deir el-Medina, en Tebas Oeste, rinde culto a seis orejas del dios Amón, que aparece representado por duplicado en la parte superior bajo la apariencia de dos carneros. Este tipo de estelas tenían por objeto canalizar las oraciones de los fieles para que llegasen directamente a oídos de la divinidad en cuestión (se desconoce qué significado tenía el color de las orejas). El culto en santuarios con «orejas que escuchan» duró hasta bien avanzada la época romana, cuando se añadió uno en el templo de Horus y Sobek en Kom Ombo, unos mil años después de la erección del santuario con «orejas que escuchan» de Karnak (véase texto principal).

La religión y las ceremonias ocupaban un lugar esencial en la vida de los antiguos egipcios, de ahí que un gran número de hombres y mujeres se relacionan con la clase sacerdotal. Por desgracia, apenas conocemos las obligaciones y el proceso de formación de las diferentes clases sacerdotales, ni siquiera si se celebraban ceremonias especiales de iniciación. Es probable que los sacerdotes asumieran su cargo al alcanzar la mayoría de edad y se mantuvieran en él de forma vitalicia. Además, los títulos sacerdotales se heredaban, y se sabe que ciertos cargos pasaron de padres e hijos. Asimismo, los sacerdotes se nombraban por decreto real.

Los títulos más habituales (*uab* y «lector») se refieren a cargos desempeñados a tiempo parcial. Este tipo de sacerdotes solía servir un mes al año en el templo correspondiente; una vez finalizado, retomaban su profesión, por ejemplo la de funcionario o artesano. Estos sacerdotes suelen aparecer en las ceremonias de carácter funerario portando ofrendas a la tumba o recitando oraciones en honor del fallecido, función que lleva a pensar que algunos sabían leer y escribir.

En muchos relieves, los sacerdotes de clase inferior portan una falda hasta las rodillas, la que vestía el pueblo llano. El sacerdote-lector lucía un amplio fajín en el pecho. Por su parte, los sacerdotes a tiempo completo, por ejemplo los «profetas» de una divinidad, vestían unas prendas especiales de piel de pantera (o tela), que, en el caso del sumo sacerdote de Menfis, se cubría con estrellas.

Aunque los sacerdotes solían vestir de manera diferente al resto de la población, al menos en las ceremonias, la mayoría llevaba una vida similar a la del resto de la gente. Salvo contadas excepciones, los sacerdotes y las sacerdotisas podían casarse y tener descendencia, y vivían en los pueblos o en las ciudades mezclados con el resto de la población en lugar de en comunidades separadas.

Incluso los hombres y mujeres que carecían de título sacerdotal podían participar activamente en las ceremonias religiosas rezando y realizando ofrendas en los santuarios domésticos, así como asistiendo a las procesiones en honor a tal o cual dios. Aunque la estatua objeto del culto permanecía dentro del santuario, accesible sólo a los sacerdotes de mayor jerarquía, había otros santuarios consagrados a esa misma divinidad en lugares muy concurridos, como la puerta de entrada o los muros posteriores de los templos. De hecho, era a estos espacios donde el pueblo llano se dirigía para rezar al dios o a la diosa y solicitar su ayuda o intercesión. El santuario público situado en la cara norte del templo de Amón en Karnak estaba diseñado de manera que el fiel pudiera disfrutar de cierto recogimiento, gracias a la presencia de unas cortinas que tapaban tanto la imagen del dios como al fiel. Este tipo de lugares de culto tenían nombres tales como «Santuario de la oreja que escucha» o «Lugar donde los dioses atienden peticiones», y estaban decorados con motivos en forma de orejas que enfatizaban aún más su función.

El pueblo llano podía asimismo dirigir sus súplicas a una «estatua intercesora», imagen de un dios o una persona divinizada a la que se atribuía una relación especial con los dioses. Una de estas estatuas, la de Amenhotep, hijo de Hapu, iba acompañada de la siguiente inscripción: «¡Oh, pueblo de Karnak que desea ver a Amón, venid a mí! [...]. Transmitiré vuestras palabras a Amón en Karnak. Presentadme una ofrenda y realizad una libación en mi honor, pues soy un intermediario designado por el faraón para escuchar las peticiones de los suplicantes».

Los antiguos egipcios también celebraban ceremonias en otros muchos santuarios. Por ejemplo, en el santuario de Meretseguer («La que ama el silencio»), la diosa cobra protectora de la montaña de Tebas (Qurn), situado en lo alto de un promontorio desde donde se dominaban los templos funerarios de Tebas Oeste. Era costumbre depositar en él ofrendas de alimentos, así como realizar libaciones en honor a la diosa, además de erigir estelas votivas y tallar inscripciones implorando su intercesión. Durante una campaña arqueológica en las proximidades de Deir el-Bahari se sacaron a la luz miles de ofrendas probablemente depositadas en el santuario de la diosa Hathor, y que van desde pequeños complementos en miniatura pintados con escenas de peticiones en presencia de la diosa a figurillas o reproducciones de partes del cuerpo (orejas, ojos, falos…) en madera o fayenza. Muchas ofrendas las realizaban mujeres de las clases más adineradas, si bien en una de ellas se conserva una inscripción en la que se exhorta tanto a «mujeres nobles como jóvenes pobres» a realizar ofrendas.

ANIMALES OBJETOS DE CULTO

Un rasgo característico de la religiosidad popular de los antiguos egipcios, tanto durante la Baja Época como en la época ptolemaica (332-300 a. C.), fue el culto a determinados animales, fenómeno que alcanzó su máxima expresión en los siglos III y II a. C. En realidad, no se rendía culto a los animales en sí, se les reverenciaba por su relación con una divinidad. Así, los babuinos y los ibis, por ejemplo, se asociaban con Tot; los gatos, con Bastis; los cocodrilos, con Sobek; y los perros, con Anubis.

Los fieles honraban a la divinidad ofreciéndole figurillas de bronce o de fayenza, o bien el cuerpo momificado del animal asociado con el dios. Esta práctica de realizar ofrendas de animales momificados en los santuarios acabó convirtiéndose en todo un negocio para los templos, que comenzaron a criar grandes cantidades de ejemplares destinados a ese fin. Cuando alcanzaban cierta edad (diez meses en el caso de los gatos), se sacrificaban, se momificaban y las momias se vendían a los peregrinos. Este negocio procuraba a los responsables de los templos pingües beneficios: se cree que las catacumbas con ibis halladas al norte de Saqqara albergan los restos momificados de cerca de cuatro millones de pájaros, y en el cementerio de Bubastis, el gran centro de culto de Bastis, la diosa con forma de gato, se han encontrado varios miles de gatos momificados.

Otros animales objetos de culto eran los que se asociaban a los dioses propios de cada nomo (provincia), por ejemplo el oxirrinco, un pez que era el emblema sagrado del nomo del mismo nombre.

SUPERIOR IZQUIERDA: *Estatuilla de bronce y madera del dios Tot representado como ibis (hacia 600 a. C.), que a buen seguro debió de pertenecer a algún peregrino.*
INFERIOR: *Momia de un ejemplar joven de cocodrilo, momificado de forma decorativa (siglo I d. C.). Miles de momias similares a ésta se enterraron en honor a Sobek, el dios con forma de cocodrilo.*

JUEGOS RITUALES

En esta escena de combate con bastones hallada en la tumba de Jeruef, en Tebas Oeste (Imperio Nuevo, bajo el reinado de Amenhotep III, hacia 1402-1364 a. C.), dos figuras masculinas blanden sendos tallos de carrizo en lo que cabe interpretar como una representación del enfrentamiento entre Horus y Set.

En este relieve hallado en el templo funerario de Rameses III (hacia 1184-1153 a. C.), en Tebas Oeste, aparecen representados los combates de lucha libre y bastones con los que se recreaban simbólicamente las batallas entre los egipcios y sus enemigos tradicionales, los nubios y los sirios, ante la mirada de los miembros de la corte (derecha). En una de las inscripciones puede leerse: «Amón es el que decide la victoria».

Ciertas representaciones que podrían pasar por competiciones deportivas y lúdicas remiten, en realidad, a una serie de importantes ceremonias, relacionadas con el complejo universo mitológico de los antiguos egipcios. La tumba de Jeruef, mayordomo de la reina Tiy (Tebas, Dinastía XVIII), contiene escenas de combates de boxeo y lucha con bastones que, en realidad, se inscribían en una ceremonia ritual. Tanto las inscripciones jeroglíficas de dichas escenas como la similitud de éstas con algunas ceremonias fácilmente reconocibles, como, por ejemplo, la erección del *dyed* (rito ligado al episodio de la resurrección de Osiris), proporcionan no poca información sobre el significado real de semejantes «encuentros deportivos». En una de las escenas, seis parejas de hombres, todos ellos con la cabeza rapada al estilo de los sacerdotes, se disponen a iniciar un combate de boxeo, a juzgar por los ademanes y los jeroglíficos anexos. Ahora bien, de una de las inscripciones: «¡Horus ha prevalecido en la verdad!», se desprende que la figura anexa a la inscripción toma partido por el dios Horus (el mismo con el que se identificaba al faraón en vida) en la recreación de la batalla entre las fuerzas del bien y del mal, encarnadas por Horus y su hermano Set respectivamente (*véase* pág. 22). Como es de esperar en una escena ritual así, el resultado del encuentro no admite dudas: Horus triunfa sobre Set, en perfecta consonancia con el mito.

En las escenas de lucha con bastones, los participantes portan escudos en forma de carrizo con una o dos flores, y a dos de ellos se les menciona como «hombres de Pe», el antiguo centro de culto al noroeste del Delta. La naturaleza ritual de estas competiciones resulta aún más evidente si se tienen en cuenta las referencias a esta modalidad de combate contenidas en los *Textos de las Pirámides*, de carácter funerario. En uno de ellos se hace una referencia a los tallos que aparecen pintados en la tumba de Jeruef, similares a los cetros floridos con los que Horus derrotó a Set bajo la apariencia de un hipopótamo. En otro pasaje, que trata sobre la liturgia destinada a devolver la vida al faraón muerto, se dice que en los funerales de Osiris los hombres de Pe «entrechocaban los bastones» en honor al dios.

Ciertas escenas en las que se reproducen combates de lucha libre deben circunscribirse a este mismo contexto ritual. Por ejemplo, en el templo de Rameses III en Medinet Habu, en Tebas Oeste, la zona de la «Ventana de las Aparicio-

JUEGOS INFANTILES CON CONNOTACIONES RITUALES

Determinadas actividades que a simple vista bien pudieran pasar por juegos propios de niños eran, en ocasiones, representaciones de ceremonias religiosas. Tal es el caso del llamado «juego de la cabaña», que aparece en las tumbas de Idu, en Guiza, y de Baqet, en Beni Hasan, así como en un relieve expuesto en la actualidad en el British Museum. Estas escenas muestran a cinco niños, todos ellos con el peinado típico de los menores de edad, con el cabello recogido a un lado. Cuatro de los niños se encuentran en un lugar cerrado, posiblemente una especie de cabaña o tienda, dos de ellos de pie y a la derecha, mientras un tercero mantiene al cuarto tumbado sobre el suelo. Este último extiende una de las manos hacia el quinto niño, que permanece fuera de la cabaña.

Junto a la escena se puede leer: «Yo mismo te sacaré de ahí, amigo mío»; o bien: «¡Salva al que se encuentra entre ellos, oh amigo mío!». Y el de fuera responde: «¡Yo te salvaré!».

La escena del «juego de la cabaña» aparece en este relieve de la Dinastía VI hallado en Guiza. Durante un tiempo se pensó que este «juego» formaba parte de los ritos de iniciación a la pubertad relacionados con la circuncisión. Hoy en día, los egiptólogos, si bien no descartan dicho valor ceremonial, dudan acerca de semejante interpretación simbólica.

nes», donde el faraón se presentaba ante sus súbditos con ocasión de determinadas festividades, está decorada con escenas de este tipo de combates. El encuentro, en el que participan egipcios y combatientes de diversa nacionalidad, va acompañado de inscripciones: «¡Ay de ti, fanfarrón enemigo sirio! ¡Te golpearé en uno de los costados en presencia del faraón!». El hecho de que los participantes no están tomando parte en una mera representación queda subrayado por el detalle de que los relieves en cuestión parecen una copia casi exacta de las escenas que decoraban el templo funerario de Rameses II (el Rameseo), del que se ha conservado un bloque tallado en el que aparecen unos combatientes de lucha libre nubios. Otros bloques del Rameseo decorados con estas mismas escenas de combate (procedentes, casi seguro, de la «Ventana de las Apariciones») se utilizaron para restaurar los relieves de Medinet Habu. Esta imitación tan fidedigna lleva a pensar, una vez más, que estas escenas recreaban en realidad la victoria simbólica de Egipto y el faraón sobre sus enemigos, y no la celebración de un evento deportivo.

Los juegos de mesa también podían tener sus connotaciones rituales. Uno de los más populares, el *senet*, se conocía también como «pasaje a través del más allá». El tablero, de forma rectangular, tenía 30 casillas, algunas de las cuales estaban marcadas con obstáculos, como agua, o bien con auspicios favorables («vida y dominio», «muy bueno», «poder»). El que concluía la partida era como si pasase con éxito el juicio del alma (*véase* pág. 137) y consiguiese volver a la vida en el más allá. El valor simbólico de este juego queda subrayado por su presencia en las escenas de algunas tumbas (*véase* ilustración, pág. 147), donde se ve al fallecido jugando contra un adversario invisible, tal vez uno de los jueces del mundo de los muertos.

EL JUEGO DEL BASTÓN Y LA PELOTA

En las escenas que recrean la ceremonia del «bastón y la pelota», presentes ya en tiempos de Tutmosis III (hacia 1490-1436 a. C.), el faraón aparece golpeando un balón con un bastón. Las inscripciones que acompañan algunas de estas escenas sugieren que dicho balón estaba asociado con el ojo de Apep o Apofis, la pérfida serpiente del mundo de los muertos. Al golpear el balón con el bastón, que representa a su vez «el ojo de Re», lo que hace el faraón es conjurar simbólicamente todas las fuerzas hostiles. Ahora bien, el hecho de que este juego tuviera un valor tan trascendente no quiere decir que el rey no disfrutara con él. En la inscripción que acompaña una escena conservada en el templo de Horus en Edfu, de época Ptolemaica, se puede leer: «El faraón disfruta como un niño».

Tercera parte

ARTE, ARQUITECTURA Y LENGUAJE

*Detalle del gran templo de Amón en Luxor, Tebas Este. Fundado bajo el
reinado de Amenhotep III (hacia 1402-1364 a. C.), Luxor fue objeto de
diversas ampliaciones por parte de los faraones sucesivos, entre ellos Rameses
II (hacia 1289-1224 a. C.), quien añadió este patio y las colosales estatuas
que lo rodean.*

CAPÍTULO 12: LAS PIRÁMIDES 168

CAPÍTULO 13: TEMPLOS Y TUMBAS 192

CAPÍTULO 14: EL ARTE EGIPCIO 212

CAPÍTULO 15: SIGNOS, SÍMBOLOS Y LENGUAJE 230

PÁGINA ANTERIOR: *Extraordinaria máscara funeraria del príncipe Yuya,
suegro de Amenhotep III (hacia 1402-1364 a. C.). Este tipo de máscaras se
realizaban con varias capas de lino endurecido con yeso, que posteriormente
se bañaban en oro, y su uso se remonta al Primer Período Intermedio.*

CAPÍTULO 12

LAS PIRÁMIDES

Las pirámides son, a un tiempo, los monumentos más espectaculares del antiguo Egipto y su máxima expresión artística. Tanto es así, que encarnan los principios más altos de la civilización egipcia: poder absoluto del faraón, protagonismo del culto a los muertos e importancia del dios Sol. La construcción de una pirámide requería muchos años de trabajo y la participación de un exceso de mano de obra y materiales, si bien son pocas las pirámides de construcción tardía que pueden rivalizar con las imponentes moles de la Dinastía IV en dimensiones y volumen.

▲

Monumentos para una época 168

Escaleras al cielo: la pirámide y su complejo 170

La construcción de las pirámides 174

Las pirámides primitivas 178

Guiza: la Gran Pirámide 180

Guiza: las pirámides de Quefrén y Micerino 184

La Gran Esfinge 186

Las pirámides de los «faraones olvidados» 188

Pirámides del Imperio Medio 190

SUPERIOR: *Pirámide reconstruida en una tumba privada de Deir el-Medina, en Tebas Oeste (Imperio Nuevo). Los faraones de la época ya no construían pirámides para sus restos mortales, pero las versiones reducidas eran muy populares.*

MONUMENTOS PARA UNA ÉPOCA

Los monumentos más espectaculares de tiempos de los antiguos egipcios son las pirámides, que se erigen, imponentes, como grandes vestigios de la época faraónica. La mayoría de ellas se construyó en tan sólo nueve siglos, entre la Dinastía III y la Dinastía XII (hacia 2686-1786 a. C.), y las más imponentes de todas, las de Guiza, se construyeron en tan sólo setenta y cinco años (hacia 2589-2514 a. C.), concretamente en los reinados de Quéope y sus hijos, Quefrén y Micerino.

La primera pirámide con su complejo funerario se erigió en tiempos del faraón Dyoser (llamado también Necherierjet, hacia 2667 a. C.), de la Dinastía III (*véanse* págs. 178-179), si bien sus orígenes se remontan a la tumba del faraón Jasejemuy (hacia 2686 a. C.), que reinó en Abido en la Dinastía II. Como el resto de los reyes de las dos primeras dinastías, Jasejemuy fue enterrado en un enorme complejo funerario subterráneo, de techo plano y paredes verticales. Esta modalidad particular de tumba, conocida como *mastaba* (*véase* pág. 197), señala un cambio respecto a las tumbas de los primeros soberanos. El complejo funerario de Jasejemuy incluye las muestras más antiguas de cámaras para las barcas, típicas de los clásicos complejos piramidales. En Saqqara, el rey Dyoser encargó a su arquitecto, Imhotep, un monumento funerario para albergar sus restos mortales, la gran «pirámide escalonada» (*véase* ilustración, pág. 179); el primer paso de ésta consistió en una mastaba de grandes dimensiones. Esto supuso la utilización, por vez primera, de bloques de piedra caliza en lugar de ladrillos de barro cocido.

En los siglos sucesivos, la pirámide escalonada fue evolucionando hasta dar lugar a las espléndidas pirámides (esta vez «auténticas») de Dahshur y, muy especialmente, de Guiza (*véanse* páginas 180-185), de la Dinastía IV. El número de obreros necesarios para construir la gran pirámide de Quéope, con sus 2,6 millones de m³ de piedra, apenas resulta posible de imaginar, aunque los arquitectos de las dos siguientes dinastías optaron por reducir la imponente mole de las pirámides mediante bloques de piedra más pequeños, cascajos o ladrillos de barro cocido en la estructura interna de las construcciones. La piedra empleada en la pirámide de Quéope equivaldría al total de todas las pirámides de las Dinastías V y VI.

A medida que fue reduciéndose el tamaño de las pirámides, fue aumentando el número de relieves en las paredes del interior. Esta reducción progresiva en el tamaño de las pirámides, sucedida a finales del Imperio Antiguo, suele atribuirse a la necesidad de reducir los costes, aunque lo cierto es que el ahorro de mano de obra se sustituyó por un mayor protagonismo de los artesanos responsables de labrar los relieves, quienes sin duda alguna debían de recibir una remuneración más elevada que un simple obrero. Se calcula que el complejo funerario de Sahure, de la Dinastía V (hacia 2494-2345 a. C.), situado en Abusir, cuenta con cerca de 10.000 m² de relieves murales. Durante esta dinastía, en concreto con la pirámide de Onos, en Saqqara (*véase* pág. 188), aparecieron por vez primera las inscripciones de carácter sagrado conocidas como *Textos de las Pirámides*.

Dentro del caparazón exterior de piedra caliza, las pirámides del Imperio Medio se rellenaban por entero con ladrillos de adobe, o una mezcla de éstos con cascajos. Al ver que las imponentes pirámides de la Dinastía IV no se habían librado de los saqueadores de tumbas, los faraones del Imperio Medio optaron por dar forma a todo un laberinto de cámaras y pasillos para disuadir a los ladrones. A pesar de tan ingeniosas precauciones, sus pirámides fueron saqueadas.

Los soberanos del Imperio Nuevo, empezando por el faraón Tutmosis I (hacia 1506-1494 a. C.), de la Dinastía XVIII, decidieron ser enterrados en las entrañas del Valle de los Reyes, situado en la orilla occidental del Nilo, a la altura de Tebas. El Valle de los Reyes significó una nueva etapa respecto a las tumbas reales, si bien no supuso una ruptura total con el pasado. Por ejemplo, el arquitecto Ineni construyó el templo mortuorio de Tutmosis I en un emplazamiento separado, práctica que seguirían los sucesores de dicho faraón (*véase* mapa, pág. 195) y que, en el fondo, suponía una vuelta a las costumbres funerarias de las Dinastías I y II.

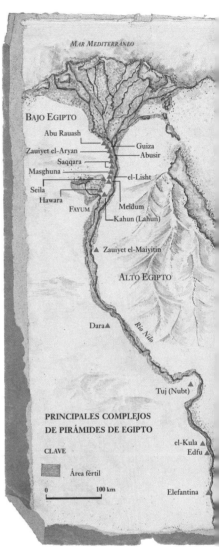

PRINCIPALES COMPLEJOS
DE PIRÁMIDES DE EGIPTO

CLAVE

Área fértil

0   100 km

SUPERIOR: *La mayoría de las pirámides se concentran en una franja de unos 40 km de distancia con Menfis como centro. En ella, en las estribaciones desérticas adyacentes a las fértiles tierras del Valle del Nilo, se encuentran las pirámides de Guiza, Abusir, Saqqara, Dahshur, Meidum, Abu Rauash y Zauiyet el Aryan, todas ellas del Imperio Antiguo. Las pirámides del Imperio Medio, en cambio, se localizan algo más al sur, concretamente cerca del oasis del Fayum.*

IZQUIERDA: *Vista de las pirámides de Quéope, Quefrén y Micerino (en segundo término), en Guiza.*

ESCALERAS AL CIELO:
LA PIRÁMIDE Y SU COMPLEJO

La forma de las pirámides está íntimamente ligada al Sol y a su dios, Re. Según los *Textos de las Pirámides* (*véase* pág. 188), cuando el faraón fallecía el Sol robustecía su haz de rayos solares hasta formar una especie de escalera o rampa celestial por la que el soberano ascendía hasta el cielo. Así, cabe interpretar la pirámide como un símbolo o una representación de esa rampa solar, y, de hecho, la idea de escalera es evidente en el diseño de las primeras pirámides escalonadas.

Por otro lado, las pirámides están relacionadas también con el *benu* o fénix, animal de carácter legendario que se veneraba en Heliópolis como la encarnación de Re. Según los antiguos egipcios, el *benu* solía posarse en lo alto de un túmulo piramidal llamado *benben*, que representarían las mismas pirámides así como la punta de los obeliscos egipcios. Seis faraones de la Dinastía V construyeron junto a sus complejos piramidales templos en honor al Sol con enormes obeliscos, a imagen y semejanza del *benben* original situado en Heliópolis (*véanse* págs. 188-189). En ese sentido, el *benben* era como una representación del montículo primigenio que, de acuerdo con los mitos de la creación de los antiguos egipcios, emergió un día de

Obelisco erigido en tiempos del rey Tutmosis I (hacia 1506-1494 a. C.) en el templo de Karnak. La punta del mismo, de forma piramidal, estuvo probablemente bañada en oro y simbolizaba el benben, *el montículo primigenio sobre el que se dice que se posaba la legendaria ave fénix, la encarnación del dios Sol. Este tipo de obeliscos, esbeltos, monumentales y monolíticos (esto es, tallados en un único bloque de piedra), son característicos del Imperio Nuevo, mientras que los anteriores, como los conservados en los templos del Sol de algunos faraones de la Dinastía VI, son más anchos y se construyeron con grandes bloques de piedra tallada.*

Estela funeraria de hacia 1000 a. C. en la que aparece la figura de una mujer en presencia de Re-Haractes, el dios Sol con cabeza de halcón, y de la cual surge un haz de rayos. En su manifestación como dios del amanecer, solía asociársele con la cara oriental de las pirámides, y en una inscripción del piramidón de Amenemes III (véase recuadro, pág. sig.) se ha conservado una invocación en su honor.

entre las aguas primigenias o Nun, en el inicio de los tiempos (*véanse* págs. 120-121), proporcionando de ese modo al dios creador del Sol un lugar adecuado en el que venir a la vida. Según parece, el faraón Quéope, que mandó construir la Gran Pirámide de Guiza, fue considerado en vida como la encarnación del mismísimo Re. Esa identificación con el dios creador fue un hecho tras su muerte, tal como se desprende del nombre egipcio de la pirámide: *Ajet-Jufu* («el Horizonte de Jufu»), es decir, el lugar desde donde Quéope salía todos los días bajo la apariencia del sol. Además, sus sucesores inmediatos, los faraones Didufri (Radyedef) y Quefrén, fueron los primeros soberanos con el título real de *Sa-Re* («Hijo de Re»).

En general, los complejos piramidales contenían unos catorce elementos arquitectónicos, cada uno de los cuales con una función y en un emplazamiento. Aunque, de hecho, gran parte de sus elementos ya existían con anterioridad, el ejemplo más completo de complejo piramidal se remonta a la Dinastía IV y se prolongó durante todo el Imperio Antiguo sin apenas cambios, sólo con los necesarios

EL PIRAMIDÓN

Una vez terminadas, las pirámides solían rematarse con una inconfundible terminación sobrepuesta, en forma piramidal, conocida como «piramidón». Hay muchos ejemplos de piramidones de los Imperios Antiguo y Medio que se han conservado, de los cuales el más antiguo es el procedente de la pirámide roja (norte) de Esnofru, el fundador de la Dinastía IV, situada en Dahshur. Mide 78,5 cm de altura y se encontró roto en varios fragmentos en el mismo lugar donde se supone que cayó. El segundo piramidón más antiguo lo descubrió el autor de este libro cerca

de la recién descubierta pirámide satélite de Quéope (*véanse* págs. 182-183) y es uno de los escasos ejemplos completos de que disponemos. El piramidón más célebre es, sin embargo, el de la pirámide de Amenemes III, que reinó en tiempos de la Dinastía XII. Cuenta con inscripciones dirigidas a Haractes (el dios Sol al amanecer), Anubis, Osiris, Ptah y Neit en cada una de las cuatro caras. La invocación dirigida a Haractes dice así: «Que se abra el rostro del faraón de modo que pueda contemplar al Señor del Horizonte (Haractes) cuando recorre el cielo; que éste haga que resplandezca como un dios, señor de la eternidad e indestructible». El dios replica afirmando que «ha mostrado el horizonte al faraón».

Otra inscripción, ésta de la pirámide de la reina Udjebten, en Saqqara, sugiere que en su día el piramidón de la misma debió de estar bañado en oro, como parece indicar el reciente descubrimiento por parte del autor de una inscripción en la pirámide de Sahure, en Abusir, en la que se afirma que lo cubría una fina capa de oro.

Piramidón del faraón Amenemes III (hacia 1843-1797 a. C.), hallado en 1900. Mide 1,05 m de altura y es de granito gris.

PIRÁMIDES MAQUETAS

Entre los muchos enigmas que envuelven
la construcción de las pirámides se
encuentra el de la finalidad de las
pirámides maquetas halladas en el
interior del monumento principal.
El arqueólogo británico Flinders Petrie,
al que se considera como el padre de la
egiptología moderna, descubrió una
pirámide escalonada maqueta que, según
parece, bien podría ser una reproducción
de la pirámide de Dyoser. El propio Petrie
halló una segunda pirámide maqueta en
el templo del recinto piramidal de
Amenemes III en Hawara, al que
popularmente se conoce como
el «Laberinto» (*véase* pág. 190).
La última pirámide en miniatura
de la que se tiene constancia la
descubrió Dieter Arnold junto a la
pirámide de Amenemes III en Dahshur.

para albergar un nuevo culto o los derivados de los imperativos del terreno. El primer elemento es la pirámide misma. A menudo, hacía las veces de tumba de un faraón, en cuyo caso la cámara funeraria solía ubicarse, en general, bajo la pirámide (a excepción de las de Esnofru y Quéope, que se encuentran en el interior mismo del monumento). Había, además, otro tipo de pirámide, a la que se suele designar con el calificativo de «satélite», relacionada con el culto al faraón. Normalmente se erigían junto a la cara sur de la pirámide principal y algunas contenían las tumbas de la esposa o la madre del faraón.

Cada pirámide contaba con al menos dos muros, uno interior, que delimitaba el patio de la pirámide, y otro exterior, que comprendía el complejo piramidal en su totalidad. Los muros que datan del Imperio Antiguo carecen de inscripciones, pero en cambio los del Imperio Medio llevan grabados los títulos de los faraones, como por ejemplo los de la pirámide del faraón Sesostris, en el-Lisht.

El tercer elemento es el templo mortuorio, llamado también como «templo funerario» o «templo superior». Salvo en la pirámide del faraón Userkaf, de la Dinastía V, situada en Saqqara, se ubica siempre en la cara oriental de las pirámides. Durante la Dinastía IV, destacó por la sencillez de su diseño, pero a partir de la Dinastía V se le añadieron cámaras de almacenamiento en la cara norte y en la sur. Una calzada en ligera pendiente unía el templo funerario con el templo del valle o templo inferior, situado en los márgenes de las tierras fértiles. De los ocho templos del valle que se conocen, el más antiguo es el de la pirámide inclinada de Dahshur, y el más completo, el de Quefrén. La calzada que unía los templos funerario e inferior del complejo piramidal de Quéope fue la primera que contó con techo, con el fin de proteger los relieves de sus paredes. Desde entonces, las avenidas se decoraron con bajorrelieves.

Junto al templo del valle estaba la «ciudad de la pirámide», donde vivía el personal responsable del culto al faraón y a cuyo frente se encontraba un funcionario real. Existen restos de tales «ciudades» tanto en Dahshur como en Guiza y Kahun (*véase* pág. 71). En el barrio de los artesanos, dentro del recinto piramidal, se elaboraba el pan y la cerveza con que se alimentaba el personal de la «ciudad», al tiempo que se fabricaban estatuas, vasijas de piedra y cerámica, cuchillos de pedernal y el resto de los útiles para el culto al faraón fallecido. Asimismo, el complejo funerario real tenía sus propias tierras de cultivo en las proximidades del Nilo. La mitad de la cosecha era para el personal que habitaba en la «ciudad» de la pirámide, y el resto iba a parar en vida al faraón y su entorno.

Junto a la pirámide y la avenida solía haber, además, un gran número de pozos para albergar las barcas mortuorias (*véase* pág. 168), como sucede en el recinto de Jasejemuy, que cuenta con un total de doce pozos en las proximidades del muro. La cantidad exacta, sin embargo, variaba de una pirámide a otra. Así, él recinto piramidal de Unas, el último faraón de la Dinastía V, dispone de dos barcas, mientras que los de Quéope y Quefrén tienen cinco cada uno. No se ha hallado ninguna en la pirámide de Micerino (*véase* pág. 185), ni en otras muchas.

El «puerto» del recinto piramidal solía hallarse enfrente del templo del valle. Durante las obras de construcción de la pirámide, pasaban por él y por sus canales anexos al Nilo un sinfín de bloques de piedra, operarios y funcionarios, y al terminar las obras servía para desembarcar todo lo necesario para el culto real. La zona de descarga situada frente al templo del valle y que comprendía tanto el puerto como los canales se conocía como «la boca del lago» (*véase también* pág. 176).

En ocasiones, el mismísimo faraón supervisaba las obras de construcción de su pirámide desde un palacio próximo. La importancia de la pirámide en su doble condición de monumento personal y nacional era tal que el soberano establecía su residencia en las proximidades. Así, es posible que la población de época predinástica de Ineb-jedy («paredes blancas»), cerca de las tumbas reales del norte de Saqqara, tomara su nombre precisamente de la residencia real. Con el tiempo, Ineb-jedy pasó a formar parte de Menfis (*véase* pág. 74), si bien no hay pruebas definitivas de que los reyes del Imperio Antiguo residieran efectivamente en ella. En Guiza, a su vez, se han encontrado los restos de un gran recinto de unos 3 km² de superficie que, casi seguro, debió de albergar tanto el palacio real como los edificios administrativos anexos durante las obras de las tres grandes pirámides de la Dinastía IV. De acuerdo con un testimonio escrito, se sabe que el faraón Dyedkare Izezi, que reinó en tiempos de la Dinastía V, fijó su residencia fuera de la capital, en las proximidades de su complejo piramidal en Saqqara, mientras que, ya en el Imperio Medio, el faraón Amenemes I, de la Dinastía XII, trasladó la capital desde Tebas, al sur del país, hasta una ciudad de nueva construcción, Ittany, situada cerca del complejo piramidal de el-Lisht (*véase* pág. 28).

FUNCIÓN DEL COMPLEJO PIRAMIDAL

En realidad, no existe un consenso general acerca de la función última de los dos templos, la avenida y el resto de los componentes de un complejo piramidal. Según una teoría, el cuerpo del faraón se momificaba en el templo del valle, donde tenían lugar los rituales de momificación correspondientes, y, una vez concluidos, se llevaba en solemne procesión por la avenida hasta el templo funerario. Finalmente, tras toda una serie de ceremonias, se introducía en el patio de la pirámide y, por último, en el interior de ésta.

En los complejos piramidales de las Dinastías IV a VI los accesos situados entre el templo funerario y el patio de la pirámide eran muy estrechos para el paso del sarcófago del faraón. Además, no se han conservado inscripciones en ningún templo del valle que indiquen que en ellos se celebrase la ceremonia de la momificación.

Otra teoría, más acorde con los restos arqueológicos, muestra que los complejos piramidales no sólo habrían servido como templo en honor al faraón divinizado, sino también como «palacio ritual» para satisfacer las necesidades de éste en su vida en el más allá. Los bajorrelieves de los complejos piramidales presentan un gran parecido con los de los templos del resto del reino, y son iguales a los que con toda probabilidad decoraron las paredes de los palacios, con escenas en que el faraón aparece sometiendo al enemigo, en compañía de los dioses o participando en el festival *sed* (jubileo).

Los diferentes elementos que integraban los complejos piramidales conformaban una especie de gran palacio para el faraón muerto, y en ellos no se llevaban a cabo ceremonias fúnebres o de momificación. Por ello, es fácil deducir que el cadáver del soberano debía de momificarse en los talleres reales. Así, se cree que la ceremonia de embalsamamiento tenía lugar fuera del templo del valle, en una estructura diseñada para tal uso y conocida como «la tienda de purificación». Es posible que el cortejo fúnebre se dirigiese entonces al patio de la pirámide, bordeando los dos templos y la avenida, antes de acceder a la misma pirámide.

LA MALDICIÓN DE LA ESPOSA DEL CONSTRUCTOR

En el interior de la tumba de uno de los obreros que trabajaron en las obras de construcción de la gran pirámide de Quéope y su esposa, se han encontrado dos maldiciones que demuestran que los faraones no eran los únicos preocupados con la acción de los saqueadores de tumbas. La maldición de la esposa dice así: «¡Oh, todos aquellos que entren en esta tumba, le causen algún daño o la destruyan, que sean presa de los cocodrilos en el agua y les muerdan las serpientes en la tierra; que los hipopótamos arremetan contra ellos en el agua y el escorpión los pique en la tierra!». La maldición del esposo es muy parecida, y en ella se invoca a los cocodrilos, los leones y los hipopótamos (*véanse también* págs. 144-145).

LA CONSTRUCCIÓN DE LAS PIRÁMIDES

De las casi cien pirámides conservadas en Egipto, la más grande es la de Quéope (*véanse* págs. 180-183). Casi tiene su altura original de 146 m y los 230 m de longitud de cada una de sus caras, construidas con un total de 2,3 millones de bloques de piedra caliza. Cada cara se eleva en un ángulo exacto de 51º 52', parámetros sorprendentes si pensamos que se construyó hace cuatro mil quinientos años.

El impresionante contingente de mano de obra lo dirigía una sola persona: el Supervisor de todas las Obras del Faraón. Para este cargo se requería una persona habilidosa con los números, un gran dominio de la arquitectura, un carácter autoritario y una indiscutible capacidad de liderazgo. No en vano, era el responsable de una empresa monumental de trascendencia nacional. Una vez concluido, el complejo piramidal englobaba varios elementos arquitectónicos diferentes, cada uno de los cuales era imprescindible para garantizar el tránsito del faraón a la vida en el más allá. Cada padre de familia egipcio tenía que colaborar en las obras de construcción aportando comida o su propio trabajo.

La primera decisión del Supervisor revestía un carácter fundamental: ¿dónde construir la pirámide? Según la tradición vigente, lo propio era elegir un lugar en la orilla occidental del Nilo, próxima a la tierra de los muertos, que los antiguos egipcios designaban «Occidente». Por razones prácticas, el emplazamiento tenía

EL POBLADO DE LOS ARTESANOS DE GUIZA

El autor acaba de participar en unas excavaciones al sudeste de la llanura de Guiza y la Esfinge. Éstas han arrojado luz sobre la vida cotidiana de los que durante decenios construyeron las pirámides, así como de los que sirvieron en sus templos una vez concluidas. Se han hallado cuatro grandes recintos: las tumbas de los obreros y su supervisor; las de los artesanos, comunicadas con las anteriores por medio de una rampa; lo que los egiptólogos llaman «espacios institucionales», tales como un horno de pan o diversos silos para el almacén de grano; y, por último, el pueblo donde vivieron los trabajadores, hallado a raíz de unas prospecciones arqueológicas previas a la construcción de un sistema de canales de regadío. Las escenas de las paredes de las tumbas ofrecen una vívida estampa de las diferentes labores

Útiles de trabajo de un picapedrero en tiempos del Imperio Nuevo: un mazo de madera y dos cinceles de bronce.

de los trabajadores, así como sus vestimentas, sus títulos y sus creencias. Y lo más importante, las excavaciones han revelado que los obreros se construyeron sus propias tumbas en forma de pirámide, aunque en lugar de piedra utilizaron ladrillos de adobe.

En dicho poblado, separado de la pirámide por un muro, el Heit el-Gorab, pudieron vivir hasta dieciocho mil personas, las que volvían a sus casas tras la jornada de trabajo. Éste era muy duro: el estudio de los huesos de los trabajadores muestra un gran número de señales de fracturas y lesiones por aplastamiento.

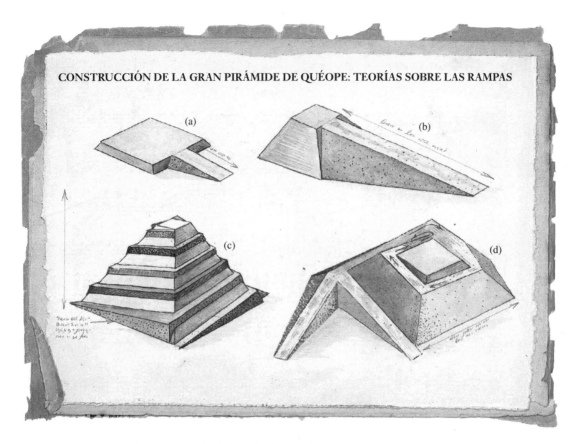

CONSTRUCCIÓN DE LA GRAN PIRÁMIDE DE QUÉOPE: TEORÍAS SOBRE LAS RAMPAS

(a)

(b)

(c)

(d)

que quedar cerca de una buena cantera de piedra caliza. Las siguientes necesidades del Supervisor eran la elección de la cantera (*véase* pág. 177), el diseño de la rampa de aprovisionamiento y el puerto de la pirámide (*véase* pág. 172), así como la designación del lugar de residencia de las decenas de miles de trabajadores. Cada elemento tenía que ubicarse de acuerdo con la orografía del terreno, de modo que el flujo de mano de obra y materiales fuese lo más eficiente posible.

El misterio sobre la construcción de estos inmensos monumentos ha intrigado desde siempre a los egiptólogos, y ha creado todo tipo de especulaciones. Según las evidencias arqueológicas, probablemente se utilizara una rampa y, aunque se desconoce de qué tipo eran, existen al respecto dos grandes teorías: la de la rampa recta y la de la rampa en espiral. La primera (*dibujo a*) sostiene la utilización de una única rampa de grandes dimensiones dispuesta en ángulo recto respecto a una de las caras de la pirámide. Ésta tendría la ventaja de dejar libres las cuatro esquinas, así como tres de las cuatro caras de la pirámide, durante todo el proceso de construcción, de modo que los trabajadores vieran el avance de los lados y las diagonales. La supervisión continua de las obras era básica; de lo contrario existía el peligro de que las aristas no se encontraran al final en un único vértice.

Ahora bien, para mantener una inclinación eficiente (nunca superior a 1:6), la longitud de la rampa debía aumentar de forma progresiva a medida que se fuera

*Principales teorías sobre el proceso de construcción de la gran pirámide de Quéope (*véase texto principal*). Dibujos a y b: una única rampa recta; dibujo c: cuatro rampas que discurren en paralelo a la pirámide; dibujo d: teoría de Mark Lehner, que combina las rampas rectas y en espiral.*

EL PUERTO DE LA PIRÁMIDE

Los materiales de construcción que no podían encontrarse en las inmediaciones de la pirámide, tales como el granito, el basalto, el alabastro y la apreciada piedra caliza procedente de Tura, se transportaban por el río hasta un puerto situado justo enfrente del emplazamiento de las obras. En el caso concreto de la Gran Pirámide de Quéope, dichos materiales se habrían transportado a través del gran *wadi* (lecho seco) que discurre entre el plano donde se yergue la pirámide y la cara sur de Maadi. Por consiguiente, se supone que el puerto de la pirámide de Quéope (*véase* pág. 176) tiene que encontrarse enterrado en algún punto del nacimiento del *wadi*. De hecho, así lo han corroborado recientes excavaciones, que han sacado a la luz los puertos tanto de Quéope como de Quefrén, en la zona de Guiza.

En otra campaña de excavaciones más recientes en las que ha participado el autor de este libro, se ha descubierto un muro de basalto a unos ochocientos metros al sur del templo inferior del complejo de Quéope y que bien pudiera tratarse del muro del puerto. Se han encontrado, además, restos de otro muro de grandes dimensiones, al que se conoce con el nombre de Heit el-Gorab («el muro del cuervo»), y para cuya construcción se utilizaron bloques de piedra caliza tan grandes como los empleados en la misma pirámide. Cuenta con una gran entrada que bien pudo ser el punto de acceso del dique al barrio donde vivían los obreros que trabajaban en la pirámide (*véase* recuadro, pág. 174).

ganando en altura (*dibujo* b). Ello supondría interrumpir las obras por un tiempo, ya que con este sistema es incompatible la construcción conjunta de la pirámide y la rampa. Además, la rampa final hasta la punta de la pirámide habría sido tan larga que hubiera alcanzado e incluso superado la cantera, algo imposible.

Hay una segunda teoría según la cual se habría construido una rampa en espiral alrededor de la pirámide. La propuesta más aceptada comenzaría en cada una de las cuatro esquinas hasta dar lugar a cuatro rampas paralelas que subirían en espiral descansando sobre el recubrimiento exterior de bloques (*dibujo* c). Los bloques se habrían rebajado a medida que se desmantelaran las rampas una vez alcanzada la cima de la pirámide. Esta teoría deja despejada gran parte de la cara de la pirámide durante las obras de construcción, lo que habría permitido ir supervisando las rectas y las esquinas, al tiempo que el alcance de las rampas habría quedado limitado al entorno inmediato del monumento. Aun así, esta teoría también presenta sus inconvenientes. Resulta poco probable que las caras todavía por desvastar de la pirámide fueran capaces de soportar el peso de las rampas, que debieron de ser de ladrillos de adobe o bien de cascotes. Además, una rampa en espiral implica cubrir una mayor distancia al trasladar los bloques de piedra, con el esfuerzo sobrehumano de los equipos de obreros que arrastraban los pesados bloques, en especial a la hora de doblar las esquinas de las inclinadas rampas.

El egiptólogo estadounidense Mark Lehner propuso un término medio entre ambas teorías: se habrían utilizado ambos tipos de rampas (*dibujo* d). Así, una primera rampa en la misma cantera subiría hasta los 30 m sobre la base de la pirámide en la esquina sudoeste; después, habría ascendido en forma de espiral a medida que la pirámide fuese ganando altura hasta recubrir el monumento por completo. El peso de esta rampa habría descansado en el suelo y no sobre la pirámide, y además los bloques se habrían arrastrado por una rampa amplia y sin cambios de sentido pronunciados. Según esta teoría, el grado de inclinación inicial de la rampa habría sido de 6,5º al salir de la cantera, para aumentar de forma progresiva con cada nuevo tramo hasta alcanzar los 18º en el del vértice. A pesar de la inclinación de este último, sólo habría tenido una longitud de unos 40 m y, además, en esa fase de las obras, el número y las dimensiones de los bloques serían muy inferiores a los del principio (de hecho, al alcanzar las dos terceras partes de la altura definitiva se habría construido ya prácticamente el 90 % del monumento).

La gran ventaja de la propuesta de Lehner es que la rampa habría alcanzado la cima de la pirámide con la menor distancia posible y, además, habría descansado directamente sobre el suelo y no sobre las caras del monumento. Ahora bien, si la rampa envolvía toda la pirámide, no es difícil imaginar las dificultades de los supervisores de las obras para comprobar la exactitud de las rectas y los ángulos. Además, existen sobradas dudas sobre si una rampa de esas dimensiones habría sido capaz de alcanzar la cima de la Gran Pirámide sin desmoronarse.

La mayoría de los egiptólogos admite que las rampas de las pirámides se construyeron con ladrillos de barro cocido. Ahora bien, de ser así, una construcción de ladrillos tan faraónica con semejantes rampas habría dejado tras de sí algún

LAS CANTERAS DE PIEDRA

Gracias al estudio de las pistas que las pirámides han ido dejando a lo largo de los tiempos hemos podido descifrar no pocos de los misterios de su construcción. Conviene destacar el descubrimiento de la cantera principal de la Gran Pirámide de Quéope. Ésta no podía hallarse en la cara este de la pirámide, ya que en ella hay tumbas del duodécimo año de reinado de Quéope, y por tanto de antes de finalizar la pirámide. Asimismo, en la cara oeste hay tumbas del quinto año del mismo reinado, mientras que en la cara norte no existe indicio alguno de cantera.

En cambio, en la cara sur se ha encontrado un pozo para albergar una barca mortuoria de tiempos de Didufri, así como diversas tumbas del reinado de Micerino. Ambos faraones son posteriores a Quéope, lo que indica que esta zona estuvo despejada en tiempos de este último y, por consiguiente, pudo albergar la rampa de la cantera con la pirámide. Además, suele haber diversas pirámides satélites en la cara sur de la principal, pero el Supervisor de las obras de Quéope optó por ubicarlas en la cara este, lo que vendría a corroborar, una vez más, la intención de dejar despejada la cara sur para construir en ella la rampa. Todo hace pensar que la cantera debió de situarse en un punto bajo de la meseta de Guiza, a unos 750 m al sur del emplazamiento de la pirámide, donde había piedra de calidad necesaria para extraer de ella los bloques más grandes. Conviene tener presente que la cantera de la Gran Pirámide de Quéope tuvo que ser mucho mayor que las de las Dinastías V y VI, así como las del Imperio Medio, pues sus pirámides tenían casi todo el núcleo de cascotes o ladrillos.

Los bloques se preparaban dibujando sus medidas en la pared de donde se iban a extraer. Para extraerlos, se introducían cuñas de madera en lo alto de la cara rocosa y se empapaban con agua, para que, al dilatarse, quebraran la roca. Después se tallaban y depositaban en una especie de trineos hasta la rampa, desde donde se arrastraban hasta la pirámide. Los responsables de extraer los bloques y de arrastrarlos trabajaban todo el año, y se cree que eran ciudadanos conscriptos que rotaban cada pocos meses.

vestigio de las mismas, algo que no sucede en la cara sur de la Gran Pirámide de Quéope. Y, sin embargo, esta misma zona del monumento, así como la cantera, contienen diversos tipos de materiales: esquirlas de piedra caliza, yeso y una arcilla calcárea denominada *tafla*. Esto indica que, en realidad, la rampa de la pirámide se construyó con todos estos materiales y que, al concluir las obras de construcción del monumento, se esparció por toda la zona. De hecho, en unas recientes excavaciones salieron a la luz dos secciones de dicha rampa, las cuales permitieron demostrar que no sólo unía la cantera con la esquina sudoeste de la pirámide, sino que se levantó con cascotes y *tafla*.

La Gran Pirámide de Quéope presenta una planta cuadrangular casi perfecta orientada con precisión al norte verdadero, y las caras norte y sur de su base de 5,4 hectáreas de superficie discurren paralelas entre sí, con tan sólo una mínima desviación de 2,5 centímetros. ¿Cómo llegaron a ese grado de precisión los antiguos egipcios? Alrededor de la base de las pirámides de Quéope y Quefrén hay una serie de agujeros, cada uno de ellos del tamaño de un plato y dispuestos a intervalos regulares, en una serie de líneas rectas que discurren en paralelo respecto a las caras de las pirámides. Se cree que en su día albergaron otras tantas estacas que sirvieron de punto de referencia a los constructores. Esta hipótesis del uso de líneas rectas para determinar con precisión la base de las pirámides se halla corroborada por la evidencia de líneas y estacas semejantes halladas en la pirámide de la reina Henutsen.

LAS PIRÁMIDES PRIMITIVAS

EL ENIGMA DE LAS SEIS PIRÁMIDES ESCALONADAS

Las seis pirámides escalonadas conocidas hasta la fecha, situadas en Abido, Elefantina, el-Gonamia, el-Kula, Nagada y Zauiyet el-Maiyitin, no han dejado de sorprender a los egiptólogos. Todas se construyeron con piedra caliza (la mayoría se revistió además con ella) y presentan una forma convencional, consistente en un núcleo central y dos o tres escalones. Ahora bien, ninguna se ubica en el interior de un recinto funerario, y dos de ellas, las de Zauiyet el-Maiyitin y Elefantina, ni siquiera se construyeron en la orilla occidental. Tampoco tienen cámaras funerarias, pasadizos o estructura anexa alguna.

Algunos egiptólogos los consideran meros monumentos levantados para ensalzar el poder del faraón en las diferentes provincias, y todas ellas se atribuyen a Huni, el último faraón de la Dinastía III, cuyo nombre se ha encontrado en Elefantina.

El faraón Dyoser, que reinó hacia 2667 a. C., al comienzo de la Dinastía III, eligió Saqqara como emplazamiento para la primera pirámide, la celebérrima pirámide escalonada, que se concibió como la superposición de diversas mastabas en tamaño decreciente. Alcanza los 70 m de altura y el eje este-oeste mide 140 m, mientras que el eje norte-sur tiene algo menos, 118 m. Con semejantes dimensiones, desconocidas hasta la fecha en el antiguo Egipto, la pirámide escalonada preside el enorme complejo funerario del faraón Dyoser, impresionante ya de por sí. Dentro del muro que delimita el recinto, muy parecido al del complejo que el padre de Dyoser, Jasejemuy, mandó construir cerca de Abido (*véase* pág. 168), encontramos un espacio que estuvo destinado a la celebración del festival *sed* (jubileo), con su santuario correspondiente, así como las «Casas del Norte y del Sur» (templos en miniatura del Alto y el Bajo Egipto), varios templos funerarios y un *serdab* (*véase* pág. 197).

El sucesor de Dyoser, el faraón Sejemjet, intentó construir su propia pirámide escalonada en la cara sudoeste de la de su predecesor. Se denomina «pirámide enterrada», y sólo se conserva su base hasta una altura de 7 m. El arqueólogo egipcio Zakaria Goneim la descubrió en 1951, junto con el muro del recinto piramidal. El muro, que mide 545 x 190 m, es del mismo material que la pirámide de Dyoser; por ello, el autor pudo ser el célebre arquitecto Imhotep (*véase* recuadro, pág. ant.).

IMHOTEP, ARQUITECTO Y REY

Imhotep, el arquitecto de la pirámide escalonada de Dyoser (*véase* texto principal), es de las poquísimas figuras egipcias de sangre no real que llegó a ser una leyenda (*véase también* pág. 35). Durante siglos se le elogió por sus logros en la construcción de la pirámide escalonada, así como por usar piedra por vez primera como material de construcción en lugar del ladrillo.

Tanto su nombre como sus títulos, grabados en la base de una estatua de Dyoser hoy desaparecida, ilustran la relevancia que llegó a alcanzar en la administración real. Ocupó el cargo de visir real, «Supervisor de los Profetas» (epíteto que tal vez lo vinculaba con los sacerdotes profetas de Heliópolis), «El primero del Faraón», «Responsable de las Obras Públicas en el Alto y el Bajo Egipto», «Guardián de los Sellos del Bajo Egipto», «Responsable de los Anales» y, por último, «Supervisor del Gran Palacio». Conocemos los nombres de los padres de Imhotep por una inscripción hallada en Uadi Hammamat, en la orilla occidental: Kanefru en el caso del padre, y Anj-Jerdu en el de la madre.

Mucho después de la muerte de Imhotep, los antiguos egipcios educados seguían considerando su gran sabiduría, y lo adoraban como su patrón: los escribas solían invocar su nombre antes de empezar a escribir. Los antiguos egipcios de todas las clases sociales de la Baja Época lo veneraban como a un dios, y los griegos lo asimilaron con Asclepio, dios de la sabiduría y la medicina. Así, contruyeron en su honor un santuario en Filas y lo veneraron en el Asklepeion, el templo de la medicina situado en Menfis.

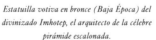

Estatuilla votiva en bronce (Baja Época) del divinizado Imhotep, el arquitecto de la célebre pirámide escalonada.

Generaciones de egipcios han admirado la majestuosidad de la pirámide escalonada de *Dyoser, como muestran los aduladores* graffiti *de mil años después de su construcción.*

Jaba, que sucedió a Sejemjet en el trono, encargó en Zauiyet el-Aryan, a 7 km de Saqqara, otra pirámide escalonada que se excavó entre los años 1900 y 1910; ésta se construyó por capas hacia fuera, en lugar de superponer bloques a modo de mastabas (la pirámide de Sejemjet se construyó con el mismo método). En la actualidad mide 16 m, pero en su día triplicó esta altura y poseía hasta cinco escalones. Al noroeste se hallan las ruinas de la «pirámide incompleta», de la que sólo quedan los restos de una cámara funeraria de planta cuadrangular. Se desconoce su destinatario, pero se cree que pudo ser Nebka, el sucesor de Jaba, si bien algunos la atribuyen al faraón Quefrén, hijo de Didufri, que reinó en la Dinastía IV.

Al faraón Esnofru, el fundador de la Dinastía IV, se le considera el mayor constructor de pirámides de todo el Imperio Antiguo, pues bajo su reinado se construyeron cuatro grandes monumentos, situados en Sila, Meidum y Dahshur (esta última con dos). La pirámide de Meidum se erigió como una pirámide escalonada, de ahí que popularmente se llame «falsa pirámide». A continuación, Esnofru comenzó a construir una pirámide verdadera en Dahshur, pero estuvo a punto de desmoronarse y el arquitecto rectificó el ángulo de inclinación de los 54° iniciales a los 43°, dando lugar así al perfil inconfundible de la «pirámide inclinada» o «romboidal». Finalmente, el faraón encargó la primera pirámide auténtica, la llamada «pirámide roja», a unos 2 km en dirección norte, con el mismo grado de inclinación que la anterior (43°). Al final de su reinado, Esnofru decidió revestir la pirámide de Meidum para hacer una pirámide auténtica, y es el único ejemplo conocido de la transición de la pirámide escalonada a la forma definitiva. Por desgracia, se desmoronó en el siglo XIX al extraérsele diversos bloques del revestimiento exterior. Ahora, es un cúmulo de ruinas y un núcleo interior con tres escalones.

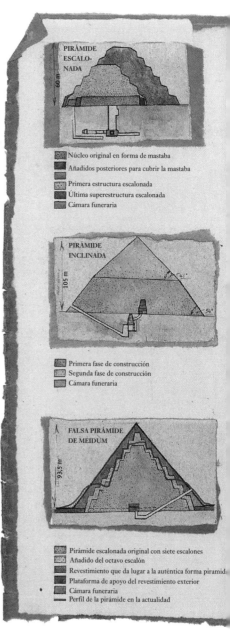

Cortes transversales de la pirámide escalonada, la pirámide inclinada o romboidal, y la «falsa pirámide» de Meidum, en los que se muestran las diferentes fases de construcción por las que pasaron.

LA TUMBA DEL SACERDOTE

En los últimos años se han encontrado cerca de setenta tumbas en la cara occidental de la pirámide de Quéope, diseminadas entre las mastabas construidas por los altos funcionarios del faraón. Una de ellas perteneció a Kay, un sacerdote que sirvió bajo el reinado de los cuatro primeros reyes de la Dinastía IV: Esnofru, Quéope (Jufu), Didufri y Quefrén. Se halla decorada con hermosas pinturas que recrean diversas escenas de la vida cotidiana, por ejemplo una procesión de barcas encabezada por el fallecido, una ofrenda y una colección de regalos. A la izquierda de la entrada de la tumba existe una escena, única y conmovedora, en la que aparece una mujer abrazando a Kay.

A su vez, a la derecha se ha conservado una noticia biográfica sobre el propio Kay que permite hacernos una idea de las diferentes categorías existentes entre los constructores de tumbas: «Son los constructores de tumbas, los pintores, los artesanos y los escultores los que han construido mi tumba. Por ello les ofrezco cerveza y pan. Les hice prometer que estaban satisfechos».

GUIZA: LA GRAN PIRÁMIDE

Situada en el extremo septentrional de la llanura de Guiza, la Gran Pirámide del faraón Quéope o Jufu (hacia 2589 a. C.) es, sin duda alguna, la más impresionante y la más famosa, hasta el punto de que casi llegó a eclipsar la figura del faraón que la mandó construir, allá en tiempos de la Dinastía IV. En la Antigüedad, todos quedaban tan asombrados ante el tamaño de semejante monumento que no dudaban de que Quéope se había valido de métodos crueles e inhumanos para construirlo, cimentando así su fama de despótico tirano (*véase* pág. 25).

Además de las fuentes de la tradición antigua, existen inscripciones que nos permiten atribuir la pirámide al rey Quéope. En las paredes interiores de la segunda cámara situada sobre la cámara funeraria del soberano (*véanse* págs. 178-179) aparecen grabados tanto el cartucho real como los nombres de los grupos de trabajadores que la construyeron. Asimismo, también se han encontrado inscripciones que relacionan al faraón con la pirámide en las mastabas próximas de la cara oriental y occidental del monumento. Y es que la pirámide de Quéope fue, en realidad, el centro de una necrópolis de enormes dimensiones consagrada a la familia del faraón y a sus funcionarios más próximos. Así, las tumbas de la madre, las esposas principales y el resto de la familia del soberano están en la cara este de la gran pirámide, en tres pirámides satélites y una serie de mastabas. Los funcionarios, a su vez, fueron enterrados en mastabas en la cara oeste de la tumba de su soberano.

EL DESCUBRIMIENTO DE LAS PIRÁMIDES SATÉLITE DE QUÉOPE (JUFU)

En 1991, el autor participó en unas excavaciones en la cara occidental de la pirámide de Quéope a fin de acondicionar el lugar para la visita de los turistas. De forma inesperada, salieron a la luz los restos de lo que más tarde se confirmó como la cuarta pirámide satélite del complejo, que en su día se levantó en la esquina sudeste de la pirámide principal. Las ruinas abarcan una extensión total de unos 34 m², y de la parte que en su día quedaba al descubierto se conservan dos hiladas de bloques con un relleno de cascajos en tres de las cuatro caras, así como parte del recubrimiento exterior original de piedra caliza de Tura que antaño revistiera las caras este y sur. En la cara interior de una de las hiladas del muro sur se ha encontrado un *graffiti* en tinta roja que dice: *imy rsy sa* («en la cara sur»), anotación que sin duda tenía por objeto indicar a los obreros el lugar exacto donde tenían que ir dichos bloques.

De la parte de la pirámide que quedaba bajo tierra se ha conservado la sección en forma de «T» del pasadizo, así como la cámara interior característica de las pirámides satélites construidas hacia finales del reinado de Quéope. Se cree que la pirámide fue saqueada en tiempos faraónicos, a resultas de lo cual tanto el pasadizo como la cámara quedaron al descubierto.

Todo parece indicar que la pirámide no se concibió como una tumba, si bien su funcionalidad ha sido objeto de intenso debate. Hay quienes sostienen que se construyó como residencia del *ka* (o espíritu) del faraón; otros creen que albergó sus vísceras, o bien que estuvo relacionado de un modo u otro con el culto al Sol, o incluso con el festival *sed* (jubileo) del faraón en el más allá. El autor de este libro cree que tal vez pudo concebirse como «vestidor» del faraón fallecido durante el festival.

El templo funerario (o superior) de Quéope (Jufu) estaba en la cara este de la pirámide y consistía en un edificio de planta rectangular con el suelo recubierto de basalto y un patio interior; en la actualidad sólo queda el pavimento. Se comunicaba con el templo del valle (o inferior) a través de una calzada que discurre en dirección norte desde la cara este del templo funerario y desciende por la llanura de Guiza durante unos 280 m antes de cortarse repentinamente en las proximidades del Nilo. Hasta hace poco no se sabía a ciencia cierta por dónde proseguía, pero las recientes obras de construcción de un sistema de regadío en la población de Nazlet es-Samman, en las que participó el autor de este libro junto con el arqueólogo Michael L. Jones, sacaron a la luz la continuación de la calzada (con varias losas originales todavía en su enclave original), así como diversos vestigios del mismo templo del valle. Gracias a dicho descubrimiento, se sabe que la longitud total de la calzada, entre la cara este de la Gran Pirámide y el templo del valle, rondaba los 810 m. A partir de los 750 m, la calzada se desvía ligeramente al noreste mientras desciende por las estribaciones del Nilo rumbo al templo del valle. Donde se alzaba éste se encontró un suelo de basalto de color entre verde y negro, de 56 m de largo y a 4,5 m del nivel del suelo actual. Bordeando el suelo se ha encontrado un imponente muro de ladrillos de barro cocido que, en el momento de su construcción, pudo alcanzar los 8 m de ancho.

De nuevo en la llanura, al este de la Gran Pirámide de Quéope, hay cuatro pirámides satélites. La primera es la tumba de la madre del rey, Hetepheres, y cuenta, en la cara sur, con un pozo que albergaba la barca funeraria, así como los restos de una cámara en la cara este. La segunda se parece a la anterior y albergaba el cuerpo de la reina Meresanj. La tercera perteneció a la reina Henutsen y de ella se conserva la cámara mortuoria, situada en la cara este, que durante la Dinastía XXVI fue un templo dedicado a Isis, diosa con la que la reina acabaría asimilándose. El autor acaba de participar en unas excavaciones durante las cuales salieron a la luz los restos de la cuarta pirámide satélite (*véase* recuadro), así como los vestigios de otras dos pirámides satélites inacabadas, en las caras sur y este.

SUPERIOR IZQUIERDA: *Panorámica tomada desde la cima de la pirámide de la población de Nazlet es-Samman, junto a la llanura fértil del Nilo. En la misma se pueden distinguir tres de los cinco pozos de la gran pirámide de Quéope que en su día albergaron barcas mortuorias, así como los restos del templo funerario y la calzada. Más allá del pozo más meridional (derecha) se encuentran los restos de las pequeñas pirámides satélites de las esposas de Quéope, además del conjunto de mastabas que pertenecieron en su día a otros allegados del rey.*

SUPERIOR: *Vista de una de las aristas de la pirámide, en la que se pueden apreciar los imponentes bloques de piedra caliza que dieron forma al grueso del monumento. Los pulidos bloques blanquecinos de piedra caliza de Tura que antaño recubrieron la pirámide una vez acabada fueron reutilizados en los primeros tiempos del islam para construir diversas mezquitas de la vecina El Cairo.*

En el interior de la Gran Pirámide

La entrada a la Gran Pirámide de Quéope da a un pasadizo en ligera pendiente hasta una primera cámara funeraria inacabada, tallada en la piedra caliza debajo de la pirámide. Terminada esta cámara, el arquitecto, Hemiunu, cambió el diseño original, tal vez a instancias del faraón, y empezó a abrir un túnel ascendente hasta alcanzar el techo del pasadizo que baja a unos 20 m de la entrada. Este nuevo pasadizo ascendente, tallado en el corazón de piedra caliza de la pirámide, da, a medio camino, a otro que conduce a la segunda cámara funeraria, también inacabada, y a la que errónecamente se llama «cámara de la reina». Más allá de ésta, en sentido ascendente, el pasadizo va a dar a un espléndido corredor con falsa bóveda: la «Gran Galería» (*véase* ilustración, pág. sig.). Éste termina en un pasadizo largo y estrecho que da a la tercera y última cámara funeraria, revestida con granito rojo de Asuán. El sarcófago del faraón, también de granito, ocupa el extremo oeste de la cámara.

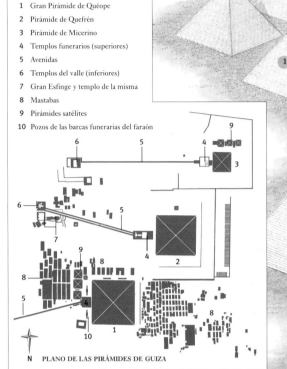

1 Gran Pirámide de Quéope
2 Pirámide de Quefrén
3 Pirámide de Micerino
4 Templos funerarios (superiores)
5 Avenidas
6 Templos del valle (inferiores)
7 Gran Esfinge y templo de la misma
8 Mastabas
9 Pirámides satélites
10 Pozos de las barcas funerarias del faraón

N   PLANO DE LAS PIRÁMIDES DE GUIZA

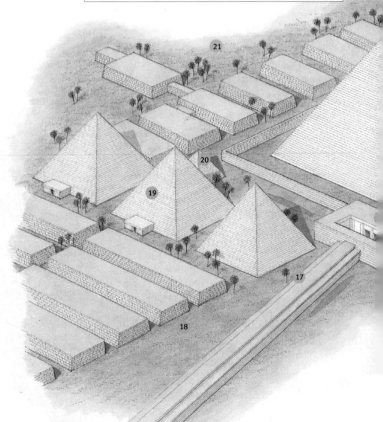

1 Pirámide de Micerino
2 Pirámide de Quefrén
3 Piramidón de Quéope
4 Cámaras para repartir el peso
5 «Canal de aireación»
6 Cámara funeraria principal con el sarcófago real («cámara del faraón»)
7 «Gran Galería»
8 Segunda cámara funeraria («cámara de la reina»)
9 Pasadizo ascendente
10 Entrada a la pirámide de Quéope
11 Muro que delimita el perímetro de la pirámide
12 Pasadizo descendente que conduce a la cámara funeraria principal
13 Pasadizo de salida utilizado por los constructores de tumbas
14 Primera cámara funeraria excavada directamente en la piedra bajo la pirámide
15 Pozo para la barca funeraria
16 Templo funerario (superior)
17 Avenida
18 Mastabas de la cara este
19 Pirámides satélites
20 Cuarta pirámide satélite recién descubierta
21 Mastabas de la cara sur

GUIZA: LAS PIRÁMIDES
DE QUEFRÉN Y MICERINO

Los complejos funerarios de Quefrén y Micerino, faraones de la Dinastía IV (hacia 2558 a. C. aproximadamente), son únicos entre los recintos piramidales del Imperio Antiguo por su conjunto funerario. El complejo de Quefrén, con su pirámide, su templo funerario, su avenida y su templo del valle casi intactos, nos permite hacernos una idea muy aproximada de lo que era un recinto piramidal en tiempos del Imperio Antiguo. Las primeras campañas sistemáticas de excavación del enorme recinto se realizaron en 1869 bajo la dirección de Auguste Mariette, el fundador del Museo de El Cairo, y aún continúan.

La pirámide de Quefrén, conocida como la de «Quefrén es grande», alcanza los 215 m de longitud en la base y los 144 m de altura, con un ángulo de 53º 7'. Cuenta con dos entradas, cada una de las cuales da a un pasadizo que conduce, en sentido descendente, hasta una cámara. El pasadizo inferior, que es también el más antiguo, arranca a 68 m de la cara norte de la pirámide y se excavó por entero en la só-

Al igual que sus dos compañeras, la pirámide de Quefrén se vio despojada de su revestimiento exterior de piedra pulida durante la Edad Media, si bien la hilada inferior de bloques de granito rojo logró salvarse, así como las hiladas superiores de piedra caliza de Tura, de ahí que la pirámide apenas haya visto reducida su altura original de 144 m. Se encuentra algo elevada con respecto al nivel del suelo de la Gran Pirámide de Quéope, de ahí que a simple vista parezca algo más alta que ésta. De hecho, la Gran Pirámide fue en su momento tres metros más alta, si bien en la actualidad esa diferencia se ha visto reducida a tan sólo 0,7 m.

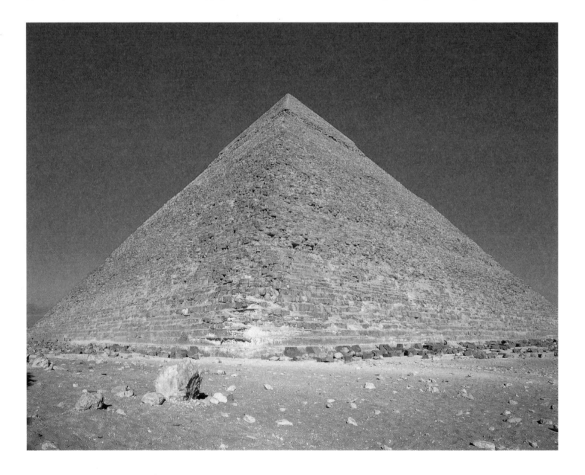

lida base rocosa sobre la que descansa la llanura de Guiza. Se halla unido al pasadizo superior por un corredor ascendente, y la entrada inferior se abandonó en favor de la superior, que se encuentra, como la de Quéope, en la cara norte de la pirámide. Se desconoce por qué se construyó una nueva entrada comunicada con la antigua, si bien hay quien sugiere que, después de construir el pasadizo, el arquitecto decidió reubicar la pirámide entera un poco más alejada en dirección sur. El corredor superior, excavado también en parte directamente sobre la roca, va a dar a la cámara que acoge el sarcófago de granito rojo de Quefrén. Hay otros dos túneles dentro de la pirámide, obra de antiguos saqueadores de tumbas. Por otro lado, junto a la pirámide principal se han encontrado vestigios de una pirámide satélite que albergó el sarcófago de la reina.

El templo funerario de Quefrén se construyó con piedra caliza de la región, y tenía una sala hipóstila, dos cámaras alargadas y estrechas, un patio abierto que pudo albergar una estatua del faraón sentado, cinco hornacinas y almacenes. Esta estructura se mantuvo en todos los templos funerarios posteriores del Imperio Antiguo. Alrededor del templo hay cinco pozos para las barcas funerarias y, entre los templos funerario y del valle, discurre una calzada de unos 495 m de longitud y 5 m de ancho. El templo del valle (el monumento mejor conservado de toda la Dinastía IV) tiene planta cuadrangular y dos entradas con las únicas inscripciones del monumento. De ellas, lo único que se ha podido descifrar es esto: «Quefrén, amado de [la diosa] Bastis» y «Quefrén, amado de [la diosa] Hathor».

La pirámide de Micerino, la más pequeña del conjunto piramidal de Guiza, se conocía en su día con el nombre de «Micerino es divino» (véase ilustración, pág. 169). El faraón falleció antes de que las obras de su complejo mortuorio hubiesen concluido y fue su hijo Shepseskaf (hacia 2505 a. C.) quien las terminó en parte. En las Dinastías V y VI se realizaron numerosos añadidos, por lo que, una vez muerto el rey, el culto hacia su persona pudo prolongarse más de tres siglos.

La pirámide, que en su origen alcanzaba los 73 m de altura, mide en la actualidad 62,2 m por 109 m de base. El primer explorador moderno que penetró en ella fue Howard Vyse, en 1837. Desde la entrada, situada en la cara norte, discurre un pasadizo en sentido descendente hasta la cámara funeraria, donde Vyse encontró un sarcófago de basalto que en su día debió de albergar la momia de Micerino. Por desgracia, el sarcófago se perdió junto a las costas españolas en 1838 en plena travesía con destino al British Museum. Asimismo, dentro de la pirámide había un ataúd de madera con forma humana y con el nombre de Micerino.

La pirámide no se terminó, aunque Shepseskaf concluyó las obras del templo funerario, la calzada y el templo del valle, donde se emplearon ladrillos de adobe. La calzada, de unos 608 m de longitud, conduce al templo del valle, donde se encontraron diversas estatuas del faraón en compañía de Hathor y el resto de las diosas de los nomos de Egipto. Al sur de la principal hay tres pirámides satélites, cada una de las cuales incluye un templo de ladrillos de adobe en la cara este de las mismas. Se cree que una de esas pirámides menores se construyó en honor de Jamerernebty II, la esposa principal de Micerino, que aparece junto a su esposo en una preciosa estatua hallada en el templo del valle (véase ilustración, pág. 216).

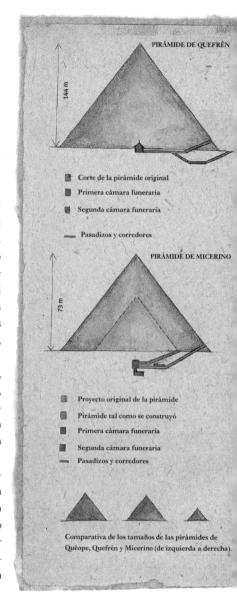

PIRÁMIDE DE QUEFRÉN

144 m

▪ Corte de la pirámide original
▪ Primera cámara funeraria
▪ Segunda cámara funeraria

— Pasadizos y corredores

PIRÁMIDE DE MICERINO

73 m

▪ Proyecto original de la pirámide
▪ Pirámide tal como se construyó
▪ Primera cámara funeraria
▪ Segunda cámara funeraria
— Pasadizos y corredores

Comparativa de los tamaños de las pirámides de Quéope, Quefrén y Micerino (de izquierda a derecha).

Cortes transversales de las pirámides de Quefrén (superior) y Micerino (centro), donde se destacan los elementos principales de las mismas. En un principio ambas contaban con dos entradas; en el caso de la pirámide de Micerino, la segunda se construyó al aumentarse el tamaño de la propia pirámide. La ilustración inferior muestra las diferencias de tamaño entre las tres pirámides del conjunto de Guiza.

LA GRAN ESFINGE

Imagen de la Esfinge vista entre las ruinas del que fuera su templo y con la pirámide de Quefrén como fondo. Construido sobre un eje este-oeste, se cree que el templo pudo estar relacionado con el culto al Sol. Tanto el muro este como el oeste de la sala principal cuentan con un total de siete entrantes, que tal vez se utilizaron durante las ceremonias de la salida y la puesta del sol. Asimismo, los veinticuatro pilares de la sala bien pudieran representar las horas del día y de la noche.

TÚNELES BAJO LA ESFINGE

Son muchas las leyendas, algunas de las cuales se remontan a la Antigüedad, que hablan de la existencia de pasadizos secretos bajo la Esfinge. El explorador italiano Giovanni Battista Caviglia, que estudió la Esfinge en 1817, intentó, en vano, descubrir el túnel que supuestamente había de comunicar la Esfinge con la pirámide de Quefrén. Según una leyenda más reciente, la Esfinge sería el único vestigio de una civilización avanzada desconocida para la arqueología, y bajo su pata derecha se encontrarían los únicos testimonios de dicha civilización. Lo cierto es que hasta la fecha no se han encontrado pruebas arqueológicas de semejante cultura.

En colaboración con el egiptólogo estadounidense Mark Lehner, el gobierno egipcio realizó una serie de excavaciones junto a la Esfinge que resultaron en el descubrimiento de un total de tres túneles bajo la estatua. Según parece, ya los había descubierto previamente un arqueólogo, que, sin embargo, no llegó a publicar nunca sus hallazgos.

El primer túnel está justo detrás de la cabeza de la Esfinge y discurre por el interior del cuerpo de la estatua a lo largo de unos 5 m. El segundo, en la cola de la Esfinge, mide unos 9 m de longitud. Por último, el tercero, que ya descubriera M. R. Baraize en 1926, se encuentra en la cara norte de la estatua. Todo indica que los tres túneles datan de tiempos faraónicos, si bien hasta la fecha se desconoce cuál era su función.

La Gran Esfinge cautiva desde hace siglos a generaciones de poetas, egiptólogos, aventureros y turistas. La primera estatua colosal del Egipto faraónico preside majestuosa la necrópolis de Guiza. Posee cuerpo de león y la cabeza de un rey, provista del inconfundible nemes y la barba postiza. A pesar de los estragos causados por el paso del tiempo, aún se reconocen los rasgos de Quefrén (*véase* ilustración, pág. 24), pues se cree que la palabra «esfinge», de origen griego, deriva del antiguo egipcio *shesep-anj*, «imagen viva». Esta joya se talló en su día en un saliente rocoso de piedra caliza de mala calidad. Algunos historiadores creen que dicho saliente formaba parte de la cantera de piedra de la pirámide de Quéope y que no se aprovechó por su deficiente calidad, pero la ubicación de la Esfinge respecto al complejo mortuorio de Quefrén sugiere que, en realidad, el emplazamiento se eligió a conciencia. Así, por ejemplo, el templo del valle de Quefrén y el de la Esfinge se hallan casi alineados; además, ambos se construyeron con grandes bloques de piedra caliza revestidos con granito rojo, más resistente.

La función de la Esfinge ha sido objeto de un intenso debate. Desde siempre, en el antiguo Egipto los leones se consideraron guardianes, y, en ese sentido, existe una teoría según la cual la Esfinge se concibió para que actuara como guardián de la llanura de Guiza. El egiptólogo alemán Herbert Ricke, en cambio, la relaciona con el culto solar al sugerir que los escultores de la Dinastía IV la tallaron como una imagen de Hor-Em-Ajet, «Horus del horizonte», una de las facetas del dios Sol y precisamente el nombre de la Esfinge durante el Imperio Nuevo. Según esta teoría, se dispuso dando la espalda al «horizonte» formado por la gran pirámide de Quéope, en su día conocida como *Ajet-Jufu*, «Horizonte de Jufu», y por la pirámide de Quefrén. Por otro lado, es indiscutible el parecido que guarda la cabeza de la Esfinge, enmarcada por las dos pirámides al fondo, con el jeroglífico de «horizonte» (𓈌), que consiste en un sol naciente entre dos montañas. Lo más probable, sin embargo, es que la estatua fuera un retrato de Quefrén en su manifestación de Horus, un homenaje a su padre divino Quéope, a quien se había asimilado a Re, el Sol (Quefrén ostentó el título de *Sa-Re*, «Hijo de Re»).

El cuerpo principal de la Esfinge, al ser de roca de peor calidad, se recubrió con grandes bloques de piedra caliza de Tura, de calidad similar a la que revestía la pirámide de Quefrén. En cambio, la cabeza y el cuello, tallados a partir de una veta más dura, no se revistieron. Se cree que la barba, ya desaparecida, se esculpió con la cabeza, pues de otro modo habría resultado imposible suspender un bloque tan pesado de la barbilla de la Esfinge. Giovanni Battista Caviglia halló en 1817 un pequeño fragmento de la misma; dos trozos conservados hoy en el British Museum y en el Museo Egipcio de El Cairo.

EL SUEÑO DE TUTMOSIS IV

Según se puede leer en la inscripción de una estela de granito rojo hallada entre las patas delanteras de la Esfinge, el faraón Tutmosis IV (hacia 1412-1402 a. C.), participó en una cacería en los alrededores de Guiza cuando todavía era un príncipe. Tras dormirse a la sombra del monumento, tuvo un sueño en el que se le apareció la Esfinge lamentándose de su estado ruinoso. Entonces le prometió a Tutmosis que llegaría a ser faraón de Egipto, a pesar de que por aquel entonces no era heredero al trono, si restauraba el monumento. El resto de la inscripción se ha perdido, pero lo cierto es que Tutmosis acabó subiendo al trono después de retirar la arena que se había acumulado en torno a la Esfinge y devolver a su sitio los bloques de la misma que se habían desprendido. Por último, mandó erigir una estela donde, además de referirse el sueño, se muestra al faraón realizando ofrendas a la Esfinge. Se la conoce popularmente como la «estela del sueño» y se cree que fue la entrada principal al templo funerario de Quefrén.

De hecho, fueron varias las ocasiones en las que la Esfinge se desenterró de debajo de la arena. Tales desapariciones esporádicas explican por qué varios autores clásicos, como el mismo Heródoto, no la mencionan en sus obras. Por otro lado, se sabe que la Esfinge sufrió, como mínimo, dos grandes restauraciones en la Antigüedad, una probablemente durante la Dinastía XXVI (664-525 a. C.) y otra, ya en época romana, entre los años 30 a. C. y 100 d. C.

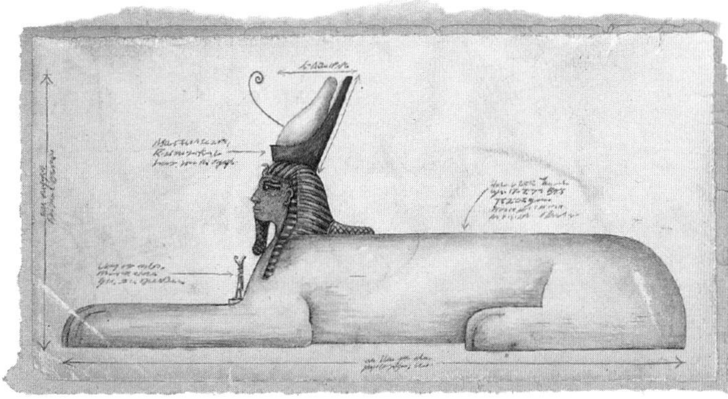

Recreación de la Esfinge tal como debió de ser en su versión pintada original. Un agujero, en la actualidad obturado, situado en lo alto de la cabeza, debió de albergar en su día una corona. Asimismo, lo más probable es que junto al pecho de la figura se hallase la estatua del faraón.

LAS PIRÁMIDES DE LOS «FARAONES OLVIDADOS»

Panorámica de las pirámides de Dyoser (Dinastía III), Userkaf (Dinastía V) y Teti (Dinastía VI), de izquierda a derecha.

Detalle del interior de la pirámide de Onos, conocida como «Maravillosos son los lugares de Onos». Onos fue el último faraón de la Dinastía V (hacia 2375 a. C.) y mandó construir su pirámide cerca de la esquina sudoeste de la pirámide escalonada de Dyoser. Las paredes de la cámara funeraria están decoradas, por vez primera, con inscripciones de los Textos de las Pirámides, *un conjunto de ensalmos e invocaciones de carácter funerario que tenían por finalidad guiar al faraón muerto en su viaje al más allá.*

Los faraones de las Dinastías V a VIII (hacia 2494–2160 a. C.) carecen del renombre de los de la Dinastía V, hasta tal punto que han pasado a la posteridad con el nombre de «los faraones olvidados». Sin embargo, bajo el reinado de algunos de ellos se construyeron varias pirámides destacables tanto al norte y al sur del complejo de Saqqara como en Abusir; además, se introdujeron nuevos elementos en el modelo de complejo funerario real. Así, por ejemplo, Onos (hacia 2375 a. C.) fue el primero en inscribir los *Textos de las Pirámides*, de carácter funerario, en las paredes del interior de su pirámide (*véanse* págs. 136-137). Asimismo, destacaron los templos del Sol construidos cerca de 1,6 km al norte de Abusir, junto a las pirámides de los seis faraones de la Dinastía VI, cuyo centro neurálgico era el templo solar de Heliópolis. El corazón de cada uno de dichos templos era un altar colocado ante el *benben*, un obelisco de formas achatadas con punta piramidal que simbolizaba la montaña por la que salió por vez primera el sol al principio de los tiempos (*véanse* págs. 120-121). Descansaba sobre un podio bajo situado en los extremos de un patio abierto. Sólo hay vestigios de dos de estos templos solares, en concreto los de Userkaf (hacia 2494 a. C.) y Niuserre (hacia 2449 a. C.), situados en Abu Gorab. Poco se sabe de su funcionamiento, pero, como los complejos piramidales estándares, cada uno de ellos tenía un templo funerario, un templo del valle y una avenida entre ambos.

El diseño de las pirámides también experimentó cambios durante la Dinastía V. Bajo su revestimiento de piedra caliza, las pirámides pasaron a construirse con cascajos y ladrillos de adobe en lugar de macizos bloques de piedra caliza, lo que explica el deficiente estado de conservación en que nos han llegado. No obstante, resulta poco probable que este cambio en los materiales de construcción se debiera a un progresivo proceso de decadencia económica, tal como algunos estudiosos han sugerido, pues, de hecho, los faraones de las Dinastías V y VI mostraron un mayor gusto por el lujo que sus antecesores en la decoración del interior de las tumbas y los complejos funerarios. En ese sentido, los artesanos responsables de decorar tales monumentos debieron de representar un coste mucho mayor al de los picapedreros de las pirámides de la Dinastía IV.

Tras la Dinastía VI, el Imperio Antiguo se desintegró rápidamente, como se refleja en las tumbas reales de las Dinastías VII y VIII, que duraron sólo cuarenta años. En el sur de Saqqara, cerca de la pirámide de Fiope II, el último faraón de relevancia de la Dinastía VI, está la pequeña pirámide de Kakare Ibi, de la Dinastía VIII, hoy pésimamente conservada. Ésta y el complejo piramidal se construyeron con el material más económico y menos duradero: el ladrillo de adobe. Hay restos del templo funerario, pero no de la calzada ni del templo del valle. Tal vez hubiera en su momento otras pirámides de la Dinastía VIII. Al este de la pirámide de Ótoes (Teti, hacia 2345 a. C.), el fundador de la Dinastía VI, hay restos de otra pirámide de pequeñas dimensiones que podría datar de las Dinastías IX o X (hacia 2160-2040 a. C.), del Primer Período Intermedio.

LOS BLOQUES DE ABUSIR

La mayoría de los faraones de la Dinastía V eligieron Saqqara para ser enterrados, aunque cuatro de ellos: Sahure (hacia 2487 a. C.), Neferirkare Kakai (o Neférqueres, 2473 a. C.), Neferefre (muerto hacia 2465 a. C.) y Niuserre (hacia 2449 a. C.), construyeron sus respectivas pirámides algo más al norte, en Abusir. El complejo de Sahure es el mejor conservado, y se compone de un templo funerario, una calzada, los restos de un templo del valle con doble entrada y una pirámide satélite.

En 1993, el organismo egipcio responsable de las antigüedades decidió abrir el enclave de Abusir a los visitantes. Durante las obras de acondicionamiento previas a la apertura, el autor de este libro participó en la limpieza de la avenida y del templo funerario. La arena había acabado por cubrir la avenida hasta un total de 30 m de profundidad desde que en los años 1907-1908 el egiptólogo alemán Ludwig Borchardt excavara el yacimiento. Los encargados de retirar la arena realizaron un sorprendente descubrimiento: veinte bloques de piedra caliza decorados con hermosos relieves.

Estos bloques son realmente únicos, pues hasta la fecha no se ha encontrado nada ni remotamente parecido en ningún otro recinto piramidal del Imperio Antiguo. La escena que representa el relieve, repartida en los diversos bloques, ofrece una fascinante estampa de parte del proceso de construcción de la pirámide. En ella se mues-

Panorámica de la pirámide de Sahure (Dinastía V), con las ruinas del templo funerario del faraón en un primer término.

tra a un grupo de hombres subiendo el piramidón (*véase* pág. 171) de la pirámide de Sahure. El fragmento del relieve que mostraba el piramidón no se ha conservado, pero sí la inscripción que lo acompañaba, en la que se puede leer: «Portando el piramidón recubierto con oro fino [electro] a la pirámide».

En otros bloques aparece reproducida la plataforma de madera sobre la que se trasladaba el piramidón hasta la pirámide. En una escena aparece un hombre vertiendo agua sobre el suelo con el objeto de reducir la fricción y facilitar así el traslado. Una persona que visitó Abusir siglos más tarde borró en parte la escena dibujando sobre ella la figura de un arquero apuntando hacia el piramidón.

Busto de bronce de Amenemes III (hacia 1843-1797 a. C.), cuyo reinado, de 46 años, fue el más largo de toda la Dinastía XII. Se cree que fue enterrado en la pirámide de Dahshur (véase inferior). La otra pirámide del faraón, situada en Hawara, gozó de gran celebridad por su templo funerario, hoy desaparecido, que en tiempos de la Antigüedad clásica fue bautizado con el nombre de «el Laberinto», en alusión al que según la leyenda mandara construir el rey Minos de Creta. Y es que, según refiere el gran historiador griego Heródoto, contaba con unas trescientas estancias y un verdadero laberinto de corredores.

PIRÁMIDES DEL IMPERIO MEDIO

Tras el caos del Primer Período Intermedio, se retomó la construcción de pirámides con la restauración de la unidad nacional a principios del Imperio Medio (hacia 2040-1786 a. C.). A pesar de seguir revistiéndose con piedra caliza, el núcleo de las pirámides de esta última edad dorada de la arquitectura piramidal se construyó, en general, con ladrillos de barro cocido, por ello estos monumentos son hoy poco más que meros túmulos informes. Aun así, el corazón de las mismas permanece intacto, pues no en vano los faraones del Imperio Medio mandaron diseñar los interiores de las pirámides en torno a un laberinto de cámaras y corredores para despistar a los saqueadores de tumbas. Diseñaron trampas de eficacia contrastada, tal como lo corrobora el hallazgo de diversos cuerpos, algunos de ellos colgando por los pies. Desde Sesostris II en adelante, la entrada de las pirámides pasó a emplazarse en la cara este o sur de las mismas, en lugar de en la cara norte, como había sido costumbre hasta entonces; este cambio pretendía despistar a los saqueadores. Por otro lado, los textos funerarios pasaron a ser grabados en los sarcófagos (*Textos de los Sarcófagos*) en lugar de en los muros, como los *Textos de las Pirámides* del Imperio Antiguo.

Amenemes I (hacia 1991-1962 a. C.), fundador de la Dinastía XII, trasladó la capital real a las proximidades de el-Lisht, donde fue enterrado. Su complejo piramidal imita los del Imperio Antiguo, con un templo funerario, una avenida y un templo del valle. La pirámide estaba recubierta con piedra caliza de Tura e incluía bloques de las pirámides de Guiza y Saqqara. Algo más al sur está la pirámide de Sesostris I, hijo del anterior, que destaca por sus diez pirámides satélites y por su delicada estatuaria, de la que sobresale una avenida con estatuas del faraón.

Amenemes II fue enterrado cerca de la pirámide de Esnofru, en Dahshur. Tanto su «pirámide blanca», como el recinto correspondiente carecen de interés,

Panorámica de la pirámide de Amenemes III, situada en Dahshur y conocida popularmente como la «pirámide negra». Al serle sustraído el revestimiento de piedra caliza de color blanco, el núcleo de ladrillos de barro cocido se desmoronó hasta dar lugar a un túmulo informe en medio del desierto. El estado de conservación de la pirámide es tan deplorable que los arqueólogos han sido incapaces de calcular con exactitud la altura original de la misma. Por primera vez desde la del faraón Dyoser, de la Dinastía III, la pirámide de Dahshur albergó los restos mortales de otros miembros de la familia real además de los del propio faraón.

salvo por las joyas descubiertas en 1894 (*véase* recuadro, pág. sig.). Sesostris II optó a su vez por Kahun (Lahun), cerca del Fayum, para ubicar su pirámide, célebre por su barrio de los obreros o «pueblo de la pirámide» (*véase* pág. 71). Sus dos sucesores en el trono, en cambio, decidieron ubicar sus tumbas de nuevo en Dahshur. El diseño del complejo piramidal de Sesostris III recuerda al de la pirámide escalonada de Dyoser. El templo del valle no se ha encontrado, pero sí la avenida, con sus bellos bajorrelieves, así como algunas joyas reales (*véase* recuadro). Amenemes III encargó sendas pirámides en Dahshur y Hawara, aunque es probable que esta última fuese más bien un mero cenotafio.

Los últimos soberanos de la Dinastía XII, Amenemes IV y la reina Sebeknefrure, construyeron sus pirámides en Masguna, al sur de Dahshur. Hay dos más de la Dinastía XIII (hacia 1786-1633 a. C.) al sur de Saqqara y, durante un siglo, en el Segundo Período Intermedio, no se construyó ninguna pirámide hasta que Amosis (hacia 1552-1527 a. C.), el primer faraón de la Dinastía XVIII, encargó un cenotafio y una pirámide en miniatura para su abuela en Abido.

LAS PIRÁMIDES DE NUBIA

Inspirados por los egipcios, los soberanos nubios también se aficionaron a la construcción de pirámides. Las de Dongola y Cush, de piedra arenisca, son mucho más pequeñas que las egipcias y están escalonadas. Peye, el rey de Cush que gobernó Egipto hacia 747-716 a. C., mandó construir una pirámide cerca de Napata, y sus sucesores en el trono, Sabacón y Tarco, también fueron enterrados en sendas pirámides. Los soberanos de Meroe, un reino nubio de principios de nuestra era, también construyeron pirámides de piedra, aunque tras la caída de Méroe, hacia 250 d. C., no se volvió a construir ninguna pirámide en el Valle del Nilo.

JOYAS REALES DE LA DINASTÍA XII

Después de excavar durante varios años la pirámide de Sesostris III, en Dahshur, Dieter Arnold, del New York Metropolitan Museum of Art, consiguió descubrir en 1994 la tumba de la reina Ueret justo debajo de la pirámide. Hija de Amenemes II, esposa de Sesostris II y madre de Sesostris III, Ueret gozó mientras estuvo viva de una gran reputación, tal como sugieren las espléndidas joyas ocultas en uno de los pasadizos de su tumba.

Inmediatamente después de haber sido descubiertas, se trasladaron entre grandes medidas de seguridad al Museo Egipcio de El Cairo. Se hallaban fragmentadas y se componían de coralinas, escarabeos de amatista, leones de oro que antaño formaron parte de un brazalete, así como siete mil cuentas de diversos tamaños. Todas las piezas se restauraron a conciencia y pasaron a engrosar el fondo del museo.

Éste fue el último de toda una serie de hallazgos de fabulosos tesoros del Imperio Medio encontrados en Dahshur. Precisamente, durante la campaña de excavaciones de 1894-1895, Jacques de Morgan descubrió en las tumbas de las princesas Ita y Cnumit, cerca de la pirámide de Amenemes II, así como en las de la princesa Sit-Hathor y la reina Mereret, cerca de la pirámide de Sesostris III, una gran cantidad de fantásticas joyas.

En concreto, el tesoro de Cnumit, hija de Amenemes II, incluía varios brazaletes de oro con exquisitos broches *cloisonnés* con la forma de jeroglíficos (*véase* ilustración, pág. 242). A su vez, Sit-Hathor, una de las hijas de Sesostris II y posible esposa de Sesostris III, se fue a la tumba acompañada de una colección de soberbios collares de coralina, escarabeos, cuentas, colgantes, brazaletes y pectorales (*véase* ilustración, izquierda), que fue pacientemente restaurada por los restauradores del Museo de El Cairo (*véase también* pág. 229).

Pectoral y ceñidor de coralina procedentes del ajuar funerario de la princesa Sit-Hathor. El pectoral, de oro e incrustaciones de piedras semipreciosas, reproduce la forma de un pilono (puerta) monumental, con dos halcones (símbolo de Horus) flanqueando el praenomen *(nombre del trono) de Sesostris II. Las coralinas del ceñidor se hallan intercaladas por una fila doble de cuentas de piedras semipreciosas.*

CAPÍTULO 13

TEMPLOS
Y TUMBAS

Desde las grandes pirámides de la Dinastía IV a los imponentes templos del Imperio Nuevo y el período ptolemaico, los antiguos egipcios honraron la memoria de sus muertos y sus dioses con algunos de los más extraordinarios monumentos de todos los tiempos. Tanto en la realeza como entre el resto de los mortales, la tumba no era un mero lugar para el cuerpo una vez muerto, sino una estancia donde adquirir lo necesario en el más allá. Los templos, a su vez, eran instituciones donde se veneraba a los dioses y se les dedicaban ofrendas, pues de ellos dependía, en última instancia, la prosperidad de la nación. Esto facilitó que los templos del antiguo Egipto tuvieran un papel decisivo en la vida del país.

▲

Las moradas de los muertos 192

Tumbas reales 194

Tumbas privadas 197

Las ciudades de los muertos 200

El templo 202

Las mansiones de los dioses 206

Templos funerarios de la realeza 210

SUPERIOR: *Detalle de una de las dos salas hipóstilas del templo de Setos I (hacia 1305-1289 a. C.), situado en Abido, en el Alto Egipto. Este monumento, que alberga algunas de las mejores muestras de decoración de todo el antiguo Egipto, se construyó para rendir culto a los antepasados del faraón, de ahí que numerosos relieves incluyan una lista con los nombres de hasta setenta antecesores suyos.*

LAS MORADAS
DE LOS MUERTOS

Para los antiguos egipcios, uno de los requisitos de una vida satisfactoria en el más allá era contar con una tumba que sirviera de tranquila morada para el descanso eterno y de «hogar» del muerto. Durante más de tres milenios, las tumbas evolucionaron desde los sencillos hoyos iniciales a las más elaboradas y monumentales estructuras arquitectónicas de piedra, repletas de objetos preciosos relacionados con la creencia en el más allá. Además, las tumbas de la realeza iban acompañadas de templos funerarios para el culto a los muertos (*véanse* págs. 210-211).

Salvo pocas excepciones, los antiguos egipcios construyeron sus tumbas y necrópolis en la orilla occidental del Nilo, pues no en vano se creía que los muertos, como el sol del atardecer, accedían al más allá por el oeste. En general, cabe distinguir dos grandes líneas en cuanto al diseño de las tumbas y su decoración: una primera de carácter real y otra de carácter «privado», esto es, no real. Las tumbas reales se construyeron con los materiales más caros disponibles y, a menudo, incorporaban grandes innovaciones arquitectónicas. Gran parte de los elementos característicos de las tumbas reales, como los textos funerarios, pretendían guiar al muerto en su tránsito al más allá (*véanse* págs. 136-137), y con el tiempo la típica tumba en forma piramidal (*véase* capítulo anterior) acabó siendo adoptada por las clases no pertenecientes a la realeza. Los mejores ejemplos de arquitectura funeraria corresponden a los escalones más elevados de la sociedad egipcia y no son en absoluto representativos de la misma en su conjunto.

Con independencia de los materiales empleados (ladrillo de adobe, piedra arenisca) o del método de construcción utilizado, lo cierto es que la mayoría de las tumbas contenía una superestructura al descubierto, accesible a los vivos, así como una parte bajo el suelo que albergaba el cuerpo momificado y que quedaba sellada para la eternidad. Las primeras superestructuras al descubierto eran túmulos o recintos rectangulares de ladrillos de barro, influencia tal vez de las mesopotámicas, y a menudo con una serie de fachadas con hornacinas a imitación de la arquitectura civil. Todas incluían una especie de santuario donde los allegados podían realizar ofrendas de alimentos al fallecido ante una «puerta falsa», una hornacina

SUPERIOR: *Las tumbas de época predinástica y protodinástica, como ésta de hacia 3500 a. C., hallada en Nagada (excavada por el autor de este libro), eran sencillos hoyos de forma oval, en ocasiones forrados con telas o madera. El cuerpo del muerto, con su típica postura fetal, solía ir acompañado de unas pocas vasijas y algún que otro objeto de aseo personal. Durante la historia del antiguo Egipto, a la población en general se la enterró en un simple hoyo con unos pocos objetos.*

IZQUIERDA: *En el período dinástico, los miembros de la aristocracia se enterraban con un amplio repertorio de objetos cuidadosamente trabajados para satisfacer sus necesidades en el más allá. El cuerpo iba a veces dentro de uno o incluso dos sarcófagos decorados con el retrato del muerto en su juventud. Esta tapa de basalto, de la Baja Época, cubrió antaño el sarcófago de Sisobek, visir de Psamético I (664-610 a. C.).*

decorada con relieves que servía de entrada simbólica al más allá (*véase* pág. 197). Con el paso de las dinastías del Imperio Antiguo, las superestructuras al descubierto de las tumbas se fueron haciendo más complejas, de modo que los miembros de la aristocracia pasaron a incorporar en ellas un gran número de cámaras y un amplio repertorio de motivos murales, siempre para satisfacer las necesidades de los muertos en el más allá: inscripciones laudatorias, escenas de la vida cotidiana o de las ricas propiedades del fallecido, imágenes de los miembros de la familia y todo un amplio repertorio de escenas con ofrendas cuyo objeto era garantizar la abundancia y la prosperidad del finado en el otro mundo.

La parte oculta bajo el suelo era la sección funeraria del complejo, y en ella se depositaba la momia, los vasos canopos con los órganos más importantes del muerto y otros objetos del ajuar fúnebre. En las mastabas del Imperio Antiguo (*véase* pág. 197), en las cámaras talladas en la roca de las sepulturas de los Imperios Medio y Nuevo, y en los grandes «palacios» funerarios tebanos de la Baja Época, siempre aparecían estos elementos. Usurpar una tumba, aprovechar una inscripción o borrar las figuras de un mural eran atentados contra el legado histórico y la supervivencia eterna del morador de la tumba (*véanse* págs. 144-145).

TUMBAS REALES

Vista del Valle de los Reyes, en Tebas Oeste, donde se encuentran las tumbas reales de los faraones del Imperio Nuevo desde tiempos de Tutmosis I, el tercer gobernante de la Dinastía XVIII. Las entradas a las tumbas realizadas en piedra son de época moderna.

Con el paso de las dinastías, las capitales y las necrópolis de las mismas fueron cambiando de lugar, y, para contrarrestar el pillaje, cada vez más intenso, las tumbas de las familias reales sufrieron una compleja evolución. En tiempos del Imperio Antiguo, entre las Dinastías IV y VI (hacia 2613-2173 a. C.), la construcción de mastabas y pirámides escalonadas cristalizó en los auténticos complejos piramidales, que incluían una o varias pirámides satélites (para las reinas o con finalidad ritual), un templo de la pirámide, una larga calzada hasta el Valle del Nilo y un templo del valle (*véanse* págs. 171-173). Las pirámides del Imperio Medio situadas en el-Lisht y Dahshur siguieron esta pauta, si bien con unas dimensiones más modestas que las del Imperio Antiguo (*véanse* págs. 190-191).

En tiempos del Imperio Nuevo la situación cambió radicalmente. Egipto había padecido su primera dominación extranjera (*véanse* págs. 26-27) y una familia tebana había liberado al país y fundado la Dinastía XVIII, trasladando una vez más la capital al Alto Egipto. Durante los siguientes siglos, Tebas se convirtió en el principal enclave funerario para los soberanos egipcios, tradición que inició Tutmosis I (hacia 1506-1494 a. C.). Ineni, el arquitecto real, halló un emplazamiento secreto para su tumba en un *wadi* (lecho seco de un río) situado tras una montaña en plena orilla occidental del Nilo. Así empezó la dilatada historia del Valle de los Reyes. Sin partes al descubierto (o, mejor dicho, con la montaña como superestructura piramidal), todas las tumbas se excavaron sobre la roca, desde la escalera de acceso y los pasadizos a los diferentes almacenes, hornacinas y cámaras funerarias. Las más grandes cuentan con un sinfín de cámaras y llegan a penetrar más de 90 m en las entrañas de la montaña. Las paredes, de piedra caliza, se pulieron a conciencia, y, a continuación, las decoró y pintó toda una legión de artesanos que vivía en la vecina población de Deir el-Medina. Escenas del más allá, ensalmos extraídos del *Libro de los Muertos* (que remplazaban a los *Textos de los Sarcófagos* de tiempos del Imperio Medio, los cuales, a su vez, habían sustituido a los *Textos de las Pirámides* del Imperio Antiguo, *véanse* págs. 136-137), títulos reales e imágenes de los dioses protectores cubren las paredes en un maravilloso mosaico de formas y colores. Muchas de las tumbas se han conservado bien hasta nuestros días, aunque el incesante destello de los flashes, el cambio climático y el turismo amenazan la continuidad del valle como nunca antes lo habían hecho.

A medida que la necrópolis fue ganando terreno entre las Dinastías XVIII y XX (hacia 1552-1069 a. C.), se situó una guardia permanente en los alrededores del valle para proteger a sus inquilinos reales y el sinfín de objetos preciosos enterrados con ellos. No obstante, aunque las sepulturas de los reyes más poderosos del antiguo Egipto ya no descansaban en las entrañas de las siempre llamativas pirámides, lo cierto es que continuaron siendo presa fácil de los saqueadores, y la mayoría de ellas fue objeto del pillaje durante la Antigüedad. En la Dinastía XXI (hacia 1069-945 a. C.), los sacerdotes llegaron a sacar las momias reales de sus

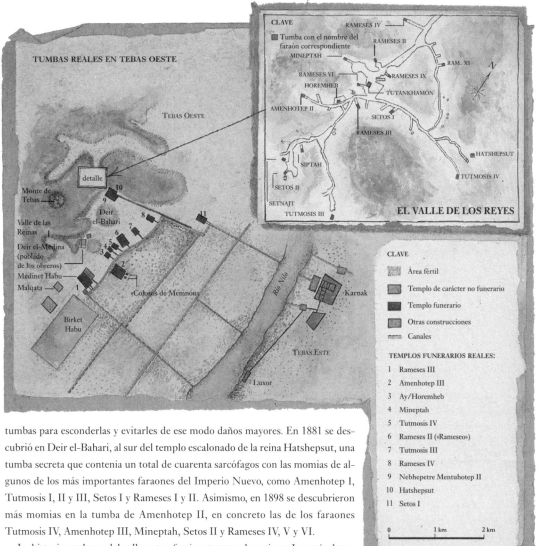

TUMBAS REALES EN TEBAS OESTE

CLAVE

■ Tumba con el nombre del
faraón correspondiente

RAMESES IV
RAMESES II
MINEPTAH
RAM. XI
RAMESES VI
RAMESES IX
HOREMHEB
TUTANKHAMÓN
AMENHOTEP II
SETOS I
RAMESES III
HATSHEPSUT
SIPTAH
TUTMOSIS IV
SETOS II
SETNAJT
TUTMOSIS III
EL VALLE DE LOS REYES

TEBAS OESTE

Monte de
Tebas
Deir
el-Bahari
Valle de las
Reinas
Deir el-Medina
(poblado
de los obreros)
Médinet Habu
Malqata
Birket
Habu
«Colosos de Memnón»
Río Nilo
Karnak
TEBAS ESTE
Luxor

CLAVE

Área fértil

Templo de carácter no funerario

Templo funerario

Otras construcciones

Canales

TEMPLOS FUNERARIOS REALES:

1 Rameses III
2 Amenhotep III
3 Ay/Horemheb
4 Mineptah
5 Tutmosis IV
6 Rameses II («Rameseo»)
7 Tutmosis III
8 Rameses IV
9 Nebhepetre Mentuhotep II
10 Hatshepsut
11 Setos I

0   1 km   2 km

tumbas para esconderlas y evitarles de ese modo daños mayores. En 1881 se descubrió en Deir el-Bahari, al sur del templo escalonado de la reina Hatshepsut, una tumba secreta que contenía un total de cuarenta sarcófagos con las momias de algunos de los más importantes faraones del Imperio Nuevo, como Amenhotep I, Tutmosis I, II y III, Setos I y Rameses I y II. Asimismo, en 1898 se descubrieron más momias en la tumba de Amenhotep II, en concreto las de los faraones Tutmosis IV, Amenhotep III, Mineptah, Setos II y Rameses IV, V y VI.

La historia moderna del valle es tan fascinante como la antigua. Las más de setenta tumbas reales situadas en él han sido testimonio mudo del paso de un sinfín de personas desde que, a principios del siglo XIX, el enclave fuese descubierto por «exploradores» europeos como Giovanni Belzoni. Las tumbas sobrevivieron a las hordas de turistas que asistieron al meticuloso proceso de limpieza de la tumba de Tutankhamón llevado a cabo durante los años 1920 por Howard Carter (*véase* pág. 196) y, posteriormente, por los responsables del patrimonio artístico del gobierno egipcio. Entre 1987 y 1995 nos obsequiaron incluso con un espectacular hallazgo: KV5, que a pesar de ser descubierto por primera vez en 1825, se tomó erróneamente por una tumba inacabada, cuando parece ser la tumba de gran parte de los hijos de Rameses II. Al sur se halla la réplica del Valle de los Reyes, el Valle de las Reinas, que alberga las tumbas de las reinas y las princesas de finales del Imperio Nuevo. La más célebre es la de la reina Nefertari, la mujer de Rame-

Este plano de Tebas Oeste y el Valle de los Reyes muestra cómo los faraones del Imperio Nuevo se decantaron por las estribaciones cercanas al Valle del Nilo, lejos de las ricas tumbas de las tierras fértiles, para construir sus templos funerarios (véanse pág. 210-211).

EL PILLAJE DE LAS TUMBAS

No era ningún secreto que, a medida que los recintos funerarios fueron ganando en complejidad, mayor era el valor de los bienes enterrados con las momias de personalidades de la realeza y la aristocracia: sarcófagos de oro, amuletos de piedras preciosas, objetos exóticos procedentes de países lejanos... una tentación irresistible para los ladrones. Y cuando los embalsamadores empezaron a acompañar el cuerpo del finado con amuletos protectores de piedras preciosas, oro y plata, hasta las mismas momias corrieron peligro. Lo más probable es que los saqueadores desvalijaran las tumbas reales al poco tiempo de haberse celebrado el funeral, y se tiene constancia de que los mismos empleados responsables de vigilar las necrópolis eran a veces propensos a dejarse sobornar.

ses II (*véase* pág. 88). Las pinturas murales, de intensos colores, muestran a la reina en compañía de los dioses y contienen un sinfín de inscripciones jeroglíficas, obras maestras de laborioso trabajo; en su conjunto muestran el posible esplendor de centenares de sepulturas del antiguo Egipto hoy perdidas o destruidas para siempre. En los últimos años, los frágiles frescos murales han sido limpiados y restaurados por un equipo internacional de especialistas.

A pesar de que las tumbas reales propiamente dichas se ocultaron en las entrañas del Valle de los Reyes, el culto al faraón continuó en el templo funerario (*véanse* págs. 210-211). No obstante, existe una diferencia esencial entre las tumbas reales del Imperio Nuevo y las de tiempos anteriores: la separación física entre el templo funerario y la tumba en sí (*véase* plano, pág. 195).

En las dinastías posteriores se adoptaron otras costumbres funerarias. Así, los faraones de las Dinastías XXI y XXII (hacia 1069-715 a. C.) optaron por construir sus respectivas tumbas dentro de un recinto situado en Tanis, la capital de entonces, en pleno Delta del Nilo. Es probable que otras capitales del Tercer Período Intermedio y la Baja Época, como Bubastis, Heracleópolis Magna, Hermópolis, Leontópolis y Sais, contaran con recintos funerarios reales, pero pocos de ellos se han conservado tan bien como los del Imperio Nuevo en Tebas.

LA TUMBA DE TUTANKHAMÓN

Howard Carter (1874-1939), el gran egiptólogo británico, pasó no pocos años de su vida excavando sin gran éxito en el Valle de los Reyes, en Tebas, a instancias de su mecenas, Lord Carnavon (1866-1923). Hasta que, por fin, el 4 de noviembre de 1922 salió a la luz el primer escalón de una escalera tallada directamente en la roca. Al retirar la tierra, quedó al descubierto un largo pasadizo que daba a una puerta sellada. Cuando Carter miró a través de un agujero practicado en la pared, lo único que vieron sus ojos fue «oro, por doquier el resplandor del oro». La antecámara que había descubierto estaba repleta de todo tipo de objetos, tales como divanes ceremoniales con forma de extraños animales, cajas de lino, carros y estatuas de tamaño real. Al poco se descubrieron otras tres cámaras.

Tutankhamón, que gobernó entre 1346 y 1337 a. C. aproximadamente, vivió durante el fascinante período de resurgimiento espiritual que coincidió con los últimos años de la Dinastía XVIII, cuando hacía poco que se había abandonado el culto a Atón (*véanse* págs. 128-129).

Detalle del sarcófago de oro que albergó la momia de Tutankhamón.

TUMBAS PRIVADAS

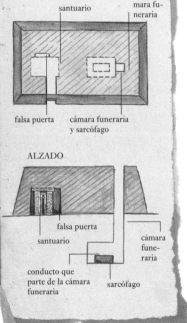

LA MASTABA

santuario   falsa puerta

conducto que parte de la cámara funeraria

cámara funeraria

sarcófago

conducto que parte de la cámara funeraria

PLANTA

santuario

falsa puerta

cámara funeraria y sarcófago

ALZADO

falsa puerta

santuario

cámara funeraria

conducto que parte de la cámara funeraria

sarcófago

SUPERIOR: *Típica mastaba egipcia. Tras los bloques de piedra caliza se escondía un núcleo de cascotes y piedras, a su través discurría un conducto hacia la cámara funeraria, tallada en la roca.*

DERECHA: *Entrada a una tumba del Imperio Antiguo junto a la pirámide de Quefrén, en Guiza.*

A pesar de su énfasis en el más allá, las tumbas de la aristocracia y de sus familias aportan abundante información sobre la vida cotidiana de los antiguos egipcios. La decoración de las paredes, pintadas con todo tipo de motivos, desde escenas de pesca a celebraciones familiares, refleja lo que debió de ser la vida diaria a orillas del Nilo.

Aunque con el tiempo asumieron elementos de las tumbas reales (la forma de las construcciones y el uso de los textos funerarios), en la mayoría de los casos la arquitectura de las tumbas privadas siguió su propio desarrollo. Al principio (entre finales del IV milenio y principios del III a. C.), las tumbas privadas de la clase aristocrática se concentraron alrededor de los complejos funerarios «reales» en enclaves como Abido y Hieracómpolis (*véase* pág. 69), en la mitad sur, y Saqqara en la mitad norte. Todavía consistían en meros hoyos de ladrillos sin adorno alguno. La decoración era mínima y, a menudo, las únicas inscripciones eran los nombres en las estelas, austeras y de pequeñas dimensiones. El ajuar funerario aún se limitaba a unas cuantas vasijas de piedra y cerámica, objetos de aseo personal, paletas de piedra y joyas.

La arquitectura de ladrillos de barro no desapareció nunca del todo, aunque con las Dinastías III y IV los miembros de la aristocracia construyeron cada vez más tumbas en piedra. De hecho, la típica tumba privada del Imperio Antiguo se conoce precisamente con el término de «mastaba» («banco» en árabe) por su parecido con los sólidos poyos de las casas de campo egipcias. Una mastaba es una construcción al descubierto de forma rectangular, realizada con piedra caliza o ladrillos de adobe y con los costados inclinados. Las hornacinas de la «fachada pala-

ciega» de las primeras tumbas se redujeron a sólo dos, una en el lado norte y otra en el costado sur del muro que daba al este. Estas hornacinas fueron las indispensables «falsas puertas» a través de las cuales el espíritu del fallecido participaba mágicamente de las ofrendas. En Guiza, la estela (a menudo la única superficie con inscripciones en estas primeras tumbas del Imperio Antiguo), que estaba grabada con el nombre, los títulos y la imagen del finado, pasó a formar parte del diseño de la falsa puerta, a la que se sumaron otras inscripciones, además de oraciones. Como medida de protección, la falsa puerta y las escenas de ofrendas se trasladaron con el tiempo al núcleo macizo de la propia mastaba hasta formar una especie de santuario para las ofrendas. En cambio, las cámaras de las estatuas (o *serdabs*), los conductos hasta la cámara funeraria (en sustitución de las escaleras) y la misma cámara funeraria quedaron inaccesibles para los vivos. La decoración no tardó en ir más allá de la falsa puerta, hasta adornar las cuatro paredes del santuario. La arquitectura de tumbas privadas característica del Imperio Antiguo alcanzó su culminación durante las Dinastías V y VI en Saqqara, en tumbas de mayores dimensiones que las anteriores y con un mayor número de cámaras.

LAS MASTABAS DE SAQQARA

Los mejores ejemplos de tumbas privadas construidas en tiempos del Imperio Antiguo se encuentran en Saqqara, la primera necrópolis de la gran capital egipcia, Menfis, utilizada como tal prácticamente por todas las dinastías hasta el Primer Período Intermedio. Las superestructuras de las mastabas de Saqqara contienen en ocasiones hasta veinte o más estancias, con múltiples puertas falsas y conductos destinados a los miembros de la familia del fallecido, así como miles de inscripciones jeroglíficas y coloridas escenas murales. No sorprende, pues, que hoy en día Saqqara se haya convertido en un atractivo turístico de primer orden.

Tal vez la mayor variedad de escenas murales se encuentre en las tumbas de las Dinastías V y VI que pertenecieron en su día a importantes funcionarios de la administración egipcia, como Ti, Ptahhotep, Mereruka y Kagemni, entre otros. Para los antiguos egipcios, no tenía sentido establecer distinción alguna entre los objetos reales, físicos, tales como las personas o las ofrendas, y las pinturas o representaciones de los mismos. De ese modo, cada una de las escenas de ofrendas se convertía en algo real en el más allá, con lo que las personas, los objetos y las actividades representadas en ellas constituían las «provisiones» para la vida en el más allá del espíritu del muerto. Las paredes de un gran número de estas tumbas se hallan presididas por imágenes de grandes dimensiones del fallecido, en clara alusión a su importancia en vida. Otros motivos pre-

Bajorrelieve en el que un pastor conduce a una manada de bueyes, hallado en el santuario de la mastaba del alto funcionario Ptahhotep en Saqqara (Imperio Antiguo, finales de la Dinastía V, hacia 2494 a. C.).

sentes son escenas en las que puede verse gente desarrollando diversas actividades, como artesanos en pleno trabajo, carreras de botes en las marismas o peregrinajes a lugares sagrados como Abido. Por otro lado, destacan también determinadas representaciones como las escenas de circuncisión (por ejemplo, en la tumba del médico Anjmahor) o la de una vaca ayudando a su ternero a cruzar un canal (en la tumba de Ti), que subrayan la vitalidad y originalidad de cada uno de los monumentos.

Del Imperio Antiguo también hay ejemplos de tumbas excavadas en la roca, subterráneas y en las laderas montañosas del Valle del Nilo, a menudo construidas por altos cargos de la administración egipcia. Este tipo de tumbas proliferó sobre todo en las necrópolis de las provincias, como en las de Deshasha, Meir y Sheik Said, y se convirtió en el tipo preferido de construcción funeraria al término del Imperio Antiguo y el Primer Período Intermedio (*véanse* págs. 26-27). Durante el Imperio Medio, proliferaron por todo el Alto y el Bajo Egipto en enclaves como Beni Hasan, Tebas, Deir el-Bersha y Asiut. Solían contener salas provistas de hornacinas para estatuas y columnas, además de un patio, pórticos y una avenida que conducía a orillas del río. En consonancia con la política de la época, los motivos militares eran una constante en la decoración mural. A principios del Imperio Medio, las escenas murales de la vida cotidiana tomaron la forma de maquetas tridimensionales de madera que se enterraban con el muerto.

Tras el Segundo Período Intermedio, a principios del Imperio Nuevo, volvieron a resurgir con fuerza las tumbas elaboradas. A medida que Tebas fue ganando en importancia, entre las dinastías XVIII y XX, sus necrópolis empezaron a rivalizar con las del Imperio Antiguo de Saqqara y Guiza. Las tumbas excavadas en la roca presentes en Tebas solían distinguirse por una planta en forma de «T» (un vestíbulo transversal y un pasillo), que se correspondía con los santuarios construidos en las superestructuras de las primeras tumbas. Tanto los conductos como las cámaras funerarias se excavaban en las entrañas de la roca, bajo el nivel del suelo. Los bajorrelieves y, en especial, las pinturas murales alcanzaron nuevas cotas de perfección en tiempos de los diversos Tutmosis, sobre todo en la viveza de los colores y la experimentación con los temas de la vida cotidiana (fiestas, trabajo del campo, oficios…). Más tarde, ya en tiempos del Imperio Nuevo, estos temas se reemplazaron por otros de carácter funerario: escenas de momificación y funerales, así como representaciones basadas en los textos funerarios. En este período, las cámaras funerarias pasaron también a decorarse. Destacan las modestas tumbas de la necrópolis de los artesanos de Deir el-Medina. En algunos casos, las sepulturas privadas se empezaron a rematar con pirámides de pequeñas dimensiones, construcción que no se usaba ya en los complejos funerarios reales.

El Tercer Período Intermedio fue una época de entierros en masa, y el protagonismo recayó en la decoración del sarcófago más que en la arquitectura de la tumba. Pero durante las Dinastías XXV y XXVI tuvo lugar un último renacimiento. Los altos cargos de la administración tebana de la época optaron por combinar elementos de la arquitectura funeraria real y de la privada, esto es, la tumba y el templo, dando forma a los grandes «palacios» funerarios cercanos al templo de Hatshepsut, en Deir el-Bahari. Éstos contaban con unos imponentes pilones de ladrillos de barro cocido, así como con avenidas, grandes atrios hundidos y un sinfín de estancias subterráneas. Las tumbas de sacerdotes y altos funcionarios, como la de Montuemhé (*véase* pág. 37), se cuentan entre las construcciones funerarias del antiguo Egipto más grandes. Aparte de algún que otro esporádico monumento posterior, no se volvieron a construir más tumbas privadas de semejante envergadura.

Panorámica del Valle del Nilo desde las estribaciones montañosas de Tebas Oeste, con la necrópolis conocida como Asasif y situada al este del templo de Hatshepsut, en Deir el-Bahari, en primer término. En ella se encuentran las monumentales tumbas privadas de la Dinastía XXVI, como las de Montuemhé (véase pág. 37 e ilustración, pág. 200), Anj-hor, Basa, Petamenope y Pabasa. Tan sólo son visibles las superestructuras de ladrillo de adobe, pues la mayoría de las estancias presentes en las tumbas son subterráneas.

LA ADMINISTRACIÓN
DE LA NECRÓPOLIS DE TEBAS

Nos han llegado diversos papiros que
nos permiten hacernos una idea muy
aproximada del funcionamiento interno
de la necrópolis, como por ejemplo las
disputas existentes entre los responsables
de las orillas este y oeste del Nilo, los
juicios a saqueadores de tumbas o los
registros dejados por los vigilantes de la
necrópolis. De todos modos, aún queda
mucho por averiguar antes de poder
responder a preguntas tales como quién
se encargaba de asignar las «parcelas»
para cada una de las tumbas, durante
cuánto tiempo o generaciones se
prolongaba el culto funerario al fallecido
antes de que se agotaran los recursos
financieros, quién dirimía en las disputas
acerca de las rutas de acceso al santuario
de la tumba, o hasta qué punto era legal
la usurpación de las tumbas a manos
de las generaciones posteriores.

LAS CIUDADES
DE LOS MUERTOS

Los cementerios de las Dinastías I y II, en Abido, al sur, o en Saqqara, al norte,
sentaron las bases del resto de las necrópolis del antiguo Egipto durante varios milenios. Al margen de la localización de los complejos funerarios reales, las tumbas
de los familiares, visires y altos cargos de la administración solían ubicarse cerca
de aquéllos. Incluso en tiempos del Imperio Nuevo, cuando los faraones separa-
ron las tumbas de los templos funerarios, ocultando éstos en el Valle de los Reyes,
las necrópolis privadas tendieron a situarse en la región montañosa de Tebas.

La Dinastía IV señala el punto de máxima ruptura con la tradición funeraria de
Saqqara, al desplazarse las tumbas privadas a enclaves más alejados, como Meidum, con sus tres pequeñas necrópolis de mastabas privadas situadas cerca de la
pirámide del faraón Esnofru (hacia 2613 a. C.). También se han encontrado recintos con mastabas igual de antiguas cerca de las pirámides de Esnofru en
Dahshur. Los sucesores de este último se decantaron por la llanura de Guiza para
sus recintos funerarios, a los que acompañaron los de sus familiares y sus funcio-

SUPERIOR: *Patio hundido de la tumba de Montuemhé (Tebas Oeste, hacia 655 a. C.), alcalde de Tebas, gobernador del Alto Egipto y Cuarto Profeta de Amón en el templo de Karnak (véase pág. 37).*

DERECHA: *De entre las magníficas pinturas murales de la tumba de Senedjen situada en Deir el-Medina (Tebas Oeste, Dinastía XIX), destacan las escenas del muerto y su esposa en el más allá arando el paradisíaco «Campo de Juncos» (véase pág. 116).*

narios de confianza. Guiza representa el primer ejemplo de necrópolis privada que responde a una serie de diseños perfectamente calculados y a gran escala, con «parcelas» en medio de calles rigurosamente trazadas, con mastabas alineadas en las caras este (para los miembros de la familia real) y oeste de la gran pirámide de Quéope. Salvo excepciones, el resto de la Dinastía IV ubicó sus recintos funerarios en Guiza según el modelo de Quéope. Más tarde, aún en tiempos del Imperio Antiguo, las calles que discurrían entre determinadas mastabas se vieron salpicadas con la presencia de tumbas satélites, lo que sugiere cierta ruptura con el modelo de la necrópolis.

Varios faraones de la Dinastía V construyeron sus pirámides en Abusir, justo al norte de Saqqara. La tumba privada más grande hallada hasta la fecha en este enclave pertenece a Ptahshepses, visir y cuñado del faraón Niuserre (hacia 2449 a. C.). En los últimos años se han descubierto varias tumbas que pertenecieron a otros tantos visires y altos funcionarios de la administración egipcia, pero las tumbas privadas más impresionantes del Imperio Antiguo son las de Saqqara y datan de las Dinastías V y VI. Estas tumbas reflejan el poder creciente de los más altos cargos de la administración del país, y sus dueños no dudaron en recurrir a la maestría de los artesanos reales de la corte menfita. Las imponentes superestructuras y numerosas estancias de algunas de estas tumbas contrastan con las reducidas dimensiones de los complejos funerarios de la Dinastía IV, situados en Guiza. Por otro lado, las tumbas excavadas en la roca bajo la avenida de la pirámide de Onos también destacan por el número de estancias y el colorido de sus pinturas murales. Resulta difícil trazar una pauta en lo que se refiere al desarrollo de una necrópolis de semejantes dimensiones, aunque lo cierto es que son muchas todavía las tumbas de todos los períodos que aguardan ocultas bajo tierra.

Al final del Imperio Antiguo, los «nomarcas» (*véase* pág. 27) cesaron en sus aspiraciones de contar con una tumba menfita y en su lugar optaron por enclaves más próximos a su propia residencia y las de los miembros de la casa reinante. Estas necrópolis provinciales fueron consolidándose durante todo el Primer Período Intermedio hasta la reunificación del país bajo la Dinastía XI tebana.

Habría que esperar, sin embargo, hasta el Imperio Nuevo para que se volvieran a erigir densas necrópolis privadas equiparables a los enormes recintos funerarios de Saqqara y Guiza construidos en tiempos del Imperio Antiguo. Las clases gobernantes de las Dinastías XVIII a XX construyeron sus sepulcros al pie de las montañas de Tebas Oeste entre las tumbas y los templos funerarios reales, en las inmediaciones de la llanura fértil. No obstante, el esquema propio del Imperio Medio apenas resulta visible. La necrópolis privada más unificada y coherente de este período probablemente sea la de Deir el-Medina, donde antaño vivieron los artesanos responsables de la construcción y la decoración de las tumbas reales.

Estatuas del príncipe Rahotep y de la princesa Nofret halladas en Meidum (véase inferior). Es posible que el príncipe, con el fino bigote que tanta popularidad alcanzó en el Imperio Antiguo, fuera uno de los hijos de Esnofru (hacia 2613 a. C.), fundador de la Dinastía IV. A diferencia de Nofret, Rahotep tiene una musculatura propia de un trabajador manual.

UNA PAREJA PRINCIPESCA

De entre los retratos más sorprendentes de todo el Imperio Antiguo destacan las estatuas de piedra caliza coloreada del príncipe Rahotep y su esposa Nofret (*véase* ilustración, superior), halladas en la mastaba que la pareja mandó construir junto a la pirámide de Esnofru en Meidum. La pintura original de estas estatuas de 122 cm de altura se ha conservado casi intacta, y los ojos son en realidad de cristal y amatista, lo que confiere al conjunto un acabado más realista. En 1871, cuando Auguste Mariette descubrió la tumba, los trabajadores egipcios que dieron con la tumba quedaron tan asombrados ante el brillo de los ojos de la pareja al reflejarse en ellos la luz, que corrieron presa del pánico.

EL TEMPLO

Vista del llamado «quiosco de Trajano»,
construido a instancias del emperador romano
Trajano en el templo de Isis en Filas, isla situada
en pleno Nilo, cerca de Asuán. A Isis se la veneró
en dicha isla desde 675 a. C. aproximadamente
hasta bien entrada la era cristiana. Lejos de
la capital de Egipto, Alejandría, el templo de
Filas desafió (o ignoró) los decretos romanos de
finales del siglo IV d. C. según los cuales debían
cerrarse todos los templos paganos. El de Filas
fue el último que siguió en funcionamiento
y se abandonó definitivamente a mediados
del siglo VI d. C. Como consecuencia de
las obras de construcción de la presa de Asuán
a finales de los años 1960, el templo se trasladó
desde su emplazamiento original a la isla de
Agikia, situada en las proximidades.

El faraón Micerino (hacia 2533 a. C.) aparece
flanqueado por la diosa Hathor (izquierda)
y la diosa de uno de los nomos del antiguo
Egipto (conjunto escultórico hallado en el templo
funerario del faraón en Guiza, véase pág. 185).

Los templos fueron decisivos en el antiguo Egipto, local y nacionalmente, en cuanto centros espirituales y referentes de no pocos aspectos de la vida secular del país. Estos edificios tuvieron las más variadas funciones, aunque, a diferencia de las iglesias cristianas, no eran lugares de congregación de fieles. De hecho, los ciudadanos egipcios no llegaban a pasar nunca dentro de los santuarios, donde se hallaba la estatua de la divinidad del templo, al cuidado de los sumos sacerdotes.

En principio, cabe distinguir dos grandes tipos de templos en el antiguo Egipto: los consagrados a divinidades de ámbito local o estatal (*véanse* págs. 206-209), y los construidos como lugar de culto funerario al faraón (*véanse* págs. 210-211). Además, los antiguos egipcios erigieron también templos consagrados al culto del dios Sol, así como «estaciones» para las barcas (puntos rituales donde hacían un alto las procesiones con las barcas sagradas de cada divinidad), «casas de nacimiento» (consagradas a los mitos de la creación de los diferentes dioses) y pequeños templos y santuarios en honor de las divinidades del lugar.

Con sus diferentes elementos arquitectónicos (pilonos, atrios, columnas con formas vegetales y recintos sagrados), su decoración (imágenes de divinidades, reyes y ceremonias, además de textos), y su emplazamiento en lugares sagrados, el templo del antiguo Egipto fue una especie de recreación del universo egipcio en la Tierra. Y es que durante el proceso de evolución del templo no funerario encontramos, casi en la totalidad de los testimonios conservados, un concepto básico de los antiguos egipcios: el del montículo primigenio, la colina sagrada que asomó por vez primera desde el caos de agua que dominaba el oscuro origen del mundo (*véase* pág. 120). Esta idea se recreaba con la elevación del centro del santuario respecto a las estancias circundantes del templo.

Algunos de los templos más antiguos fueron poco más que un recinto delimitado por un muro de ladrillos de barro con un santuario (una tienda de campaña o bien una estructura de forma cuadrangular) en el centro y unas banderas en lo alto de unas astas (origen del jeroglífico con forma de bandera ⌐, que significa *netjer*,

LOS TEMPLOS DEL FARAÓN HERÉTICO

El paradigma del templo del antiguo Egipto, con su colección de patios y estancias que conducen a la misteriosa oscuridad de la parte interior del recinto, experimentó una especie de inversión durante el reinado de Ajenatón (*véanse* págs. 128-129). En la nueva capital de Ajetatón (la moderna el-Amarna), se reservó una extensión enorme para construir en ella la Mansión del Templo de Atón, justo en el centro de la ciudad. Dicho templo se componía de dos estructuras principales. Primero había un templo frontal con seis pilonos y siete discretas secciones. Por otro lado, a diferencia de las estancias y los atrios cubiertos de Tebas, éstos se encontraban en su mayoría abiertos, y albergaban un sinfín de altares, a los que había que añadir los que rodeaban el edificio. Las estancias para el culto se encontraban en la parte posterior de la estructura y, en el atrio, se erguía una estela con la punta redondeada y dispuesta sobre un pedestal. El templo posterior, a su vez, se dividía en otras dos secciones principales y hacía las veces de santuario, con un altar central y numerosas estatuas de Ajenatón y Nefertiti.

Más al sur había un segundo templo de dimensiones más reducidas. Estaba rodeado de un muro y, de nuevo, contaba con un gran número de altares y un santuario central en el tercer atrio, el más recóndito de todos. Por último, había dos «templos ajardinados» en el extremo sur de la ciudad. La decoración de los templos amarnienses consistía en representaciones del faraón y su esposa, a veces con el resto de la familia real, realizando ofrendas en presencia del disco solar, del que emanaba un haz de rayos dadores de vida.

Detalle de un muro reconstruido del templo de Ajenatón consagrado a Atón, en Karnak. Los templos levantados en tiempos de dicho faraón se construyeron con pequeños bloques conocidos con el nombre árabe de talalat. *Cuando los sucesores en el trono de Ajenatón decidieron derruir todos estos templos, emplearon estos bloques como relleno para sus propios monumentos, como en el caso de los pilonos de nueva construcción de Karnak. Ello explica que entre las ruinas de estas construcciones de época posterior se hayan encontrado cientos de* talalat, *que los egiptólogos egipcios van recomponiendo poco a poco con ayuda de un programa informático.*

Vista del templo de Nefertari, tallado directamente en la roca durante el reinado de Rameses II, que gobernó aproximadamente entre 1289 y 1224 a. C., y situado en Abu Simbel, en la frontera entre Egipto y la antigua Nubia. Al igual que el templo de Filas (véase pág. 202) y otros tantos monumentos de la región, el templo de Nefertari y el de Rameses II, justo al lado, tuvieron que desmantelarse y reconstruirse piedra a piedra unos cuantos metros más arriba para impedir que quedaran sumergidos bajo el agua con motivo de las obras de construcción de la presa de Asuán en los años 1960, lo que dio lugar al lago Nasser.

«dios»). Se han encontrado restos de algunas de estas primeras muestras de templos de comienzos del tercer milenio a. C. en lugares como Hieracómpolis y Abido, en el Alto Egipto, y Buto y Heliópolis en el Bajo Egipto.

La transición de los ladrillos a los bloques de piedra, sucedida durante el Imperio Antiguo, se puede apreciar en los templos funerarios reales construidos al lado de las pirámides y consagrados al culto del faraón fallecido. Los dedicados a los dioses se construyeron en lugares más poblados y próximos a las tierras fértiles del Nilo con materiales mucho más perecederos, lo que explica que la mayoría no se hayan conservado. Salvo excepciones, esta misma situación predominó durante todo el Imperio Medio, y hasta el Imperio Nuevo los bloques de piedra caliza no se reemplazaron por otros de piedra arenisca, más duraderos, de ahí que los de esta época sean mucho más abundantes.

El empleo de la piedra arenisca permitió tallar bloques más grandes, de unos 3 m de longitud, lo que incrementa las dimensiones de los templos. Para ir levantando las sucesivas hiladas con los bloques de piedra, se construyeron andamiajes y rampas de ladrillos de adobe cocido, y una vez completadas se pulía la superficie para decorarla con bajorrelieves o pinturas murales, en general en sentido descendente. En los templos que se tallaban en la roca, se recurría a las mismas técnicas de construcción y pulimentado que en las tumbas excavadas. A partir del Imperio Nuevo, las entradas de los templos se flanquearon con unas inconfundibles aberturas, los pilonos, que solían ir coronadas con astas y banderas. De este período datan los primeros obeliscos y las salas hipóstilas.

Algunos de los templos más famosos del antiguo Egipto se hallan en Karnak (*véanse* págs. 208-209), Luxor, Tanis y la antigua Nubia (en la actualidad, el sur de Egipto y Sudán), o más al sur. El alto nivel constructivo desapareció casi por completo durante la época grecorromana.

LA ADMINISTRACIÓN DE LOS TEMPLOS

La burocracia de los principales templos del antiguo Egipto podría equipararse a la que caracteriza a las principales instituciones gubernamentales o religiosas de hoy. Y es que, además de satisfacer las necesidades rituales de la estatua objeto de culto en el templo con todo tipo de ceremonias periódicas y ofrendas diarias, los sacerdotes administraban las diferentes propiedades del templo en cuestión. En ese sentido, se estipulaban una serie de turnos de manera que la gestión del templo y de sus propiedades fuese rotando cada dos meses de un grupo a otro de sacerdotes (los llamados «files»).

Gran parte de lo que sabemos acerca de los templos funerarios se lo debemos a toda una serie de documentos descubiertos en Abusir, en la necrópolis de Menfis. El primer lote de papiros se halló en 1893 y se refiere a las propiedades de Neferirkare Kakai (o Néferqueres), que reinó aproximadamente en 2473 a. C., en concreto a los ingresos de dichas propiedades, de las ofrendas realizadas a la reina Jentkaus, madre del faraón, y de otras actividades relacionadas.

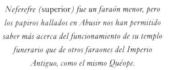

Neferefre (superior) fue un faraón menor, pero los papiros hallados en Abusir nos han permitido saber más acerca del funcionamiento de su templo funerario que de otros faraones del Imperio Antiguo, como el mismo Quéope.

En 1982, un equipo de arqueólogos checoslovacos que trabajaba en el templo funerario de Neferefre, un faraón menor de la Dinastía V que murió hacia 2449 a. C., descubrió unos dos mil fragmentos de papiro que trataban de cuestiones administrativas, los cuales resultaron muy valiosos para conocer más la organización interna del templo funerario típico en el Imperio Medio. En ellos se mencionan los ritos que realizaban a diario los sacerdotes responsables del culto al faraón muerto, ritos que podían prolongarse durante generaciones tras la muerte del soberano.

Así, sabemos que cada día tenía lugar una procesión en la que los sacerdotes del templo recorrían el perímetro de la pirámide y, a continuación, se dirigían al templo funerario situado junto a ésta, donde ungían con esencias a la estatua objeto del culto, la pintaban, la vestían y la «alimentaban» (le presentaban ofrendas de alimentos). Cuando se suponía que esta última había tomado su alimento, las ofrendas se retiraban y se repartían entre los responsables del culto al soberano.

En los años 1960 y 1970, los monumentos del antiguo Egipto en la región de Nubia, como los célebres templos de Abu Simbel y Filas, fueron protagonistas de una espectacular campaña internacional para impedir que quedaran sumergidos por el recién creado lago Nasser. Bajo los auspicios de la ONU, se procedió a desmantelar piedra a piedra un gran número de monumentos para reconstruirlos unos cuantos metros por encima del emplazamiento original.

A pesar de la apariencia monocromática de la mayoría de los templos en la actualidad, lo cierto es que en la Antigüedad estaban pintados con vivos colores, lo que a veces les daba incluso un aspecto deslumbrante. Así, los polícromos jeroglíficos y las escenas de ofrendas presididas por las imponentes figuras de los dioses y el faraón correspondiente, pintadas con llamativos colores, destacaban sobre un fondo de inmaculado blanco, y todos desempeñaban siempre un importante papel como elementos de culto y no sólo como mera decoración.

El interior de los templos debió de ser un lugar sombrío y tranquilo al que tan sólo podían acceder los más privilegiados de la clase sacerdotal. Por el contrario, el exterior del recinto debió de ser un lugar ruidoso y concurrido, visitado por los fieles y los asiduos. Y es que los templos contaban con toda una legión de trabajadores.

LAS MANSIONES DE LOS DIOSES

Aunque hace mucho tiempo que desaparecieron los templos más antiguos construidos en honor de los dioses del antiguo Egipto, las representaciones jeroglíficas conservadas indican dos grandes tipos: el santuario de la corona septentrional (Per-neser o Per-nu) y el de la corona meridional (Pen-uer). El primero, característico del Bajo Egipto, de Buto, en la región del Delta, poseía una pequeña estancia, probablemente de madera, con el techo abovedado y rodeado de un sencillo muro. El segundo, propio del Alto Egipto, representaba una criatura mítica, una especie de armazón esquelético recubierto con pieles de animales, colmillos en la entrada y totems o astas con banderas en la parte frontal de la estructura.

Los restos de los templos de carácter no funerario del Imperio Antiguo son más modestos que los de épocas posteriores. Menfis, sede del palacio y la administración faraónica del antiguo Egipto, debió de albergar un gran número de templos,

Detalle de la sala hipóstila del templo consagrado a la diosa Hathor en Dandara, uno de los templos mejor conservados de la Baja Época. La parte superior de las columnas está decorada con lo que tradicionalmente se ha venido interpretando como una representación de la cabeza de la diosa.

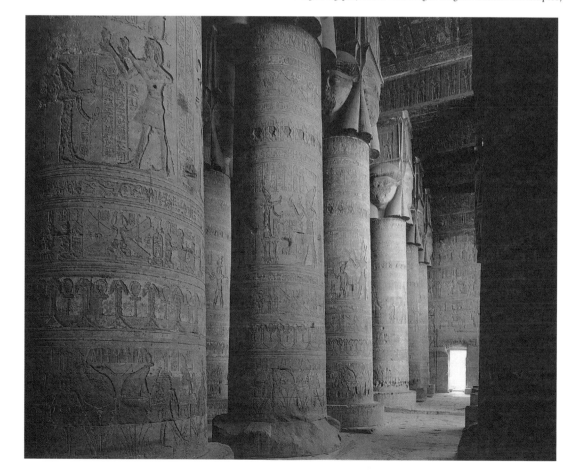

además del recinto consagrado a Ptah, el dios creador protector de la región. Por desgracia, lo único conservado son los cimientos de las murallas, así como unas cuantas ruinas dispersas. Los vestigios de los templos del Imperio Medio no son mucho mejores, con contadísimas excepciones como el templo sin decorar de Qasr el-Sagha y la capilla de Sesostris I en Karnak.

Los restos más completos son del Imperio Nuevo, y gracias a ellos podemos hacernos una idea de la arquitectura religiosa y el funcionamiento de los templos consagrados a los dioses. Los templos tebanos de Karnak y Luxor, situados en el Alto Egipto, no sólo se cuentan entre los más grandes, sino también entre los más abundantes en material y construcciones complementarias. Así, por ejemplo, la mayoría de los sacerdotes y funcionarios de relevancia, e incluso los «supervisores del rebaño de Amón», optaron por situar sus tumbas al otro lado del río respecto al templo, y gracias precisamente a todas esas tumbas conocemos en detalle los cargos que ocuparon sus antiguos moradores, así como las ceremonias y los festivales en que participaron. Las divinidades menores, a las que se rendía culto en pequeños santuarios de ámbito regional, se centraban más en cuestiones de carácter local, como la crecida de las aguas del Nilo o la bonanza de las cosechas.

Es más que probable que el egipcio medio no pasara más allá de los patios exteriores, desde donde asistía a las procesiones y las ceremonias. Ahora bien, las estructuras menores solían estar fuera del recinto del templo para que el pueblo pudiera acceder a ellas con sus peticiones y oraciones. Además, muchas casas contaban con su propio altar o lugar de culto, donde se realizaban ofrendas a las divinidades protectoras de la región (*véanse* págs. 84-85). Los egipcios más ricos podían encargar estatuas para erigirlas dentro del templo y, de ese modo, disfrutar de la protección de la divinidad en cuestión.

DEPÓSITOS DE ESTATUAS

De vez en cuando, el templo acababa llenándose de tal número de estatuas votivas que los sacerdotes se veían en la necesidad de retirar las más antiguas y enterrarlas. De hecho, algunos de los hallazgos arqueológicos más apasionantes han tenido por objeto precisamente el descubrimiento de alguna de estas cachettes o escondrijos de estatuas. En 1903-1904 se encontró uno de ellos en el eje norte-sur del templo de Karnak, y en él se encontraron cerca de ochocientas estatuas y estelas, además de otros diecisiete mil objetos diversos. En 1989 se descubrió un lote más modesto en el templo de Luxor, en Tebas, con un gran número de estatuas en tamaño real de los faraones de la Dinastía XVIII y de fechas posteriores.

LAS RIQUEZAS DE LOS TEMPLOS

Si bien determinadas divinidades ocuparon un papel fundamental en el panteón del antiguo Egipto durante siglos, otras en cambio adquirieron gran importancia tan sólo en períodos puntuales. A medida que el culto de los mismos iba ganando en popularidad, mayor era el número de recursos que se les asignaba entre ellos para la construcción de templos. Así, por ejemplo, Osiris, el dios de la resurrección, adoptó en Abido la figura de su predecesor en el panteón, Jentamentiu («El avanzado entre los occidentales», esto es, entre los muertos), y fue ganando popularidad desde el Imperio Antiguo en adelante. Otro tanto le sucedió a Re, el dios Sol, que alcanzó un estatus especial entre mediados y finales del Imperio Antiguo, tal como demuestran los templos dedicados al Sol construidos en Abu Gorab y otros lugares (*véanse* págs. 188-

189), así como el gran número de faraones que incluyeron en sus nombres el del dios Sol (Sahu*re*, Niuser*re*, etcétera). Con el auge de la Dinastía XVIII de Tebas, llegó el turno del culto al dios estatal Amón y la consiguiente prominencia del templo de Karnak (*véanse* págs. 208-209). El intento fracasado de Ajenatón por sustituir a Amón a finales de la dinastía (*véanse* págs. 128-129) significó, a su vez, la implantación de un nuevo modelo arquitectónico en los templos de Atón construidos en el-Amarna (*véase* pág. 203).

Fueron muchos los templos que, sobre todo durante el Imperio Nuevo, tuvieron a su cargo una gran cantidad de tierras, personal y ciudades, y algunos incluso llegaron a tener jurisdicción sobre prisioneros extranjeros, convirtiéndose de ese modo en influyentes centros políticos de ámbito nacional.

El templo de Karnak

El templo de Karnak, situado a orillas del Nilo, en Tebas Este, es el monumento más importante del antiguo Egipto después de las pirámides de Guiza. De mayores dimensiones que la basílica de San Pedro, en el Vaticano, Karnak es en realidad una suma de templos construidos por sucesivos faraones para el culto de Amón, el dios nacional del antiguo Egipto (*véanse* págs. 126-127). La mejor manera de abordarlo es partir de los primeros santuarios del Imperio Medio y proseguir hacia los templos erigidos casi de forma consecutiva por los faraones del Imperio Nuevo y posteriores. El recinto traza dos grandes ejes delimitados por una serie de pilonos (entradas monumentales), avenidas flanqueadas por esfinges y lagos sagrados: el primero va en sentido este-oeste siguiendo la trayectoria diurna del sol y está alineado con los monumentos reales de Tebas Oeste (*véase* plano, pág. 195); el segundo, de norte a sur, coincide con el eje natural del propio país y une Karnak con el complejo de la diosa Mut y el recinto de Luxor. Gracias a los textos, ceremonias, himnos y oraciones de sus muros, Karnak sigue siendo una de las mejores fuentes de información sobre el antiguo Egipto durante el Imperio Antiguo.

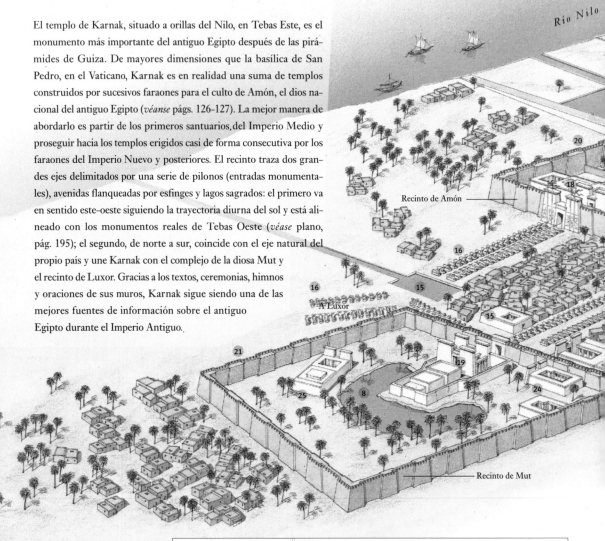

Plano de los tres principales recintos que componen el complejo religioso de Karnak.

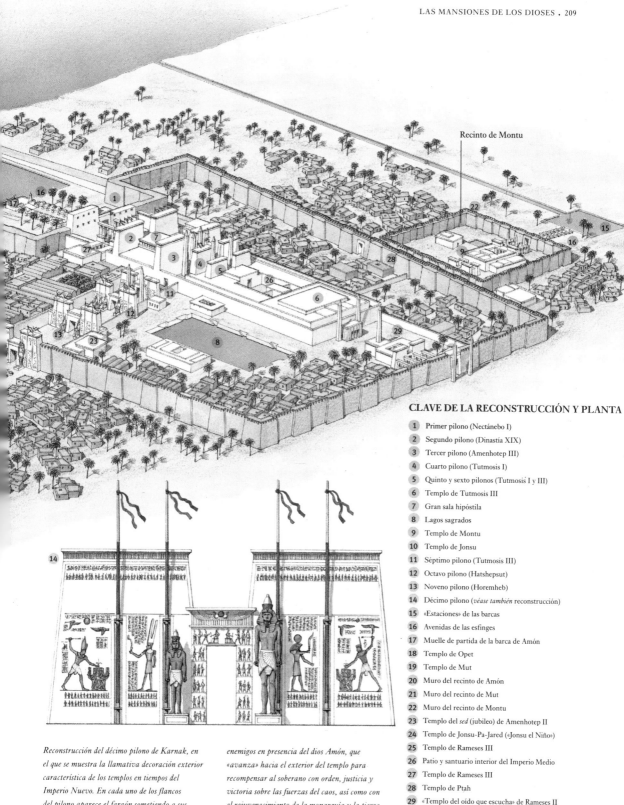

Recinto de Montu

CLAVE DE LA RECONSTRUCCIÓN Y PLANTA

1 Primer pilono (Nectánebo I)

2 Segundo pilono (Dinastía XIX)

3 Tercer pilono (Amenhotep III)

4 Cuarto pilono (Tutmosis I)

5 Quinto y sexto pilonos (Tutmosis I y III)

6 Templo de Tutmosis III

7 Gran sala hipóstila

8 Lagos sagrados

9 Templo de Montu

10 Templo de Jonsu

11 Séptimo pilono (Tutmosis III)

12 Octavo pilono (Hatshepsut)

13 Noveno pilono (Horemheb)

14 Décimo pilono (véase también reconstrucción)

15 «Estaciones» de las barcas

16 Avenidas de las esfinges

17 Muelle de partida de la barca de Amón

18 Templo de Opet

19 Templo de Mut

20 Muro del recinto de Amón

21 Muro del recinto de Mut

22 Muro del recinto de Montu

23 Templo del sed (jubileo) de Amenhotep II

24 Templo de Jonsu-Pa-Jared («Jonsu el Niño»)

25 Templo de Rameses III

26 Patio y santuario interior del Imperio Medio

27 Templo de Rameses III

28 Templo de Ptah

29 «Templo del oído que escucha» de Rameses II

30 Santuario de Amón Kamutef («Toro de su Madre»)

Reconstrucción del décimo pilono de Karnak, en el que se muestra la llamativa decoración exterior característica de los templos en tiempos del Imperio Nuevo. En cada uno de los flancos del pilono aparece el faraón sometiendo a sus enemigos en presencia del dios Amón, que «avanza» hacia el exterior del templo para recompensar al soberano con orden, justicia y victoria sobre las fuerzas del caos, así como con el rejuvenecimiento de la monarquía y la tierra.

El obelisco situado en la entrada al templo de Luxor muestra a la perfección las profundas inscripciones realizadas durante la época ramésida, que lograron ponerlo a salvo de los usurpadores. En ocasiones, no obstante, fueron los propios ramésidas los que usurparon monumentos de otros: la estatua que hay justo detrás del obelisco lleva el nombre de Rameses II, aunque en realidad se erigió en tiempos de un faraón anterior.

USURPACIÓN DE MONUMENTOS
Tanto los jeroglíficos como las representaciones de figuras tenían un valor mágico para los antiguos egipcios, de ahí que la alteración o destrucción de textos e imágenes estuviera al orden del día. Y es que durante toda la historia del antiguo Egipto se cometió todo tipo de tropelías para destruir o alterar los mismos. En algunos casos, los enemigos del fallecido borraban por completo los nombres o las imágenes de su adversario con la intención de «matarlo». No menos numerosos fueron los casos en que se «usurpó» un monumento cambiando el nombre grabado en el mismo para de ese modo dirigir el favor de los dioses al nuevo «propietario». Desde la época ramésida, los faraones ordenaron grabar los jeroglíficos a una profundidad de 12,5 cm para, de ese modo, dificultar que se pudiese borrar o alterar una inscripción.

TEMPLOS FUNERARIOS DE LA REALEZA

A diferencia de los templos consagrados a los dioses del panteón egipcio, los templos funerarios de la realeza tenían como finalidad el culto al faraón. Éste solía ordenar, en general, una serie de monumentos durante su reinado, y, de todos ellos, las obras de construcción de su tumba y del complejo funerario eran las que tenían un mayor valor simbólico para él, pues no en vano el conjunto resultante tenía por finalidad asegurar el culto a su persona después de su muerte.

Los templos funerarios «reales» más antiguos que se conocen se hallan en Abido y Hieracómpolis, en el Alto Egipto, así como en Saqqara en el Bajo Egipto, donde existen restos de unos imponentes muros de ladrillo de adobe que datan del Imperio Antiguo, cuando parte del complejo piramidal real incluía diversos templos. Una de las construcciones más significativas y enigmáticas es el complejo de la pirámide escalonada, construido en la misma Saqqara en tiempos del faraón Dyoser (Dinastía III, *véanse* págs. 178-179). En este conjunto arquitectónico, el primero en importancia construido en piedra en el antiguo Egipto (y quizás en todo el Oriente Próximo), el «templo funerario» se halla delimitado por un muro perimétrico salpicado de hornacinas, como si se tratase de la fachada de un palacio. Dentro del recinto se encuentra la pirámide, así como una serie de restos que pertenecieron en su día a diversos santuarios y palacios del Alto y el Bajo Egipto, además de otras construcciones ceremoniales concebidas para renovar la fuerza vital del faraón. En los reinados sucesivos, el templo funerario característico del Imperio Antiguo incorporó el «templo de la pirámide», situado junto a ésta, una larga calzada que conducía al Valle del Nilo, el templo del valle, diversas pirámides satélites, pozos para las barcas funerarias y diversas estructuras ceremoniales. Los materiales de construcción más empleados eran la piedra caliza, el granito e incluso el basalto, pues no en vano los monumentos que se construían con ellos debían durar toda la eternidad. Cada recinto tenía asignada una serie de tierras y personal a su cargo, que a veces seguían en activo varias generaciones después de la muerte del faraón para el que se habían construido.

En la Dinastía XI apareció un nuevo tipo de templo funerario real bajo el reinado de Mentuhotep II (hacia 2061-2010 a. C.). Éste mandó levantar en el centro de una bahía natural (Deir el-Bahari), en las estribaciones montañosas de Tebas Oeste, un templo bajo y construido a varios niveles por medio de unas rampas de acceso, con una serie de pilares con la forma del dios Osiris y un túmulo piramidal o rectangular en lo alto. Otros faraones del Imperio Medio, en particular los de la Dinastía XII (hacia 1991-1786 a. C.), regresaron al norte retomando el modelo de construcción piramidal característico del Imperio Antiguo en emplazamientos tales como el-Lisht y Dahshur, si bien con unas dimensiones más modestas.

El momento de máximo esplendor del templo funerario fue en el Imperio Nuevo, cuando se construyó un gran número de monumentos de piedra arenisca en los límites con el desierto de Tebas Oeste. Durante la Dinastía XVIII, los fa-

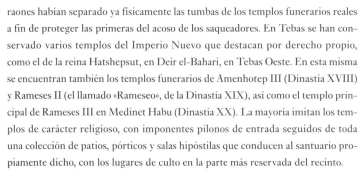

SUPERIOR: *Vista de los Colosos de Memnón, dos imponentes estatuas de Amenhotep III que son los únicos vestigios que se han conservado del templo funerario de dicho faraón en Tebas Oeste. Aunque nos han llegado en un estado deplorable de conservación, antaño flanqueaban la entrada principal del pilono del templo.*

IZQUIERDA: *Panorámica del templo de Hatshepsut, en Deir el-Bahari, con su inconfundible diseño escalonado. En los últimos decenios ha sido objeto de una minuciosa campaña de restauración (*véase también *ilustración, pág. 8). A mano izquierda se encuentra el templo funerario de Nebhepetre Mentuhotep II, de dimensiones más modestas.*

LOS TEMPLOS DE MEDINET HABU

Uno de los complejos mejor conservados es el de Medinet Habu, en Tebas Oeste (*véase* plano, pág. 195), donde, en tiempos de la reina Hatshepsut (Dinastía XVIII), se construyó un primer templo. Los muros muestran las sucesivas restauraciones y ampliaciones de que fue objeto este último por parte de los sucesivos faraones hasta las épocas ptolemaica y romana. Durante la Dinastía XX, Rameses III escogió un lugar próximo para ubicar su templo funerario, y mandó construir además un palacio ceremonial anexo a la cara sur del templo. No hace mucho se ha sacado a la luz una cámara del trono, varias estancias y diversos dormitorios. Dentro de los muros de esta «ciudad» había almacenes, casas de los altos funcionarios y diversas tumbas y santuarios.

raones habían separado ya físicamente las tumbas de los templos funerarios reales a fin de proteger las primeras del acoso de los saqueadores. En Tebas se han conservado varios templos del Imperio Nuevo que destacan por derecho propio, como el de la reina Hatshepsut, en Deir el-Bahari, en Tebas Oeste. En esta misma se encuentran también los templos funerarios de Amenhotep III (Dinastía XVIII) y Rameses II (el llamado «Rameseo», de la Dinastía XIX), así como el templo principal de Rameses III en Medinet Habu (Dinastía XX). La mayoría imitan los templos de carácter religioso, con imponentes pilonos de entrada seguidos de toda una colección de patios, pórticos y salas hipóstilas que conducen al santuario propiamente dicho, con los lugares de culto en la parte más reservada del recinto.

Tanto las tumbas como los templos reales experimentaron de nuevo cierto auge en el Tercer Período Intermedio en la Baja Época. De hecho, los miembros de la realeza de las dinastías XXI y XXII fueron enterrados en el norte, en Tanis, en sepulcros familiares situados dentro del recinto templario.

CAPÍTULO 14

EL ARTE EGIPCIO

LA FUERZA DE LAS IMÁGENES

Apenas median unos pocos siglos entre la sencilla vajilla de piedra pulida y cerámica bruñida del cuarto milenio a. C., de un alto valor artístico por sí misma, y las espléndidas obras de escultura, relieves y pinturas murales característicos de las primeras dinastías. Verdaderos maestros en el trabajo de la piedra, la madera, los metales (sobre todo el oro), las piedras semipreciosas y otros muchos materiales, los «artistas» del antiguo Egipto solían trabajar a gran y pequeña escala, así como de acuerdo con toda una serie de convenciones estéticas, y nos han legado una de las manifestaciones artísticas más impresionantes de todos los tiempos.

▲

La fuerza de las imágenes 212

El arte en el período predinástico y en las primeras dinastías 214

El Egipto clásico: Imperio Antiguo 216

Estilos regionales y arte en la época imperial 218

El arte en la Baja Época 222

El arte en las épocas ptolemaica y romana 224

El arte del adorno 226

SUPERIOR: *A menudo, en las imágenes de los trabajadores y los extranjeros no solían regir las férreas convenciones artísticas del antiguo Egipto. El cabello revuelto y rizado de este carpintero en una tumba de la Dinastía XVIII, en Deir el-Medina (Tebas Oeste), sería impensable en la representación del dueño de la tumba.*

Los artesanos del antiguo Egipto produjeron algunas de las muestras de arte más espectaculares de la historia, y ello a pesar de que en su cultura no existía siquiera una palabra específica para referirse al arte, ni tampoco el concepto del «arte por el arte». Para los antiguos egipcios, esa actividad considerada por nosotros como arte tenía por finalidad algo que trascendía lo meramente artístico: encarnar la vida. Así, aunque la inmensa mayoría de las estatuas se tallaban como imágenes idealizadas de sus referentes más que como retratos reales, cobraban vida a través de la ceremonia de la «apertura de la boca» (*véase* pág. 141). La estatuaria funeraria servía de lugar de reposo eterno del *ka* (espíritu) del fallecido. De igual modo, cualquier representación de una divinidad se convertía en esta última, y las imágenes de provisiones y actividades grabadas o pintadas en las paredes de las tumbas y de los templos poseían las cualidades de su referente en la vida real.

La idea de que las imágenes tuvieran las mismas propiedades que sus equivalentes reales regía el estilo de representación. En ocasiones, éste era aparentemente humorístico, sobre todo en las obras bidimensionales, donde un animal, por ejemplo, aparece siempre de perfil, aunque se muestre más de lo que en un principio sería visible desde dicha perspectiva. En una pintura mural del Primer Período Intermedio hallada en Guebelein, en las proximidades de Tebas, aparece un asno provisto de dos alforjas, una a cada lado de la grupa; la que en principio quedaría oculta vista de perfil resulta visible por arriba.

Ciertas fórmulas determinaban el modo de representar al dueño de una tumba y su familia. La pose de las figuras principales tendía a adoptar una apariencia rígida y formal, de manera que los artistas disponían de un repertorio relativamente limitado, y de poco margen para la creatividad personal. Estas limitaciones no afectaban, en cambio, a la representación de las figuras de menor importancia, que en general se mostraban siempre con menores dimensiones. Las paredes de las tumbas aparecen recubiertas de escenas en que los siervos de la persona fallecida cumplían sus obligaciones diarias y, a pesar de que cada actividad debía incluir una serie de elementos estándares, los detalles eran del «artista».

A pesar del esplendor de sus obras, tanto las colosales como las pequeñas, ya se tallasen sobre la blanda madera de ciprés o sobre la dura superficie del granito, los artesanos del antiguo Egipto apenas han dejado testimonio alguno de sí mismos. La mayoría de ellos son anónimos y sólo en casos muy puntuales se pueden asociar con una obra determinada. Todo lo que sabemos de ellos se lo debemos a las representaciones de las tumbas de los propios artesanos, en las que aparecen en pleno trabajo, así como a las referencias sobre su formación presentes en los textos conservados. En los grandes proyectos, como en la decoración de tumbas con pinturas murales o bajorrelieves, está claro que trabajaban de manera coordinada. Los artesanos de Deir el-Medina (*véase* pág. 73) que decoraron las enormes tumbas reales del Imperio Nuevo en Tebas Oeste trabajaron en equipos de pintores de contornos, escultores de relieves y escribas (*véase* pág. 223). En ocasiones se aprecia la diferencia entre la obra de un maestro artesano, encargado de las representaciones del dueño de la tumba y su familia, y la de los aprendices, más inexpertos y a cargo de las figuras de menor importancia. Por otro lado, se cree que los artesanos escultores eran diferentes de los de que realizaban los relieves, y es posible que entre los primeros hubiese cierta especialización según el material empleado.

La abundancia de recursos naturales en Egipto garantizaba la provisión de materias primas (*véanse* págs. 64-65), algunas de las cuales ya se explotaban antes del Egipto dinástico. Las piedras blandas como la caliza y la arenisca existían en grandes cantidades, y se empleaban en la escultura y en la construcción. A su vez, las piedras más duras, como el granito, la cuarcita, la diorita y el basalto, eran más escasas, lo que limitó su uso a la escultura. En general, las esculturas en piedra arenisca y caliza se pintaban por completo, mientras que en las de materiales más duros sólo se pintaban detalles como los ojos y los labios a modo de realce.

La madera y el metal también se usaban en la escultura, aunque tenemos pocos testimonios. El primer metal empleado fue el cobre, tanto macizo como hueco.

En esta escena de la tumba del sacerdote Jamuaset (Tebas Oeste, Dinastía XVIII), la figura rígida y formal del fallecido (izquierda), con su esposa arrodillada a sus pies, preside las actividades de sus siervos, que aparecen representados de una manera menos rígida y más pequeños que su dueño, en consonancia con sus respectivos estatus sociales.

Esta atípica estatua de madera del mayordomo Ka-aper, hallada en Saqqara (Dinastía V, hacia 2494 a. C.), destaca por su realismo y cuidado en los detalles. Tallada en diversas piezas de madera de sicómoro machihembradas entre sí, antaño estuvo recubierta parcialmente de yeso y pintada.

EL ARTE PREDINÁSTICO

Esta máscara de arcilla de época predinástica (hacia 5000 a. C.) es la obra de arte egipcio en tres dimensiones más antigua que se conoce. Se cree que poseía una función ritual.

Las primeras esculturas de reyes identificadas con un nombre se hallaron en Hieracómpolis y corresponden a dos imágenes sedentes del faraón Jasejemuy, que reinó hacia 2686 a. C. (Dinastía II). El rostro se esculpió prestando una gran atención a los detalles, y el cuello, una zona potencialmente vulnerable, se reforzó prolongando la parte posterior de la corona del Alto Egipto hasta los hombros.

Simultáneamente a las técnicas de agricultura y ganadería que hicieron posibles los primeros asentamientos junto a las orillas del Nilo, los antiguos egipcios empezaron a transformar objetos de la vida cotidiana en muestras de belleza. En diversos enclaves del Delta, el Fayum y el norte del Valle del Nilo se han encontrado vestigios que se remontan casi a 5000 a. C. Ahora bien, la principal fuente de información acerca del arte predinástico se encuentra en el Alto Egipto y, en especial, entre los ajuares funerarios hallados en las tumbas. Las principales fases de la cultura predinástica toman el nombre del cementerio de Nagada, situado en el Alto Egipto. La fase más antigua, Nagada I (también llamada Amratiense, por el cementerio de el-Amrah), coincidió con una época de gran creatividad artística. Se han encontrado peinetas y paletas para preparar pintura de ojos talladas con formas zoomórficas, así como vistosas joyas pulidas de piedras semipreciosas. Por otro lado, la cerámica posee una extraordinaria variedad de formas, usos y tratamientos de la superficie, algunos de los cuales debieron de dificultar incluso su uso. Apenas se han encontrado dos vasijas idénticas entre sí.

Nagada II (o Guerzeense) se corresponde con la proliferación de mayores asentamientos en una vasta zona geográfica, lo que dio lugar al establecimiento de contactos entre los diversos núcleos y a la aparición de necrópolis más grandes y numerosas. Esto estimula la fabricación en masa de un gran número de objetos, proceso éste que corrió parejo a la disminución de la originalidad de los mismos. Así, las paletas cosméticas y las peinetas adoptaron unas formas más sencillas y abstractas, menos innovadoras que las de Nagada I y, por otro lado, más repetitivas. En la cerámica se produjo un similar declive cualitativo, y aunque las tumbas solían acompañarse con un número mayor de recipientes y de mayor tamaño, pocos se decoraban, y los que sí lo hacían mostraban un diseño muy repetitivo.

El último período, Nagada III, conocido también como la Dinastía «0», se caracteriza por un aumento en las dimensiones y la complejidad de los asentamientos, así como por la unificación gradual de la población bajo líderes locales fuertes (*véanse* págs. 106-107). Gran parte de los objetos se fabricaban artesanalmente, aunque la decoración se volvió más sofisticada. Así, las paletas de maquillaje aumentaron, lo que permitía grabar en ellas pasajes históricos o mitológicos; la escritura, a su vez, empezó a aparecer en dichas paletas y en el resto de los objetos.

En los albores del Egipto dinástico (hacia 3000 a. C.), gran parte de las tradiciones y los estilos que habrían de asociarse con el arte egipcio durante los tres siguientes milenios ya estaban establecidos. Tal fue el caso, por ejemplo, de la costumbre de reducir una figura tridimensional a dos dimensiones con el fin de que incorporara los atributos más importantes para la mentalidad de los antiguos egipcios, aun en detrimento del realismo. La Paleta de Narmer, en la que se conmemora la victoria del faraón Narmer frente a un pueblo del Delta (*véase* ilustración, pág. 23), es un ejemplo perfecto de la manipulación de que fue objeto la figura humana para acomodarla a los ideales egipcios. Así, la figura principal de la tablilla corresponde a la representación en grandes dimensiones del propio faraón, cuyo nombre (*Narmer*, «el magnífico siluro»), aparece en un recuadro *serej*. La cabeza aparece de perfil, pero el ojo se muestra de frente, no sólo porque este efecto resultaba más fácil de conseguir, sino también porque los ojos se consideraban los elementos más importantes del rostro. Los hombros, a su vez, son anchos y se muestran también de frente para realzar la fuerza y el poder del rey. Sin embargo, tanto las piernas como los pies vuelven a mostrarse de perfil, con el pie izquierdo avanzado. Esta combinación de vistas de perfil y de frente acabó convirtiéndose en la regla en las representaciones de la realeza y las del pueblo llano, los siervos y los extranjeros. La importancia aparecía en las dimensiones de la figura, de ahí que el rey sea la figura más grande de la paleta de Narmer.

En su afán por dominar la figura humana, los artesanos del antiguo Egipto lograron reunir una gran cantidad de información en un espacio limitado, creando composiciones armónicas que raras veces resultan sobrecargadas. Otros aspectos presentes en este período son el empleo de la piedra dura y la monumentalidad, así como la reducción de una imagen a sus elementos esenciales. La escultura real del primer período dinástico y la de carácter privado que la imitó se caracterizan por la plasmación de figuras compactas y monolíticas, apariencia que se prolongó hasta que los artistas consiguieron mayor maestría en el trabajo de los materiales duros y mayor soltura a la hora de liberar a la figura humana de su rigidez.

INFLUENCIAS DEL EXTERIOR

La progresiva prosperidad, basada en la abundancia de los recursos naturales, permitió a los antiguos egipcios desarrollar, a principios del tercer milenio a. C., una red comercial compleja. La península del Sinaí, Mesopotamia y Persia, en el este; Nubia, en el sur, y Libia, en el oeste, aportaron abundantes materias primas y productos acabados a los emergentes centros culturales del Valle del Nilo. En una tumba hallada en Hieracómpolis y en el mango de un cuchillo fabricado con el colmillo de un hipopótamo procedente de Dyebel el-Arak, en el Egipto Medio, aparecen representados varios barcos mesopotámicos, con sus inconfundibles proas y popas elevadas, junto con una figura ataviada con el turbante y la larga túnica con cinturón, típica de los mesopotámicos. Se han encontrado diversos sellos de forma cilíndrica que, a buen seguro, los llevaron a tierras egipcias comerciantes o viajeros, ya que eran los típicos de Mesopotamia y de Persia. El lapislázuli, un mineral azulado procedente de Afganistán y llevado a Egipto a través de la antigua Persia, Mesopotamia, Siria y Palestina, también atrajo la atención de los «artistas» egipcios. Además de los materiales, éstos también adoptaron iconografías del extranjero, como las imágenes de grifos alados y «serpopardos», leopardos fabulosos con cuello de serpiente (*véase* ilustración).

Dos «serpopardos» procedentes de la paleta predinástica de Narmer (en el reverso de la reproducida en la pág. 23). Los cuellos de los animales, atados con unas cuerdas que llevan dos figuras humanas, crean un hueco que pudo servir de recipiente para el maquillaje de ojos, función original de este tipo de paletas.

EL EGIPTO CLÁSICO: IMPERIO ANTIGUO

Célebre por lo refinado de sus objetos y por el dominio en el trabajo de la piedra a gran escala, al Imperio Antiguo (hacia 2686-2173 a. C.) se le considera con toda justicia la edad de oro de la escultura en el antiguo Egipto. Con el afianzamiento de la prosperidad económica, se consolidó paralelamente la demanda de esculturas, tanto por parte de la realeza como de particulares. Los artistas fueron adquiriendo experiencia en el trabajo de la piedra y, al mismo tiempo, fueron ganando confianza en su propia capacidad para modelarla. La estatua de esquisto del faraón Micerino y su esposa (Dinastía IV, *véase* ilustración, izquierda), hallada en el templo funerario del soberano dentro del recinto piramidal de Guiza, encarna el ideal del Imperio Antiguo. En realidad, la estatua no pretende ser un retrato realista, sino más bien una representación idealizada de la imagen humana, el paradigma de la realeza. Ambas figuras presentan cuerpos que representan el ideal de la juventud de cada uno de los sexos con el faraón provisto de hombros anchos y un cuerpo ligeramente más musculoso que el de su esposa. Aunque la reina aparece abrazando al rey, con un brazo alrededor de su cintura y otro sobre su brazo, la expresión de las dos figuras resulta más bien impasible. Más allá de la edad y las emociones, la pareja real aparece mirando de frente, hacia la eternidad.

Doble estatua del faraón Micerino (hacia 2533 a. C.) y su esposa Jamerernebty II hallada en el templo funerario del primero en Guiza. El faraón, representado de acuerdo con el canon artístico imperante en el antiguo Egipto, avanza hacia delante acompañado de su esposa, de casi su misma altura.

A veces, los artesanos de la Dinastía IV recibían el encargo de representar a una persona en particular, en general un alto cargo de la administración, casos en los que cabe hablar de auténticos retratos. Hay un hermoso ejemplo de éstos en la estatua del visir Hemiuno. La figura, esculpida a tamaño real, presenta un rostro con una boca y una frente protuberantes y una nariz aguileña, acompañado de numerosas joyas, lo que ofrece pocas dudas sobre el referente real de la misma, ajeno al modelo estándar. El torso, demasiado amplio, y las bolsas de grasa a la altura de la cintura, denotan una próspera carrera profesional, además de contrastar con la formalidad de las representaciones reales.

Figura de terracota hallada en una tumba de la Dinastía V en Guiza. En ella, una mujer se sostiene el cabello para resguardarlo de las llamas mientras aviva un fuego.

El reto artístico consiste en poner de manifiesto cierto afán de originalidad, y hay pocos ejemplos mejores de ello en el arte del antiguo Egipto que la estatua del enano Seneb y su familia (*véase* pág. 84). Al representar a Seneb sentado con sus cortas piernas entrecruzadas y sus dos hijos posando de pie allí donde tendrían que verse las piernas de aquél, el artista logra disimular, aunque sin llegar a ocultarlo, el defecto físico de Seneb. La pintura se ha conservado intacta, de ahí que resalte la tez clara tanto de la esposa como de la hija, testimonio del estatus social de las mismas, que trabajaban todo el día dentro de la vivienda, ajenas a la acción de los rayos del sol. Por el contrario, la piel curtida de Seneb y de su hijo es la que suele darse en las representaciones de varones de todos los estratos sociales, más acostumbrados a trabajar fuera de casa. A pesar de la diferencia de edad y relevancia, los cuatro miembros de la familia de Seneb presentan un rostro poco expresivo, una característica repetida durante toda la Dinastía V.

El auge y la prosperidad de las clases privilegiadas de las Dinastías V y VI conllevaron una gran demanda de tumbas y estatuas, sobre todo en el caso de las de Guiza y Saqqara. En general, la producción en masa de estatuas dejó poco campo de acción a la individualidad artística, a excepción de las figuritas en que aparecen siervos trabajando, según los antiguos egipcios para el dueño de la tumba una vez en el más allá.

La tumba de un alto cargo podía contar hasta con dos docenas de estancias decoradas desde el suelo hasta el techo con pinturas murales del dueño, su familia y sus siervos. Las escenas más pequeñas suelen destacar por lo variado de las mismas e incluso por ciertos rasgos humorísticos, y constituyen una preciosa fuente de información sobre la vida cotidiana en la época de las grandes pirámides.

EL CANON DE LA PROPORCIÓN

Los antiguos egipcios perfeccionaron, como mínimo en el Imperio Antiguo, un modo de reproducir su ideal de ser humano tanto en forma de escultura como de bajorrelieve. En las pinturas murales de la tumba de Perneb (Dinastía V) hallada en Saqqara, se han conservado algunas de las técnicas empleadas por los artesanos a la hora de conseguir la simetría y las proporciones deseadas. Así, por ejemplo, se ve cómo las imágenes de varios criados aparecen cortadas justo por la mitad con otras tantas rectas trazadas en vertical, al tiempo que otras, éstas en sentido horizontal, atraviesan dicho eje central a la altura del cabello, la base del cuello, el pecho, el codo, la parte inferior de las nalgas y, por último, el tobillo. En el Imperio Medio, estas líneas se trazaban tanto vertical como horizontalmente de acuerdo con una cuadrícula de dieciocho cuadrados que se extendían desde el cabello hasta los pies. Durante la Dinastía XXVI, dicha cuadrícula se subdividió aún más hasta los veintiún cuadrados, lo que permitía un mayor control sobre el resultado final. Los antiguos egipcios solían trazar estas líneas sobre cualquier tipo de superficie para reproducir figuras de todos los tamaños de acuerdo con unas proporciones constantes.

Las divisiones de los cuerpos y el tamaño de los cuadrados de la cuadrícula se basaban en una medida fija para cada una de las par-

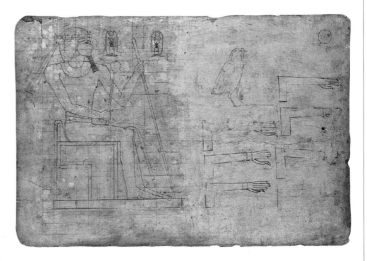

Tablilla de madera con la superficie de yeso en la que aparece la figura de Tutmosis III (hacia 1490-1436 a. C.) con las líneas que se trazaban para saber las proporciones, obra tal vez de un aprendiz. Junto al faraón aparecen sus nombres y jeroglíficos.

tes del cuerpo. La unidad básica era el codo, que comprendía la distancia entre el codo y la punta del dedo pulgar. El codo se dividía en seis palmos, que en realidad correspondían al ancho de los cuatro dedos de la mano a la altura de los nudillos. En tiempos de la Dinastía XXVI, el «codo real» se convirtió en la medida estándar de la figura humana y, como su nombre sugiere, era algo superior al codo estándar, pues equivalía a siete palmos en lugar de a seis.

ESTILOS REGIONALES Y ARTE EN LA ÉPOCA IMPERIAL

Con la decadencia del poder real al término del Imperio Antiguo, las capitales regionales y los soberanos locales reemplazaron a la autoridad central de Menfis. A falta de mecenazgo en la corte faraónica, pocas tumbas reales fueron construidas en las necrópolis de Guiza y Saqqara, y la actividad artística disminuyó. Los altos funcionarios locales se enterraron en sus poblaciones de origen y los talleres de los artesanos locales se multiplicaron para cubrir las necesidades de la estatuaria y la decoración funerarias. Los estilos menfitas se adaptaron a las regiones y a sus recursos, de manera que cuanto mayor era la distancia geográfica y temporal respecto a la antigua capital faraónica, tanto menor era la fidelidad a los referentes menfitas. Durante el Primer Período Intermedio (hacia 2173-2040 a. C.), muchos lugares desarrollaron su propio estilo artístico.

Una estela en la tumba de Wady-Setyi, en Naga ed-Deir, localidad a medio camino entre Menfis y Tebas, ilustra la reinterpretación local del estilo menfita. Bajo una inscripción jeroglífica, Wady-Setyi y su esposa Merirtyef posan junto a un montón de ofrendas de alimentos y bebidas. Aunque el tema es característico del Imperio Antiguo, el estilo es muy diferente. Las figuras, rígidas, poseen unos

LA ESCULTURA EN LOS TEMPLOS DEL IMPERIO MEDIO

Una de las mayores innovaciones del Imperio Medio fue la introducción de esculturas de grandes dimensiones en los templos, así como de los nuevos tipos de esculturas que hacían frente a esta nueva moda. Las estatuas a tamaño real de Sesostris III muestran al faraón con las palmas abiertas descansando sobre la falda triangular, en una actitud que recuerda la de su predecesor en el trono, Nebhepetre Mentuhotep II, en cuyo templo funerario de Deir el-Bahari, en Tebas Oeste, se erigieron ante la vista de todo el mundo. En estas esculturas –a semejanza de las de los sucesores de Sesostris en las Dinastías XII y XIII– la desapasionada contención de los retratos reales del Imperio Antiguo (*véase* ilustración, pág. 216) cambia a una expresión facial más severa. Además, las esfinges, perfectas conocidas en el Imperio Medio, pasaron al exterior de los templos, en general en parejas.

Las «estatuas-bloque», llamadas así por el aspecto macizo y cuboide que ofrece la postura sedente del retratado, aparecen también por vez primera durante el Imperio Medio. La forma ligeramente abstracta de dichas estatuas dio lugar a toda una serie de superficies planas que resultaban ideales para trazar en ellas inscripciones, de ahí que las estatuas-bloque fueran un popular recurso para alabar las virtudes de su dueño en el interior de los templos.

Este retrato de Sesostris III (hacia 1878-1843 a. C.), de un impactante realismo, tuvo en su día el claro propósito de inspirar temor en los que lo contemplaran. La autoridad del faraón queda perfectamente reflejada en la intensa mirada y la acusada mueca de la boca.

brazos que cuelgan o sostienen sin gracia un bastón en la mano. Una nariz protuberante y unos ojos anormalmente alargados dominan un rostro que descansa sobre un cuello no menos prominente. La cabeza es de reducidas dimensiones, la cintura alta y las piernas alargadas. Una línea vertical central y otras horizontales talladas a ambos lados de un par de figuras se acercan a las reglas de la proporción (*véase* recuadro, pág. 217), pero indican un desconocimiento de las mismas. Los rasgos característicos de esta escultura, así como los de otras procedentes del mismo enclave (el tratamiento de las figuras, la alternancia de rectángulos coloreados y la peculiar forma de los jeroglíficos), muestran un estilo particular del lugar. Asimismo, esas particularidades regionales se desarrollaron a lo largo y ancho del Valle del Nilo y los oasis por esas mismas fechas.

Después de que Egipto se reunificase en tiempos de la Dinastía XI bajo el reinado de Nebhepetre Mentuhotep II en Tebas (hacia 2061-2010 a. C.), y de que, por consiguiente, el reino pasase a tener una única autoridad central, el estilo tebano acabo imponiéndose en los albores de esa nueva era de la historia del antiguo Egipto. Las esculturas austeras e imponentes resaltaron el poder del faraón conquistador. La libertad de movimiento que conllevó la reunificación hizo de nuevo accesibles los monumentos menfitas del Imperio Antiguo, que se convirtieron en referente obligado tanto en el campo de la escultura como de los relieves, sobre todo después de que Amenemes I, el primer faraón de la Dinastía XII, trasladase la capital del reino de nuevo al norte. Los monumentos de los albores del Imperio Medio apenas se distinguen de los del Imperio Antiguo. Y es que, al igual que en este último, la escultura de carácter privado se limitó, en general, a copiar los modelos reales en sus rasgos faciales, de ahí que un gran número de estatuas de figuras ajenas a la realeza muestren el mismo rostro inexpresivo de las estatuas de faraones de tiempos de Sesostris III en adelante (*véase* ilustración, pág. ant.). Durante la Dinastía XIII, cuando la consolidación de una poderosa clase funcionarial debilitó el poder real, algunas de las mejores esculturas realizadas corresponden precisamente a figuras ajenas a la realeza. Por otro lado, una de las grandes innovaciones llevadas a cabo durante el Imperio Medio fue el desarrollo de la escultura con metales a partir de la técnica del molde hueco.

El contenido de la tumba de Pepinajt, un nomarca (o gobernador regional) de la población de Deir el-Bersha, permite adentrarse a la perfección en lo que debió de ser la vida en las provincias en los primeros tiempos del Imperio Medio. En lugar de esculpir en las paredes de la tumba escenas de las principales actividades de la región, como el cultivo del campo, el hilado de prendas de vestir, el horneado del pan, la elaboración de la cerveza, el sacrificio de animales para su consumo, o la carpintería, típicos en tiempos del Imperio Antiguo, se han representado en casi tres docenas de tallas de madera, a las que hay que añadir casi sesenta barcas en miniatura (funerarias, de pesca, de remo y de papiro) amontonadas alrededor de los sarcófagos de Pepinajt y su esposa, testimonio de la importancia del río en la vida religiosa y en la cotidiana. Los dos sarcófagos del nomarca incluyen pinturas de exquisita factura que representan sus efectos personales, tales como joyas, adornos y armas. Asimismo, la tumba contiene una colección de siervos de ambos

Escultura de madera hallada en Dahshur (Imperio Medio, Dinastía XIII, hacia 1750 a. C.) que representa el ka *(espíritu) del faraón Auyibre Hor. Los ojos son de bronce, cristal y cuarzo, y en su origen la escultura estaba estucada y pintada. De la cabeza del faraón salen dos brazos dirigidos hacia lo alto, que corresponden al jeroglífico empleado para designar al* ka.

En las tumbas del Imperio Medio se ha encontrado una gran variedad de hermosas figuras zoomórficas de fayenza, como este hipopótamo cubierto en parte con las plantas acuáticas entre las que suele bañarse.

Detalle de un relieve del sarcófago en piedra caliza de la reina Kawit (Imperio Medio, Dinastía XI), que fue enterrada en el recinto funerario de su esposo, Nebhepetre Mentuhotep II (que reinó hacia 2061-2010 a. C.), situado en Deir el-Bahari, en Tebas Oeste. En él se muestra a una sierva peinando a la reina, quien a su vez sostiene en sus manos un espejo y una taza de leche mientras un segundo criado, éste hombre, vierte más leche en otro recipiente. Junto a él hay unos jeroglíficos en los que se puede leer: «Para tu ka (espíritu), ¡oh Señora!». En otras escenas, Kawit aparece ataviada con el mismo tipo de joyas mientras unos criados la abanican y le ofrecen jarras con ungüentos.

Ya en tiempos del Imperio Antiguo las máscaras destinadas a cubrir y proteger la cabeza de la momia constituyeron un elemento importante del ajuar funerario de los antiguos egipcios. Este espléndido ejemplo perteneció a Tuya, la suegra de Amenhotep III (hacia 1402-1364 a. C.), y se compone de una base de lino endurecido con yeso, recubierta con un baño de oro y con varias piedras semipreciosas y cristales engarzados.

sexos tallados en madera, así como de portadores de ofrendas, destinados a asegurar al finado una vida regalada en el más allá.

De esas mismas fechas datan los exquisitos relieves en piedra caliza que decoran el sarcófago de Kawit, una de las esposas del faraón Nebhepetre Mentuhotep II, a la que se muestra en pleno aseo acompañada por diversos siervos de ambos sexos, lo que nos muestra cómo debía de ser entonces la vida de una reina.

La expulsión del linaje hicso, de origen asiático, al término de la Dinastía XVII (*véanse* págs. 31-32), abrió un nuevo período en la historia y el arte del antiguo Egipto caracterizado por la recuperación del pasado mediante la reproducción de su imaginería. Esta fiebre imitatoria dio un vuelco cuando Hatshepsut se proclamó reina de Egipto (*véase* pág. 89). Sus retratos, con independencia de su apariencia de hombre o de mujer, poseen un aire inconfundiblemente femenino. A mitad de la Dinastía XVIII, los rostros de las esculturas y los relieves, reales o privados, adoptaron una forma cordiforme, con los ojos y las cejas arqueados y una sonrisa dulce.

Durante el reinado de Amenhotep III (hacia 1402-1364 a. C.) la tradición artística experimentó grandes cambios coincidiendo con la proliferación de los contactos con los pueblos del exterior: la llegada de nuevas ideas y un período de prosperidad económica que contribuyó a consolidar más a la clase funcionaria. Ello explica que tanto la escultura como las artes decorativas de la época se caractericen por su opulencia: elaboradas cofias rizadas, brillantes adornos y un exquisito cuidado de los detalles, sobre todo en las joyas, presiden las imágenes de ambos sexos, en las que hombres y mujeres tienden a mostrar rostros asexuados, ojos alargados y unas bocas sonrientes subrayadas por líneas de color bermellón.

Ajenatón, el sucesor de Amenhotep III, se tomó ciertas libertades a la hora de representar la figura humana (*véase* recuadro, pág. sig.), aunque todas sus excen-

LA REVOLUCIÓN AMARNIENSE

Cuando el faraón Amenho-tep IV decidió romper con los dioses tradicionales en favor de Atón, el disco solar, y cambió su nombre por el de Ajenatón como muestra de su veneración por esta nueva divinidad, revolucionó el modo en que los artistas habían reproducido las imágenes humanas y divinas. Así, el dios Sol pasó de tener apariencia antropomórfica a ser un disco abstracto del que manaba un haz de rayos solares que llegaban en forma de *anj* (☥ , el jeroglífico de «vida») al rey y a su familia, situados bajo su protección.

Influidos tal vez por la nueva filosofía religiosa, los artesanos empezaron a introducir temas nuevos. Así, por ejemplo, se ha encontrado una estela doméstica en la que el rey

Detalle de un relieve inacabado (una parte está tallada, mientras que el resto está únicamente esbozado) hallado en el-Amarna, en el que una de las hijas de Ajenatón y de la reina Nefertiti aparece dando cuenta de un pato. La pose distendida y la forma alargada del cuerpo de la joven son dos rasgos típicos del arte en el período amarniense.

y distendidas. Otra innovación del «estilo amarniense» (en alusión a el-Amarna, la que fuera Ajetatón, capital de Ajenatón) fue la representación de los espacios interiores de los templos y los palacios, gracias a lo cual contamos con alguna que otra escena de las actividades que tenían lugar en ellos.

Algunos de los más extraordinarios objetos hallados en Ajetatón proceden del taller de un escultor llamado Tutmosis, el único conocido en toda la historia del antiguo Egipto. Sin lugar a dudas, la pieza más famosa encontrada en él es el busto de la reina Nefertiti (*véase* pág. 88), en el que las excentricidades del estilo amarniense se dejaron de lado en favor de una elegancia de corte más clásico. El busto fue un elemento bastante inusual en la tradición artística egipcia y es posible que nunca sepamos a ciencia cierta la función de tan hermosa escultura, que tal vez sirviera de modelo para pintores y escultores. Del estudio de Tutmosis salieron unos moldes únicos, en yeso, de rostros de ambos sexos, que nos sugieren el aspecto de la gente normal del antiguo Egipto.

y su esposa, la reina Nefertiti, aparecen besando y acariciando a sus hijas como cualquier padre o madre. Hasta entonces, el arte egipcio había sido ajeno a toda expresión íntima, y los hijos de los faraones no solían representarse en compañía de sus padres. Por otro lado, con Ajenatón las poses formales dieron paso a unas figuras sueltas

tricidades se olvidaron en la Dinastía XIX. Setos I y Rameses II volvieron a las formas más convencionales, aunque mantuvieron el aura de elegancia. Durante el largo y próspero reinado de Rameses II (hacia 1289-1224 a. C.), la actividad artística fue febril y, en ocasiones, de gran calidad. En Egipto y Nubia se multiplicaron los templos y esculturas que conmemoraban sus victorias militares y sus festivales, en una abundancia que ningún otro faraón posterior logró emular.

Las pinturas murales decoraron las tumbas desde tiempos predinásticos, pero en el Imperio Nuevo adquirieron su máximo esplendor. En Tebas Oeste, las que muestran escenas de la vida cotidiana y religiosa cubren hasta un millar de tumbas reales y privadas (*véase* ilustración, pág. 88). Los textos hallados en Deir el-Medina, donde habitaron los decoradores de las tumbas, sugieren que el artista estaba muy bien considerado y su prestigio social pasaba de padres a hijos.

EL ARTE EN LA BAJA ÉPOCA

Tanto el Tercer Período Intermedio como la Baja Época se caracterizaron por la alternancia de soberanos egipcios y extranjeros, de ahí que el arte de esas fechas refleje la oposición entre tradición y cambio. Los rostros inexpresivos y las sonrisas insípidas de las esculturas del Tercer Período Intermedio reflejan la voluntad de volver a la época de esplendor de principios de la Dinastía XVIII a través de la imitación de su arte. En algunos casos, los soberanos del Tercer Período Intermedio no dudaron en usurpar monumentos de sus predecesores en el trono. De hecho, fue tal la cantidad de estatuas usurpadas de tiempos de los ramésidas (Dinastías XIX y XX, hacia 1305-1069 a. C.) en Tanis, la capital durante la Dinastía XXI (hacia 1069-945 a. C.), que en tiempos posteriores se llegó a pensar que ésta había sido una ciudad ramésida. Los cushitas, a su vez, que invadieron tierras egipcias durante la Dinastía XXV, se identificaron con los antiguos soberanos y optaron por imitar su arte, lo que no les impidió fomentar también un acusado realismo que los consumados artesanos egipcios lograron bordar.

Cuando los cushitas fueron obligados a regresar a sus tierras del sur, los soberanos egipcios que se hicieron con el poder y dieron origen a la Dinastía XXVI se decantaron en ocasiones por unos rostros más juveniles y plácidos. Las figuras de tamaño real de personajes no pertenecientes a la realeza, en las que éstos aparecen abrazando la imagen de una divinidad, desprenden cierto aire de pietismo, tal vez para superar los tiempos de los soberanos de Cush. Por otro lado, la nueva dinastía destaca por su énfasis en los detalles anatómicos y la gran maestría alcanzada en el trabajo de la piedra dura. Otra de las características de la Baja Época son los bronces de grandes dimensiones realizados con la técnica del molde hueco y que, a menudo, incorporan engastes de oro y de plata, así como soberbias joyas, que en ocasiones incluyen piezas de épocas anteriores. La prosperidad de este período tiene su reflejo también en el arte de dimensiones más reducidas, sobre todo en las estatuillas de divinidades realizadas en bronce, las vasijas de fayenza egipcia y los diminutos amuletos de todo tipo de materiales.

La contribución realizada por los persas durante su primera ocupación de Egipto, época que comprende la Dinastía XXVII (hacia 525-404 a. C.), se manifiesta en la irrupción de nuevas poses y elementos de adorno. Como grandes admiradores de Egipto y de sus artesanos que eran, los persas encargaron la realización de una escultura a tamaño natural y en piedra egipcia de su rey, Darío I (522-486 a. C.) con la intención de llevarla a su tierra natal. En ella, Darío aparece ataviado con el típico tocado persa y lleva además una inscripción en persa, babilónico y escritura jeroglífica egipcia, los tres idiomas más importantes del ámbito diplomático en el Próximo Oriente del primer milenio a. C.

Egipto vivió un último período de renacimiento en tiempos de la Dinastía XXX (hacia 378-341 a. C.), cuando la fiebre artística se adueñó de la última dinastía egipcia propiamente dicha. En esa época se construyeron templos por todo el reino, por ejemplo con el faraón Nectánebo I (378-361 a. C.). Entre sus muchos proyectos, mandó construir algunas de las partes más antiguas del templo de Isis en Filas, un imponente muro perimetral en torno al complejo de Karnak y el primer pilono del mismo, que habría de permanecer inacabado para siempre. El sucesor en el trono de Nectánebo, Nectánebo II (359-341 a. C.), mandó erigir un templo en honor a Isis en Behbeit el-Hagar, en la región del Delta del Nilo, y emprendió asimismo una nueva campaña de construcciones en el templo de la diosa gata Bastis situado en Bubastis, así como en otros lugares asociados con el culto a animales, muy populares en aquella época (*véase* pág. 163).

No cabe duda de que tanto los pintores como los escultores debieron de ser objeto de gran demanda como consecuencia de semejante frenesí constructivo. En las esculturas y los relieves de esas fechas se aprecia una nueva plasticidad a la hora de modelar las figuras, estilo que hicieron suyo los reyes de la época ptolemaica, de origen griego, que siguió a una nueva época de dominación persa y la posterior conquista de Egipto por parte de Alejandro Magno en el año 332 a. C. Por último, tanto las esculturas como los relieves de los últimos tiempos del antiguo Egipto bajo el reinado de soberanos nativos, apenas se diferencian de los de los primeros años de la época ptolemaica.

EL ARTE DE LOS CUSHITAS

De todas las dinastías extranjeras que reinaron en Egipto durante la llamada Baja Época, tan sólo la de los cushitas logró dejar una impronta duradera en el arte y la cultura del antiguo Egipto. Como los egipcios, los cushitas veneraban al dios Amón, y se erigieron en guardianes y restauradores de los templos anteriores. En ese sentido, parte de su programa de renovación de monumentos religiosos consistió en la erección de estatuas de sus propios soberanos, que se caracterizaron por una mezcla de estilos e iconografía de las tradiciones egipcia y cushita.

Dada esa reverencia por los dioses del panteón egipcio, los cushitas no dudaron en imitar el arte egipcio de épocas anteriores, por ejemplo las poses, los tocados, los adornos y la forma del cuerpo. Llegaron a alcanzar tal maestría que puede resultar difícil distinguir una escultura de la Dinastía XX de sus referentes del Imperio Antiguo, Medio o Nuevo.

Algunas de las esculturas más logradas de tiempos de la dinastía cushita corresponden a personas ajenas a la realeza, y destacan sobre todo por el realismo de sus rasgos, hecho que se explica por la mayor libertad expresiva que disfrutaron los artistas de la época. Cabe destacar muy especialmente las esculturas de mujeres. Las figuras estilizadas de las dinastías precedentes dan paso a modelos de pechos y cinturas más generosas, estándar de belleza que habría de prolongarse en la tradición artística meroítica del Sudán después de la expulsión de los cushitas de tierras egipcias, y se cree incluso que pudo influir en las representaciones de cuerpo entero características de época ptolemaica.

Esta esfinge con el rostro del soberano cushita Tarco (690-664 a. C.) presenta formas más macizas que las de sus precedentes de la tradición egipcia. Los dos ureos (cobras) son otro rasgo de la cultura cushita.

En tiempos de la dominación romana, se alcanzó una notable maestría en el trabajo y la decoración de los objetos de cristal. Para conseguir resultados tan vistosos como esta representación del dios Horus, primero se calentaban las barras de cristal, luego se fundían y por último se cortaban en trozos.

Representación de Antínoo, el favorito del emperador romano Adriano, tocado en este caso con el tradicional nemes *y la falda de época faraónica, hallada en la Villa Adriana en Tivoli, Italia (siglo II d. C.). Las formas musculosas del torso y la proporción del conjunto llevan a pensar que fue un escultor romano, y no egipcio, el autor de la estatua.*

EL ARTE EN LAS ÉPOCAS PTOLEMAICA Y ROMANA

Cuando Alejandro Magno conquistó Egipto con sus tropas macedonias puso punto final a las dinastías faraónicas estrictamente egipcias, pero no a la cultura faraónica. Desde al menos la Dinastía XVIII, los griegos y los antiguos egipcios habían establecido unas sólidas relaciones comerciales y, sobre todo en la Baja Época, se habían beneficiado mutuamente de sus respectivas tradiciones artísticas. Ningún monumento ilustra mejor este proceso de yuxtaposición de las influencias griega y egipcia que la tumba de Petosiris en Tuna el-Guebel, en el Egipto Medio, excavada en las postrimerías de la época faraónica o en los primeros tiempos de la dominación grecorromana. Todos los elementos presentes en la tumba remiten a la tradición egipcia; sin embargo, el estilo empleado es tanto egipcio como griego. En general no se mezclaron ambos estilos, salvo en contadas excepciones como los relieves de la cámara exterior, en los que se muestra a una serie de figuras trabajando en el campo, cuidando el ganado o realizando actividades artesanales. Suelen aparecer representadas con poses realistas de clara inspiración griega, con prendas sujetas a la altura de los hombros o bien de la cintura (la tradicional *himation* y la túnica griegas respectivamente). En cambio, los relieves de las estancias interiores de la tumba muestran escenas mucho más ligadas a la tradición funeraria egipcia.

Los dos estilos artísticos coexistieron durante varios siglos. Los monumentos de la población egipcia continuaron teniendo como referente el estilo propio de la época faraónica, mientras que los destinados a la población griega retomaron los modelos imperantes en su tierra de origen, sobre todo en Alejandría, población a orillas del Mediterráneo fundada por el propio Alejandro Magno en el mismo emplazamiento donde hasta entonces había estado Racotis. Respecto a la estatuaria real, un mismo soberano ptolemaico podía representarse tanto al más puro estilo helénico, con un rostro expresivo y el cabello rizado, como bajo la apariencia impasible de los antiguos faraones, tocado con el tradicional *nemes* real, presente ya en esculturas con casi tres mil años de antigüedad por aquel entonces. Los recientes hallazgos realizados a orillas de la moderna ciudad de Alejandría han sacado a la luz los monumentos de la antigua capital ptolemaica, gran parte de la cual quedó sumergida bajo las aguas del Mediterráneo tras un terremoto. De hecho, la mayor parte de la población original de épocas ptolemaica y romana yace todavía bajo la bulliciosa ciudad moderna, y está todavía por estudiar.

Aunque no era nada habitual mezclar las dos tradiciones artísticas en un mismo monumento, es cierto que los escultores egipcios se vieron influenciados por el mundo helénico. Surgió una tendencia hacia las formas más suaves y redondeadas, así como a los cabellos más naturales y las prendas con pliegues de influencia griega, aunque estos elementos tienen precedentes en la tradición egipcia.

El ambicioso programa de construcción de templos continuó en la época ptolemaica, sin duda alguna por la necesidad de ganarse el apoyo de la poderosa clase sacerdotal egipcia, así como de la población en general. Tanto en la distribución como en la decoración de los templos siguieron los modelos de la tradición egipcia. Además, los soberanos ptolemaicos aparecen representados cual faraones al más puro estilo tradicional y rindiendo homenaje a los dioses del panteón egipcio. El templo más hermoso de época ptolemaica es, sin duda alguna, el de Isis, que antaño ocupara casi la isla de Filas, situada en pleno cauce del Nilo a la altura de Asuán. Aunque los vestigios más antiguos se remontan a la Dinastía XIII (*véase* pág. 225), casi todos los restos conservados datan de época ptolemaica y romana. Siguiendo el diseño tradicional presente en el templo de Luxor, que empezó a construirse casi mil años antes, dos imponentes pilones conducen a un patio, una sala hipóstila y un santuario interior. En el pilono más al exterior, el soberano aparece representado sometiendo a sus enemigos, motivo que ya aparece en los albores mismos de la época dinástica del antiguo Egipcio (*véase* pág. 155). El recinto entero se tuvo que trasladar a la vecina isla de Aguilkia durante los años 1960 para impedir que los diferentes monumentos, relieves y esculturas quedaran sumergidos bajo las aguas de la presa de Asuán.

Cuando Augusto conquistó Egipto, en el año 30 d. C., tanto él como sus descendientes continuaron con la tradición de erigir templos de estilo egipcio a lo largo y ancho de Egipto y Nubia, convirtiéndose así, a los ojos de la población nativa, en los herederos naturales de los faraones. Sin embargo, Roma tendió a explotar a la población egipcia, cuyo nivel de vida experimentó un notable retroceso bajo el poder imperial. Además, los romanos vieron a Egipto como una atractiva tierra exótica, e importaron a Roma un gran número de obeliscos y otros monumentos, así como sus magníficas piedras duras. En los mosaicos empezaron a aparecer escenas del Nilo (*véase* ilustración, pág. 56) y a imitarse los modelos escultóricos egipcios, a veces con una falta de rigor que raya en lo cómico. En la peculiar recreación de Egipto y del Nilo que mandara construir el emperador del siglo II d. C. Adriano en su villa de Tívoli, se esculpieron divertidas estatuas de sacerdotes egipcios que, ciertamente, poco tenían que ver con la tradición egipcia ni con la romana. Las estatuas en honor de Antínoo, el favorito del emperador, que pereció ahogado en el Nilo durante la visita que Adriano realizó a Egipto en los años 130 y 131 d. C., le muestran ataviado al más puro estilo egipcio pero luciendo un cuerpo musculoso y una pose más propias de la tradición romana.

En Egipto, la tradición faraónica logró perdurar con mayor fuerza en el arte funerario. Máscaras funerarias o incluso sarcófagos de lino endurecido con yeso o de madera se decoraron en vistosos colores con la iconografía de los tiempos antiguos, pero con el estilo de líneas curvas de la época ptolemaica. Estas representaciones idealizadas coexistieron con retratos de un gran realismo, pintados sobre madera con cera de abeja coloreada, material que confiere una textura más bien gruesa que recuerda a la pintura al óleo. La imagen, que probablemente decoraba la casa del retratado en vida de éste, servía como máscara funeraria de la momia tras su muerte. La mayoría de los ejemplos conservados proceden de la región del Fayum, de ahí su nombre: «retratos del Fayum».

Este hermoso retrato de una figura femenina realizado en el siglo II d. C. con cera de abeja coloreada se pintó en vida de la persona retratada, y, una vez muerta ésta, pasó a cubrir el rostro de la momia. Durante la época de dominación romana, este tipo de imágenes (los mejores testimonios de retratos pintados en todo el antiguo Imperio romano) pasó a reemplazar a las máscaras funerarias de los tiempos antiguos. Tanto la forma como las técnicas empleadas prefiguran el estilo de los iconos bizantinos, posteriores en el tiempo.

EL ARTE DEL ADORNO

Este espejo, fabricado con un disco de plata y un mango de obsidiana engarzado en oro, piedras preciosas y fayenza, aúna a un tiempo estética y funcionalidad (proceden de la tumba de la princesa Sithathoriunet en Kahun, Dinastía XII, en tiempos de Amenemes III, hacia 1843-1797 a. C.). Tanto el rostro de Bat-Hathor, la diosa de la fertilidad, como el mango en forma de papiro abierto simbolizan la vuelta a la vida, al igual que el propio disco del espejo, que recuerda la forma del sol.

Los artesanos del antiguo Egipto dedicaron a las artes menores el mismo celo y dedicación que a los relieves y las estatuas de grandes dimensiones. Ningún objeto era demasiado pequeño o insignificante como para no poder embellecerlo. Es sorprendente la perfección de los objetos conservados, pues sus fotografías muestran «monumentalidad» y perfección hasta en el más mínimo detalle.

El amor por la belleza y la obsesión por decorar cualquier superficie, por pequeña que ésta fuera, se hacen evidentes ya en la época predinástica, y en ocasiones incluso se llegó a modificar la función original de un objeto a causa de su decoración. En una vasija de cerámica, por ejemplo, una fila de vacas en tres dimensiones trota alrededor del borde, tal vez como simple capricho de su dueño o como expresión simbólica del deseo de contar con un rebaño próspero, aunque semejante decoración debía de hacer casi imposible beber con dicha vasija.

En muchos casos, era la función la que determinaba la elección de los materiales. Así, los objetos de uso cotidiano fabricados con materiales perecederos como el mimbre o la madera se reproducían con materiales más duraderos cuando se destinaban a usos funerarios, para durar toda la eternidad. Las bandejas de mimbre entrelazado y unido por los extremos podían servir para toda una vida, pero si debía formar parte del ajuar funerario de una tumba de las primeras dinastías el material empleado era la piedra. En este caso, la función del objeto determinaba sólo la forma del mismo, aunque en ocasiones los artesanos iban más allá y tallaban en la piedra cada una de las tiras de mimbre y el remate de los extremos.

Es posible que objetos para nosotros sólo estéticos tuvieran a ojos del antiguo egipcio un valor simbólico. Tal es el caso de la deliciosa escultura de una mujer sosteniendo entre sus brazos a un pequeño, que en realidad es una vasija destinada a guardar la leche de una madre que acaba de dar a luz; beber de dicho recipiente, aseguraba, o así lo creían los antiguos egipcios, la salud de un bebé.

Los artesanos egipcios sentían predilección por los colores, y a menudo no dudaban en sacrificar el realismo de la obra resultante. Así, se extendió la costumbre de representar animales con fayenza de un intenso color azul, como patos, monos, erizos, conejos, peces, leones o hipopótamos (*véase* ilustración, pág. 219). Cuando en tiempos del Imperio Medio se descubrió una veta de amatista, ésta se empleó en una gran cantidad de joyas, vasijas de piedra, escarabeos, amuletos y esculturas de pequeñas dimensiones, así que no tardó en agotarse, lo que explica la escasez de objetos tallados en dicho material con posterioridad.

La escasez favoreció el empleo de algunos materiales, y los artesanos no dudaron en recurrir a la pintura o el barnizado para hacer que un material barato pasase por otro más caro. Así, la cerámica podía convertirse en piedra, la piedra caliza en granito o las maderas blandas en robusto ébano. Además, la técnica del dorado imitaba el aspecto del oro, y los textos de los objetos no dudan en afirmar, aunque sea falso, que se ha empleado un determinado material de más valor.

LA JOYERÍA

Los antiguos egipcios, como el resto de las grandes civilizaciones de la Antigüedad, gustaban de adornarse. En algunas de las tumbas predinásticas más antiguas se han hallado collares confeccionados con conchas, piedras corrientes o bolitas de barro seco. Tanto los hombres como las mujeres eran aficionados a las joyas, que también adornaban las estatuas de los faraones y de los dioses. Prácticamente todos los tipos de joyas con los que estamos familiarizados hoy en día existieron ya en el antiguo Egipto. Según se desprende de los sarcófagos y la estatuaria del Imperio Nuevo, una persona bien vestida de la época (período próspero) solía llevar una diadema, pendientes, un collar ancho y elaborado de seis o más filas de cuentas, un pectoral, pulseras, brazaletes y varios anillos y cadenitas.

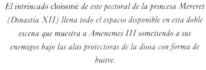

Este exuberante pectoral de Tutankhamón (hacia 1346-1337 a. C.), en uno de los tesoros más formidables jamás descubiertos, con un total de 143 objetos preciosos junto a la momia del faraón, destaca por los símbolos solares y lunares. El motivo principal del mismo es un escarabajo alado, tallado a partir de una calcedonia translúcida.

El oro era, sin duda alguna, el material más apreciado en joyería, y se podía emplear solo o combinado con vistosas piedras semipreciosas, como el lapislázuli, la turquesa o la cornalina. Las joyas resultantes se conservaban como un bien muy preciado, y a menudo se heredaban de generación en generación. Quienes no podían permitirse los metales o las piedras preciosas, debían recurrir a sustitutos más económicos o bien a la fayenza. El cristal coloreado también se usaba, pero no era nada barato. Las joyas destinadas a formar parte del ajuar funerario se solían fabricar con yeso bañado en oro para simular la apariencia del preciado metal.

No sólo había una gran variedad de joyas, sino que el abanico existente para cada uno de los tipos era igualmente extraordinario. Los pendientes, por citar un ejemplo, se empezaron a utilizar en el Segundo Período Intermedio, y en sus inicios consistían en

El intrincado cloisoné *de este pectoral de la princesa Mereret (Dinastía XII) llena todo el espacio disponible en esta doble escena que muestra a Amenemes III sometiendo a sus enemigos bajo las alas protectoras de la diosa con forma de buitre.*

unos sencillos aros que colgaban del lóbulo de la oreja, previamente perforado. Al final del Imperio Nuevo, los pendientes habían adquirido una gran diversidad de formas; en ocasiones, se llegaban a insertar en el lóbulo ejemplares de hasta seis centímetros de diámetro. Se han encontrado varias momias con los lóbulos distorsionados para dar cabida a esas medidas o incluso más, de lo que se desprende lo voluminosos que podían llegar a ser los pendientes.

Las joyas servían para embellecer a quien las llevaba, aunque también podían desempeñar otras funciones. El llamado «oro del honor», un tipo de collar elaborado con unas diminutas cuentas con forma de disco unidas entre sí en una serie de tiras, era todo un símbolo de estatus. Además, era costumbre entregar como recompensa, en los actos de heroísmo, réplicas de moscas, el epítome de la tenacidad, en oro, marfil o piedras semipreciosas (*véase* ilustración, pág. 30). También había joyas en forma de amuletos para disfrutar del favor o la protección de los dioses.

De entre las joyas más impresionantes y elegantes de época faraónica, destacan sin duda alguna los pectorales y demás piezas halladas en las tumbas de las princesas de finales de la Dinastía XII, como Sit-Hathort, una de las hijas de Sesostris II (hacia 1897-1878 a. C., *véase* pág. 191): amuletos simbólicos y variopintos de oro engarzado con piedras preciosas, lapislázuli, feldespato y cornalina, diminutas cuentas de idénticos materiales unidas entre sí hasta dar forma a brazaletes provistos de ingeniosos cierres… Ningún joyero actual podría igualar la elegancia y el refinamiento de los artesanos del antiguo Egipto a la hora de diseñar y combinar tan exquisitos ejemplos de adorno personal.

SUPERIOR: *El* udyat *sagrado, el Ojo de Horus, es el motivo central de este brazalete de oro, fayenza, cornalina y lapislázuli, uno de los siete hallados junto a la momia del faraón Sesonquis II (Dinastía XXII), cuyo nombre aparece grabado en la cara interior del brazalete. La finalidad del* udyat *era proteger al soberano en el más allá.*

PÁGINA SIGUIENTE: *Este recipiente para esencias, elaborado en oro y piedras semipreciosas, posee la forma de dos cartuchos y procede de la tumba de Tutankhamón. En general, los cartuchos envolvían el nombre del faraón, aunque en este caso llevan la imagen sedente del mismo al más puro estilo amarniense (*véase *pág. 221). La parte superior se halla coronada por dos plumas con sendos discos solares.*

CAPÍTULO 15

SIGNOS, SÍMBOLOS Y LENGUAJE

Durante siglos, la cultura y la civilización de los antiguos egipcios permanecieron ocultas tras la enigmática escritura jeroglífica, sumida en el olvido durante cerca de mil quinientos años. Una vez descifrada, se pudo por fin disfrutar de la inmensa riqueza de dicho lenguaje en forma de incontables textos escritos, pinturas murales y relieves repartidos por toda la geografía del antiguo Egipto. El lenguaje escrito, imprescindible como medio de comunicación, se utilizó también como elemento de decoración en una gran variedad de modalidades.

▲

Descifrar jeroglíficos 230

Textos y escribas 232

Palabras y jeroglíficos 234

La evolución del lenguaje 236

Hablan los signos 238

Símbolos e imágenes 240

SUPERIOR: *Los jeroglíficos tenían una clara función estética, además de la lingüística propiamente dicha. Como se puede apreciar en este relieve hallado en el santuario de la tumba de Ihy (Imperio Medio, hacia 1920 a. C.), se tallaban con el mismo esmero que las figuras que los acompañaban.*

DESCIFRAR JEROGLÍFICOS

El idioma de los antiguos egipcios, del que se conservan testimonios escritos de hace más de tres mil años, lo asociamos hoy en día con la escritura jeroglífica. Las primeras muestras escritas aparecieron hacia 3100 a. C. y consisten en una serie de imágenes basadas, de un modo u otro, en el mundo cotidiano de los antiguos egipcios. El analfabetismo imperante entonces impidió a la inmensa mayoría de la población entender el significado de los textos que decoraban, tanto pintados como grabados, los muros de los templos, situación que se repitió con la llegada posterior de pueblos conquistadores del exterior, viajeros y turistas, incapaces de comprender tan enigmáticos signos y símbolos. Los jeroglíficos dejaron de utilizarse como medio viable de comunicación a comienzos de nuestra era, después de que Egipto cayera en manos de las potencias extranjeras, se sumiera en un profundo proceso de helenización y, ya por último, viviera la propagación del cristianismo. De hecho, los últimos jeroglíficos de los que se tiene noticia datan de 394 d. C. y se grabaron en los muros del templo de Isis en la isla de Filas.

Los antiguos egipcios nombraban su escritura pictográfica con la expresión *medu necher*, «las palabras de los dioses». Más tarde, los griegos las llamaron «letras sagradas» y «relieves sagrados», de donde procede precisamente la palabra «jeroglífico». Los historiadores y filósofos griegos de los primeros siglos de nuestra era creyeron, erróneamente, que los jeroglíficos representaban sólo ideas y conceptos, lo que llevó a pensar a los eruditos europeos posteriores que en realidad eran símbolos. En *Hieroglyphica*, texto escrito hacia el siglo IV o V d. C. por el egipcio Horapolo, y traducido al griego por un tal Philippus, se interpretan los signos como símbolos del saber de los antiguos egipcios, y en ese sentido se dan unas ingeniosas e intrincadas explicaciones a propósito de su significado alegórico, como por ejemplo ésta: «Para simbolizar al Dios cósmico o hado [...] dibujan una estrella, ya que la previsión de Dios preordena la victoria a través de la cual se garantiza el movimiento de las estrellas y el universo entero» (Horapolo, 1:13).

El texto de Horapolo ejerció gran influencia en los humanistas europeos del siglo XV, en pleno Renacimiento, y la teoría acerca del valor simbólico de los jeroglíficos perduró hasta bien entrado el siglo XVIII. Sin embargo, el descubrimiento en 1799 de la llamada «piedra de Roseta» permitió dar con la clave para descifrar

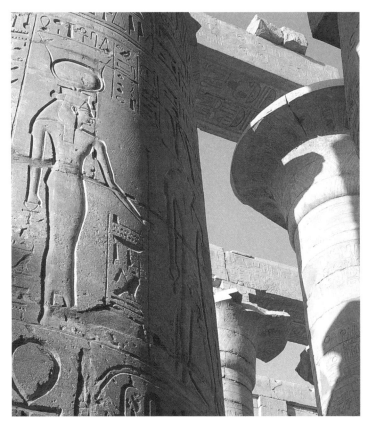

Los jeroglíficos de la gran sala hipóstila de Karnak (hacia 1250 a. C.) se grabaron profundamente para impedir que los borraran los faraones posteriores (véase pág. 210).

LA PIEDRA DE ROSETA

En las proximidades de la población de Rashid, en pleno Delta, los soldados de Napoleón descubrieron en 1799 un monumento que habría de convertirse en la clave para descifrar la escritura jeroglífica. La «piedra de Roseta» (*inferior*), una losa de basalto negro de 1,18 m de alto, llevaba inscrito un mismo texto conmemorativo en tres tipos de escritura diferentes: jeroglífica en la parte superior, demótica en el centro y griega en la parte inferior. Dicho texto, que está fechado en el noveno año de Ptolomeo V Epifanio (196 a. C.), es una copia de un decreto emitido por los sacerdotes de Menfis en el que refieren toda una serie de honores del faraón. Al comparar el texto en antiguo egipcio con el texto en griego, los lingüistas fueron capaces de descifrar la escritura de los faraones. En 1802, la piedra pasó a manos británicas dentro del marco del tratado anglofrancés de Alejandría, y fue transportada hasta el Museo Británico, donde permanece expuesta desde entonces.

la escritura jeroglífica. En la superficie de dicha piedra se había conservado inscrito un mismo texto en dos lenguas diferentes, el antiguo egipcio y el griego, y en tres tipos de escritura diferentes: jeroglífica, demótica (modalidad en cursiva del antiguo egipcio hablado) y griega. Así, se podía comparar por primera vez un pasaje del antiguo egipcio con otro igual escrito en una lengua conocida. Numerosos eruditos de diversos países comenzaron a descifrar la escritura de los antiguos faraones, y no tardaron en concluir que los jeroglíficos eran signos fonéticos y no simbólicos.

El británico Thomas Young (1773-1829) contribuyó de manera decisiva a esta labor de desciframiento, sobre todo en un primer momento, aunque el empujón definitivo lo dio el francés Jean-François Champollion (1790-1832), quien empezó descifrando los signos utilizados para escribir los nombres de los faraones, como Ptolomeo y Cleopatra. En un momento dado, y basándose en sus conocimientos de copto (la última fase de la antigua lengua egipcia, hablada por la comunidad cristiana de Egipto y escrita con caracteres griegos), logró asignar el valor fonético de otros signos. Tras la publicación en 1822 de sus conclusiones, por fin se pudo descifrar un lenguaje que había escondido sus secretos durante más de mil cuatrocientos años.

TEXTOS Y ESCRIBAS

TIPOS DE ESCRITURA

En la ilustración que acompaña estas líneas se muestran los cuatro tipos de escritura empleados por los antiguos egipcios. En la mitad izquierda se reproducen dos columnas en escritura JEROGLÍFICA, a cuyo lado aparece el mismo texto en escritura HIERÁTICA, que viene a ser una versión en cursiva de la anterior (el texto en hierático se ha reproducido de una carta privada, y el texto jeroglífico es una mera transliteración del mismo). En la parte superior derecha se reproduce un texto en DEMÓTICO a partir de una receta de aproximadamente 145 d. C. Debajo se han reproducido dos fragmentos en COPTO de hacia 700 d. C.; todas las letras pertenecen al alfabeto griego, a excepción de las dos señaladas en color azul, que proceden del demótico.

Los antiguos egipcios contaron con cuatro tipos de escritura: la jeroglífica, la hierática, la demótica y la copta. La primera de ellas fue la que más duró en el tiempo (aproximadamente entre 3100 a. C. y finales del siglo IV d. C.) y es posible que en su origen se empleara en todos los ámbitos, aunque en los inicios del Imperio Antiguo (hacia 2686 a. C.) se ceñía a los textos de carácter religioso, monumental o conmemorativo, sobre todo en las paredes de templos, tumbas y palacios, así como en estelas, estatuas, utensilios (como las paletas con fines cosméticos), cofres, sarcófagos, joyas y amuletos. Durante la dominación grecorromana, todavía estaban en uso entre seiscientos y setecientos signos, mientras que el repertorio disponible rondaba los seis mil. A diferencia de otros tipos de escritura, los jeroglíficos consistían en imágenes reconocibles en el mundo cotidiano de los antiguos egipcios. Se podía escribir de izquierda a derecha o viceversa, y en sentido horizontal o vertical; a veces incluso se combinan ambos sentidos. La orientación correcta suelen indicarla los jeroglíficos con formas humanas o de animales, cuyas cabezas apuntan siempre al inicio de là línea, por ejemplo 𓀀 o 𓀁.

Los jeroglíficos son el estilo más formal de escritura, empleado sobre todo en las inscripciones sagradas. Es probable que la escritura hierática, equivalente a la anterior pero escrita a mano, apareciera poco después de la jeroglífica, de la cual en realidad no era más que una versión simplificada. Se leía de derecha a izquierda y se podía escribir tanto en sentido horizontal como vertical, aunque en gene-

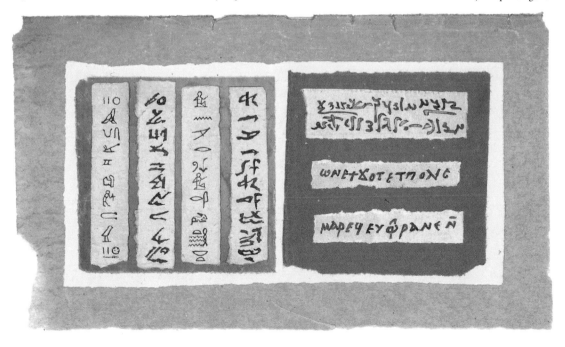

ral los escribas se decantaban por el primero. Durante el Imperio Antiguo, la escritura hierática se usaba en los papiros de los templos y la administración, así como en los privados. Además, los escribas recurrían a ella para reproducir el material religioso, como el *Libro de los Muertos* y otros textos funerarios y mitológicos. De hecho, este uso religioso acabó imponiéndose de tal modo que los griegos acabaron llamando «sacerdotal» (*hieratica*) a este tipo de escritura.

A su vez, el demótico, término que también procede del griego (*demotica*, «popular»), apareció hacia 600 a. C. y con el tiempo acabó desplazando a la escritura hierática. Los antiguos egipcios lo denominaban «escritura de los documentos», y su doble origen en las escrituras jeroglífica y hierática queda diluido por su acusado trazo en cursiva. Al principio, aparecía sólo en textos de carácter legal y administrativo, pero después se extendió a los textos literarios y religiosos.

Por último, el copto (del griego *aiguptia*, «egipcio») fue la última modalidad de escritura surgida a partir del antiguo egipcio; la única de naturaleza sólo fonética. Su alfabeto incluye veinticuatro letras griegas, así como otros seis signos adicionales. Al principio la emplearon sobre todo los primeros cristianos, pero parece que se utilizó por vez primera en el siglo I d. C. en textos mágicos destinados a asegurar la correcta pronunciación de determinadas palabras, frases y pasajes.

Estatua en piedra caliza pintada de un escriba sentado procedente de una tumba de la Dinastía V hallada en Saqqara (hacia 2475 a. C.). Los escribas tenían tal fama que algunos varones de clase alta no dudaban en hacerse representar con la pose sedente de los escribas.

LOS ÚTILES DEL ESCRIBA

El jeroglífico de «escriba», (*sesh*) muestra tres importantes útiles: una tablilla rectangular con dos círculos, uno para la tinta roja y otro para la tinta negra; un recipiente con agua (*centro*); y, por último, un cálamo con un soporte (*derecha*). Aunque este signo se mantiene invariable tanto en relieves como en estatuas, de los hallazgos arqueológicos se deduce que esta forma de tablilla se sustituyó ya en tiempos del Imperio Antiguo por una versión compuesta llamada *gesti*. Ésta era en general de madera o de marfil, tenía forma rectangular y contaba con dos agujeros para la tinta y uno para el cálamo (*ar*), fabricado con cañas.

Los escribas disponían asimismo de un mortero (con su correspondiente mano) para fabricar sus propias tintas, además de frascos con agua para diluir los pigmentos, y cuchillas y quemadores para preparar las hojas de papiro. Además de éstas, escribían también sobre *ostraca*, fragmentos de cerámica o piedra caliza, así como en tableros especiales. Dado que los escribas tenían que trabajar a menudo al aire libre, solían llevar sus útiles de trabajo en un estuche de madera con la superficie pintada.

Las profesiones de escriba y de artista estaban muy próximas entre sí. Ello explica que al responsable de realizar los esbozos se le llamara *sesh kedut*, «el escriba de los dibujos», pues no en vano era quien se encargaba de copiar los jeroglíficos en las paredes, que posteriormente pintaban o tallaban (o ambas cosas a la vez) los maestros artistas. Los pintores utilizaban tablillas especiales provistas de múltiples tinteros para los diferentes colores.

Útiles de escritura y pintura de tiempos de los antiguos egipcios: dos tablillas rectangulares, tres cálamos, un tintero y dos pinceles (el superior de cuerda, y el otro hecho con ramitas entrelazadas y unidas por el extremo). En la parte superior hay un pequeño mortero, una base especial para moler los pigmentos y tres fragmentos de pigmento sin preparar.

CÓMO SE FORMABAN LAS PALABRAS

En la escritura jeroglífica, cada palabra se compone de uno o de varios tipos de signos (*véase* texto principal), a saber: fonogramas, logogramas y determinantes. A veces, una palabra puede contener un logograma con o sin determinante. Así, el logograma 𓏞 (*sesh*) significa «escritura», pero si se le añade el determinante «hombre» (𓏞𓀀), significa «escriba». Algunas palabras, en cambio, se componen de un único fonograma; así, el signo unilítero 𓅓 (*m*) significa «en» y 𓂋 , «boca», se compone del signo unilítero 𓂋 (*r*) y un bastón a modo de determinante.

Otras palabras son algo más complejas, como por ejemplo 𓌻 (*mr*), «amor», que se compone de varios tipos de signos diferentes, en concreto el bilítero 𓌻 (*mr*), el unilítero *r*, que hace las veces de «complemento fonético» (repetición de un sonido) y un determinante. Asimismo, la palabra equivalente a nuestro «bueno» o «hermoso», *nefer*, se puede escribir 𓄤𓂋 , que se compone de un signo trilítero (*nfr*) seguido de otros dos unilíteros (*f* y *r*), que hacen las veces de complementos fonéticos. Como se desprende de la ausencia de determinante en esta palabra, no siempre es necesaria. Por otro lado, el complemento fonético, estrictamente innecesario, realiza la función de determinante, como por ejemplo en 𓌻𓀀 y 𓄤𓂋 , al especificar que el signo 𓄤 es un fonograma en lugar de un ideograma. En algunos casos, la presencia de este complemento fonético responde a cierta voluntad estética de los escribas, para eliminar espacios incómodos en los textos.

Los jeroglíficos perfectamente trabajados y coloreados de esta estela de Zezennajt, del Primer Período Intermedio, aprovechan su potencial decorativo en lo que de otro modo sería una composición lisa y sin estilizar. Los jeroglíficos con valor de determinante (véase texto principal) aparecen en la quinta línea, que termina (leyendo de derecha a izquierda) con la figura de un hombre y una mujer sentados tras la palabra «hermanos y hermanas».

PALABRAS Y JEROGLÍFICOS

Una vez que los egiptólogos del siglo XIX hubieron descifrado la escritura jeroglífica, tuvieron acceso a uno de los idiomas escritos más antiguos del mundo. De su estudio concluyeron que los signos se clasifican en tres categorías: los «fonogramas», signos que representan sonidos, algo así como las letras del alfabeto; los «logogramas» o «ideogramas», que representan palabras enteras; y, por último, los «determinantes», que determinan el sentido de una palabra según el contexto.

Los fonogramas, que derivan de los logogramas, engloban los sonidos consonánticos de la lengua de los antiguos egipcios. Las vocales no se escribían, tal vez porque eran las primeras que cambiaban en función del contexto gramatical. No está de más recordar que en el árabe y en el hebreo bíblico, lenguas emparentadas con el antiguo egipcio, tampoco se escriben las consonantes. Además, cabe distinguir tres tipos de fonogramas: los «uniliteros», que suman veinticuatro, más dos variantes; los «bilíteros», y por último los «triliteros», de los que existen varios cientos. Cada signo unilítero equivale a una consonante; así, por ejemplo, 𓃀 representa el sonido *b*. Uno bilítero, a su vez, equivale al sonido de dos consonantes, como en 𓌻 (*mr*), mientras que los triliteros equivalen al de tres, como en 𓄤 (*nfr*).

Los logogramas (ideogramas) significan básicamente aquello que reproducen, como 𓁹 («ojo»), 𓇳 («sol») y 𓊛 («barco»). De todas maneras, este tipo de pictogramas tan sencillos evolucionaron hasta dar lugar a significados más complejos, de manera que el signo 𓇳 podía equivaler también a «día» y 𓊛 a («na-

vegar»). Por otro lado, muchos de ellos acabaron identificándose con los propios sonidos de las palabras que representaban, convirtiéndose así en fonogramas.

Los logogramas también servían como determinantes, signos sin valor fonético alguno. La lengua de los antiguos egipcios llegó a contar con varios cientos de estos determinantes, empleados para indicar el significado de una palabra en un determinado contexto, sobre todo las palabras «homógrafas», esto es, las de significado diferente y una misma estructura consonántica. Por ejemplo, el signo *(mr)* seguido del determinante significa, en un contexto relacionado con el agua, «canal», mientras que seguido del determinante significa, como expresión de sentimientos, «amor» (*véase también* nota explicativa, pág. ant.).

Los escribas no dejaban espacio entre las palabras, de manera que a veces se colocaba un determinante (un simple bastón, , por ejemplo) al final de una palabra para indicar el término de la misma. El signo del bastón es muy habitual tras los logogramas y sirve para distinguirlos de los fonogramas derivados del mismo. Tres bastones ( ) equivalían al plural de la palabra que acompañaban.

LOS NOMBRES DE LOS ANTIGUOS EGIPCIOS

Para los antiguos egipcios, los nombres eran un aspecto importante de su personalidad, de ahí que los eligieran con gran detenimiento. El nombre de una persona podía consistir en una única palabra o en varias, y en ambos casos expresaba una idea, un pensamiento, un deseo o una emoción, de manera que retrataba al portador para el resto de su vida, al tiempo que se convertía en un recordatorio para la eternidad. En ocasiones, los nombres que empezaban por la palabra (*nfr*, «bueno» o «hermoso», escrito *nefer*, como en Nefertiti o Nefertari) se escogían con la esperanza de que el portador fuera bueno o hermoso. Cuando los progenitores querían expresar su devoción por una determinada divinidad a través del nombre, solían decantarse por nombres como Amenhotep ( ), que significa «Amón está en paz».

Como los nombres solían componerse de palabras o frases tomadas del vocabulario cotidiano, era fácil confundirlos en las inscripciones, de ahí que se decidiera distinguirlos gráficamente. Así, los antiguos egipcios solían añadir el determinante de hombre ( )

o mujer ( ) en posición sedente al término de un nombre propio para especificar el sexo. A veces hay variaciones, como cuando la figura aparece sentada en un asiento o arrodillada ( ).

Los nombres de los faraones (*véanse* págs. 112-113) se formaban de modo similar a los de sus súbditos, aunque sin los determinantes de un hombre o una mujer. En determinadas ocasiones se empleaba, no obstante, el signo de un estandarte . Por otro lado, los nombres de los faraones se escribían siempre dentro de un «cartucho» (, *véase* ilustración inferior).

El nombre del faraón Quéope, Jufu, se compone de los signos j, w y f dentro de un cartucho, encima del cual aparece el título real «Señor de las Dos Tierras». En la inscripción de la derecha, aparece el nombre del príncipe Rahotep, de la Dinastía IV, y en la parte inferior de la columna de la izquierda no se aprecia el determinante asumida de hombre, función la estatua sobre la que aparecía grabada la inscripción (véase pág. 201).

LA EVOLUCIÓN DEL LENGUAJE

La lengua de los antiguos egipcios se puede dividir en cinco fases de evolución que, más o menos, se corresponden con los grandes períodos históricos: egipcio antiguo, egipcio medio, egipcio tardío, demótico y copto. Cada una de estas etapas se ha establecido a partir de la modalidad más hablada en cada etapa, aunque lo cierto es que hubo períodos en los que coexistieron diferentes modalidades. Además, cada una de las etapas puede abarcar más de un género o estilo.

La etapa más larga fue la del egipcio medio o «clásico», vigente desde el Primer Período Intermedio en adelante. En el Imperio Medio, esta modalidad hablada se formalizó y se convirtió en el medio de comunicación estándar para los textos religiosos, legales y monumentales, así como para determinadas obras literarias. Continuó vigente hasta bien avanzada la época grecorromana, en concreto hasta el siglo V d. C. Por otro lado, el egipcio medio evolucionó a partir del egipcio antiguo, que fue la modalidad hablada más importante durante el Imperio Antiguo. Además de en las paredes de los templos y las tumbas, se utilizaba también en los documentos de carácter administrativo, legal y privado.

ESTRUCTURAS GRAMATICALES

El idioma de los antiguos egipcios contaba con muchos de los elementos lingüísticos propios de la mayoría de las lenguas actuales, como una gramática y una sintaxis, con nombres, pronombres, adjetivos, verbos, preposiciones, participios, etcétera. Así, dentro de una misma frase podían aparecer varios pronombres personales con una función particular cada uno de ellos, como sucede en nuestra lengua con «yo» y «mí». Existía, además, un sistema de conjugación verbal que diferenciaba el tiempo, el «aspecto» y el «modo». Además, los nombres, los pronombres, los adjetivos y demás palabras se diferenciaban en género y número (singular, plural y una tercera modalidad llamada «dual»).

En su forma más sencilla, una frase o una proposición puede ir acompañada, o no, de un verbo. Si éste aparece, los elementos siguen una pauta que rara vez presenta variaciones: (1) verbo, (2) sujeto, (3) objeto directo, (4) objeto indirecto y (5) adverbio o proposición adverbial. Por ejemplo, la oración «El hombre dice el nombre a la mujer en la casa» se escribiría en antiguo egipcio: «Dice [el] hombre [el] nombre a [la] mujer en [la] casa» ( ). En general, en las oraciones no verbales, el verbo «ser» o

«estar» no aparece, aunque está implícito. Así, la frase «La mujer está en el templo» se diría añadiendo al sujeto («[la] mujer») el complemento preposicional «en [el] templo» ( ).

Los antiguos egipcios construyeron una lengua perfectamente desarrollada a partir de esta serie de nociones tan sencillas. Como es lógico, el egipcio fue evolucionando a lo largo de los siglos, adoptando nuevas convenciones y usos en detrimento de otros que habían caído en desuso. Así, por ejemplo, en la lengua escrita inicial no se especificaba el artículo indefinido o definido (nuestro «un/una/unos/unas» y «el/la/los/las»); sin embargo, se escribieron a partir del egipcio tardío.

La puntuación, tal como la conocemos hoy en día, no existía, aunque como contrapartida había una serie de elementos, las llamadas «partículas», así como otras palabras, además del propio contexto, con la finalidad de indicar el inicio y el final de una oración o una proposición. En el egipcio antiguo y medio, la partícula al principio de una frase indicaba una oración afirmativa, como en la frase antes mencionada «La mujer está en el templo», mientras que la partícula introducía una oración interrogativa.

El egipcio tardío, vigente en tiempos del Imperio Nuevo, evolucionó a partir de la lengua vernácula y se utilizó sobre todo en textos de carácter no religioso. Por otro lado, si en las dos etapas lingüísticas anteriores el egipcio se había caracterizado por ser una lengua «sintética», el egipcio tardío pasó a dotarse de un carácter mucho más complejo y «analítico», expresando los diferentes significados y valores a través de elementos separados, algo parecido a lo que sucedió entre el latín (lengua sintética) y las lenguas románicas (analíticas). En latín, una palabra como *poetae* puede significar tanto «los poetas» como «del poeta» en castellano. En cierto modo, el demótico sucedió al egipcio tardío y se utilizó hasta la época cristiana, sobre todo en los textos de carácter no religioso.

Por último, el copto, la fase final de la lengua de los antiguos faraones, se componía de letras tomadas del alfabeto griego, además de seis signos adicionales tomados del demótico (*véase* pág. 232). Incorporaba muchas de las construcciones y gran parte del léxico de las modalidades lingüísticas anteriores, y su alfabeto escrito incluía, por vez primera, vocales, hecho que fue de inestimable ayuda para los lingüistas a la hora de reconstruir las vocales no escritas del antiguo egipcio hablado. Gracias a las vocales del copto, se sabe que coexistieron numerosos dialectos hablados, aunque no siempre quedaron reflejados en la escritura.

Los jeroglíficos de este bajorrelieve, conservado en la tumba de Ti (Dinastía VI, Saqqara), han dejado constancia del habla cotidiana de sus protagonistas, como sucede con los «bocadillos» de los cómics de hoy en día. En la parte superior, por ejemplo, un supervisor, situado a la izquierda, ordena a un pastor que se dé prisa con un ternero. La traducción exacta se desconoce, aunque algunas de las versiones sugeridas son: «¡Pastor, tienes un problema!» o «¡Pastor, tira con fuerza de la vaca madre!».

HABLAN LOS SIGNOS

Los historiadores han clasificado los textos del antiguo Egipto, dividiéndolos por géneros, estilos, gramática empleada e incluso por el tipo de escritura. Ahora bien, a menudo los límites entre estas divisiones artificiales se difuminan, y textos considerados dentro de tal o cual categoría podrían clasificarse en otra. Así, en principio uno esperaría encontrarse los textos funerarios, de carácter tanto sagrado como protector, escritos en la modalidad clásica y en jeroglífico; sin embargo, parte de los ensalmos se han tomado de obras cuya gramática era mucho más próxima a la lengua vernácula. Por otro lado, algunos textos funerarios, como los *Textos de los Sarcófagos*, el *Libro de los Muertos* y los papiros mitológicos de época posterior, fueron escritos incluso en escritura hierática.

Respecto a la temática, una de las categorías más extensas es la de los textos religiosos, desde los *Textos de las Pirámides* y los *Textos de los Sarcófagos* a textos posteriores del mismo género, como los *Amduat*, el *Libro de las Puertas* o el *Libro de las Respiraciones*, así como himnos y rituales, que los antiguos egipcios solían poner por escrito en papiros, en estelas y en las paredes de los templos y las tumbas. Por otro lado, muchos rituales de culto celebrados en los templos incluían escenificaciones en las paredes de los mismos o bien sobre estelas o papiros. Además, los antiguos egipcios solían recurrir a ensalmos y rituales en sus propias casas para asegurarse la descendencia o la protección de los dioses, y esos ensalmos solían anotarse en todo tipo de soportes. Igualmente, tenían por costumbre registrar información de carácter «científico», en general con fines docentes, en forma de tratados de medicina, matemáticas y astronomía (*véanse* págs. 92-96). Junto a ellos cabe mencionar los textos de carácter didáctico, compilaciones de dichos y proverbios que los padres solían enseñar a sus hijos, y que gozaron de gran popularidad siglos después de su escritura. Algunas de ellas incluyen propaganda política.

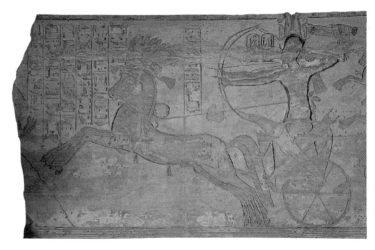

Detalle de un relieve de Abu Simbel en el que Rameses II (hacia 1289-1224 a. C.) aparece montando en su carro de combate. La decoración de todo el templo gira en torno a la batalla que el faraón mantuvo en Qadesh, Siria, frente a los hititas, enfrentamiento que quedó inmortalizado tanto en verso como en prosa con un amplio abanico de recursos literarios. Los relatos de esta batalla gozaron de gran popularidad en vida del propio Rameses y aun después de muerto éste, aunque lo cierto es que el resultado de la misma distó mucho de ser la aplastante victoria difundida por la propaganda faraónica.

La literatura gozó de gran popularidad durante toda la historia del antiguo Egipto y cabe suponer que los testimonios conservados representan tan sólo una ínfima parte del corpus total que debió de haber en su día. *La historia de Sinuhé* es una de las primeras narraciones épicas de toda la historia y trata de las aventuras y las andanzas políticas de un expatriado. Tiene un final feliz y fue tan popular que estuvo circulando durante varios siglos después de su aparición. *La Disputa entre Horus y Set* aborda un tema de carácter religioso mencionado por primera vez tanto en los *Textos de las Pirámides* como en los *Textos de los Sarcófagos* (*véanse* págs. 134-135), y presenta el mito al público del Imperio Nuevo en un estilo distendido y popular no exento de pasajes humorísticos. Por último, *El Príncipe predestinado*, también de época tardía, aborda la cuestión del destino del ser humano y se puede considerar como el primer cuento de hadas de la historia de la literatura.

Los autores no dudaron en registrar su reconocimiento a sus respectivos soberanos en forma de inscripciones monumentales que combinaban información de hechos reales con loas al faraón.

POEMAS DE AMOR

En ningún otro campo parece más evidente la creatividad literaria de los antiguos egipcios como en la poesía amorosa, que nos ha llegado en diversos fragmentos de cerámica así como en tres papiros diferentes, todos ellos de las Dinastías XIX y XX. Del mismo modo que las cartas privadas de ciudadanos no pertenecientes a la realeza que han podido ser conservadas, los poemas también se escribieron en caracteres hieráticos y en lengua vernácula, y reflejan las preocupaciones eternas del ser humano. Están escritos en un estilo lírico y rítmico, aunque lo más sorprendente de ellos no es tanto su estructura poética como su frescura y sinceridad, de una modernidad extraordinaria.

Los poemas de cada una de las compilaciones se hallan reunidos bajo el título de «dichos» o «canciones», y son herederos de la tradición tanto escrita como oral. Están escritos en primera persona, desde el punto de vista del amante, tanto masculino como femenino, y en una de las compilaciones los versos aparecen en boca de los dos amantes de forma intermitente. Los términos empleados para referirse a los amantes se podrían traducir por «hermano» y «hermana», palabras éstas que tenían una connotación afectuosa entre los miembros del sexo opuesto. La disposición de los versos muestra una clara estructura rítmica, pero al no escribirse las vocales en el antiguo egipcio escrito resulta imposible determinar cualquier tipo de ritmo o asonancia. En uno de los poemas de amor, de entre los varios escritos sobre el fragmento de una vasija conservada en el museo de El Cairo, se pueden leer los siguientes versos:

«Hermana mía, has venido, mi corazón rebosa de alegría,

mis brazos se aprestan a abrazarla,

mi corazón intenta salirse del pecho,

como el pececillo rojo en el estanque.

¡Oh, noche, sé mía para siempre,

ahora que mi reina ha venido!»

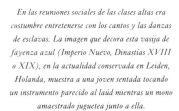

En las reuniones sociales de las clases altas era costumbre entretenerse con los cantos y las danzas de esclavas. La imagen que decora esta vasija de fayenza azul (Imperio Nuevo, Dinastías XVIII o XIX), en la actualidad conservada en Leiden, Holanda, muestra a una joven sentada tocando un instrumento parecido al laúd mientras un mono amaestrado juguetea junto a ella.

Estos preciosos pendientes pertenecientes al ajuar funerario de la princesa Cnumit (Dinastía XII, véase pág. 191) reproducen (de izquierda a derecha) la forma de los jeroglíficos equivalentes a «dicha», «nacimiento» y «toda la vida y la protección».

Recipiente para esencias hallado en la tumba de Tutankhamón. Se compone de dos divinidades del Nilo y el jeroglífico que significa «unión», en clara alusión a las «Dos Tierras» unificadas, acompañado de papiros y lotos, símbolos a su vez del Alto y el Bajo Egipto respectivamente.

SÍMBOLOS E IMÁGENES

La naturaleza pictórica de la escritura de los antiguos egipcios, ligada probablemente a la aparición, hacia 3100 a. C., casi de manera simultánea a la escritura jeroglífica, de la característica imaginería en dos dimensiones del arte egipcio, permite identificar los jeroglíficos desde muy diversos niveles. De ese modo, la masa analfabeta de la población del antiguo Egipto siempre podía apreciarlos de modo visual, por mucho que fuera incapaz de entender su significado.

Una de las consecuencias de esa versatilidad de los jeroglíficos es su empleo reiterado como elemento decorativo en la arquitectura, el mobiliario y las artes menores. Por ejemplo, el jeroglífico ⌗ se encuentra como motivo decorativo en los cabezales y a los pies de las camas, así como en las ventanas, los cofres y las joyas, y aunque tiene una finalidad ornamental, también aporta un trasfondo de índole verbal, pues significa «entereza». Esta dualidad de funciones está presente en otros jeroglíficos, como por ejemplo ∏, que significa «protección» y era al mismo tiempo la forma de los garantes de la vida, o bien ☥, «vida», muy frecuentes ambos tanto en la joyería como en los amuletos. Este último signo significa también «espejo» y es tal vez esta acepción la que llevó al creador de uno de los espejos de Tutankhamón a darle esa misma forma ☥ a la funda.

Con frecuencia, se emplea más de un jeroglífico para dar forma a un mensaje con connotaciones positivas. Por ejemplo, ☉, «dicha», y ☼, «toda la vida y la protección», aparecen en amuletos y constituyen un motivo recurrente en las joyas a partir del Imperio Medio (*véase* ilustración, izquierda). Por otro lado, los nombres reales constituyen en ocasiones el motivo principal de los brazaletes; un recipiente para esencias tallado en calcita procedente de la tumba de Tutankhamón (hacia 1332-1322 a. C.) está decorado todo él con jeroglíficos que aluden a la condición del faraón como señor de las «Dos Tierras».

A veces, el significado de las imágenes no resulta evidente. Así, la estatua de un particular muerto o el relieve del mismo en una estela o en la pared de una tumba equivalen a veces a un determinante de grandes dimensiones, con el signo de una figura humana colocado al final del nombre propio (*véase* pág. 237). En esa misma escala también hay que circunscribir el empleo de jeroglíficos en la arquitectura. Así, el jeroglífico ◠, «horizonte», en el que aparece un sol naciente entre dos colinas, pudo convertirse en el motivo de inspiración de los pilonos característicos de los templos, pues cuando el Sol se sitúa justo encima de aquéllos la imagen resultante recuerda claramente al jeroglífico. Este pudo influir en Ajenatón (hacia 1353-1336 a. C., *véanse* págs. 128-129) a la hora de elegir el emplazamiento de su nueva capital, Ajetatón, «el Horizonte de Atón (disco solar)», en el Egipto Medio. Y es que la imagen del sol colocándose encima de las colinas situadas en el lugar a buen seguro debió de recordar al faraón el «horizonte» del jeroglífico.

En algunas escenas funerarias en las que el texto y la escena que lo acompaña están relacionados entre sí, no resulta fácil determinar hasta qué punto es la escena la que hace las veces de determinante del texto, o, por el contrario, es este último el que complementa a la escena. En unas cuantas tumbas del Imperio Antiguo se han encontrado textos breves que reproducen diálogos con palabras sin determinantes (*véanse* págs. 234-235) ya que las figuras a las que se refieren aparecen representadas, en una escala superior, en la escena a la que acompañan.

Resulta interesante observar cómo esta unidad entre imagen y texto se da también en el tratamiento antropomórfico de ciertos jeroglíficos. Así, signos tales como ☥, 𝄜 y 𓀀 aparecen a veces con brazos o piernas y pasan a formar parte del friso decorativo de un monumento o incluso se convierten en integrantes activos de alguna escena que decora la pared de un templo o una tumba, o bien de una pieza de una joya o un abanico. En ese sentido, en la tumba de Tutankhamón se encontró una lámpara cuya parte central reproduce la forma del jeroglífico ☥, del que salen unos brazos sosteniendo unas antorchas.

Éstos son algunos de los muchos ejemplos que ilustran la estrecha relación que se dio entre los jeroglíficos y las imágenes visuales en el arte de los antiguos egipcios. Los artistas fueron capaces de fundir el contenido verbal y la imagen decorativa u ornamental en composiciones de una extraordinaria armonía.

LA CRIPTOGRAFÍA

L a escritura criptográfica, que consiste en disfrazar la interpretación obvia de un texto, jeroglífico en este caso, gozó de gran popularidad entre los antiguos egipcios, sobre todo en tiempos del Imperio Nuevo, si bien se han conservado ejemplos de hasta el Imperio Antiguo e incluso de fechas anteriores. En ocasiones, los jeroglíficos se distorsionaban en función del contexto e incluso daban forma a nuevas variantes, de ahí que el significado real de un texto de carácter sagrado quedase tan sólo al alcance de unos pocos. Por otro lado, si se escribía de forma criptográfica un nombre, éste corría menos riesgo de verse modificado o destruido con posterioridad.

En una estatua de la reina Hatshepsut, de la Dinastía XVIII, los tres elementos que conforman el nombre propio de Maat-ka-Re («Verdadera es el Alma de Re») aparecen representados bajo la forma tridimensional de una escultura, cuyo motivo principal es una serpiente de grandes dimensiones. En otra estatua, ésta de Rameses II (Dinastía XIX, *véase* ilustración, derecha), aparece representado el dios del Sol bajo la apariencia de un halcón en compañía del propio faraón de niño y una planta heráldica, elementos éstos que aparecen en el nombre de Ra-mes-su (Rameses). En este tipo de estatuas, el nombre del faraón no solía inscribirse en la superficie, sino que se ocultaba bajo el conjunto de la composición. Idéntica intencionalidad pudo inspirar la escultura de Re, el dios Sol, que presidía la entrada al templo de Rameses II en Abu Simbel. A un lado del dios hay un bastón con la forma del jeroglífico trilítero *wsr*, mientras que al otro está la diosa Maat, elementos todos ellos que conforman el nombre propio de Rameses, User-maat-Re («Poderosa es la Justicia de Re»). Aunque se hubiese logrado borrar el nombre del faraón en todo el interior del templo, el significado oculto de la estatua habría permanecido intacto.

Los elementos de esta monumental escultura –el dios Sol (Re), el faraón con apariencia de niño (mes) y el junco (su), símbolo heráldico que sostiene el niño en su mano izquierda– conforman el nombre del faraón Rameses II (hacia 1289-1224 a. C.).

GLOSARIO

aj Espíritu de una persona fallecida capaz de manifestarse bajo la apariencia de un espectro.

anj «Vida», representada con el jeroglífico ♀, símbolo sagrado utilizado con frecuencia como motivo decorativo.

Canopo Relativo al puerto de Canopo, en el Delta del Nilo. En concreto, este calificativo se suele aplicar a los vasos o recipientes de cerámica, a menudo coronados por una tapa que reproducía la cabeza del fallecido, en los que se guardaban las vísceras de dicha persona como parte del ajuar funerario depositado en la tumba. Los «vasos canopos» tomaron este nombre como consecuencia de su similitud con las vasijas decoradas con la cabeza de Osiris características de Canopo y que se veneraban como una manifestación de esta divinidad.

Cush Reino de Nubia (*véase* entrada) cuyos soberanos ocuparon el trono de Egipto durante varias décadas en el siglo VIII a. C., en lo que se conoce como la Dinastía XXV o «cushita» (hacia 716-656 a. C.).

faraón Término griego que designa al rey del antiguo Egipto. Deriva de la expresión egipcia *per-aa* («Gran Casa»), nombre con el que en un principio se conocía al palacio del rey pero que, a partir del Imperio Nuevo, pasó a designar, por extensión, al propio soberano.

faraónico Relativo a los faraones (reyes) del antiguo Egipto. Por lo general, se suele aplicar tan sólo al período histórico que va del Imperio Antiguo a la Baja Época, cuando Egipto estuvo gobernado por reyes nativos, a diferencia de las épocas ptolemaica y romana posteriores, en las que el país estuvo en poder de soberanos extranjeros.

hicsos Nombre con el que se conoce a los soberanos de origen asiático que se convirtieron en reyes de Egipto a finales del siglo XVII a. C. y que gobernaron durante casi un siglo (la llamada Dinastía XV, entre 1630 y 1523 a. C. aproximadamente). La palabra procede del egipcio *heqa-jasut*, «príncipes de países extranjeros».

Horus rey Cualquiera de los faraones egipcios de los primeros tiempos cuyo nombre aparece escrito en un *serej* (*véase* entrada) coronado con la figura de un halcón, representación del dios Horus. Los nombres así escritos se conocen como el «nombre de Horus».

ka La «fuerza vital» o «energía vital creadora» de una persona o un dios. El *ka* de un mortal cobraba forma en el momento mismo del nacimiento y permanecía con el cuerpo físico de por vida como un «doble espiritual», de ahí que en las representaciones suela aparecer como una réplica de la persona pero en dimensiones más reducidas. Cuando el cuerpo moría, el *ka* seguía vivo (una de las creencias básicas de los antiguos egipcios) y accedía al más allá, donde se mantenía gracias a las ofrendas que realizaban en su honor los vivos.

Libro de los Muertos Término con el que los egiptólogos designan a una serie de textos de carácter funerario, compuestos de unos dos centenares de fórmulas, que tenían por finalidad ayudar al muerto en su viaje al más allá. Solían escribirse en papiros y durante el Segundo Período Intermedio reemplazaron a los llamados *Textos de las Pirámides* y a los *Textos de los Sarcófagos* (*véanse* entradas respectivas), anteriores en el tiempo.

maat «Verdad» o «correcto». Principio cósmico que, según los antiguos egipcios, regía los actos tanto humanos como divinos. Se hallaba personificado bajo la apariencia de la diosa Maat, hija de Re, el dios Sol y guardián de la verdad, la justicia y la armonía.

mastaba (término árabe que significa «banco») Tipo de tumba rectangular frecuente entre las clases adineradas del Imperio Antiguo en adelante, llamada así porque recuerda la forma de los bancos de ladrillos de barro secado al sol característicos de las casas rurales egipcias.

menfita Relativo o perteneciente a la ciudad de Menfis.

natrón Sustancia de origen natural compuesta de carbonato sódico y bicarbonato sódico, y que se empleaba tanto en el proceso de momificación (para deshidratar el cuerpo del muerto) como en la vida cotidiana (para lavar, limpiarse los dientes…). La principal fuente de natrón se hallaba en Uadi Natrun, en el noroeste del Delta.

nomarca Gobernador de un **nomo** (*véase* entrada).

nomo Cada una de las cuarenta y dos provincias (*sepat* en la lengua de los egipcios) que componían el antiguo Egipto.

Nubia Región situada justo al sur del antiguo Egipto, más allá de Elefantina (Asuán). Los antiguos egipcios la conocían también como Yam y se dividía en dos grandes regiones geográficas, la Baja Nubia (la mitad norte, que se corresponde más o menos con el sur del Egipto de hoy en día) y la Alta Nubia (la mitad sur, que comprende más o menos el actual Sudán). Dentro de Nubia emergieron diversos Estados de relevancia, como **Cush** (*véase* entrada), Kerma y Meroe.

ostrakon (pl. *óstraca*) Término griego que designaba cada uno de los fragmentos de cerámica o piedra caliza empleados para escribir o dibujar, por lo general breves notas o esbozos.

pilono Entrada monumental a un templo o palacio del antiguo Egipto.

ptolemaico Relativo o perteneciente a la dinastía griega fundada por Ptolomeo I en el año 310 a. C. y que reinó en Egipto hasta el 30 a. C., cuando Ptolomeo XV, hijo de Cleopatra VII y Julio César murió asesinado (a instancias de Roma).

ramésida Perteneciente o relativo al llamado período «ramésida», en el que se sucedieron los reinos de Rameses I a Rameses XI (Dinastías XIX y XX, hacia 1305-1069 a. C.). Se aplica también a los faraones de ese período.

serdab (término árabe que significa «bodega»). Estancia de una **mastaba** (*véase* entrada) en la que se depositaba una estatua que representaba al *ka* (*véase* entrada) de la persona fallecida.

serej Signo jeroglífico que, según se cree, representaba la fachada de un palacio real (▥) y en el que se acostumbraba escribir el nombre del **Horus rey** (*véase* entrada).

shauabti («estatuilla de madera»). Figura de carácter mágico que se depositaba en las tumbas con la intención de que sirviera al fallecido en su vida en el más allá. Posteriormente, tal vez como consecuencia de una confusión lingüística, pasó a designarse como *ushebti* («el que responde»).

Textos de las Pirámides Término con el que los egiptólogos designan a los primeros textos funerarios egipcios conocidos y que decoran las paredes interiores de las pirámides faraónicas. Aparecen por vez primera en la pirámide de Onos (hacia 2345 a. C.) y se componen de unos ochocientos ensalmos.

Textos de los Sarcófagos Término con el que los egiptólogos designan a un tipo de textos de carácter funerario muy extendidos durante el Imperio Medio. Solían pintarse o tallarse en los sarcófagos y se componen de más de mil cien ensalmos inspirados, a su vez, de los *Textos de las Pirámides*, de época anterior.

uadi Lecho de un río, por lo general de carácter estacional.

ushebti Véase shauabti.

BIBLIOGRAFÍA

BIBLIOGRAFÍA GENERAL

Baines, John y Jaromir Malek, *Atlas of Ancient Egypt.* Nueva York, Facts On File, 1993.

Faulkner, Raymond O., *The Ancient Egyptian Coffin Texts* Warminster, Aris & Phillips, 1973-1978.

—, *The Ancient Egyptian Pyramid Texts,* Oxford, Oxford University Press, 1969.

—, Ogden Goelet, Carol Andrews y James Wasserman, *The Egyptian Book of the Dead.* San Francisco, Chronicle Books, 1994.

Gardiner, Sir Alan, *Egypt of the Pharaohs,* Oxford, Oxford University Press, 1961.

Hoffman, M. A., *Egypt Before the Pharaohs: The Prehistoric Foundations of Egyptian Civilization,* Nueva York, Alfred Knopf, 1979.

Hornung, Erik, *Idea into Image: Essays on Ancient Egyptian Thought,* Nueva York, Timken Publishers, 1992.

Lichtheim, Miriam, *Ancient Egyptian Literature, a Book of Readings,* Berkeley, University of California Press, 1980.

Shaw, Ian y Paul Nicholson, *The British Museum Dictionary of Ancient Egypt,* Londres, British Museum Press, 1995.

Strouhal, Eugen, *Life in Ancient Egypt,* Cambridge, Cambridge University Press, 1992.

Wente, Edward F., *Letters from Ancient Egypt,* Society of Biblical Literature Writings from the Ancient World 1, Atlanta, Scholars Press, 1990.

CAPÍTULO 1 EL REGALO DEL NILO
y
CAPÍTULO 4 LA RIQUEZA DE LA TIERRA
Fekri Hassan

Butzer, K. W., *Early Hydraulic Civilization in Egypt: A Study in Cultural Ecology,* Chicago y Londres, University of Chicago Press, 1984.

Clark, J. D., y S. A. Brandt, eds., *From Hunters to Farmers: The Causes and Consequences of Food Production in Africa,* Berkeley, University of California Press, 1984.

Hassan, F. A., «Population, Ecology and Civilization en Ancient Egypt», en Carole L. Crumley, ed. *Historical Ecology.* School of American Research, Santa Fe, Nuevo México, 1993.

James, T. G. H., *Ancient Egypt: The Land and its Legacy,* Austin, University of Texas Press, 1988.

Shaw, T., P. Sinclair, B. Andah y A. Okpoko, eds., *Food, Metals and Towns in Africa's Past,* Londres, Routledge y Unwin Hyman, 1995.

Wendorf, F., y F. A. Hassan, «Environment and Subsistence in Predynastic Egypt» en J. D. Clark y S. A. Brandt, eds., *Causes and Consequences of Food Production in Africa,* Berkeley, University of California Press, 1984.

CAPÍTULO 2 TRES IMPERIOS Y TREINTA Y DOS DINASTÍAS
William J. Murnane

Aldred, Cyril, *Akhenaten, King of Egypt,* Londres, Thames & Hudson, 1988.

Bagnall, Roger S. *Egypt in Late Antiquity,* Princeton, Princeton University Press, 1993.

Bowman, Alan K., *Egypt after the Pharaohs, 332BC-AD642, from Alexander to the Arab Conquest,* Berkeley, University of California Press, 1986.

Breasted, James H., *Ancient Records of Egypt,* Chicago, The Oriental Institute, 1906.

Clayton, Peter A., *Chronicle of the Pharaohs,* Londres, Thames & Hudson, 1994.

Gardiner, Sir Alan, *Egypt of the Pharaohs,* Oxford, Oxford University Press, 1961.

Grimal, Nicolas, *A History of Ancient Egypt,* Oxford, B. H. Blackwell, 1992.

James, T. G. H., *Pharaoh's People: Scenes from Life in Imperial Egypt,* Oxford, Oxford University Press, 1985.

Kemp, Barry J., *Ancient Egypt: Anatomy of a Civilization,* Londres y Nueva York, Routledge, 1989.

Kitchen, K. A., *The Third Intermediate Period,* Warminster, Aris & Phillips, 1986.

Murnane, William J., *Texts from the Amarna Period in Egypt,* Society of Biblical Literature Writings from the Ancient World 5, Atlanta, Scholars Press, 1995.

Quirke, Stephen, *The Administration of Egypt in the Late Middle Kingdom,* New Malden, SIA Publishing, 1990.

Redford, Donald B., *Egypt, Canaan and Israel in Ancient Times,* Princeton, Princeton University Press, 1992.

Spencer, A. J., *Early Egypt: The Rise of Civilization in the Nile Valley,* Londres, British Museum Press, 1993.

Strudwick, Nigel, *The Administration of Egypt in the Old Kingdom,* Londres, Kegan Paul International, 1985.

Trigger, B. G., B. J. Kemp, D. B. O'Connor y A. B. Lloyd, *Ancient Egypt: A Social History,* Cambridge, Cambridge University Press, 1983.

CAPÍTULO 3: EGIPTO Y LOS TERRITORIOS CIRCUNDANTES
Donald Redford

Adams, W. Y., *Nubia, Corridor to Africa,* Londres, Allen Lane, 1977.

Boardman, J. *The Greeks Overseas,* Nueva York, Thames & Hudson, 1980.

Davies, W. V., ed., *Egypt and Africa: Nubia from Prehistory to Islam,* Londres, British Museum Press, 1991.

—, *Egypt, the Aegean and the Levant,* Londres, British Museum Press, 1995.

Dothan, T. y M., *People of the Sea: The Search for the Philistines,* Nueva York, Macmillan, 1992.

Drewes, R., *The End of the Bronze Age,* Princeton, Princeton University Press, 1993.

Emery, W. B., *Egypt in Nubia,* Londres, Hutchinson, 1965.

Giveon, R., *The Impact of Egypt on Canaan,* Göttingen, Vandenhoeck y Ruprecht, 1978.

Groll, S., ed., *Pharaonic Egypt: The Bible and Christianity,* Jerusalén, Magnes Press, 1985.

Harris, J. R., *The Legacy of Egypt,* Oxford, Clarendon Press, 1971.

Leahy, A., ed., *Libya and Egypt c.1300-750,* Londres, School of Oriental and African Studies, 1990.

O'Connor, D. B., *Ancient Nubia: Egypt's Rival in Africa,* Filadelfia, University Museum Press, 1993.

Redford, D. B., *Egypt, Canaan, and Israel in Ancient Times,* Princeton, Princeton University Press, 1992.

Sanders, N. K., *The Sea Peoples,* Nueva York, Thames & Hudson, 1985.

Smith, W. S., *Interconnections in the Ancient Near East,* New Haven, Yale University Press, 1965.

Trigger, B., *Nubia Under the Pharaohs,* Nueva York, Thames & Hudson, 1976.

Ward, W., *Egypt and the East Mediterranean World,* Beirut, American University of Beirut, 1971.

CAPÍTULO 4: LA RIQUEZA DE LA TIERRA
Fekri Hassan
Véase Capítulo 1

CAPÍTULO 5: LAS CIUDADES
Ian Shaw

Bietak, M., *Avaris: the Capital of the Hyksos,* Londres, British Museum Press, 1996.

Dunham, Dows y J. M. A. Janssen. *Second Cataract Forts,* Boston, Museum of Fine Art, 1963.

Emery W. B. et al., *The Fortress of Buhen,* Londres, Egypt Exploration Society, 1977-1979.

Frankfort, H. et al., *The City of Akhenaten II,* Londres, Egypt Exploration Society, 1933.

Jeffreys, D. G., *The Survey of Memphis I,* Londres, Egypt Exploration Society, 1933.

Peet, T. E. y C. L. Woolley, *The City of Akhenaten I,* Londres, Egypt Exploration Society, 1923.

Pendlebury, J. D. S. et al, *The City of Akhenaten III,* Londres, Egypt Exploration Society, 1951.

Petrie, W. M. G., *Kahun, Furob, Hawara,* Londres, Egypt Exploration Society, 1890.

—, *Illahun, Kahun, Gurob,* Londres, Egypt Exploration Society; 1891.

Smith, W. Stevenson, *The Art and Architecture of Ancient Egypt,* Harmondsworth, Pelican, 1981.

Trigger, B. G. et al., *Ancient Egypt: A Social History,* Cambridge, Cambridge University Press, 1983.

Uphill, E., *Egyptian Towns and Cities,* Princes Risborough, Shire Publications, 1988.

CAPÍTULO 6: LA MUJER EN EL ANTIGUO EGIPTO
Gay Robins

Cerny, J., «The will of Naunakhte and the related documents», en *Journal of Egyptian Archaeology*, 31, 29-53, 1945.

Eyre, C. J., «Crime and adultery in ancient Egypt» en *Journal of Egyptian Archaeology*, 70, 92-105, 1984.

Fischer, H. G., *Egyptian Women of the Old Kingdom and of the Heracleopolitan Period,* Nueva York, Metropolitan Museum of Art, 1989.

Friedman, F., «Aspects of domestic life and religion», en L. H. Lesko, ed., *Pharaoh's Workers, the Villagers of Deir el Medina,* Ithaca, Cornell University Press, 1994.

Janssen, R. M. y J. J. Janssen, *Growing Up in Ancient Egypt,* Londres, Rubicon Press, 1990.

Pestman, P. W., *Marriage and Matrimonial Property in Ancient Egypt,* Leiden, E. J. Brill, 1961.

Robins, G., «The god's wife of Amun in the 18th Dynasty in Egypt» en A. Cameron y A. Kuhrt, eds., *Images of Women in Antiquity,* Londres, Routledge, 1993.

—, *Reflections of Women in the New Kingdom: Ancient Egyptian Art from the British Museum,* San Antonio, Texas, Van Siclen Books, 1995.

—, «While the woman looks on: gender inequality in the New Kingdom», en *KMT* 1, nº 3, 18-21, 64-65, 1990.

—, *Women in Ancient Egypt,* Londres, British Museum Press, 1993.

Troy, L., «Good and bad women», en *Göttinger Miszellen*, 80, 77-82, 1984.

–, *Patterns of Queenship in Ancient Egyptian Myth and History,* Uppsala, Universidad de Uppsala, 1986.

Tyldesley, J., *Daughters of Isis, Women of Ancient Egypt,* Harmondsworth, Penguin, 1994.

Ward, W., *Essays on Feminine Titles of the Middle Kingdom and Related Subjects,* Beirut, American University, 1986.

CAPÍTULO 7: LOS LÍMITES DEL CONOCIMIENTO
Christopher Eyre

Andrew, Carol, *Amulets of Ancient Egypt,* Londres, British Museum Press, 1994.

Borghouts, J. F., *Ancient Egyptian Magical Texts,* Leiden, E. J. Brill, 1978.

Killen, Geoffrey, *Egyptian Woodworking and Furniture,* Princes Risborough, Shire Publications, 1994.

Nunn, John F., *Ancient Egyptian Medicine,* Londres, British Museum Press, 1996.

Parkinson R. B., *Voices from Ancient Egypt: An Anthology of Middle Kingdom Writings,* Londres, British Museum Press, 1991.

Parkinson, R. B. y Stephen Quirke, *Papyrus,* Londres, British Museum Press, 1995.

Pinch, Geraldine, *Magic in Ancient Egypt,* Londres, British Museum Press, 1994.

Robins, G. y Charles Shute, *The Rhind Mathematical Papyrus: An Ancient Egyptian Text,* Londres, British Museum Press, 1987.

Sasson, Jack M. et al., eds., *Civilizations of the Ancient Near East,* Londres, Macmillan y Nueva York, Simon & Schuster, 1995.

Scheel, Bernd, *Egyptian Metalworking and Tools,* Princes Risborough, Shire Publications, 1989.

CAPÍTULO 8: EL SEÑOR DE LAS DOS TIERRAS
David P. Silverman

Emery, Walter B., *Archaic Egypt,* Harmondsworth, Penguin, 1961.

Hayes, William C., *Most Ancient Egypt,* Chicago y Londres, University of Chicago Press, 1965.

Hoffman, Michael A., *Egypt Before the Pharaohs: The Prehistoric Foundations of Egyptian Civilization,* Nueva York, Alfred A. Knopf, 1979.

Morenz, Siegfried. *Egyptian Religion,* Londres, Methuen, 1973.

Murnane, William, «Ancient Egyptian Co-regencies», en *SAOC*, Chicago, The Oriental Institute, 1977.

O'Connor, David D. y David P. Silverman, eds., «Ancient Egyptian Kingship», en *Problèmes d'Egyptologie*, Vol. 9, Leiden, E. J. Brill, 1995.

Redford, Donald B., *History and Chronology of the Egyptian Eighteenth Dynasty: Seven Studies,* Toronto, University of Toronto Press, 1967.

Rizkana, Ibrahim y Jürgen Seeher, *Maadi,* «Excavations at the Predynastic Site of Maadi and Its Cemeteries Conducted by Mustapha Amer and Ibrahim Rizkana on Behalf of the Department of Geography, Faculty of Arts of Cairo University, 1930-1953», *AV*, Vols. 64, 65, 80, 81, Mainz, Philip von Zabern, 1987-1990.

Robins, G., «A critical examination of the theory that the right to the throne of ancient Egypt passed through the female line in the 18th dynasty», en *Göttinger Miszellen*, 62, 66-77, 1983.

Silverman, David P., «Deities and Divinity in Ancient Egypt», en Byron E. Shafer, ed. *Religion in Ancient Egypt: Gods, Myths and Personal Practice,* Ithaca, Cornell University Press, 1991.

Spencer, A. Jeffrey, *Early Egypt: The Rise of Civilisation in the Nile Valley,* Londres, British Museum Press, 1993.

Trigger, Bruce G., et al., *Ancient Egypt: A Social History,* Cambridge, Cambridge University Press, 1983.

Troy, Lana, «Patterns of Queenship in Ancient Egyptian Myth and History», *Boreas, Vol. 14,* Uppsala, Universidad de Uppsala, 1986.

Wildung, Dietrich, *Egyptian Saints: Deification in Pharaonic Egypt,* Hagop Kevorkian Series on Near Eastern Art and Civilization, Nueva York, New York University Press, 1977.

CAPÍTULO 9: EL REINO CELESTIAL
James E. Allen

Allen, James P., *Genesis in Egypt: The Philosophy of Ancient Egyptian Creation Accounts,* Yale Egyptological Studies, 2, New Haven, Yale Egyptological Seminar, 1988.

Forman, Werner, y Stephen Quirke, *Hieroglyphs and the Afterlife in Ancient Egypt,* Norman, University of Oklahoma Press, 1996.

Hornung, Erik, *Conceptions of God in Ancient Egypt: The One and the Many,* Ithaca, Cornell University Press, 1982.

Quirke, Stephen, *Ancient Egyptian Religion,* Londres, British Museum Press, 1992.

Simpson, William K., ed, *Religion and Philosophy in Ancient Egypt,* Yale Egyptological Studies 3, New Haven, Yale Egyptological Seminar, 1989.

CAPÍTULO 10: EL CULTO A LOS MUERTOS
Robert K. Ritner

D'Auria, Sue, Peter Lacovara y Catherine H. Roehrig, eds., *Mummies and Magic, the Funerary Arts of Ancient Egypt,* Boston, Museum of Fine Arts, 1988.

Griffiths, J. Gwyn, *Plutarch's 'De Iside et Osiride»,* Swansea, University of Wales Press, 1970.

Lesko, Leonard H., «Death and the Afterlife in Ancient Egypt», en Jack M. Sasson, ed., *Civilizations of the Ancient Near East III,* Nueva York, Charles Scribners Sons, 1995.

Rimer, Robert K., *The Mechanics of Ancient Egyptian Magical Practice,* Chicago, The Oriental Institute, 1993.

Silverman, David P., «The Curse of the Curse of the Pharaohs», en *Expedition,* Vol. 29/2, 1987.

Simpson, William K., ed., *The Literature of Ancient Egypt,* New Haven y Londres, Yale University Press, 1973.

Spencer, A. J., *Death in Ancient Egypt,* Nueva York, Penguin Books, 1982.

CAPÍTULO 11: LOS RITUALES
Emily Teeter

Bierbrier, Morris, *The Tomb Builders of the Pharaohs,* Londres, British Museum Press, 1982.

Bleeker, C., *Egyptian Festivals,* Leiden, E. J. Brill, 1967.

—, *Hathor and Thoth,* Leiden, E. J. Brill, 1973.

Cauville, S., *Edfou,* El Cairo, IFAO, 1984.

David, Rosalie, *Religious Ritual at Abydos,* Warminster, Aris & Phillips, 1981.

Decker, Manfred, *Sports and Games in Ancient Egypt,* New Haven, Yale University Press, 1992.

Epigraphic Survey, *The Festival Procession of Opet in the Colonnade Hall. Reliefs and Inscriptions at Luxor,* Vol. 1, Chicago, 1994.

Martin, G. T., *The Sacred Animal Necropolis at North Saqqara,* Londres, Egypt Exploration Society, 1981.

Piccioni, Peter, «Sportive Fencing as a Ritual for Destroying the Enemies of Horns», en *Gold of Praise: Studies on Ancient Egypt in Honor of E. F. Wente,* Chicago, University of Chicago Press, 1997.

Ritner, Robert, *The Mechanics of Ancient Egyptian Magical Practice,* Chicago, The Oriental Institute, 1993.

Sauneron, Serge, *The Priests of Ancient Egypt*, Nueva York, Grove Press, 1980.

Touny A. y S. Wild., *Sport in Ancient Egypt*, Leipzig, 1969.

Wente, E. F. y J. Harris. eds., *An X-Ray Atlas of the Pharaohs*, Chicago, University of Chicago Press, 1980.

CAPÍTULO 12: LAS PIRÁMIDES
Zahi Hawass

Badawi, A., *A History of Egyptian Architecture*, Vols 1-3, Berkeley, University of California Press, 1954-1968.

Edwards, I. E. S., *The Pyramids of Egypt*, Harmondsworth, Penguin, 1995.

Fakry A., *The Pyramids*, Chicago, University of Chicago Press, 1960.

Hawass, Zahi A., *The Pyramids of Ancient Egypt*, Pittsburgh, Carnegie Museum of Natural History, 1990.

Lauer, J.-P., *The Royal Cemetery of Memphis: Excavation and Discoveries since 1850*, Londres, Thames & Hudson, 1976.

Maragioglio., V. y C. A. Rinaldi, *The Architecture of the Memphite Pyramids*, Vols. 2-8, Turín y Rapallo, 1963-1977.

Reisner, G. A., *A History of the Giza Necropolis* I, Cambridge, Harvard University Press, 1942.

—, *Mycerinus: The Temples of the Third Pyramid at Giza*, Cambridge, Harvard University Press, 1942.

Verner, M., *Forgotten Pharaohs, Lost Pyramids at Abusir*, Praga, Academia Skodaexport, 1994.

Watson, Philip J., *Egyptian Pyramids and Mastaba Tombs of the Old and Middle Kingdoms*, Princes Risborough, Shire Publications, 1987.

CAPÍTULO 13: TEMPLOS Y TUMBAS
Peter Der Manuelian

Arnold, Dieter, *Building in Egypt: Pharaonic Stone Masonry*, Oxford, Oxford University Press, 1991.

Baines, John, «Palaces and Temples of Ancient Egypt», en Jack M. Sasson, ed., *Civilizations of the Ancient Near East I*, Nueva York, Charles Scribners Sons, 1995.

Clarke, Somers y R. Engelbach, *Ancient Egyptian Construction and Architecture*, Nueva York, Dover Publications, 1990.

Dodson, Aidan, *Egyptian Rock-cut Tombs*, Princes Risborough, Shire Publications, 1991.

Emery, Walter B., *Archaic Egypt*, Baltimore, Penguin Books, 1961.

Hornung, Erik, *The Valley of the Kings*, Nueva York, Timken Publications, 1990.

Reisner George A., *The Development of the Egyptian Tomb Down to the Accession of Cheops*, Cambridge, Harvard University Press, 1936 (reimpresión Brockton, John William Pye Rare Books, 1996).

Robins, G., *Egyptian Painting and Relief*, Princes Risborough, Shire Publications, 1986.

Romano, James F., *Death, Burial and Afterlife in Ancient Egypt*, Pittsburgh, The Carnegie Museum of Natural History, 1990.

Stadelmann, Rainer, «Builders of the Pyramids», en Jack M. Sasson, ed., *Civilizations of the Ancient Near East II*, Nueva York, Charles Scribners Sons, 1995.

Thomas, Angela P., *Egyptian Gods and Myths*, Princes Risborough, Shire Publications, 1986.

CAPÍTULO 14: EL ARTE EGIPCIO
Rita M. Freed

Aldred, Cyril, *Middle Kingdom Art in Ancient Egypt*, Londres, Academy Editions, 1956.

—, *New Kingdom Art in Ancient Egypt During the Eighteenth Dynasty, 1570 to 1320 BC*, Londres, A. Tiranti, 1961.

—, *Egypt to the End of the Old Kingdom*, Londres, Thames & Hudson, 1965.

—, *Jewels of the Pharaohs*, Londres, Thames & Hudson, 1971.

—, *Egyptian Art*, Londres, Thames & Hudson, 1980.

Badaway, A., *A History of Egyptian Architecture*, Berkeley, University of California Press, 1968.

Brooklyn Museum, *Cleopatra's Egypt: Age of the Ptolemies*, Brooklyn, Brooklyn Museum, 1988.

—, *Egyptian Sculpture of the Late Period*, Brooklyn, Brooklyn Museum, 1960.

Fazzini, R., *Images for Eternity: Egyptian Art from Berkeley and Brooklyn*, San Francisco, Fine Arts Museums of San Francisco, 1975.

James, T. G. H., *Egyptian Painting and Drawing in the British Museum*, Londres, British Museum Press, 1985.

James, T. G. H. y W. V. Davies *Egyptian Sculpture*, Cambridge, Harvard University Press, 1983.

Mekhitarian, A., *Egyptian Painting*, Nueva York, Rizzoli, 1979.

Michalowski, K., *Art of Ancient Egypt*, Nueva York, N. H. Abrams.

Museum of Fine Arts Boston, 1969, *Egypt's Golden Age: The Art of Living in the New Kingdom, 1558-1085BC*, Boston, 1981.

Peck, W. H., *Egyptian Drawings*, Nueva York, Dutton, 1978.

Robins, G., *Egyptian Painting and Relief*, Aylesbury, Shire Publications, 1986.

Russman, E., *Egyptian Sculpture*, Austin, University of Texas Press, 1989.

Schafer, H., *Principles of Egyptian Art*, Oxford, Clarendon Press, 1978.

Sauneron, Serge, *The Art and Architecture of Ancient Egypt*, Nueva York, Penguin Books, 1981.

Spanel, D. *Through Ancient Eyes: Egyptian Portraiture*, Birmingham, Birmingham Museum of Art, 1988.

CAPÍTULO 15: SIGNOS, SÍMBOLOS Y LENGUAJE
David P Silverman

Andrews, C., *The Rosetta Stone*, Londres, British Museum Press, 1981.

Davies, W. V., *Reading the Past: Egyptian Hieroglyphs*, Londres, British Museum Press, 1987.

Davis, N., *Picture Writing in Ancient Egypt*, Oxford, Oxford University Press, 1958.

Fischer, H. G., *Ancient Egyptian Calligraphy*, Nueva York, Metropolitan Museum of Art, 1979.

Gardiner, A., *Egyptian Grammar*, Oxford, Oxford University Press, 1973.

Harris, J. R., ed., *The Legacy of Egypt*, Oxford, Oxford University Press, 1971.

Quirke, S., *Hieroglyphs and the Afterlife in Ancient Egypt*, Londres, British Museum Press, 1996.

Ray, J. D., «The Emergence of Writing in Egypt», en *World Archaeology*, 17, n° 3, 307-316, 1986.

Silverman, David P., «Writing» in *Egypt's Golden Age: The Art of Living in the New Kingdom*, Boston, Museum of Fine Arts, 1982.

—, *Language and Writing in Ancient Egypt*, Pittsburgh, Carnegie Museum of Natural History, 1990.

Zausich, K. T., *Hieroglyphs Without Mystery*, Austin, Texas University Press, 1992.

ÍNDICE

Los números de página en redonda remiten al texto principal, los cuadros explicativos y los textos al margen, mientras que los que aparecen en *cursiva* se refieren a los pies de las ilustraciones.

A

Abido *20*, 22, 23, 25, 114, 134, 178
  cementerios 197, 200
  comunidad urbana 68
  hoyos para las barcas 16
  mastabas 168
  templos *130, 150, 151*, 152, *192*, 204, 207, 210
Abu Gorab, templos del Sol de 188, 207
Abu Simbel *21, 88, 89, 111, 112*, 205
Abusir, complejos piramidales de 155, 169, *169*, 171, 188, 189, 201
Abusir, papiros de 205
Áctoes I 26
adopción 84
Adriano *224*, 225
adulterio 83
agricultura 12, 20, 58, 60-61, 66-67
aguas primigenias 120, 122-123
Aha 22
Ahhotep *30*
Ajenatón *20*, 32, 35, *88*, 89, 128-129, *128, 129, 145*, 157, 203, 207
  destrucción de imágenes 144
  exclusión de la lista de faraones 152
  expresión artística en tiempos de *76, 77, 128, 129, 145*, 220, 221
  fundación de Ajetatón 74, 128-129, 240
  palacios 76, 77
  teología 128-129, 157
  véase también Ajetatón
Ajetatón (el-Amarna) 70-72, *88*, 128-129, 203, *203*
  casa del Rey 76
  casas 72-73
  Gran Palacio 77
  Palacio del Norte 76, 77
  pueblo de los obreros 71-72
ajs 133, 142, 153
Ajet 119, 128, 129
Aleccionamiento de Amenope 56
Alejandría 39, 47, 75, *202*, 224
Alejandro Magno 39, 47, 56, 75, 135, 224
alfabetización 81, 90-92
alimentos

carne 61, 62
  fuentes 12-13, 58-63
  ofrendas 61, 140, 141, 152, *153*
Alto Egipto 21, 22, 25, 26, 29, 69
  bastiones militares 78
  corona del 23, *23*
  disidencia en el 36
  fin de la dominación nubia 37
  mapa de los nomos *27*
  santuario de Saqqara 23
alumbramiento *véase* nacimiento
Amarna *véase* Ajetatón
amarniense, estilo *véase* Ajetatón
Amasis 38
Amduat 118, 238
Amenemes I 27, 28, *173*
  bastiones militares del Delta 78
  pirámide de el-Lisht 190
Amenemes II 190
Amenemes III *28*, 29, *31*, 60, 78, 171, *190, 226, 227*
  pirámide de Dahshur 190, 191
  pirámide de Hawara *190*, 191
  piramidón *170, 171*
Amenemes IV 28
  pirámide de Masguna 191
Amenhotep (Amenofis) I 32
  deificación *32*
Amenhotep (Amenofis) II *156*
  campañas en Asia Menor 50
  festival *sed* 154-155
Amenhotep (Amenofis) III 33, 35, *62*, 66, 113, *133*, 160, *164*, 211, *211*, 220, *220*
  palacio de Malqata, Tebas 76-77
Amenhotep (Amenofis) IV *véase* Ajenatón
Amenhotep, hijo de Hapu 33, *33*, 147, 163
Amenmeses 35
Amenmose *153*
Amenofis *véase* Amenhotep
Amón 23, 37, 158, *162, 164*, 223
  barca sagrada *Userhat* 86, 159, *159*
  en el fin del mundo 131
  naturaleza trascendental de 126-127
  procesión de Karnak a Luxor 159
  sumo sacerdote 36, 37, 74
  templo de 30, *36*, 48, 87, 126, *148*
  véase también Amón-Re
Amón-Kamutef 127
Amón-Re 50, *111, 113*, 119, 127, *127*
  véase también Amón; Re
Amosis 31, *30*, 31, 32, *43*, 87, 191
Amosis Nefertari 87
Amr ibn el-As 39

amuletos 84-85, *85*, 196, 227, 240
Anhai *148*
Ani *132, 143*
animales 61-62
  culto a los 163, 223
Anjesenamón *157*
Anjmahor 146, 198
antiguo egipcio (lengua) 230-241
  estructura gramatical 231, 236-237
  fases evolutivas 236-237
  influencia cananea 52
  palabras egipcias en hebreo 55-56
  puntuación 236
  vocales 234, 237 *véase también* escritura
Antinoo *224*
Anubis *80, 86, 133*, 134, 137, *137, 141*, 171
Anucis 19
Apep (Apofis) 118, 165
Aper-el 43
apertura de la boca, ceremonia de la 140, *141*, 212
Apofis (faraón) *véase* Apopi
Apofis (serpiente) *véase* Apep
Apopi (Apofis) 30
Ápries 67
arado 60
aristocracia tebana 37, 199
armas
  de caza 62
  de combate 62
  véase también ejército
Arnold, Dieter 191
arqueros 51
arte 212-241
  bronce *87*, 213, 222, *222*
  convenciones *82*, 212, *212*, 215
  divinidades extranjeras 52
  empleo del color 226
  época ptolemaica y dominación romana 224-225
  «escenas de sometimiento» 43, 107, 155, *155*, 173, 225
  escenas rituales de conquista 154, *154*
  especialización 213
  estatuas-bloque 218
  estilo amarniense 221
  estilos regionales 218-219
  figuras humanas 212
  ideal masculino 82-83
  Imperio Antiguo 216-217
  Imperio Medio 218-219
  Imperio Nuevo 220-221
  influencia en el arte griego 46, 57

influencias cushitas 223
influencias extranjeras 215, 224–225
materiales 64-65, 213, 215, 226, 227
parejas *82*, 83, 84, *84*
período Nagada 214
Período Predinástico y Protodinástico 214–215
plantillas y proporciones 217, *217*, 219
poses simbólicas 156-157, *156*
Primer Período Intermedio 218–219
representación de la mujer 82, *82*, 83
representación de mujeres embarazadas 82
representaciones de escenas de victorias 155, *155*
rupestre 16, 62
tamaño y estatus *213*, 215
técnica del molde hueco 213, 219, 222
Tercer Período Intermedio y Baja Época 222–223
véase también decoración mural
Artemidoro *152*
artesanos 99
aseo 73
asiáticos
    desprecio de los egipcios frente a los 42, 43, 53
    en altos cargos de la administración 43
    inmigrantes en Egipto 42-43
asirios *36*, 37, 38, 47
Asiut *51*
Askut 78
asnos 13, 17, 41, 54
Astarté 52
Astarté y el mar 52
astrónomos 57
Asuán, gran presa de *13, 202, 204,* 225
Asuán, presa de *13*
atef, corona *104, 106,* 109, *109*
Atón (disco solar) 89, 119, 128, 221
    culto de 157, *157*, 196
    templo de 203, 207
    véase también Ajenatón
Atum *108*, 119, 122-125, 127
    autofecundación de 123
    evolución de 123, 125, 126
Autibre Hor *219*
Ávaris 30, 31, 43, 44, 74, 75
    conquistado por Amosis 31
aves de corral 12-13, 63
Ay *145*

B

bai 133, *143*
Baal 52
babilonios 47
Bai *162*
baile 105
Bajo Egipto 21, 29
    corona del 23, *23, 26*
    licios 45
    mapa de los nomos *27*
    santuario de Saqqara 23
barba postiza 108
barcas, «estaciones» de las 202, *208, 209*
barcas 16-17, 158-159
    barcas sagradas 16, 158-159
    hoyos para las 16, *158,* 159, 168, 172, 181, *181,* 185, 210
    maquetas 16, *16,* 219
    navegación fluvial 16-17
    navegación marítima 17, 49, 54
    travesía del dios Sol a través del cielo 18
Bastis 222
bastiones fronterizos 78, 79, *79*
bastones, combates con 164, *164*
Bat-Hathor *226*
Bay 35, 43
beduinos 42, *42*, 43, 52
Belzoni, Giovanni 195
benben 170, *170*, 188
Beni Hasan *42, 66*
Bes 84-85
Biblo 48, 55
Bócoris 37
Buchis, toro de *39*
Buhen, fortaleza de 78, 79, *79*

C

cabaña, juego de la 165, *165*
caldeos 38
calendario 57, 93
calzadas 172, 185, 189, 194, 204, 210
cambios climáticos 11, 26, 58, 59
Cambises II 39
«Campo de Juncos» *116,* 117, *200*
Campo de Ofrendas 117
Canaán 50, 51, 52
    impuestos 50
canales 16, *195*
    de irrigación 18
cananeos

deportaciones forzosas 50, 53
niños como rehenes 53
prisioneros de guerra 52-53
canción de Inyotef, La 102
canibalismo 13
canopos, vasos 138, 139
canteras 65, 99
capitales 74-75
    mapa de las *74*
Carnarvon, Lord 146, 196
carros *10*
    de combate 51
    para los mensajeros reales 48-49
cartas a los muertos 133, 142-143, 144
    escritas en vasijas para las ofrendas 142, *142,* 145
    mensajes a través de los sueños 142
Carter, Howard 146, 195, 196
cartuchos reales 115, 128, 235
catacumbas 163, 199
cataratas del Nilo 16, 79
caza 62-63
Cnumit 191
cerámica 58-59, 68, 214, 226
cereales 12, 60-61
ceremonias 148-165
    barcas 158-159
    erección del pilar *dyed* 164
    nacimiento 160
    ofrendas diarias 150-151, 152, 157
    para mantener el orden cósmico 148-149
    presentación ante Maat 149, *149*
    purificación 151, *160*
    véase también competiciones rituales; embalsamamiento, ceremonia del; gestos rituales; nacimiento divino, ceremonia del
cerveza 12, 61
Champollion, Jean-François 231
Chester Beatty III, papiro 100
ciclos cósmicos
    la luna y las estrellas 93
    las estaciones 19, 60-61
    nacimiento, desarrollo y muerte 92
circuncisión 165, 198
Circo Máximo de Roma *55*
Ciro el Grande 38
ciudades
    población 67
    vida en las 68-79
Cleopatra VII 39
cloisoné 227
Cnoso 44

Cnum 19
Cnumit 191
cobre 11, 64, 68, 98-99, 213
codo (medida de longitud) 95, 217
Colosos de Memnón *211*
comerciantes 46-47, 48, 52
comercio 48-49, 52, 68
    con Anatolia y Chipre 45
    con el Negueb y Palestina 42
    con la región del Egeo 44-45, 46
    importación 48
    mapa de las rutas comerciales *49*
    productos de lujo 48
competiciones rituales 164-165
concepción y alumbramiento divinos 160-161
«confesión negativa» 137
constelaciones 95, 117
corazón 133, 137, 138
Corona Azul (*Jepresh*) 109, *109*
Corona Blanca (*Jedyet*) del Alto Egipto *23, 107,*
    109
Corona Doble (*Pschent*) del Alto y el Bajo
    Egipto *108, 109*
Corona Roja (*Desheret*) del Bajo Egipto *23*, 107,
    107, 109
cosecha *11*, 60-61
cosmos 19, 114-127
creación, mitos de la
    Cnum 19
    el papel de la humanidad 130-131
    Isis y Osiris 134-135
    montículo primigenio 120, *121*, 151, 170-
        171, 203
    Nut y Gueb 114-115
Creta 44
cristianismo
    crecimiento de la población 47, 132, 135
    influencias de la religión de los antiguos
        egipcios 135
Cuarta Catarata 79
Cuento de los Dos Hermanos, El 52
cultos funerarios, aparición de los 26, 111, 140-
    141
Cush 51, 244
    desaparición 32
    invasión del Alto Egipto 37
    reino de Nubia 30

D

Dahshur, complejo piramidal de 168, *169*, 171,
    172, 179, 190, *190*, 191, 194, 200

Damietta (Dumyat) 10, *11*
Darío I 222
decoración mural 212-227
    en los complejos piramidales 173
    escenas simbólicas de conquista 154-155
    palacios 76, *76*, 77
    técnicas 217, *217*, 221
    templos 150, 152
    tumbas 168, 180, 193-199, *198, 200*, 219,
        221
    véase también arte; estilos artísticos
Deir el-Bahari *10, 48*, 86, *89, 106*, 160, 163,
    195, 199, *199*, 210, 211, *211, 220*
    ofrendas a Hathor 163
Deir el-Medina 71, 73, 81, 194, *212*
    artesanos 71, 213, 221
    culto a los antepasados 153
    documentos escritos 72, 73, 81, 83
    estela «que escucha» *162*
    ostracones 160, *160*
    pabellones de alumbramiento 160, *160*
    tamaños de las casas 72, 73
    tumbas *141, 168*, 199, *200*, 201
Delta (del Nilo) 10-11, *13*, 19, 37, 74, 78
    canales 16
    en tiempos de los faraones de descendencia
        líbica 74-75
    inmigrantes semíticos 42
    invasión de los libios y los pueblos del mar
        35
    invasión de los mashauash y libu 46
    mapas *11, 13*
    pobladores libios 36, 45
    repartición de las tierras 67
    véase también Nilo
demografía 67
Den *155*
Dandara *115, 144*, 161, *206*
Deniuenjonsu *140*
danauna 46
Desheret véase Corona Roja
desierto Occidental 11, 59, 65
desierto Oriental 11, 64
destrucción de imágenes 32, 89, 128-129, 144-
    145, *145*
determinantes 234, 235, 240-241
Didufri 25, 171, 179
dioses creadores 121, 131
diplomacia
    intercambio de regalos entre soberanos 48
    política de aislacionismo 40
    tratados 47
    y comercio 48

Disputa entre Horus y Set, La 22, 108, 239
divorcio 83, 84
Dyedkare (Dyedkae-Izeri) 173
Duat 114, 115, 116, 118-119, 127
Dyedhoriufanj *32, 133*
Dyoser 23, 168, 178
    pirámide escalonada 23, 178, *179, 188, 190*,
        191, 210

E

economía urbana 66-67
Edfu *161*
educación 90-91
Edwards, I. E. S. 187
Edwin Smith, Papiro Quirúrgico 96, 97
Egeo, mar 44-46, 55
ejército
    armaduras 51
    arqueros 51
    bastiones fronterizos 78
    lanceros *51*
    organización 51
    profesional (Imperio Nuevo) 51, 67
    reclutas 51
el-Amarna *véase* Ajetatón
el-Badari 58-59
Elefantina *60*, 68, 178
    fuente legendaria del Nilo 19
    primer núcleo estable 68
Eleuteros, valle de *50*
el-Gonamia 178
el-Kula 178
el-Lisht 28, 194, 210
    complejo piramidal 173, 190
    necrópolis 74
embalsamamiento *véase* momificación
enanos
    artesanos del oro 98
    Pyr-Ny-Anju 184
    Seneb y su familia *84*, 216
Enéada 123, 125, 126, 134
enfermedades 139
Enseñanzas del rey Amenemes I 28
Enseñanzas para el rey Merikare 131
escalonada de Dyoser, pirámide 23, 178, *179,*
    188, 191, 210
escalonadas, pirámides 168, 178, 194
esclavos 41, 43, 48, 81
    en el Imperio Nuevo 67
    incursiones en Nubia en busca
        de 41

escribas 61, 90, 91, *91*, 95, *95*, 233, *233*
   Amenhotep, hijo de Hapu 33, *33*
   estudio avanzado de matemáticas 94
   instrumentos *233*
escritura *232*
   clases 232-233
   copto 232, 233
   criptografía 241
   demótica 232, 233
   hierática 92, 232, 238, 239
   jeroglífica 93, 230-231, 232-233, 234-236, 238, 240-241
   tipos 232
   útiles de 233, *233*
   véase también jeroglíficos
esfinges *31*, *75*, 159, 182, 208, 218, *223*
Esmendes 36
Esmenjkare 128
Esnofru 24, 200, *201*
   falsa pirámide de Meidum 179, *179*
   pirámide roja de Dahshur 171
espíritus de los muertos
   ajs 133
   comunicación con los 133, 142-143
   juzgados por Osiris 132-133
   los textos fúnebres como guía 133, 136-137
espíritus malignos 144-145
Esposa del Dios Amón 37, 38, 86, 87, *87*
estaciones 95
estatuas y estelas votivas 86, 112, 113, 207
estatuillas de exorcización 144, 145
estelas *véase* estatuas y estelas votivas
estrellas 117
eternidad 131
Éufrates *50*
exorcización, ceremonias de 144, 145
expediciones 54, 64
exportaciones 48
expresión creativa 124, 126
extracción de piedra y minerales 54, *54*, 64-65, 79

F

faraones 106-113
   asimilación con Osiris una vez muerto 110, 111
   como garante del orden en la Tierra 18, 61
   coronas y tocados reales *109*, *224*
   derivación del título 109
   desde la época predinástica 106-107

jefe militar 108
mito del dominio universal 43, 50
monumentos funerarios 66-67, 194-196, 210-211
   véase también pirámides
naturaleza divina tras la muerte 110, 111, 112
nubios *36*, *37*, 38, 124
personificación de Horus en la Tierra 18, 88, 108
soberanía divina 66
títulos reales 112-113
venerado como un dios 113
Farafra, oasis de 40, 58, 59
Fauajir, mina de oro de 64, *64*, 65
Fayum
   oasis del *27*, *28*, 58, 71, *169*
   retratos del 139, *152*, 225, *225*
fertilidad
   amuletos de la 85, *85*
   dioses de la 19
Fiesta de la Buena Reunión 161
Fiope I 24, 25, *59*, 64, 213
Fiope II 24, 25, 26, 35
fonogramas 234
fortalezas 28, 29, 78, 79, *79*
funerarios, ritos 87, 140

G

geográficos, textos 92
gestos rituales 156-157
ginecología 97
gobierno faraónico 24, 66-67, 108-109
Goneim, Zakaria 178
Gran Esfinge 182, 186-187, *186*, *187*
   enterrada bajo la arena 187
   túneles bajo la 186
Gran Papiro Harris 67, *67*, 102, *108*
Gran Pirámide de Quéope 25, 158, 159, *175*, 180-183, *183*, 201
   alineamiento geográfico 177
   calzada 181, *181*
   cantera de piedra caliza 177
   dimensiones 168, 174
   Hemiunu 182
   hoyos para las barcas 16, 172, 181, *181*
   mastabas 180
   pasadizos o corredores interiores 182, *182*
   pirámides satélites 177, 180, 181, *181*
   puerto de la pirámide 176

rampa 175-177
templo del valle 180-181
templo funerario 158, 180
véase también Guiza; Quefrén; Quéope; Micerino
Gran Sala Hipóstila *véase* Karnak
Grecia
   asentamientos griegos en Egipto 47
   comercio con 44-45, 46, 47
   desprecio por el culto a los animales 57
   influencias culturales 57
   mercenarios 35, 47
   visitas a Egipto 46, 56
   véase también Alejandro Magno; Heródoto; dinastía ptolemaica
Gueb 92, 114, 115, *122*, 123, 124
Guerzeense, período *véase* Nagada II, período
Guiza 174
   museo *158*
   necrópolis 180, 186, 199
   pirámides *24*, 168, 180-187
   véase también Gran Pirámide de Quéope
Giges de Lidia 47

H

Hapi 19
harenes 89
Harpócrates 161
Hathor 64, 85, 86, *88*, 89, *96*, 158, *202*
   procesión en barco desde Dandara a Edfu 161, *161*
   sacerdotisas de 86
   templo de Dandara *115*, *144*, 161, *206*
   unión con Horus 161
Hathor Nebthetepet *108*
Hatshepsut 32, *33*, *48*, 80, 86, 89, *89*, *108*, 220, 241
   esposa del Dios 87
   faraona 80, 89, *108*
   festival *sed* 154-155
   regente 89
   templo de 160, 195, 199, *199*, 211, *211*
Hawara *190*
Hecateo 56
Heit el-Gorab 174, 176
Heket 19
Heliópolis *108*, 122, 134, 170, 188, 204
heliopolitana, teología 122-123, 124, 126
Henutsen 177, 181
Heracleópolis 26-27, 196
Hermópolis 121, 196, 199

Heródoto 10, 16, 23, 25, 56, 75, 138, *190*
hicsos, soberanos 31, 43, *43*, 74
    alianza con los cushitas 31
    expulsados por Amosis 43, *43*, 74, 220
Hieracómpolis (Nejen) *214*
    complejos funerarios 197, 210
    conversión en centro urbano 21, 69, *69*
    culto a Horus 161
    eclipsada por Menfis 74
    primeras tumbas 107
    primeros templos 204
hierro 48, 64-65
historia de Sinuhé, La 28, 239
hitita, Imperio 32, 35, 36, 51, *240*
Horemheb 33, 35
Horus 22, 24, 69, *118*, 123, 134-135, *134, 135,*
    137, 162, 224
    dios Sol 119
    múltiples manifestaciones de 118
    Ojo de Horus *228*
    representaciones en competiciones rituales
        164
    templo de Edfu 135, 150, *161*, 165
    unión ritual con Hathor 161
    véase también Harpócrates; Re-Haractes
Horus, reyes 22, 23
hoyos para las barcas *véase* barcas
Hunefer *137*
Huni 178

I

Ibi 189
ibis *55*
Ihy *230*
Imhotep 33, 142, 168, 178, *178*
imperio egipcio
    abierto a influencias del extranjero 52
importaciones 48
impuestos 50, 61, 66
    basados en el nivel de la crecida 66
impuestos en el Imperio 48
Inerja *141*
infantería 51
    véase también ejército
influencias culturales
    en el Egeo 55, 56
    en Israel 55-56
    religiosas 57, 135
interpretación de los sueños 100
Ipi *59*
Iken, fortaleza de 78

Iseo *55*
Isis 22, *57*, 87, *93*, 123, 134-135, *134, 150*, 181,
    223
    culto de 47, *55*, 57, 135
    templo de Filas 161, *202*, 223, 225, 230
Israel 55-56
Ittauy 28, 30, 74, 76, 173
Iusaas *108*
Inyferti *147*

J

Jaba 179
Jamerernebty II 185, *216*
Jamuaset *213*
Jasejemuy 22, 23, *168*, 172, 178, *214*
Jat 109, *109*
Jedyet véase Corona Blanca
Jentamentiu 134, 207
Jepresh véase Corona Azul
Jepri 119, *119*
jeroglíficos
    antropomórficos *241*
    categorías 234-235
    construcción de palabras 234
    depositarios de la sabiduría 57
    desciframiento 230-231
    elementos decorativos *230*, *234*, 240
    fracciones 94-95
    nombres propios 235
    taquigráficos 157
    teoría de la simbología de los 230
    usurpación y destrucción 210, *210*
    véase también escritura
Jeruef *164*
Jnumhotep *42*, 43
Jonsu 158, 161
joyas *85*, 98, *99*, 191, 222, *226*, 227, *238*,
    240
    «Moscas del Valor» *30*
juegos
    del bate y la pelota 165
    infantiles 165, *165*
Jufu *véase* Quéope

K

ka 152, 212
Ka-aper *213*
Kahun 71, 73, 172, 191, *226*
Kamose 30, *30*, 31

guerras contras los hicsos y los cushitas
    30
Karnak 30, *33, 36, 156, 162, 170, 195,* 204,
    207, *222, 231*
    cachette 207
    festival Opet 159
    Gran Sala Hipóstila *231*
    muro del recinto 223
    plano del complejo *208-209*
    sumos sacerdotes de Amón 36
    templo de Amón 30, *36*, 87, 126, *126*, 127,
        150, 207, 208, *209*
Kawit 220, *220*
Kerma 41, 51
Kom el-Rabi'a 75
Kom al-Sugafa 199
Kom Ombo *162*

L

«Laberinto» de Amenemes III *190*
Lamentaciones de Ipu-ur, Las 31
libu *45*, 46
Lehner, Mark *175*, 176, 177, 186
Letanía de Re 110
libro de Kemit, El 90-91
Libro del viaje por la eternidad 137
Libro de los Muertos 80, 131, 133, 136-137,
    146, 194
    de Anhai *148*
    de Ani *86, 116, 131, 132, 143*
    de Hunefer *80, 118, 137*
    de Jensumose *121*
    de Nesitanebtashru *122*
    de Pinedyem *136*
Libro de las Respiraciones 137, 238
Libro para salir al día 136
Licurgo 46
linaza, aceite de 12
lista onomástica de Amenope, La 91
listas de los reyes en los templos *20*, 21, *192*
    ofrendas realizadas ante las 152
literatura 22, 90, 238-239
    acompañada de música 103
    funeraria 110, 133, 136-137, 192, 238
    véase también Libro de los Muertos; Textos de
        los sarcófagos; Textos de las Pirámides
    moral 105, 131
    para recitar 102
logogramas (ideogramas) 234-235
Londres 57
lucha libre como ritual *164*, 165

Luxor *107, 167, 195*, 204, 207
   cachette 207
   véase también Amón; Karnak

M

Maadi 68
Maat (diosa) 18, 130, *130*, 133, *151*
   presentación ante 149, *149*
maat 18, 108, 130, *130*, 131, 148, 149, *149*
madera, trabajo de la 98
magia 132, 136
   benéfica 100, 101
   ensalmos para sanar 97
   maldiciones 41, 43, 100
maldición de la momia, la 146-147
Malqata 76-77
Manetón 21, 23, 31
Mar Rojo *49*
Mariette, Auguste 184, 201
más allá *véase* muerte
máscaras funerarias 35, 64, 139
mashauash 46
mastabas 168, 178, 197-198
   véase también tumbas
matemáticas 55, 57, 94-95
materiales de construcción 192, *203*, 204, 210
matrimonio 83
   divino 160-161
   real 88
medicina 57, 84, 96-97
Medinet Habu puerto 17, *195*
   complejos del templo 211
   templo funerario de Rameses III *44*, 164,
     165
Meidum *179*
Meketatón 77
Menes 20, 21, 23, *52, 107*
Menfis 11, *169*
   capital del Imperio 22, 23, 26, 27, 74, 75,
     206-207
   excavaciones arqueológicas 75
   necrópolis 23, 27, 74, 75, 198, 205
   puerto 17
Meni *véase* Menes
Menna *59, 158*
menstruación 84
mercenarios 38, 47, 64, 67
Merenre 24, 25, 213
Mereret 191
Meretseguer 163
Meresanj 181

Merimda Beni Salama 16, 58, 68
Merire Fiope (Pepi) I *véase* Fiope I
Méroe 55, 191
Meseheti *51*
metal, herramientas o útiles de 98-99
Micerino 172, 184, 185, *202*, 216, *216*
   complejo piramidal 185, *185*, 216
militar, poder *véase* ejército
minas *véase* yacimientos minerales
Mineptah 35, 45-46, 75, 76, *77*
maquetas de madera *16*, 213, *213*, 219, *219*
Minos de Creta *190*
Mitanni 32, 51
mitología 22, 52, 114-130, 134-135, 154-155,
   170-171
momificación
   Anubis, dios de la *133*
   de animales 163, *163*
   en los templos del valle 173
   técnicas 65, 138-139
Monstruo engullidor 137, 138
montículo primigenio 120, *121*, 151, 170-171,
   203
Montu 39, *43*
Montuemhé 37, *37, 199, 200*
mortalidad infantil 84
«Moscas del Valor» 30
muerte 132-147
   actitudes frente a la 132-133
   teología de la 134-135
mujeres 80-89
   alfabetización 81, 93
   derechos legales 80-81
   elite *80, 81*, 83
   en el arte 82, *82*
   excluidas de la administración pública 81, 82
   faraones 80, 89
   plañideras 87
   posición de alumbramiento 84
   responsabilidades domésticas 82, 83, 84
   salud e higiene 84
   y música 86, *102, 103*, 105
mundo de los muertos, peligros en el 132-133
   véase también más allá; muerte; Osiris
música e instrumentos musicales 105
Mut 158, 161
Mutemonet *153*

N

nacimiento 84, 85, *85*
nacimiento divino, ceremonia del 161

Nagada (períodos históricos) 16, 21, 107, 214
Nagada 69, 178
Najt *61, 63*
Narmer 22, 23, *23*, 107, 214-215, *215*
Narmer, tablilla de *23*, 107, 214-215, *215*
Nasser, lago 79, *204*, 205
   véase también Asuán, presa de; Asuán, Gran
     Presa de
natrón 65
   en el proceso de momificación 138-139
Náucratis 46
navegación en alta mar 17
Nazlet es-Samman 181, *181*
Nebamon *62, 66*
Nebhepetre Mentuhotep II 21, *26*, 27, *107*,
   210, 218, 219, *220*
Nebka 179
Nebtauyre Mentuhotep IV 27
Necao II 16
necrópolis 200-201
   Asasif *199*
   gestión de las 200
   privadas 200-201
   regionales 199, 201
   Saqqara 197, 198, 200
Nectánebo I *151*, 223
Nectánebo II 223
   pirámide de Abusir 189
Neferirkare Kakai *véase* Neférqueres
Neferjau 205, *205*
Neferkare Fiope II *véase* Fiope II
   pirámide de Abusir 189
Neferneferuaten *88*, 128
Neférqueres 205
Nefertari *88*, 89, 195-196
Nefertiti 77, *88*, 89, 128, *128, 129, 203*, 221
Nefertem 120
Neftis 87, 123, 134
nemes 109, *109*, 224
   véase también faraón (coronas y tocados
     reales)
Nilo 10-29, *12, 14-15*
   administración del 18, 60
   como fuente de alimentación 63
   crecida anual 10, *13*, 92
   Hapi 19
   imagen del satélite Landsat *11*
   meandros *11*, 70
   medios de transporte 16
   nacimiento del 19
   nilómetros 13, 60, *60*
   nivel variable de la crecida 13, *13*, 18
   ramificaciones en el Delta 10, *11*

véase también Delta (del Nilo); Nilo, valle
del
velocidad de la corriente 16
Nilo, llanura del 10, *12*, 60, 172
crecida anual 12
irrigación *10*, 60, 66
mapa 13
productividad 12, 60
templos del Valle 172
Nilo, Valle del 10
economía agraria 12-13, 59
ocupado por Egipto hasta la Segunda
Catarata 41
primeros pobladores 58
repoblación por la aridez del entorno 11, 59
nilómetros 13, 60, *60*
niños 84
educación 90-91
Niuserre-Ini 201
Nofret 201, *201*
nomarcas 25, 26, 27, 28, 136, 201
de Egipto Medio 28, 29
nombres propios 69, 178
nomos 25, 27, *27*, *149*, *202*
comunicación en barca con la capital 17
lista en la capilla blanca de Sesostris I 92
red económica 66
Nu 120, 131
Nubia 27, 28, 29, 30, 32, 36, 106, 204
conquista de Egipto 37
creación de Yam 41
fortalezas fronterizas 51
integrada como una provincia egipcia más
50, 51
invasiones de los egipcios 40
recursos naturales 40
rebeliones 35
ruta de los oasis 40
yacimientos de oro 40, 51, 54
zona fronteriza defendida por bastiones 78
Nut 92, 114, 115, *117*, 118, *122*, 123, 134

O

obeliscos 120, 204, *210*
ofrendas 150-153
a Hathor en Deir el-Bahari 86
a los antepasados ante la lista con los
nombres de los faraones 152
alimentos 61, 140, 141, 152, *153*
con el faraón presidiendo la ceremonia 148-
149, 150

de invocación 141
diarias en los templos 150-151, 152,
157
oraciones fúnebres 141
Ogdóada 121, *121*
Onos *112*, 169, 172, 201
Onuris *151*
Opet, festival 159
oraciones fúnebres 141
orden cósmico 18
oro 40, 51, 54, 64, 67, 78, 227
Orontes *53*
Osiris 22, 57, *109*, *111*, *114*, 123, *130*, 134, *134*,
135, *137*, 207
como juez de los muertos 132-133, 137
con Amón en el fin de los tiempos 131,
136
crecida anual 19
el faraón muerto como *106*, 110, *110*, 111
en el mundo de los muertos 119
lamento de Isis y Neftis 87
muerto a manos de Set 19
portador de la cultura al ser humano 18-19,
18
señor de la muerte 19, 110, *132*, 136
templo de 25
véase también Isis y la divinidad funeraria
Jentamentiu 134, 207
Osorcón I 155
Osorcón II *134*
ostraca *159*, 160, *160*, 233

P

palacios reales 76-77, *77*
cerca de los complejos piramidales 173
paleopatología 139
Palestina *33*
Palestrina (Praeneste), Italia *56*
pan 61, 63
Panehesi *48*
papiros 12, 63, 233
papiros sobre medicina 84, 96
patriarcal, sociedad 82-83, *82*
peleset 44, 46
Pepinajt 219
pirámide de Saqqara 189
templo de Saqqara 155
Peribsen 22-23
períodos dinástico y predinástico, historia 20-
39
persa, Imperio 38, 47

conquista de Alejandro Magno 39
ocupación de Egipto 38-39, 47
pescado 13, 63
pesos y medidas 55, 96
Petosiris 199, 224
Petrie, W. M. Flinders 71, 76
Peye 37, 75
pirámide de Kurru 191
Piazza del Popolo, Roma *55*
piedra caliza 178, *181*, *184*
canteras 175
revestimiento sobre ladrillos de adobe 169,
188, 190
uso por vez primera en las pirámides 168
pilonos 203, 204, 208, *209*, 211, 223, 225
Pinedyem I *122*, 136
Pirámide Blanca 190
pirámide de Abusir 189
pirámide inclinada o romboidal *179*
Pirámide Negra 190
pirámides 24, 168-191, 210
cámaras funerarias 172
cambios en el diseño 169, 188-189
componentes arquitectónicos 171-173
construcción de las 174-177, 189
Dahshur 168, *169*, 171, 172, 179, 190, *190*,
191, 194, 200
de Abusir 155, 169, *169*, 171, 188, 189, *189*,
201
de Dyoser (Saqqara) 178, *188*
de Guiza *24*, 169, 200-201
de Ibi 189
de Micerino *169*, 185, *185*
de Nubia 191
de Quefrén *169*, *183*, 184, *184*, 185, *185*,
186
de Quéope *169*, 180-181, *184*
de Sahure *189*
de Saqqara *188*
de Teti *188*, 189
de Userkaf *188*
el-Lisht 173, 190
funciones 173
Gran Pirámide *véase* Gran Pirámide de
Quéope
materiales de construcción 176
pasadizos interiores 182, *182*, 184-185
pirámide blanca *190*
pirámide enterrada 178
pirámide escalonada 23, 178, *179*, 210
pirámide escalonada de Jaba *179*
pirámide incompleta *179*
pirámide inclinada 172, 179, *179*

Pirámide Negra *190*
privadas 192
rampas de acceso 175, 177
recintos 172, 178
simbolismo solar 120, 170
terrenos anexos 172
*véanse también las entradas de los diferentes
    faraones*
piramidón *170*, 171, *171*, 189
Pitágoras 46
planetas 117
plañideras profesionales *86*, 140
    mujeres 87
plata 64
poblaciones junto a las pirámides 71, 172
    Guiza 174
pócimas de amor 100
poemas de amor 105, 239
poligamia 89
Pompeya, Italia *55*
praenomen véase faraón (títulos reales)
predinástica, época 20-21, *23*, 58-59, 68-69,
    106-107, *133*, 168, *193*, 214, *214*, 215
Primera Catarata 16
Príncipe predestinado, El 52, 160, 239
Psamético I 38, 46-47, *193*, 222
Psamético III 39
Pschent 107, 108, 109
Psusenes I 75
Psusenes II 36-37
Ptah *111*, 124, 127, *156*, 171, 207
    intermediación divina 124, 125, *125*
    templo de Menfis 67, 75
Ptahhotep 198
Ptahmose *133*
Ptahshepses 201
ptolemaica, época 39, *46*, 47
    caída de la *38*
Ptolemeo I 21, 39, 47
Ptolemeo II 47
Ptolemeo V Epifanio *39*, 231
pueblos de los artesanos 71-72
    véase también Deir el-Medina
«Pueblos del Mar» 35, 36, *40*, 44, *45*, 46
pueblos y aldeas 68-79
puertos
    Canopo 244
    de las pirámides 173, 175, 176
    Medinet Habu 17, *195*
    Menfis 17
    Tanis 17
Punt *48*
purificación *véase* ceremonia

Q

Kek *52*
Qadesh 52, *52*
Quefrén *24*, 25, 171, 172, 179
    complejo piramidal 177, *183*, 184, *184*,
        185, 186
    véase también Gran Esfinge; Gran
        Pirámide; Quéope; Micerino
Quéope 25, *25*, 180-183, 201, *235*, 239
    barca *158*
    encarnación de Re 171
    hoyos para las barcas 16, 158, *158*, 159, 172
    templo funerario 158
    véase también Gran Pirámide; Gran
        Esfinge; Quefrén; Micerino

R

Rahotep 201, *201*, *235*
Rameses el Grande *véase* Rameses II
Rameses I 35
Rameses II *20*, 21, 29, 32, 35, 89, *107*, *153*,
    220, *238*, 239, *241*
    bastiones militares en el Delta 78
    culto de 113
    descubrimiento de la tumba del hijo de 195
    guardia personal reclutada en Shardana 45
    momia *139*
    templo de Abido 152
    templo funerario (Rameseo) *110*, 113, *149*,
        164, 165, 211
    templos de Abu Simbel *21*, 60, *88*, 89, *111*,
        204, 241
    tumba de la reina Nefertari *88*
Rameses III 35, 36, *40*, *44*, 67, *67*, *108*, *155*,
    164, 211
    derrota de los «pueblos del mar» 45-46
Rameses IV 35, 114
Rameses XI 36
Ramsés *véase* Rameses
Re 18, *24*, 110, 119, 158, 207, *241*
    «espíritus efectivos» de *aj iker* en 153
    hecho de oro 64
    véanse también las siguientes entradas y
        Amón; Amón-Re
Re-Atum 119
    regalos entre soberanos 48
Re-Haractes, dios Sol 32, *108, 111, 118*, 119,
    128, *170*, 171
Re-Haractes-Atum *140*
reinas 88-89, *88, 89*

relato de la verdad y la falsedad, El 52
Reshef 52, *52*
Ricke, Herbert 186
riqueza, distribución de la 71, 82
ritual *véase* ceremonia
romano, Imperio *38*, 39
    conquista del Egipto prolemaico 47, 225
    expansión del culto a Isis *55*, 57
Roseta (Rashid) 10, *11*
Roseta, piedra de *39*, 230-231, *231*
«ruptura de las vasijas rojas», ceremonia
    funeraria de la 144-145

S

Sabacón 37, 124, 191
    piedra de *124*
sacerdotes 162-163
    a tiempo parcial 162
    ka 141
    lectores 146, 162
    preponderancia de hombres 86, *86*
sacrificios humanos *133*
Sahure
    complejo piramidal de Abusir 169, 171,
        189, *189*
    piramidón 189
    templo de Abusir 155
Sais 75, 196
    capital de Psamético I 38, 46
    capital de Tecnactis 37
Sala del Juicio 132
salas hipóstilas 151, *192*, 204, *206*, 211, 225, *231*
    véase también Karnak
salud y medicinas 84
santuarios 152, *156*
    barcas sagradas 158
    «que escuchan» *162*
Saqqara 74, 75, 188, 189, 197, 198, 200
    catacumbas con ibis 163
    pirámide escalonada de Dyoser 23, 168,
        178, *188*, 210
    tumbas privadas *59*, 197, 198, 200, 201, *233*
saqueo de tumbas 111, 169, 194, 196, 200
    trampas en las pirámides 190
sarcófagos 64, 98, 115, *193*
    Kawit 219-220, *220*
    Micerino 185
    Quefrén 184
    Quéope 182
    Shepseskaf 185
    Tutankhamón *196*

Sit-Hathor 191, *191*, 227
Sithathoriunet *226*
satélites, pirámides 172, 177, 180, 181, *181*, 185, 189, 190
Sátira de los oficios 84, 99
Satis 19
sed, festival 33, 77, 154, 173, 178, 180
Segunda Catarata 28, 41, 78, 79
Sejemjet 178
Semna, papiro de 78, *78*
senet 147, *147*, 165
Senedyem *147*
Sennefer *156*
Seqenenre Taa *30*, 31, 108
sequía 11, 13, 59
serdab 178, 184, 193, 198
serpientes *29*, 97
servicio militar 51
Sesonquis I 37
Sesonquis II *228*
Sesonquis III 37
Sesostris I 28, 29, 54, *156*, 172, 207
  pirámide de el-Lisht 190
Sesostris II 28, 29, *29*, 71, 191, *191*, 227
  pirámide de Kahun 190
Sesostris III 29, 41, 218, *218*, 219
  canal de la Primera Catarata 16
  complejo piramidal de Dahshur 190-191
  fortaleza de Iken 78, 191
Sesostris, leyenda de 29
  véase también Sesostris
Set 19, 22, 69, 123, 134-135, 164, *164*
Seti *véase* Setos
Setos I 16, 35, *55*, 74
  templo de Abido 114, *130, 150*, 152, *192*
  tumba en el Valle de los Reyes 93
Setos II 35
Setne Jamuaset 136, 138, 147, *147*
Setnajt 35
shaduf 10, 60, 99
Shardana 45
shauabti 133, *133*, *146*, 219
Shakalash 46
Shepseskaf 185
Shu 115, *122*, 123
Siptah 35, 43
Siria 32, *33, 164*, 165
Sirio (Sopdu, Sotis) 93, 117
sistro *55*, 86, 87, *148*
Sobek *162, 163*
Sebekhotep *41, 53*
Sebeknefrure 28, 191

Sol, dios 114, 116, 118-119, 120, 170
  manifestaciones del 119
  véase también Ajenatón, Atón, Atum, Horus, Re, Re-Atum, Re-Haractes, Re-Haractes-Atum
Sol, templos del 170, 188, 202, 207
  véase también Heliópolis
Solón 46, 56
sometimiento del enemigo como afirmación de poder, escenas de 43, 107, 155, *155*, 173, 225
Sopdu *véase* Sirio
Sotis *véase* Sirio
Supervisor de todas las obras del faraón 174-175, 177

T

Tales 46
Tanis 17, 222
  capital 74-75, 196
  costumbres funerarias 196, 211
  templos 204
Tantamani *36*
Tarco *36*, 37, 155, 191, *223*
Ta-Tenen 120
Tueris 19, 84-85, *85*, *222*
Tebas 26, 27, 37, 74, 126, 199
  capital del Imperio Nuevo 194
  necrópolis 196, 199, 200
  saqueada por los asirios 38
  véase también Karnak; Luxor; templos funerarios
Tecnactis 37
Tfenis 123
templos 202-205, 206-207
  administración 205
  bibliotecas 92
  cerrados por Teodosio 47, *202*
  de Amón 30, *36*, 48, 87, 126, *126*, 127, 150, 207, 208, *209*
  de Buto 204, 206
  de Hathor *115*
  de Isis en Filas 47, *202, 204*
  de Karnak *véase* Karnak
  de la Gran Esfinge *186*
  de la reina Hatshepsut 194, 199
  de Nefertari *88*, *204*
  de Osiris 25
  de Osorcón I 155
  de Fiope II 155
  de Ptah 67

de Rameses II *21*, 89
de Sahure 155
de Setos I *130*, 152, *192*
decoración 203, 205
del Atón 203
economía 67
riqueza de los 66, 207
ritual diario 150-151, 152
santuarios abiertos al público 162
traslados para no quedar bajo el agua *202, 204*, 205, 225
  véase también templos funerarios
templos funerarios 33, *89*, 152, 180, 185, 189, *189*, 192, *202*, 210-211, *211*
  administración 205
  consagrados a la memoria del faraón 110
  santuarios 152
  separados de las tumbas 169, *195*, 196, 200, 210-211
Teodosio 47
teología menfita 124, *124*, 125, *125*, 126
testamentos 80-81
Teti *188*, 189
Tausert 35
Textos de execración 144-145
Textos de las Pirámides 22, 24, 110, 116, 121, 126, 133, 136, 144, 194, 238-239
  combate con bastones 164
  escalera al cielo 24, 170
  pirámide de Onos 169, 188, *188*
Textos de los Sarcófagos 120-121, 130, 133, 136, 144, 190, 194, 238-239, 244
Tiy 164
tierra, administración de la 60-61
Tinis 21, 22, 69
Titiu *148*
Chekker 46
Tot 137, *137, 151, 163*
Trajano 202
tumbas
  ajuar funerario *193*, 197
  decoración mural *141*, 193-199, *198*, *200*
  excavadas en la roca 193, 198-199
  maldiciones protectoras 146-147, 174
  mastabas 180, 184, 193, 194, 197-198, *197*, *198*, 200-201
  privadas 197-199, *199*, 200-201
  «puertas falsas» 193, 198
  reales 192, 194-196
  santuarios para las ofrendas 198
  simples hoyos *193*
  véase también pirámides

Tura *54*
Turín, papiro de 64, 94
Tutankhamón 35, *41*, 128, *154, 157*, 196
    máscara funeraria 35, 64
    tumba de *97, 119, 125*, 146, *146*, 196, *227, 228*, 238, *240*
Tutmosis I 32, 89, 169, *170*, 194
Tutmosis II 32, *33*, 89
Tutmosis III 17, 29, 32, *33*, 35, 43, *50*, 80, 89, 92, *106, 108, 127, 217*
    festival *sed* 154-155
    guerras de 50
    templo de Karnak 152
    y Hatshepsut 32, 89
Tutmosis IV 32
    sueño de la Esfinge 187
Tuya *220*

U

uashasha 46
Uadi Allaqi 54
Uadi Hammamat 64, *64, 65*, 92
uashasha 46
Udjahorresne 38
Udjebten 171
ugaríticos, textos 48
Unas *véase* Onos
universo *véase* cosmos
ureos *29, 108*, 151, 158, *223*
Userhat 159
Userkaf
    pirámide de Saqqara 172, *188*
    templo del sol 188

templo funerario 172
ushebti véase shauabti
usurpación de textos e imágenes *31*, 193, 210, *210*, 222

V

Valle de las Reinas 89, 195-196
Valle de los Reyes *110*, 114, 119, *125*, 169, 191, 194, *194, 195*, 196
    plano 195
    traslado de momias 194-195
    vigilantes 194
valle, templos del 172, 180-181, 185, 189, 194, 210
velas 16
Ventana de las Apariciones 76, *77*, 164-165
Vía Láctea 117
viajes y transporte 48-49
    carros 49
    itinerarios 49, 94
    mensajeros a pie 48
    barcas por el Nilo 16-17
    ruta de los oasis hasta Nubia 40, 49
    navegación en el mar 17, 49
    asnos 13, 17, 41, 49, 54
«villas» 72, 73
vino 12, 61
visires 66
    Antefoker 40
    Hemiunu 216
    Imhotep 178
    Ptahshepses 201
    Sisobek *193*

viudas *80, 86*
viviendas 70-73
    de ladrillos de adobe 71
    de los nobles 72
    dimensiones 71, 73

W

udyat (Ojo de Horus) *228*
Ueret 191
Westcar, papiro 25, 160, 239

Y

yacimientos minerales 48
    desierto Oriental 11, 64
    Nubia 40, 64
    Sinaí 11, 54, 64
Yam 41
Yanammu 43
yeso endurecido *138, 167, 220*
Yuya *166*

Z

Zauiyet el-Aryan *169*
    pirámide inacabada 179
    pirámide por capas 179
Zauiyet el-Maiyitin 178
Zezennajt *234*
zodiaco 57, 115, *115*, 117

CRÉDITOS DE LAS ILUSTRACIONES

Los editores desean expresar su agradecimiento a los fotógrafos, agencias y museos que se mencionan a continuación por su permiso para reproducir las siguientes fotografías:

CLAVE DE LAS ABREVIATURAS

s superior; i inferior; c centro; iz izquierda; d derecha

BAL: Bridgeman Art Library
BM: The British Museum
MC: Museo del Cairo
ICL: Images Colour Library
JL: Jurgen Liepe/Museo del Cairo
RHPL: Robert Harding Picture Library
TSI: Tony Stone Images
WFA: Werner Forman Archives

1 AKG; 2 RHPL; 3 ICL; 4 JL (JE46725); 5 WFA/Christie's; 6 James Davis Travel Photography; 8 Zefa; 9 BM (EA 37982); 10 Hutchison Library; 11 Science Photo Library; 12 Graham Harrison; 14-15 Britstock-IFA; 16 Graham Harrison/BM; 17 Akademie der Bildenden Kuenste, Viena/AKG; 18 Staadiche Museen zu Berlin/AKG; 19 c WFA/Christie's; 19 i John G. Ross; 20 WFA/BM; 21 Graham Harrison; 23 JL (JE32169=CG14716); 24 JL (JE10062=CG14); 25 JL (JE36143); 26 JL (JE36195); 28 JL (JE20001=CG395); 29 JL (JE46694=CG52702); 30 JL (JE4694=CG52671); 31 JL (JE15210=CG394); 32 Graham Harrison/BM; 33 s Graham Harrison/BM; 33 i JL (JE44861); 34 MC/AKG; 36 JL (CG560); 37 JL (JE36933=CG42236); 38 WFA/BM; 39 JL (JE54313); 40 JL (JE 36457); 41 s BM (EA 921); 41 i WFA/MC; 42 Akademie der Bildenden Kuenste, Viena/AKG; 43 JL (JE4673=CG52645); 44 WFA; 47 Graham Harrison; 48 JL (JE14276, JE89661); 51 JL (JE30986=CG258); 52 BM (EA 191); 53 BM (EA 3799); 54 JL (JE62949); 55 s Scala, Italia; 55 i e.t. archive/BM; 56 Museo Archeologico, Palestrina/Scala, Italia; 57 Museum of London (CL96/822); 58 BAL/Louvre; 59 s e.t. archive/MC; 59 i RHPL; 60 Dr Paul T Nicholson; 61 Graham Harrison; 62 BAL/British and Foreign Bible Society; 63 BAL/BM; 64 Museo Egiziano, Turin/AKG; 66 s Graham Harrison/BM (EA41573); 66 i Graham Harrison/BM (EA 37978); 67 Graham Harrison/BM (EA 9999); 68 BM (EA 32610); 69 i JL (JE27434=CG14238); 70 BM; 71 BAL/Louvre; 72 BAL/BM; 73 JL (JE46724); 75 TSI; 76 Ashmolean Museum, Oxford; 78 BM (EA1972); 80 s ICL; 80 i BM (EA 37984); 81 Graham Harrison; 82 i Graham Harrison; 82 i JL (JE66624); 84 JL (JE51280); 85 s Staatliche Museen zu Berlin/Bildarchiv Preussischer Kulturbesitz; 85 i BM (EA 59418);

86 BM (EA104.70/6); 87 BM (EA 7876); 88 s Staatliche Museen zu Berlin/WFA; 88 i AKG; 89 JL (JE56259A y 56262); 90 John G. Ross/Louvre; 91 ICL; 92 John G. Ross; 93 iiz BM (EA 11143); 93 i e.t. archive/MC; 94 e.t. archive/BM; 95 Graham Harrison; 96 BM (EA 43215); 97 JL (JE60686); 98 s JL (JE46723); 98 i e.t. archive/BM; 99 JL (JE32158=CG14717 y CG52701); 100 JL (RT 15.1.25.44); l0l s John G. Ross/Berlin Museum; l0l i WFA; 102 JL (JE28504=CG1533); 103 JL (JE4872); 104 ICL; 105 TSI; 106 ICL; 107 s TSI; 107 i BM (EA 720); 108 s Graham Harrison; 108 i BM (EA 9999/24); 110 s BM; 110 i ICL; 111 Zefa; 112 s WFA/MC; 112 i TSI; 113 AKG; 114 AKG; 115 BAL/Louvre; 116 AKG/BM; 117 BM (EA 6705); 118 ICL; 119 BAL/MC; 121 Akademie der Bildenden Kuenste, Viena/AKG; 122 BM (EA 10554/81); 124 BM (EA 498); 125 Spectrum; 126 RHPL; 127 Hirmer Fotoarchiv, Munich; 128 BAL/Louvre; 129 Staatliche Museen zu Berlin/AKG; 130 Graham Harrison; 131 BM (EA 10470); 132 AKG/BM; 133 s JL (RT 23.11.16.12); 133 i JL (CG48406); 134 BAL; 135 BAL; 136 JL (SR 11488); 137 BM (EA 9901 /3); 138 Graham Harrison; 139 Frank Spooner Agency; 140 BM (EA 22332); 141 WFA/E. Strouhal; 143 BM (EA 10470/17); 144 James Davis Travel Photography; 145 s Peter Clayton; 145 i Peter Clayton; 146 Griffith Institute, Ashmolean Museum, Oxford; 147 JL (JE27303); 148 ICL; 149 s S. Purdy Matthews/TSI; 149 i BAL/Louvre; 150 Oriental Institute, University of Chicago (pl. 40); 151 JL (JE32018=CG70018); 152 BM (EA 21810); 153 BM (EA 1198); 154 JL (JE61467); 155 s Graham Harrison/BM; 155 i WFA; 156 s WFA/MC; 156 i AKG; 157 JL (JE62028); 158 s WFA/Museo de las Barcas de Quéope, Guiza; 158 i Zefa; 159 Staatliche Museen zu Berlin/Bildarchiv *Preussischer Kulturbesitz;* 160 BM (EA 8056); 161 RHPL; 162 JL (JE43566); 163 s Ancient Art & Architecture; 163 i JL (CG29712); 164 s WFA/BM; 164 i The Oriental Institute, University of Chicago (OIMN 18510); 165 BM (EA 994); 166 e.t. archive/MC; 167 TSI; 168 P. Der Manuelian; 169 i Spectrum; 170 s RHPL; 170 i BAL/Louvre; 174 e.t. archive/Egiziano Museo, Turín, Italia; 178 Graham Harrison/BM; 179 iz RHPL; 181 iz P. Der Manuelian; 181 d RHPL; 183 RHPL; 184 RHPL; 186 RHPL; 188 iz WFA; 188 i WFA; 189 WFA; 190 s AKG/Collection of

George Ortiz; 190 i Peter Clayton; 191 JL (JE30857=CG52001 (pectoral) y JE30858=CG53123 (cinturón); 192 Zefa; 193 iz Graham Harrison; 193 d P. Der Manuelian; 194 Zefa; 196 JL (JE60671); 197 P. Der Manuelian; 198 Graham Harrison; 199 P. Der Manuelian; 200 iz P. Der Manuelian; 200 d Graham Harrison; 201 JL (CG3 y CG4); 202 iz JL (JE40679); 202 d ICL; 203 Fred J. Maroon; 204 TSI; 205 JL (JE98171); 206 Graham Harrison; 210 Gavin Hellier/RHPL; 211 iz TSI; 211 d Eye Ubiquitous; 212 Staadiche Museen zu Berlin/WFA; 213 s BM; 213 i WFA/MC; 214 s JL (JE97472); 214 i John G. Ross; 215 BAL/MC; 216 s Museum of Fine Arts, Boston (E7426); 216 i Museum of Fine Arts, Harvard Expedition 1920 (21.2600); 217 BM (EA 5601); 218 BM; 219 s JL (JE30948=CG259); 219 i JL (JE21365); 220 s BAL/MC; 220 i JL (JE95254=CG51009); 221 JL (JE48035); 222 s JL (CG39194); 222 i BM (EA 64391); 223 BM (EA 1770); 224 s WFA; 224 i G. Dagli Orti; 225 BM (EA 65316); 226 JL (JE 44920=CG 52663); 227 s JL (JE61884); 227 i JL (JE 30875= CG52002 y 52003); 228 Henri Stierlin; 229 Henri Stierlin; 230 David P. Silverman; 231 s Graham Harrison; 231 i BM (EA24); 233 s JL (JE30272=CG36); 233 i BM (EA 5547); 234 Toledo Museum of Art, Ohio (3/93.2); 237 Graham Harrison; 238 Graham Harrison; 239 Rijksmuseum van Oudheden, Leiden; 240 s JL (JE31113-6=CG52920-21/26-27/29-30,35-36/5556/58/59-74 y 53018); 240 i JL (JE62114); 241 JL (JE64735).

Se ha procurado en todo momento incluir a los depositarios de los derechos. No obstante, si se hubiera cometido alguna omisión, el editor se compromete a subsanarla en ediciones futuras.

Pies de las ilustraciones de las páginas 1-5: **(Portadilla):** *Pintura mural de la tumba de Sennefer, reinado de Amenhotep II (hacia 1438-1412 a. C.).* **2.** *Estatua colosal de Rameses II (hacia 1289-1224 a. C.), Abu Simbel.* **3. (Portada)** *Momia junto al dios Horus, procedente del* Libro de los Muertos *de Hunnefer (hacia 1285 a. C.).* **4. (Índice)** *Estatuilla en madera de una mujer portando vasijas de vino y un pato a modo de ofrenda, procedente de la tumba de Meketra (hacia 2000 a. C.)*